U0731232

目 | 录

高校思想政治理论课实践教学探索

主　编　曹　胜　杜裕禄
副主编　王建美　曲慧敏

中国海洋大学出版社
·青岛·

图书在版编目(CIP)数据

高校思想政治理论课实践教学探索 / 曹胜，杜裕禄
主编. —青岛：中国海洋大学出版社，2022.10
ISBN 978-7-5670-3260-6

Ⅰ.①高… Ⅱ.①杜… ②曹… Ⅲ.①高等学校—思
想政治教育—教学研究—中国 Ⅳ.①G641

中国版本图书馆 CIP 数据核字(2022)第 167602 号

出版发行	中国海洋大学出版社		
社　　址	青岛市香港东路 23 号	邮政编码	266071
出 版 人	刘文菁		
网　　址	http://pub.ouc.edu.cn		
电子信箱	flyleap@126.com		
订购电话	0532-82032573(传真)		
责任编辑	张跃飞	电　　话	0532-85901984
印　　制	青岛中苑金融安全印刷有限公司		
版　　次	2022 年 10 月第 1 版		
印　　次	2022 年 10 月第 1 次印刷		
成品尺寸	185 mm×260 mm		
印　　张	26.5		
字　　数	532 千		
印　　数	1～1 000		
定　　价	86.00 元		

发现印装质量问题，请致电 0532-85662115,由印刷厂负责调换。

外来文化冲击下大学生对
中华传统文化继承现状的调查
——以青岛科技大学为例

高材 151　王锐佳(组长)　厉　邵　许　祺　李世分　张延生　房孝栋

摘　要:中华传统文化有着悠久的历史,它是中华民族思想的源泉,是中华民族屹立世界民族之林不倒的核心因素。然而随着经济全球化的脚步加快,外来文化入侵加剧,中华传统文化的传承受到威胁。大学生是祖国未来的希望,大学生的思想状况直接维系着国家的发展和民族的前途命运。本文基于调查数据,发现问题,探索原因,提出合理化的建议。

关键词:外来文化;中华传统文化;大学生;继承

一、调研背景及调研目的

中华传统文化是中华民族智慧的结晶,其思想文化源远流长、博大精深,具有不朽的价值。在竞争激烈的当今社会,中华传统文化仍具有极强的现实意义。然而随着全球经济一体化的推进,各种不同文化、价值理念等纷纷涌入中国,冲击着中国人传统的生活方式和生存方式,冲击着人们早已习惯的文化信仰。处于思想形成期的大学生,作为社会发展变化的"晴雨表",反应尤为剧烈。部分大学生甚至将对传统的"背叛"视为进步的标志。大学生是祖国未来的希望,大学生的思想状况直接维系着国家的发展和民族的前途命运。因此,加强当代大学生的中华传统文化教育,培养大学生对中华传统文化的认同和热爱,并使大学生自觉肩负起社会责任,具有深远的意义。

二、调研准备

本次调研采用网络问卷和面对面访谈的方式进行,利用 SPSS 软件对回收问卷进行统计分析。为此,我们做了以下工作。

（一）撰写问卷

本次调研的目的是为了解在外来文化冲击下,大学生对中华传统文化的继承现状,对调查结果进行统计分析,然后针对突出问题提出合理化的建议。为了达到预期目的,问卷尽可能地包含了多方面能反映大学生对中华传统文化继承现状的问题。问卷从衣食住行对传统节日、传统习俗的态度以及中西方文化对比等方面进行提问;同时,问卷中的问题多采用按喜欢或者接受程度进行排序或者打分,这样可以避免答案的极端化,有利于真实地反映现实情况。

下面是一道例题。

表1　按喜好给下列物品排序

□ 旗袍	□ 汉服
□ 和服	□ 唐装
□ 牛仔衣裤	□ 中山装
□ 西装	□ 韩装卫衣

（二）制作问卷和分发

利用计算机制作问卷,并利用社交软件进行问卷的分发。本次调研确立的调查对象主要是青岛科技大学本科和研究生的各级同学,通过对不同年级的同学进行调研得到更具代表性的调查结果。

（三）回收问卷和数据处理

网络问卷可以做到网上发布、分发和自动回收,最后的数据自动汇总。本次调研的数据处理采用 SPSS 软件进行作图分析。

下面给出各类题型的算分规则。

排序题的选项平均综合得分是根据所有填写者对选项的排序情况自动计算得出的,它反映了选项的综合排名情况,得分越高表示综合排序越靠前。计算方法为:选项平均综合得分=(Σ 频数×权值)/本题填写人次。权值由选项被排列的位置决定。例如,有 3 个选项参与排序,则排在第一个位置的权值为 3,第二个位置的权值为 2,第三个位置的权值为 1。又如,一个题目共被填写 12 次,选项 A 被选中并排在第一位置 2 次,第二位置 4 次,第三位置 6 次,那么选项 A 的平均综合得分＝(2×3＋4×2＋6×1)/12≈1.67(分)。

三、结果分析

经过两周的调研统计,本次调研一共发出 603 份问卷,收回 603 份问卷,问卷 100％ 有效。男生填写问卷 338 份,女生填写问卷 265 份,男女比例约为 14∶11。调查对象所在地区、所学学科类型和调查对象所在年级分别如表 2、图 1、图 2 所示。

表 2 调查对象所在地区调查结果

选项	小计	占比/%
山东省	376	62.35
非山东省	227	37.65

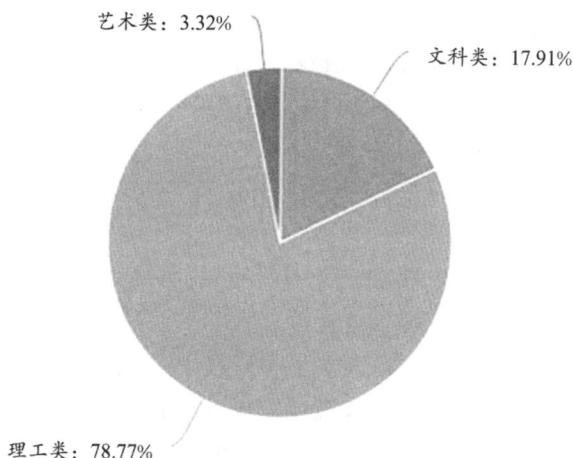

艺术类：3.32%

文科类：17.91%

理工类：78.77%

图 1 调查对象所学专业类型调查结果

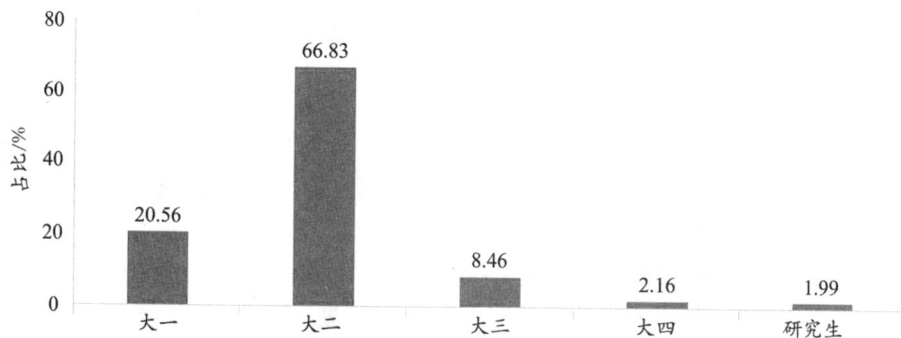

图 2 调查对象所在年级调查结果

随着科学技术的飞速发展,西方文化的不断涌入,传统的社会生活方式发生了重大变化。这些不可避免地对当代大学生产生了影响,使当代大学生对中华传统文化的认知出现很大变化。这种客观现状对当前的大学校园文化建设、对新一代大学生的未来成长、对中国未来社会的走向及"中国梦"的实现都有着至关重要的影响。本文试图以此作为研究的切入点,对当前大学生的中华传统文化认知现状及原因加以分析。

(一)对中华传统文化的了解不足,致使大学生缺乏主见

问卷中的问题是对服饰方面做的调研,调查结果如图 3 所示。

问题6　对下列服饰按自己喜好排序

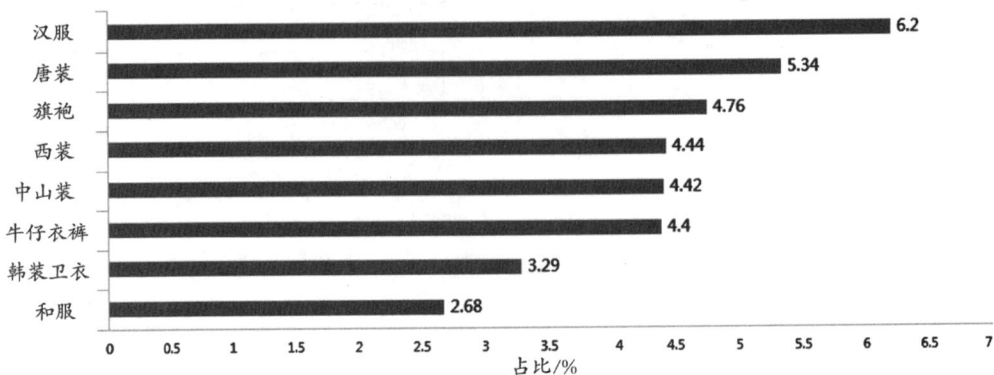

图3　问题6的调查结果

服饰方面，从调研结果来看，调研对象对汉服、唐装、旗袍、中山装的喜爱程度占了排行榜的前5名，本次调研中传统服饰完胜西方服饰。但是从实际情况来看，这却是一个令人担忧的现象。调查显示，现在的大学生中只有10%接触过传统服饰（如汉服、唐装、旗袍、中山装），但是84%的同学都把传统服饰排在了自己喜欢服饰的前列，反而把每天穿戴的牛仔、T恤等现代服饰排在后面。据此分析，很多同学对于传统服饰不是很了解，但是碍于情面反而把传统服饰选在前面，出现这样的情况值得深思。

（二）中华传统文化传承方式单一，外来文化强势入侵

根据问题7调查结果（表3）显示，59.20%的人喜欢的传统节日多于西方节日。我国传统节庆形式多样、内容丰富、源远流长，有着深厚的历史和文化根源。传统节日文化是中华传统文化不可分割的一部分，蕴含着长期积淀下来的民族性格、心理、信仰、价值、思维方式、道德情操、审美情趣等民族深层文化结构内涵，具有中华传统文化的独特魅力和价值。而改革开放以来，情人节、圣诞节、愚人节、感恩节、母亲节等西方节日走进大学生的生活，让他们兴奋不已，并把某些西方节日当作释放压力、追求刺激、标榜前卫的狂欢节。在这样的大环境下，传统节日相比于西方节日逐渐黯然失色，加上中华传统文化传播形式单一（调查显示约89%的人了解中华传统文化的途径主要依靠长辈告知和习俗流传），传统节日的地位有所动摇。这需要引起有关部门的重视。

问题7　您对传统节日和西方节日的态度是什么？

表3　问题7的调查结果

选项	小计	占比/%
只过传统节日	54	8.96
只过西方节日	4	0.66
过喜欢的节日，传统的多于西方的	357	59.20
过喜欢的节日，西方的多于传统的	16	2.65
过什么节都无所谓	154	25.54
不过节	18	2.99

（三）传统知识认知匮乏

中华传统文化是在中华民族 5 000 多年的历史发展过程中融合、形成、发展起来的。它涵盖了中华民族的思想观念、价值取向、思维方式、道德情操、礼仪制度等多方面的丰富内容。但是目前大学生对于中华传统文化认知状况不容乐观。本次调查中提问了两个很常见的文化常识问题"成语'一日不见，如隔三秋'中，三秋指什么""及笄在古代是什么意思"。第一题只有 61.86% 的人答对，第二题只有 60.53% 的人答对。另外，在"自己觉得对中华传统文化的了解程度"一题中 56% 的人表示对中华传统文化了解一般，11.94% 的人表示对中华传统文化不太了解。查阅资料显示，《中国新闻周刊》为纪念"五四"运动 85 周年，对北京几所高校开展了关于"当代青年对中华传统文化的认知与态度"的调查，结果显示当代大学生对中华传统文化的认知不足、了解程度不高。还有学者通过对沈阳市高校大学生进行调查指出，仅有 6% 的同学回答对中华传统文化和历史知识了解非常深入。从已有的研究可以说明，高校大学生对于中华传统文化认知程度普遍偏低，这对中华传统文化的继承与发展造成了不利影响。

（四）对中华传统文化的传承流于表面

问题 10 的调查结果（图 4）显示，喜欢"古代文学、书法、谜语、对联""中医、中药、茶""饺子、汤圆、粽子"这三项的学生高达 68.16%，但是，只有 41.46% 的人喜欢"诸子百家的思想"。

图题 10　您喜欢下列哪些中华传统文化？（多选题）

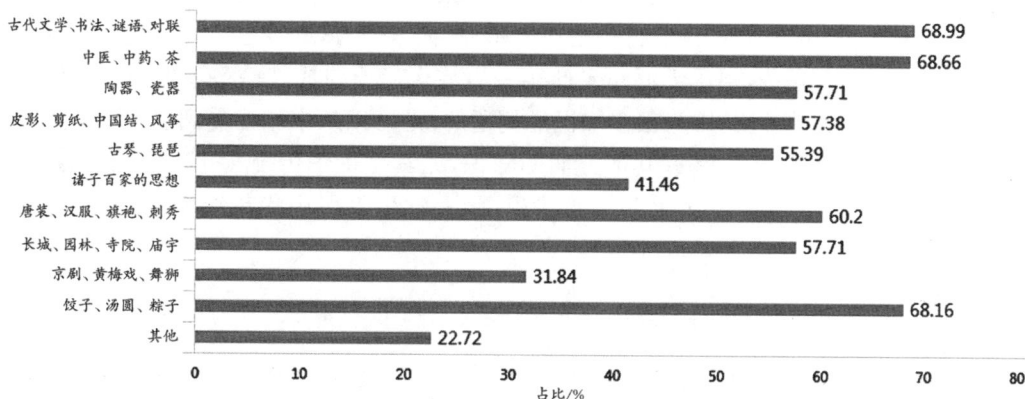

图 4　问题 10 的调查结果

诸子百家的代表有儒、道、墨、法家等。儒家提倡"仁"，认为人人都有爱父母、子女的天性，把这种天性推及家、国乃至天下，"老吾老以及人之老，幼吾幼以及人之幼"，就是所谓的"仁"。道家代表人物老子主张的"无为"，并不是真正的无所作为，而是不刻意作为，更反对盲目作为和胡作非为。实际上是要求统治者顺应"道"的要求，顺其自然，因势利导，谨慎而为。虽然字面上讲"无为"，真正要达到的目的是"有为"，达到"无为而无不为"的境界。墨家所谓的"兼爱"，就是无差别的爱，要求人们平等地爱一切人，爱天下人与爱自己的亲人没有任何差别。法家认为,要解决当时社会面临的问题,就必须实行"法治",制定严格的法律,用法律来管理社会、统治人民。先秦思想家们给出的救世药方虽然各有不同,但他们都有一个共同的特点,那就是关心社会。这种以天下为己任的情怀对激发大学生的责任感和使命感具有重要作用。儒家要求士大夫"修身、齐家、治国、平天下",提出"大道之行也,天下为公",正是在这种注重整体利益的思想影响下,形成了"先天下之忧而忧,后天下之乐而乐"的崇高思想境界,成为中华民族所尊奉的道德传统,是集体主义、爱国主义思想的精神源泉。

了解先秦诸子丰富的思想遗产,有利于激发大学生的民族自信心和自豪感。2 000多年前,中华民族的先哲们就以高度的智慧洞察自然、社会和人性,提出了许多深刻的思想,形成百家争鸣的繁荣局面。当时提出的许多思想对中华民族的思维模式、民族心理、文化形态、社会演进等方面都产生了重大而深刻的影响,为中华民族的发展奠定了深厚的思想文化基础。先秦思想还对周边国家乃至世界文明产生过重大影响,是人类思想宝库的重要组成部分。

四、意见与建议

(一)提高高校教育工作者的文化修养,合理设置课程规划

《礼记》里说"师也者,教之以事而喻诸德也"。这句话的意思是:作为一个老师,要注重德才兼备,不仅要授学生"谋事之才",更要传学生"立世之德",而传德尤为重要。提高高校教育工作者的文化修养,有助于老师在平时教学中言传身教,更好地传播中华传统文化。王国维《人间词话》中说:"古今之成大事业、大学问者,必经过三种之境界。'昨夜西风凋碧树。独上高楼,望尽天涯路。'此第一境界也。"要想成就一番事业,首先必须在知识的海洋里广泛地涉猎,因为很多知识是相通的,是可以从中相互受到启发的。因此,大学生除了专业学习,还应掌握其他方面的知识,尤其是中华传统文化。所以要合理地规划课程,增加与中华传统文化有关的课程,为大学生学习中华传统文化提供更多的途径。

(二)加强校园文化建设,构建良好人文环境

每个人都是在一定的环境中学习、生活、工作,具有浓厚文化气息的校园文化环境能较好地促进大学生成人、成才。中华传统文化的学习不同于技术的学习。学习中华传统文化是一个潜移默化的过程,它不单是课堂中课程的教学,更重要的是营造良好的校园文化环境,让学生得到中华传统文化的熏陶,从而树立正确的人生观、价值观。校园文化的营造一方面可以通过多种载体完成,如校园广播、报纸、黑板报、宣传栏、横幅、草坪中的警语等,让学生在校园的所到之处、在一点一滴中感受中华传统文化的熏陶。另一方面,可以通过多种形式的校园活动营造良好的校园文化环境。内容丰富、形式多样的校园文化活动更能深入人心,从而更有效地促进中华传统文化教育的深入。高校应大力组织以中华传统文化教育为主题的校园活动,如讲座、征文、演讲、辩论等。在这些活动中,

大学生既是活动的组织者,也是参与者。在这些活动的组织与参与中,大学生对中华传统文化将会有更为深刻的理解。

(三)政府加强引导,合理利用地区资源

本次调查中曾问到"您认为阻碍当代大学生学习中华传统文化的因素是什么?(多选题)",69%的同学选择了"社会不够重视,对文化的传承并不多"。基于这个调查结果,我们建议政府加强正面引导,出台鼓励大学生学习中华传统文化的文件,组织开展和继承中华传统文化有关的活动,成立帮助大学生学习中华传统文化的机构组织。除此之外,还应该合理利用地区资源。山东是儒家文化的发源地,但是除了几个著名景点外,其他地方很难感受到儒家文化气息,所以合理利用地区资源将有利于中华传统文化的传承。

(指导教师:陈乐)

中华传统文化对大学生
负面情绪调节作用研究

高材实验 151　李睿智(组长)　朱立琦　朱家俊　高　健　高志东　赵馨蕊　王子秋

摘　要：一项关于大学生主要素质的调查表明，许多大学生的心理素质不能适应社会进步和发展的需要。脆弱的心理素质导致大学生难以调节自身负面情绪。中华传统文化对调节大学生负面情绪具有良好作用。为此，高校应积极为大学生提供入门、平台、专业的帮助，大学生应增强自己的主观能动性，共同为迎接中华传统文化全民传播时代做足准备。

关键词：大学生；中华传统文化；负面情绪；新媒体

一、选题分析

(一)调研是现实需要

一项关于当代大学生主要素质的调查表明，部分大学生的素质不能适应社会进步和发展的需要，最欠缺的是心理素质，具体表现为意志薄弱、缺乏竞争意识和危机意识、缺乏自信心、依赖性强等。脆弱的心理素质导致大学生难以调节自身负面情绪。为此，本课题从中华传统文化的角度，研究其对大学生负面情绪的调节作用。

(二)调研有积极意义

文化关乎人的幸福，文化是一种力量。在新的形势下，发展中华传统文化极为重要。中华传统文化的继承与创新已成为现阶段关注的焦点。文化是强国的必要力量，亦是一个国家的灵魂。因此，本小组致力于为中华传统文化的传播做出力所能及的贡献。

(三)调研依托实情分析

本小组课题开展极具优势。实践导师擅长文化类课题，可以给予本小组充分的理论指导和切实帮助；与被调查者同为大学生，能感同身受且便于交流；课题响应党的十八大报告中把建设社会主义文化强国作为全面建设小康社会的重要内容，顺势而为。

二、调研准备

（一）调研时间

2017 年 4—6 月。

（二）地点

青岛科技大学三大校区、中国海洋大学。

（三）对象选取

大学本科在校生。

（四）调查方案及具体实施

调查以问卷调查和访谈为主。通过网上问卷系统编辑发放问卷，收集全国各大高校大学生答卷；同时，选取特殊答卷样本收集点收集实体答卷样本。研究采用 MATLAB 软件进行数据处理和分析；从专业角度了解中华传统文化和大学生心理的切入点，设计访问提纲与青岛科技大学马克思主义学院副教授刘庆、国家二级心理咨询师邹亚平进行相关专业领域的访谈。

三、调研分析

（一）调查具体内容

1. 问卷设计

本调研采用笔者自编的《中华传统文化对大学生负面情绪的调节问卷（试行）》，该问卷由 3 部分组成。第一部分为心理测试，以趣味测试的形式使答卷者在放松心态的同时达到对其情绪状况初步测试的目的。第二部分为主体部分，通过三道中华传统文化试题对答卷者的文化水平进行测定，通过"存在的负面情绪""过激行为"和"常用调节方式"的相关提问对答卷者整体的负面情绪现状进行评估，通过"是否想过通过中华传统文化中的思想引导自身""对中华传统文化的态度""了解中华传统文化的形式"的相关提问对答卷者主观意向进行了解。第三部分为信息采集部分，在发布信息保证声明后采集答卷者性别、学校和学年的相关私人信息，为后期样本分类以更好研究变量间相关联系作铺垫。

本次调研通过网上问卷系统问卷星（https://www.wjx.cn）编辑发放问卷，收集全国各大高校的 244 名大学生为样本（详见表 1）。样本覆盖全面，具有较强的代表性和典型性。本次调研共回收有效问卷 233 份，有效回收率为 95.49%。同时选取青岛科技大学四方校区、青岛科技大学崂山校区和青岛科技大学高密校区、中国海洋大学为特殊答卷样本收集点，在上述 4 个校区各收集实体答卷样本 20 份。

本研究采用 MATLAB 软件进行数据处理和分析。18 道选择题的作答数据为测量学中定义的连续变量，可以采用 Descriptive Statistics 对数据进行描述性统计；同时被试量达到统计学要求，可以采用 Compare Means 对数据进行推断性统计。

表1　样本情况

变量		人数	占比/%
性别 （N=233）	男	92	39.48
	女	141	60.52
年级 （N=233）	一年级	25	10.73
	二年级	82	35.19
	三年级	38	16.31
	四年级及以上	88	37.71
来源渠道 （N=233）	手机提交	117	50.21
	互相问卷	110	47.21
	链接	5	2.15
	问卷推荐服务	1	0.43

2. 访谈设计

鉴于笔者团队才疏学浅，为从专业角度了解中华传统文化和大学生心理的切入点，特设计访问提纲对青岛科技大学马克思主义学院副教授刘庆、国家二级心理咨询师邹亚平进行相关专业领域的访谈。就"对中华传统文化的认识""中华传统文化中能很好调节脾性的内容"和"建议以何种方式把中华传统文化带进大学生心理"等中华传统文化相关问题访问刘庆副教授；就"对大学生心理素质状况的认识""负面情绪积压的大学生是否乐意寻求专业心理辅导""是否借用过中华传统文化引导学生心理"等心理健康相关问题访问邹亚平咨询师。

（二）调研数据分析

1. 大学生负面情绪现况

根据 233 位答卷者心理素质测试的结果，有 45 位大学生承受压力的心理素质较差，有 49 位大学生心理素质一般，有 139 位大学生心理素质很好，占比分别为 19.31%、21.03% 和 59.66%。总的来说，大学生心理整体风貌趋于积极健康，应对挫折能力和社会适应能力都较为理想。但仍存在不可忽视的大学生群体，其心灵脆弱，容易失去心理平衡。

如图1所示，就被调查大学生而言，其普遍存在焦虑（77.25%）、沮丧（63.95%）、悲伤（56.22%）等负面情绪，还存在一定程度的愤怒（47.64%）、嫉妒（43.35%）、痛苦（40.34%）、恐惧（39.91%）等负面情绪，只有 2.58% 的大学生自我评估为没有负面情绪。由此可见，负面情绪在广大大学生群体中广泛存在。但随着大学生心智的成熟，他们会主动尝试去控制调试自身的愤怒、嫉妒等情绪,避免这些情绪伴生的过激行为对他人造成消极影响和不良后果。

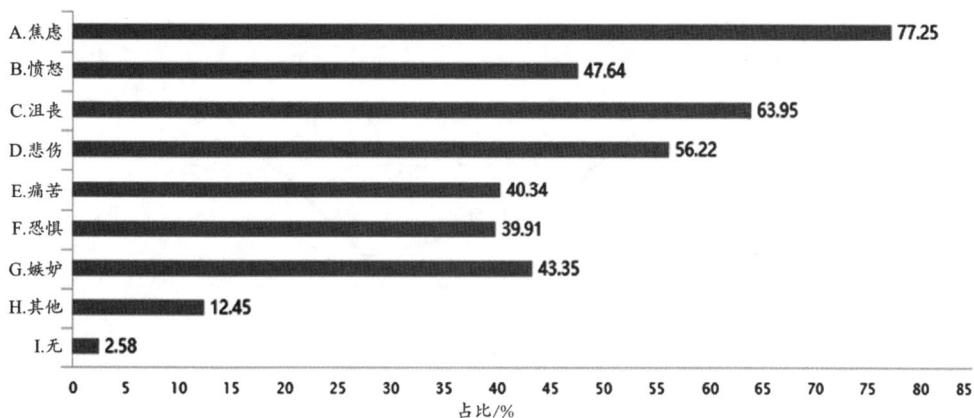

图1 对大学生负面情绪的调查结果

如图2所示,就大学生存在的过激行为而言,过半大学生均存在各式过激行为。大学生群体多通过口头形式如骂人、误导性消极言论来表达出自身产生的负面情绪,同样还存在造成不可控后果的斗殴闹事、公共场合起哄的行为,对他人造成财产、生理和心理损失,体现了其心智发展阶段的不稳定特征。

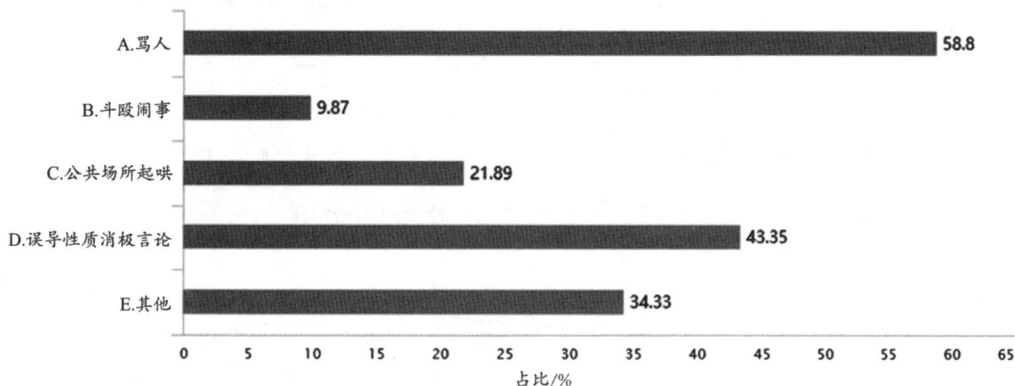

图2 对大学生过激形为的调查结果

2. 大学生心理状况发展趋势

就大学生情绪变化趋势,笔者以学年为自变量,研究它与心理测评得分、各项负面情绪和各项过激行为的发展关系,分别如图3、图4、图5所示。研究发现,大学生心理素质并非随学年或者年龄的增长呈简单线形发展,而是历经大二、大三两次跌落后在毕业季飞速回升。结合实际情况分析,大一心理素质实际处于"虚高"状态,其初入大学,满怀期待,注重新奇事物且多无家庭负担,因此表现出较积极心态。大二、大三的学生在历经与大学社会一年的磨合后,开始被动或主动地接触自己未来道路规划的问题、家庭长辈的压力。尤其大三学生在是考研还是就业的人生选择题上举棋不定,心理素质跌入谷底。大四及以上的学生在长达几年的精神压力后,历经考研或者就业求职的过程,心理素质屏障得到最终的固化,出现更稳定的高心理素质。

得分均值

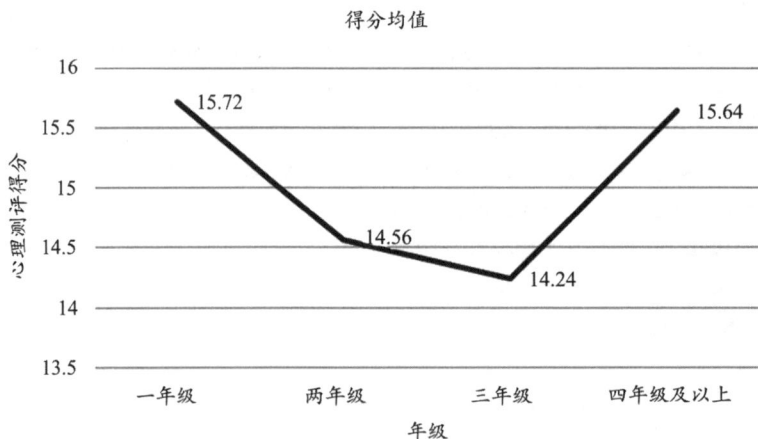

图 3 对不同年级大学生的心理测评得分

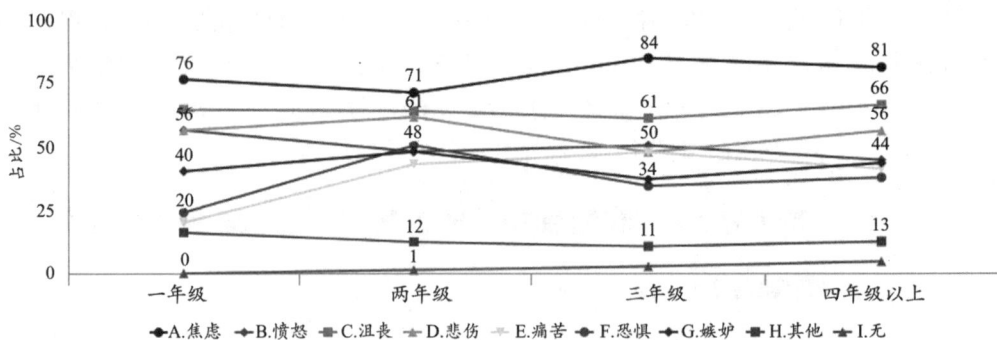

图 4 对不同年级大学生负面情绪的调查结果

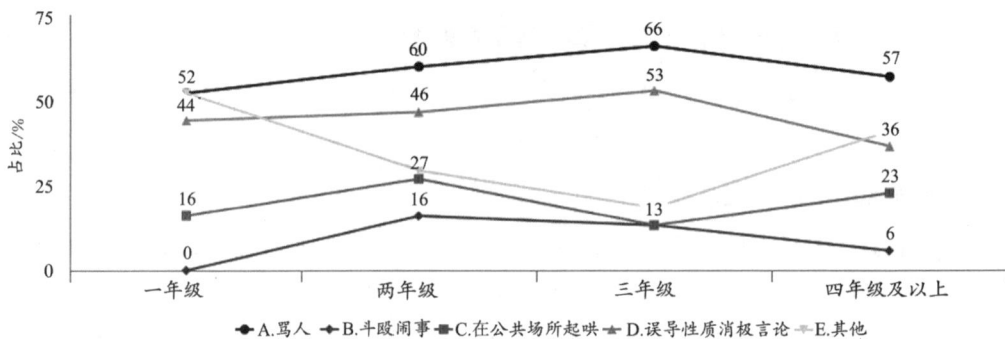

图 5 对不同年级大学生过激行为的调查结果

心理素质的波动虽然符合事物发展波浪式前进的普遍规律,且结果较为乐观;但若对在波谷时间段的学生任其发展、不加干预,则其极有可能因自身存在的负面情绪而停滞不前,产生消极后果。如任由焦灼于考研还是就业抉择的大三学生陷入纠结,其最终可能因为选错道路而懊悔终生；再如，任由大四学生对下届学生散发消极言论，其最终可能导致低迷情绪漫布整个学院学校。因此，积极了解大学生心理状况并及时施加外部力量干预具有重要意义。

3. 大学生调节自身负面情绪现况

大学生作为一个成年的独立个体，其本身有一定的自我调节能力。通过负面情绪调节方式的问题调研（结果详如图 6 所示），虽然不同性格的大学生对负面情绪有不同态度、采取不同措施，但其普遍倾向于通过独处沉思（66.09%）、找人倾诉（57.51%）、户外运动（45.49%）和游乐观影（37.77%）的方式来缓解自身负面情绪。不可否认，以上方式常见常用且直接有效，但仅仅是通过浅层次的注意力转移和情绪缓解的方式，不能从根源上根除负面情绪。常言道："书中自有颜如玉"。即便选择埋入书海的大学生，其多数也仅仅停留在看小说的浅层次，而不具更深刻意义。"寻求心理辅导"是较为科学的方式。各大院校均有专设的心理辅导机构和心理咨询师为大学生寻求心理帮助提供便利，但该方式是最不被大学生认同的，其所占比例（10.73%）是所有调节方式中最小的。这在一定程度上反映了大学生对心理辅导团体持有不重视、不信任的态度。

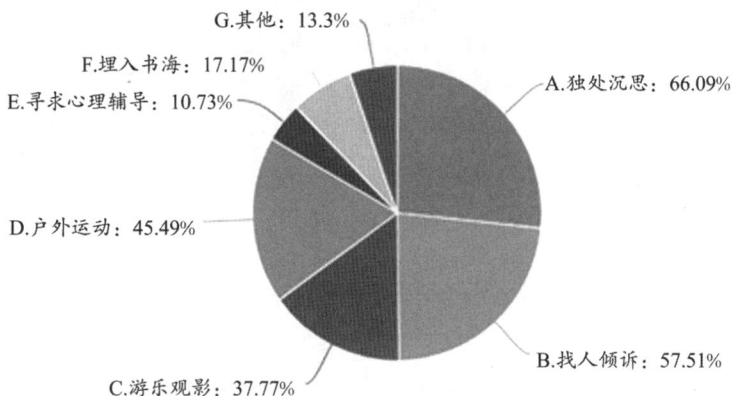

图 6　大学生对负面情绪调节方式

常用负面情绪调节方式不能做到长效、科学的调节方式不能深入学生群体，大学生负面情绪的调节现状似乎已达瓶颈。寻找一种新的因素，对大学生负面情绪进行积极干预成为亟待研究的课题。

4. 中华传统文化与负面情绪的切入点

本调研旨在评判中华传统文化能否成为调节大学生负面情绪的新因素，及其怎样有效地对大学生负面情绪进行调节。

根据英国人类学家爱德华·泰勒的定义，文化是"包括知识、信仰、艺术、法律、道德、风俗以及作为一个社会成员所获得的能力与习惯的复杂整体"。其中既包括世界观、人生观、价值观等意识形态的部分，又包括自然科学和技术、语言和文字等非意识形态的部分。中华传统文化的全称大概是传统的文化，其内容当为历代存在过的种种物质的、制度的和精神的文化实体和文化意识。

我国长达 5 000 多年的中华传统文化凝结着无数先贤的哲思与智慧,历经沧桑,洗尽铅华。虽然中华传统文化逐渐被有些人遗忘;但其作为世界公认的宝贵遗产正在被一些先见之士有限地继承传载着,并将融于现代文化,形成现代化意义上的中华传统文化。存在即合理,因此学习钻研中华传统文化、运用中华传统文化解决当下大学生负面情绪调适问题是完全有可能的。

在研究大学生对中华传统文化的态度时(结果如图 7 所示),笔者发现大学生对中华传统文化普遍认同,与现今弘扬中华传统文化的社会主流风尚相一致,只有 8.59% 的大学生可能存在叛逆求新心态,对中华传统文化持消极态度并采取不予理会甚至避而远之的态度。因此,基于大学生对中华传统文化的普遍认同态度,通过中华传统文化中的修心养性等内容对大学生的负面情绪进行调试更容易被大学生接受,也有更深远的影响与意义。

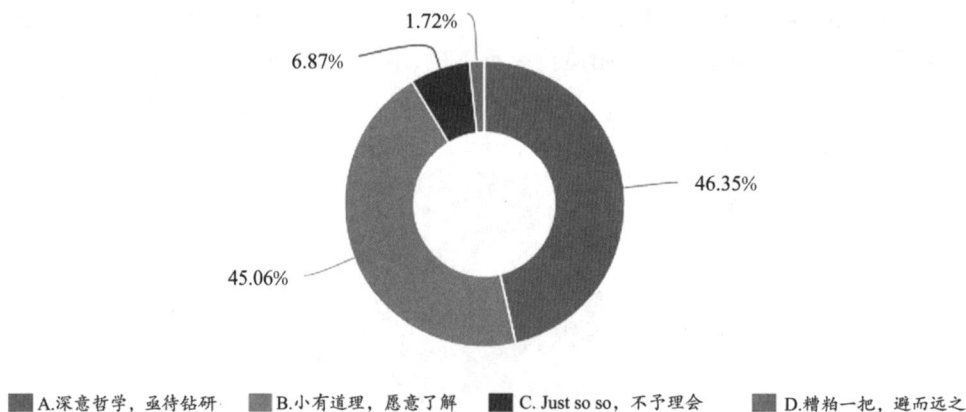

图 7　大学生对中华传统文化的态度的调查

■A.深意哲学,亟待钻研　■B.小有道理,愿意了解　■C. Just so so,不予理会　■D.糟粕一把,避而远之

在研究大学生对中华传统文化的态度及其对中华传统文化认识(通过 3 道中华传统文化相关试题正确率表征)的相关性时,笔者发现,对中华传统文化的态度越积极的大学生对中华传统文化的了解越深刻,即他们会有意识地去学习了解中华传统文化。但观察其负面情绪及调适状况时,笔者并没有发现这群人表征心理素质的心理测试题有明显得分优势。上述表明,他们在了解中华传统文化时只能做到非针对性的学习,而没有自发引导学以致用,不能把所学所悟应用到日常生活的情绪调试中。基于"是否想过通过中华传统文化中的思想引导自身"的问题也对此有所证明,尽管有 91.41% 的大学生对中华传统文化保持积极态度,但只有 64.81% 的大学生有过上述想法,进而推知把想法付诸实践的大学生更是屈指可数。

大学生认同中华传统文化,学习中华传统文化,也愿意以一定程度上去思考其对自身负面情绪的调适作用,而实际效果却微乎其微。这不是否定中华传统文化的作用,而是在引发这样一种思考:中华传统文化与大学生负面情绪链接的关键在于切入点的确立,当且仅当把大学生的负面情绪与中华传统文化的正面因素对接起来,才能最大限度地发挥中华传统文化的调适作用。

四、意见与建议

(一)利用中华中华传统文化调节负面情绪的必要性

大学生一方面负面情绪状况不容乐观,其伴生的过激行为影响消极;另一方面又对中华传统文化持积极肯定态度。因此,利用中华传统文化调节大学生负面情绪从大学生接受程度、可实行性、社会整体风尚等方面都具有逻辑理论基础,从而使该方式成为一种必要的尝试。

(二)中华传统文化调适方法路径的理论

现从文化角度就各个类型的文化对大学生负面情绪调节的定性定量分析,中华传统文化从文化的内在逻辑层次上可分为物态文化、心态文化、行为文化和制度文化四个层次。虽然其四个层次相互交融相互影响,但直观来看,心态文化作为直接引导因素将会对大学生负面情绪的调节起最大的直接影响,其次是通过物态文化和行为文化表现出来的潜在的心态导向,最后是表现人类在物质生产过程中所结成的各种社会关系的总和的制度文化。根据抓住主要矛盾的思想,大学生应积极了解心态文化为主的中华传统文化,辅以物态文化和行为文化,即重点感悟中华传统文化的思想内涵,通过文字、语言和六艺(礼、乐、射、御、书、数)等外在形式对思想内涵进行切实体味。

目标既已确立,就此再进行学习了解中华传统文化方式的研究。基于大学生对中华传统文化了解方式的推崇倾向(调查结果如图7所示),发现多数大学生推崇个人自觉自行(63.38%)、新型媒体创意(61.50%)和阅读推广活动(60.09%)的主动选择形式;而针对院校统一教育(40.85%)的被动选项,存在一定程度的反抗心理。答卷群体也有提供网络征文、参观历史遗迹、电影宣传等建设性意见。由此可知,大学生重视自主选择权,更愿意在多重中华传统文化的推广活动中选择自己兴趣所在。在中华传统文化的推广过程中,不应该有强制性因素,而应该通过中华传统文化推广活动的多样性增加大学生主动参与的概率。如"曲艺文化进校园"系列活动,梧州市开展该试点不到三年,不仅带回一大批老观众,还俘获了一大批小戏迷。另有山东于2016年底启动传统工艺振兴计划、山东省艺术研究院主办"两夹弦、聊斋俚曲学术研讨座谈会"等活动,都在社会造成较大反响,且对大学生群体具有积极引导作用。

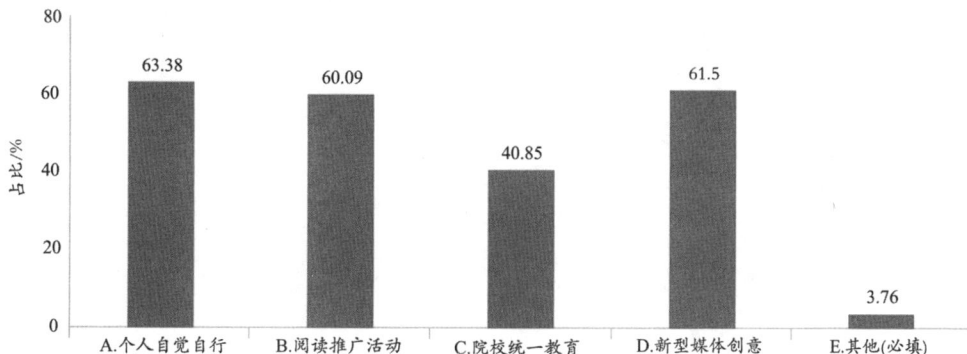

图8 大学生对中华传统文化了解方式的推崇倾向

（三）新媒体在中华传统文化调适过程的作用

中央实施的"中华优秀传统文化传承发展工程"的重点要求之一即是旨在形成全社会共同参与的生动局面。全民传播中华传统文化，正是让公众直接关注、参与中华优秀传统文化的传承和发展的有效途径。在该途径中，掌握先进思想与技术的大学生不仅是中华传统文化传播过程中的受体，而且有能力对非遗等中华传统文化事象和艺术表现形式进行摄影、摄像、录音等，记录所得的海量素材通过科学、便利的渠道，可以为中华文化的传承与远播提供与互联网渠道相匹配的资源库，成为构建开放共享的中华文化资源公共数据平台的重要组成部分。

尽管设想可行，但目前处在发展阶段的新媒体呈现出与期望背道而驰的现况。以微博为例，其因传播成本低、关注群体特殊、传播缺乏监督、谣言快速增长等原因成为负面情绪传播的大型平台，对大学生负面情绪造成严重影响。以微博为代表的新媒体，也成为重点监控对象。

综上所述，迎接这样一个全民参与中华传统文化的记录、传播的时代，我们还有很多工作要做。在《光明日报》报道的题为《做好准备 迎接传统文化全民传播时代》的文稿中，就为此从宏观调控工作方面作出总结：一是提供入门指南，二是整合共享平台，三是引进专业管理。这引发了笔者在学校管理工作方面的几点想法：一是学校通过开设相关选修课、活动推广等方式为学生了解传统心态文化提供入门指南；二是学校定期开设相关竞赛、监督网建部整合出校级或校联的中华传统文化网络展示和共享平台；三是组建或引进中华传统文化推广部门，通过专业学习有针对地提出建设性意见。大学生有能力自主开展的以新媒体平台来传播中华传统文化的形式日益增多。除积极参与学校组织工作，有觉悟的大学生也可以通过网络直播等形式，在促进文化传播、积极引导同龄人方面多做贡献。

（指导教师：陈乐）

大学生日常消费与合理理财情况调查

物联 151　赵慧文（组长）　刘美芹　衣丽萍　张燕　高萌

物联 152　王西贤　田鲁嘉　史　雨　郑言瑞

摘　要：在经济迅速发展的当今社会，大学生对社会发展所起的重要作用是显而易见的。与此同时，大学生的消费现状也是社会普遍关注的问题。由于大学生在大学期间形成的消费观念和理念会对他们步入社会后的生活和消费观念产生深远影响，因此我们从生活费来源、生活费用途、生活费数目、投资理财状况、大学生对理财的看法和建议等方面着手，面向青岛科技大学校园内的大学生展开问卷调查。

关键词：校内大学生；日常消费；消费心理；合理理财

一、选题分析

（一）立论依据

随着社会经济的快速发展，大学生作为一个特殊消费群体正受到越来越多的关注。由于大学生年龄较小、社会经验少、群体特别，他们有着不同于社会其他消费群体的消费心理和行为。一方面，他们有着强烈的消费需求；另一方面，他们尚未消费独立，消费受到很大的制约。其消费观念直接影响着他们价值观的树立与发展，进而对他们的品德行为产生重要的影响。当代大学生是未来社会建设的栋梁，引导他们继续保持艰苦朴素、勤俭节约的消费观念，反对奢侈浪费、盲目攀比、过高消费等不良消费风气，加强大学生健康的消费观念的培养与塑造，有着很重要的意义。

理财作为一种技能被越来越多的人所了解。在今后的社会中，理财也将作为一种不容小觑的能力，体现在经济生活中的方方面面，与我们的生活息息相关，并在当前构建节约型社会的大环境下具有非常重要的意义。这既是当前大学生们共同关注的课题，也是教育部以及全社会都必须重视的课题，对大学生正确的人生观、价值观的培养起到积极重要的作用。

（二）调研目的

（1）了解大学生基本消费状况，包括调查研究大学生消费结构、消费倾向与消费心理等。

（2）掌握大学生经济能力、消费层次。

（3）调查大学生理财意识与理财观念。

（4）结合消费特点对大学生理财观念做出分析统计。

二、调研准备

（一）调研时间

2017年4月1—22日。

（二）地点

青岛科技大学崂山校区校园内（餐厅、图书馆、教室、宿舍等校内场所）。

（三）对象选取

青岛科技大学崂山校区全日制在校大学生。

（四）调查方案及具体实施步骤

（1）2017年4月1日，通过小组讨论的形式确定本次活动的调查主题为"大学生日常消费与合理理财情况调查"。

（2）2017年4月6日，以小组讨论的形式开展调查活动的策划案以及PPT的制作，并且设计调查问卷。

（3）2017年4月8日，以课堂答辩的形式展示小组的策划案以及问卷调查表，明确不足之处。

（4）2017年4月14日，以小组讨论的形式对策划案进行修改。

（5）2017年4月15日—17日，在图书馆、教室、餐厅、操场等人员相对比较密集的地方对青岛科技大学的学生进行调查问卷的随机发放，并在规定时间内将完成的问卷进行回收。

（6）2017年4月18日—19日，进行数据分析和整理。

（7）2017年4月20日—22日，撰写调查报告。

三、调研分析

（一）调查具体内容

2017年4月8号，小组成员开始了此次社会调研实践活动。本次调查采用随机发放问卷的形式，在青岛科技大学校园内部的不同地点针对在校大学生发放问卷。

为充分了解青岛科技大学学生的日常消费及理财观念的现状，小组采取匿名问卷调查的方式，共发放问卷100份，回收问卷100份，其中有效问卷98份。（无效问卷出现的原因:同学不认真回答问题、应付,可能是出于恶作剧等心理,该同学把生活费来源写为"要饭",因此我们断定这是一份无效的问卷;另外一张问卷是由酒店管理学院的学生作答的,所以也是无效问卷。)在有效问卷中,男女生人数分别为54人和44人,占比分别约为55.10%和44.90%。大一、大二、大三、大四人数分别为27人、53人、16人、2人,占比分别约为27.55%、54.08%、16.32%、2.04%。传播与动漫学院、法学院与马克思主义学院、机电学院、信息学院、经管学院、艺术学院、自动化学院、数理学院、体育学院、外国语学院、中德学院的人数分别为9人、3人、10人、41人、8人、8人、3人、7人、1人、4人、4人,占比分别约为9.18%、3.06%、10.20%、41.84%、8.16%、8.16%、3.06%、7.14%、1.02%、4.08%、4.08%。

(二)调研数据分析

由于本次问卷总数相对较大,加之不同年级、性别、年龄、学院的学生消费情况可能会有所差别,因此将调查结果按照性别、年龄、年级、学院(按照调查问卷的顺序)4个类别进行分类汇总分析。问卷中A、B、C、D 4个选项分别对应月生活费1 000元以下、1 000～2 000元、2 000～3 000元、3 000元以上。分析结果如下。

1. 问题1

(1)在性别方面,男女差别不是很大,每个月的生活费总体都集中在1 000～2 000元。
(2)不同年龄的答题情况如表1所示。

表1　不同年龄的答题情况

年龄/岁	选择该选项人数/人			
	A	B	C	D
18	1	4	0	2
19	3	18	2	1
20	11	23	7	0
21	6	14	3	0
22	2	2	0	0

由表1分析可知以下几点。

① 18岁学生中,月生活费在1 000～2 000元的占比最多,约为57.14%;其次为3 000元以上;而2 000～3 000元占比为0。但结果也可能存在一定误差,因为18岁的学生较少。② 19岁学生中,月生活费在1 000～2 000元的占比最多,约为75%;其次是1 000元以下,约为12.5%;3 000元以上的最少,仅约为4.17%。③ 20岁学生中,月生活费在1 000～2 000元的占比最多,约为56.10%;其次为1 000元以下,约为26.83%;3 000元以上最少,占比为0。④ 21岁学生中,月生活费在1 000～2 000元的占比最多,约为60.87%;其次为1 000元以下,约为26.09%;3 000元以上最少,占比为0。⑤ 22岁学生中,月生活费在1 000元以下和在1 000～2 000元的占比相同,均为50%;2 000元以上的没有。

从上述分析可以看出,大部分学生月生活费为 1 000～2 000 元,过度消费情况不是特别严重;而且年龄越大的同学平均生活费越低,说明了随着年龄的增长,同学们越来越懂得合理消费的重要性。

(3)不同年级的答题情况如表 2 所示。

表 2　不同年级的答题情况

年级	选择该选项人数/人			
	A	B	C	D
大一	5	19	2	1
大二	14	34	5	1
大三	3	8	4	1
大四	1	0	1	0

由于问卷数量只有 100 份,且目前大四学生在校生较少,因此按照选项分类纵向分析不同消费金额下不同年级的学生数量具有较大误差,所以只针对每一年级内部展开横向分析,分析结论如下。

①大一到大三年级的学生中,月消费为 1 000～2 000 元的占比最大,说明这 3 个年级学生过度消费情况不是特别严重,大部分同学的月消费额在正常范围内。②由于填写问卷的大四学生不多,且调查结果误差较大,因此不具有普遍的调查意义,对此年级的月消费水平不做具体分析。③学院方面,各个学院之间差异性不大,消费金额为 1 000～2 000 元较普遍。

从上述 4 个方面的分析中可以发现,大多数同学的月消费额在 1 000～2 000 元之间,由此可以看出大学生消费情况较为合理,出现过度消费的行为较少。

2. 问题 2

①性别方面差别不是很大,无论男女生大部分人的生活费来源由父母提供,其次是来自课余时间兼职。②年龄方面,大部分同学的生活费来源均为父母提供,其次为课余时间做兼职。③年级方面,四个年级大部分同学每个月的生活费来源于父母提供的资金,课余做兼职、勤工助学、拿奖学金所占比重依次降低。④学院方面,差异性不大,大多是父母提供,少部分是课余做兼职、勤工助学和奖学金。

在这 4 个分类的基础上不难看出大多数大学生的消费资金都由父母提供,体现出当代大学生经济独立意识的薄弱以及想实现经济独立与现实生活中实现困难之间的矛盾。

3. 问题 3

该题为排序题,在年龄、年级和学院分类上没有太大区别,但在性别上的差别比较明显,有如下区分。

①在消费项目方面,男生消费比重依次为:数码电子产品＞伙食＞恋爱消费＞日常交际＞服饰与美容＞娱乐与旅游＞学习用品＞交通、通讯。②在消费项目方面,女生消费比重依次为:伙食＞服饰与美容＞娱乐与旅游＞数码电子产品＞恋爱消费＞日常交际＞学习用品＞交通、通讯。

4. 问题 4

问卷中 A、B、C、D 4 个选项分别对应每月在学习方面的花费为 50 元以下、50～100 元、100～300 元、300 元以上。

(1) 在性别方面，男女生每月在学习方面的花费在 50 元以下和 50～100 元。

(2) 在年龄方面差别不是很大，大部分学生在学习方面的花费在 50～100 元，其次是 50 元以下，极少同学在学习方面的花费超过 300 元。

(3) 年级方面，4 个年级大部分学生在学习方面的花费为每月 50～100 元，50 元以下次之，花费 100 元以上在学习方面的学生数量相对较少。

(4) 不同学院的答卷情况如表 3 所示。

表 3 不同学院的答卷情况

选择该选项人数/人	学院										
	传动	法马	机电	经管	数理	体育	外语	信息	艺术	中德	自动
A	4	1	3	5	1	0	1	14	1	1	1
B	3	1	5	2	5	0	2	15	2	3	0
C	1	0	3	1	1	1	1	8	3	0	1
D	1	1	0	1	0	0	0	3	2	0	0

由表 3 分析可知，传动学院、机电学院、信息学院的学生每月花费大部分为 50～100 元，学习意识较高；艺术学院大部分为人 100 元以上，因为其日常学习资料为消耗品。

从以上 4 个方面的分析中可以看出当代大学生每月用于学习方面的花费很少，这也从侧面反映出大学生对于学习的不积极态度以及学业的不重视。

5. 问题 5

(1) 不同性别的答卷情况如表 4 所示，A、B、C、D 4 个选择分别为完全不够用、勉强可以支撑、刚刚够用、足够用。

表 4 不同性别的答卷情况

性别	选择该选项人数/人			
	A	B	C	D
男	2	8	27	13
女	1	14	14	15

由表 4 分析可知，在男生中，大部分同学认为目前的生活费刚好够用；而女生只有极少数人认为完全不够用，可见女生花费相对男生比较节省。

(2) 在年龄方面没有太大差别，大部分同学认为目前的生活费情况是刚刚够用，极少数同学认为目前的生活费完全不够用。

(3) 在年级方面，大一、大二、大三三个年级大部分学生都认为目前的生活费勉强可以支撑。由此可以粗略地得出结论，目前大学生没有掌握合理理财的方法。由于参与问卷调查的大四学生数量较少，误差较大，因此对此年级的消费情况看法不做分析。

结合以上4个方面的分析,可以看出在生活费使用情况这方面,主要是男女生之间存在差别,男生月消费总额普遍比女生多,这一结论在情理之中。

(4)各学院的答题情况如表5所示。

表5 各学院答题情况

选择该选项人数/人	学院										
	传动	法马	机电	经管	数理	体育	外语	信息	艺术	中德	自动
A	0	0	0	1	0	0	0	2	0	0	0
B	0	1	2	3	2	1	1	12	1	0	0
C	7	2	6	2	7	0	0	15	3	3	1
D	2	0	3	3	0	0	3	12	4	1	1

由表5分析可知,经管学院和信息学院的部分学生生活费不够用,理财意识不够强;其他学院的学生都有一定的理财意识。

6. 问题6

(1)不同性别的答题情况如表6所示,A、B、C、D 4个选项分别对应从不后悔、偶尔后悔、经常后悔、总是后悔。

表6 不同性别的答题情况

性别	选择该选项人数/人			
	A	B	C	D
男	7	34	7	0
女	13	30	8	0

由表6分析可知,大部分人都很少对买过的东西感到后悔,而女生经常后悔的人数多于男生,可见男生消费较女生稍微理性一些。

(2)在年龄方面,大部分学生很少有为买过的东西后悔过的情况,还是合理理性消费占绝大多数。

(3)在年级方面,所有年级(大四年级不做分析)的大多数学生很少有为买过的东西后悔,这说明目前大学生消费时比较理智,懂得购买自己喜欢的物品。

(4)各学院的答题情况如表7所示。

表7 各学院的答题情况

选择该选项人数/人	学院										
	传动	法马	机电	经管	数理	体育	外语	信息	艺术	中德	自动
A	2	0	2	2	1	0	0	7	3	3	1
B	6	2	5	4	6	1	2	28	4	0	0
C	1	1	4	3	0	0	2	6	1	1	1
D	0	0	0	0	0	0	0	0	0	0	0

由上表分析可知,传播与动漫学院、机电学院、经管学院、数理学院、信息学院、艺术学院、中德学院、自动化学院的部分学生会有买东西后悔的现象,不够理性消费;法学院与马克思主义学院、体育学院学生消费意识较好,能理性消费。

7. 问题7

(1)在性别方面,差别不是很大,男女生消费都是总体在计划中。

(2)在年龄方面,大部分同学花钱总体在计划中,只有少部分同学花钱完全在计划中和毫无计划。

(3)在年级方面,可以看出,所有年级(大四除外)大多数学生对于每月的花钱总体在计划当中,只有少部分学生花钱毫无计划,由此可以说明当前大学生尚有理财意识。

(4)各学院的答题情况如表8所示,A、B、C、D 4个选项分别对应完全在计划中、总体在计划中、偶尔计划、毫无计划。

表8 各学院的答题情况

选择该选项人数/人	学院										
	传动	法马	机电	经管	数理	体育	外语	信息	艺术	中德	自动
A	1	0	3	2	0	0	1	4	0	0	0
B	6	1	2	4	3	0	1	24	5	4	1
C	1	2	3	1	2	1	2	9	2	0	0
D	1	0	3	2	2	0	0	4	1	0	1

8. 问题8

(1)在性别方面差别不大。关于社会一般的消费倾向,大部分人都比较赞同兼顾实惠与高标准。

(2)在年龄方面,大部分同学关于社会一般的消费倾向,选择兼顾实惠与高标准,选择尽量追求高标准的同学最少,说明大多数同学的消费为合理理性消费。

(3)不同年级答题情况如表9所示。A、B、C、D 4个选项分别对应以经济实惠为主、兼顾实惠与高标准、尽量追求高标准、看心情。

表9 不同年级答题情况

选择该选项人数/人	年级			
	大一	大二	大三	大四
A	7	14	3	0
B	15	25	6	0
C	0	4	7	0
D	5	11	1	2

由表9可以得出以下结论。

①对于大一和大二来说,这两个年级大部分学生消费时倾向于兼顾实惠与高标准这一项。

②对于大三学生来说,尽量追求高标准消费倾向的学生在该年级所占比例大一些。

由此说明,大一、大二学生消费时较为理智,大三学生追求高标准时应该注重实惠方面,从而有利于他们在大学生活中合理理财和适度消费。

(4)各学院的答题情况如表 10 所示。

表 10　各学院的答题情况

选择该选项人数/人	学院										
	传动	法马	机电	经管	数理	体育	外语	信息	艺术	中德	自动
A	1	0	1	0	1	0	0	15	3	3	0
B	2	3	5	7	2	1	3	19	2	1	1
C	4	0	2	1	1	0	0	1	1	0	1
D	2	0	3	1	3	0	1	7	2	0	0

由表 10 分析可知,对于社会一般的消费倾向,法学院与马克思主义学院、机电学院、经管学院、体育学院、外国语学院、信息学院的学生多数赞同兼顾实惠与高标准;艺术学院、中德学院的学生多数赞同以经济实惠为主;传播与动漫学院的学生多数赞同尽量追求高标准;数理学院的学生多数赞同看心情;说明除数理学院的学生外,其余学院的消费意识都比较好。

9. 问题 9

(1)性别方面,男女生大部分都不记账或大概记账。

(2)在年龄方面,大部分同学都没有记账的习惯,都选择不记账。

(3)不同年级的答题情况如表 11 所示。A、B、C 3 个选项分别对应大概记账、坚持记账、不记账。

表 11　不同年级的答题情况

选择该选项的人数/人	年级			
	大一	大二	大三	大四
A	4	7	3	0
B	11	24	2	0
C	12	23	11	2

由表 11 可以得出以下结论。

①大一和大二两个年级的学生大概记账和不记账所占的比例相差不大,但均大于坚持记账人数所占的比例。

②大三大部分学生没有记账的习惯。

由此说明,当前大学生不能做到坚持记账,这一现象可能与大学生活中消费杂乱有关,当然也反映出了还是有一部分同学有较强的理财意识。

③不同学院的答题情况如表 12 所示。

表 12　不同学院的答题情况

选择该选项人数/人	学院										
	传动	法马	机电	经管	数理	体育	外语	信息	艺术	中德	自动
A	2	0	2	1	0	0	1	5	2	1	0
B	1	0	3	4	4	1	2	16	3	2	1
C	6	3	6	4	3	0	1	20	3	1	1
D	0	0	0	0	0	0	0	0	0	0	0

由表 12 分析可知,传播与动漫学院、法学院与马克思主义学院、机电学院、信息学院、经管学院、艺术学院、自动化学院的同学大部分不记账;数理学院、体育学院、外国语学院、中德学院大部分大概记账不明确;大家的记账意识都不强,大部分学生不能坚持记账。

10. 问题 10

(1)在性别方面差别不大。在男女生中,不做特定的处理的同学占比最高。

(2)在年龄方面差别不大。大部分同学关于如何处理每月结余的钱都选择不做特定的处理,选择用于股票、基金等投资的同学最少。

(3)在年级方面,所有年级(大四除外)中大部分学生处理每月结余的钱的方式为不做特定处理,这说明当前大学生消费观念中兴趣爱好对于消费方向的影响很大。

(4)不同学院的答题情况如表 13 所示。A、B、C、D 4 个选项分别对应没有结余,不做特定的处理,存入银行,用于股票、基金等投资。

表 13　不同学院的答题情况

选择该选项人数/人	学院										
	传动	法马	机电	经管	数理	体育	外语	信息	艺术	中德	自动
A	1	2	4	3	1	1	1	5	2	1	0
B	6	1	4	4	6	0	2	16	3	2	1
C	2	0	2	1	0	0	1	20	3	1	1
D	0	0	1	1	0	0	0	0	0	0	0

由表 13 分析可知,传播与动漫学院、机电学院、数理学院、外国语学院、艺术学院、中德学院、自动化学院大部分学生对每月结余的钱不做特定处理,法学院与马克思主义学院、经管学院、体育学院学年在如何处理每月结余的钱方面,大部分没有结余;信息学院学生则大部分存入银行,理财意识比较好;除信息学院之外,大部分同学对于花钱及剩余的钱的处理显示出没有比较明确的理财意识。

11. 问题 11

(1)在性别方面差别不大。在男女生中,关于大学生理财的首要目标,选择合理花钱的占比最多。

(2)在年龄方面差别不大。关于大学生理财的首要目标,大部分同学都选择了合理花钱,选择盈利的同学最少。

(3)在年级方面,除大四除外,大部分学生理财首要目标是合理花钱,这说明当前大学生能够正确看待合理理财对于规划大学生日常消费的积极作用。

(4)不同学院的答题情况如表 14 所示。A、B、C、D 4 个选项分别对应盈利、合理花钱、培养财商、无规划。

表 14　不同学院的答题情况

选择该选项人数/人	学院										
	传动	法马	机电	经管	数理	体育	外语	信息	艺术	中德	自动
A	0	0	0	0	1	0	0	1	1	0	0
B	6	2	9	4	4	1	4	34	5	4	1
C	3	2	0	4	2	0	0	4	2	0	0
D	0	0	2	1	0	0	0	2	0	0	1

由表 14 分析可知,大部分学院的学生认为应当合理花钱,法学院与马克思学院、经管学院还认为可以培养财商,对钱有更深刻的认知。

12. 问题 12

(1)在性别方面差别不大。在男女生中,关于理财软件的使用,大部分同学选择余额宝。

(2)在年龄方面差别不大,关于理财软件的使用,大部分同学选择余额宝。

(3)在年级方面,除大四除外的大部分学生使用过最多的借贷软件为借贷宝。这说明借贷软件在大学生消费中占据一定比重,同时也为大学生消费预支提供了一种新的方式。

根据调查结果,关于理财软件的使用,大部分同学选择余额宝;数理学院、信息学院自动化学院有部分同学没用过借贷软件,能合理消费,钱够花。

13. 问题 13

(1)在性别方面差别不大。在男女生中,关于在某项消费时考虑最多的因素,大部分同学选择商品的质量。

(2)年龄方面差别不大。关于在某项消费时考虑最多的因素,大部分同学选择商品的质量,选择商品的档次的同学最少。

(3)在年级方面,除大四外,大部分学生在某项消费时考虑最多的因素为商品质量,这说明当前大学生消费观与实际相结合,具有现实意义。

(4)各学院学生差别不大,大家进行消费时考虑最多的因素大部分为商品质量。

14. 问题 14

由于该题为开放性题目,因此对本题结果不做定量分析,仅从主观上进行定性分析。分析结果:绝大多数同学对于大学生理财提出的建议和看法是避免盲从、合理消费。这一结果也说明目前大部分大学生具有正常的消费心理。

（三）综合分析

1. 从性别方面来看

由本次调查数据可知，大部分男女生日常消费比较合理，理财方式多元化。但也有少数同学消费过度且经济来源单一，其中男女生相差无几。但是由于本次调查问卷调查的男生人数明显多于女生，结果可能存在一定误差。

建议男女生都应该提高理财意识，增加经济来源渠道，争取不过度依赖父母。

2. 从年龄方面来看

从本问卷的综合调查情况来看，同学们的日常消费和合理理财情况还是比较理性的。年龄方面差异比较大的情况集中在每月生活费数目、每月在学习方面的花费和用过的软件几个方面。

3. 从年级方面来看

从本次调查问卷总体来看，年级差异较为明显的主要表现在以下几个方面。第一，每月的生活费金额：大一、大二两个年级大部分学生每月生活费在1 000～2 000元，大三学生生活费在2000元以上的占比比大一、大二高。第二，每月消费领域排序：对于恋爱和游玩方面的消费投入，大一到大三呈现下降趋势；对于学习方面，则呈现明显上升趋势。第三，消费倾向的不同：大一、大二大部分学生倾向于消费时主要考虑物品是否经济实惠且高标准，而大三学生在尽量追求高标准这一消费倾向的占比相对大一、大二较大。第四，记账方面：大一、大二同学中有近一半的同学大概记账，也有接近一半的人不记账，而大三学生不记账的现象较为普遍。

4. 从学院方面来看

每个学院学生的理财观念都不同，有好的方面，也有差的方面，各有优点和缺点。总体来说，法学院与马克思学院、经管学院的学生理财观念比较不错。建议学校可以开设理财的课程，提高学生整体的理财观念。

四、意见与建议

（一）学校层面

1. 引导大学生合理消费和理财

大学生的人均消费水平不是很高，生活费来源比较单一，基本上生活费都是由父母提供，所以对于大学生的合理消费和理财，各高校只能采取引导的方式，利用学校的各种传播媒介采取启发诱导方式，潜移默化地培养学生合理消费和理财的观念。

2. 增强大学生的自我约束能力

大学生未入社会，阅历简单，生活经验匮乏，比较缺乏定力和意志力，因此极容易受到外界的干扰和影响，容易上当受骗。学校要在此方面注重培养大学生的自我管制和约束的能力,合理借贷、合理理财、合理消费、合理分配。

(二)从学生个人层面提出建议

1. 加强对自身的约束力,养成正确的理财观

大学生作为刚离开父母、但又未真正进入社会的群体,消费和理财意识在某种程度上并不完全合理,因此,大学生应该多对自身的消费情况进行合理的规划,避免冲动消费以及一些不必要的消费。同时,养成记账的习惯,增强自我消费意识,加强自我约束能力,养成合理正确的理财观。

2. 量入为出,适度消费,拒绝盲从,拒绝攀比

经济来源主要来自家庭的同学也应该为家庭经济考虑,消费不应超过自己家庭的经济承受能力,杜绝攀比,购买东西时要充分考虑自己是否需要,要做到节俭为主;同时作为一个成年人,有必要为自己的消费买单,可以多利用课余时间做兼职,争取经济独立;另外,坚持绿色消费、可持续发展,当用不省,当省不用。

(指导教师:戴雪丽)

大学生国家认同状况调查报告

机械中德 153　张先东(组长)　杜义然　李迎港

邢成栋　肖子建　姚方昊　赵华泽

摘　要: 国家认同是个政治概念。国家认同是一个国家的公民对自己归属哪个国家的认知以及对这个国家的构成,如政治、文化、族群等要素的评价和情感。对大学生国家认同感的调研,旨在树立一种新的大国公民意识——开放、自信、独立与文明,诠释国与家概念的不可分割性、国家与个人的息息相关性,弘扬家国情怀。同时,重视民族文化、传统文明,对爱国主义教育起到起承转合的作用。它检验当代大学生能否做到关心国事、正确解读而非妄议国家政策,并且考量大学生的国民意识和责任意识。

关键词: 文化认同;历史认同;政治认同;民族认同

一、立论分析

(一)立论依据

当代大学生在全球化的浪潮中,或多或少迷失了方向,国家认同感较为淡薄。为数不少的大学生整日沉浸在自己的小世界里,如看小说、玩网络游戏、追星等,导致新闻频道在各个大学校园里收视率最低,而各类娱乐节目,如体育赛事、选秀节目却靡然成风。他们对中华民族的 5 000 多年文明历史,甚至是传统节日知之甚少,却对各种花边新闻、综艺节目等津津乐道。此外,他们还倾向于出国深造,向往国外的生活;他们喜欢欧美大片,却忽视中国电影人的努力和进步;他们更愿意购买进口的数码产品,如苹果手机等;他们能理解出国后滞外不归的留学生,却以偏概全地认为"愤青"的爱国方式太过火,抵制日货是狭隘的民族主义;等等。因此在这种形势下,我们需要对大学生的国家认同感进行调查,并提高大学生的国家认同感。

(二)调研目的

大学生是国家的未来,因此大学生的国家认同感尤为重要,大学生的国家认同感对国家的凝聚力有着重要的意义。所以,我们希望通过此次调查,清晰地认识大学生对国家认同的现状。

二、调研准备

(一)调研时间

2017 年 5 月 10 日至 6 月 4 日。

(二)调研地点

青岛科技大学。

(三)调查对象

青岛科技大学的在校大学生。

(四)调查方案

1. 明确调查主题

大学生国家认同状况调查。

2. 设计调查问卷

以调查问卷的方式,于 2017 年 5 月 10 日—6 月 4 日,在青岛科技大学内对在校大学生进行调查。问卷从 4 个方面,即政策认同、文化认同、历史认同、国家认同设置问题。问题兼顾了概念理论和具体当下社会的热点,以便对大学生的国家认同状况得出一个立体的结论。

3. 分配调查工作量

由杜义然和张先东制定具体的策划方案,提供统筹规划;赵华泽负责图书馆查阅相关资料和上网搜索相关文章,提供理论支持;李迎港负责设置问卷"政治认同"部分的问题;邢成栋负责设置问卷"文化认同"部分的问题,肖子建和张先东负责设置问卷"历史认同"部分的问题,姚方昊、杜义然和赵华泽负责设置问卷"民族认同"部分的问题。邢成栋、杜义然、肖子建负责问卷的发放及回收;李迎港和杜义然负责撰写调研报告的立论分析和调研准备,邢成栋、肖子建、姚方昊负责调研报告的数据分析,张先东负责根据数据得出的结论,撰写调研报告的意见与建议。

4. 预期结果

大多数大学生富有爱国精神,有强烈的国家认同感;存在少部分大学生对自己的祖国认识不正确,或者存在误解。

5. 实施保障

组员的调查活动大都在校园内完成,保证了组员的安全;严格规定时间,不耽误组员的学习;认真统计数据,确保数据的精确。

三、调查数据分析

（一）大学生政治认同状况分析

以下是针对大学生政治认同程度提出的问题。

1. 您认为现行的雾霾治理措施与我们有关吗？

A. 有关　　　　　　B. 无关

2. 您认为有关雾霾天气知识普及、相关防护措施或相关治理方案的宣传有没有必要？

A. 有必要　　　　　B. 中立　　　　　C. 没必要

3. 您是否支持现行的单独二孩政策？

A. 支持　　　　　　B. 中立　　　　　C. 反对　　　D. 无所谓

4. 您之前对取消长途漫游费的政策有了解吗？

A. 详细了解　　　　B. 略有耳闻　　　　C. 没听说过

问卷中涉及大学生政治认同状况的题目占25%。我们选取了当下比较热门的几个国家政策来对大学生进行调查，比如"单独二孩"政策、涉及社会福利的取消长途漫游费政策。调查结果显示，大学生对于国家政策有基本了解，能够知晓国家政策的基本内容，并且对于国家政策都有自己的看法与观点。大多数大学生都能够将自己的日常学习生活与国家政策紧密地联系起来，当作是与自己息息相关的事情，在生活中也积极地实行、监督。但是值得注意的是，仍有少数大学生对于国家的部分政策完全不知情。这说明在我国大学生群体中还是存在一些同学不了解国家政策，对国家政策漠不关心。这些同学应当提高对国家政策的关心程度，积极地了解国家政策。这将有助于提高大学生对国家发展的了解，促进国家政策的实行。如果是因为信息获取渠道受局限，不能接收最新的国家政策信息，这就需要我国加强对新政策的宣传力度与实施力度，让新政策能够真正地惠及广大人民群众，提升人民幸福感。

（二）大学生文化认同状况分析

以下是针对大学生政治认同程度提出的问题。

5. 对于最近几年兴起的汉服热，你的看法是（　　　　）

A. 非常赞同　　　　B. 无所谓　　　　C. 不认可

6. 针对最近几年国家对中学生外语文化学习的要求你有什么看法（　　　　）

A. 赞同外语学习　　　　　　　　B. 应当减少外语学习强度

7. 圣诞节、愚人节、情人节等"洋节"在中国越来越流行，对此你认为（　　　　）

A. 外国节日比中国节日更有趣　　　　B. 中国人应该重视自己的节日

C. 其他_____

8. 孔子学院在世界范围内广泛建立，对此你怎么看？（　　　　）

A. 是政府的面子工程，对传播中华文化没有大作用

B. 是中华文化在世界范围内认同度越来越高的体现

C. 于己无关

D. 其他＿＿＿＿＿＿＿

问卷中涉及大学生文化认同状况的题目占 25％。我们通过大学生对国家文化、中外文化的对比两方面进行问题设计。

汉服是中华优秀传统文化的体现,第 5 题我们通过近期比较热门的"汉服热"话题对大学生的文化认同状况进行调查。结果显示,20.5％的大学生认可这种社会现象,64.5％的大学生对这种社会现象感到无所谓,15％的大学生不认可这种社会现象。在第 6 题"是否应当减少外语学习时长"上,60.5％的大学生赞同当下外语学习的情况;39.5％的大学生认为应当减少外语学习的强度,并匀出适量的时间在语文学习上。第 7 题关于洋节在中国流行的社会现象,9.5％的大学生认为外国节日比中国节日更加有趣;56.5％的大学生认为中国人应该重视自己的传统节日,34％的大学生发表了自己不同于选项的见解。其中,96％的大学生持中立态度,认为中国节日与外国节日都具有一定意义,不分高低;4％的大学生认为无所谓。孔子学院近几年在世界范围内广泛建立,有助于我国软实力的提升与中国文化在世界的传播。17％的大学生认为这是政府的面子工程,对于中华文化的传播没有大作用;56.5％的大学生认为这是中华文化在世界范围内认同度越来越高的体现;15％的大学生认为于己无关;23.5％的大学生发表了自己的不同意见,他们认为孔子学院的建设并未改变外国人对中国的认识。

通过以上调查数据说明,大多数的大学生缺少对中华优秀传统文化的责任感与继承意识,文化自信心不足,个别甚至对中华传统文化的发展漠不关心。而 5 000 年中华文化源远流长,靠的正是一代代人的传承,当代大学生更应主动挑起这份重担。近年间,我国的中华传统文化也不断受到外来文化的挑战,甚至一度出现人们过分重视外国节日而忽视中国传统节日的现象。改革开放以来,我国经济不断提升,但许多国外的思想观念也借此进入中国,在丰富了我国意识形态的同时也对我国的传统思想观念造成巨大冲击,而以当代大学生为主要群体的年轻人正是这些意识的被灌输者。一些外国思想文化较中华传统文化具有先天优势,加之媒体、商户的炒作,让以外国节日为代表的外国文化在中国流行起来。

(三)大学生历史认同状况分析

第 9 题围绕大学生对国家历史的了解程度设问。结果非常明显,182 名被调查者对国家的历史有一定了解;4 名选择"其他"选项的被调查者也认为自己仅对部分阶段历史有了解;仅有 14 名被调查者认为自己不了解国家历史。这说明绝大多数大学生愿意且已经对历史有一定了解,对国家历史有一定认同感。

第 10 题涉及国家历史,对于很多人来说较为敏感。25 名被调查者态度比较消极,认为这段历史不应再提及或认为当时国家是失败的。这两种观点缺乏对历史的理性认识,过于偏激。150 名被调查者认为历史是一种警醒,这种认识较为理性也是我们目前主流的观念。12 月 13 日定为国家公祭日,5 月 3 日济南鸣响防空警报纪念五三惨案等,都体现了历史的警示意义;剩余 25 人认为应该淡化这段历史,但这同时淡化了历史的教育意义,不利于从失败中吸取教训。

第 11 题提到了历史虚无主义,即通过各种方式重新解读历史,通过否定马克思主义的指导地位和中国走向社会主义的历史必然性,从而否定中国共产党执政合法性的一种社会思潮。本题差异明显,91 名被调查者没有了解,占 45.5%。这一部分大学生容易被历史虚无主义观点误导,不能正确认识中国共产党在历史上的作用和地位。其余 109 人中也仅有 20 人清楚知道历史虚无主义,所占比例过低。由于对历史虚无主义认识的缺失,大部分大学生可能无法树立正确的历史观。

第 12 题针对目前部分文艺作品曲解历史的现象设问,结果较为积极。127 名被调查者具有一定的唯物史观。54 名被调查者认为文艺作品可以适当曲解历史以获得更好的文艺效果。此观点虽合乎情理,但损害了历史的唯一性,反映出这部分大学生唯物史观不坚定,游走在正确与错误的观念之间。其余 19 名同学对曲解历史的不良现象不够重视、缺乏正确认识。

(四)大学生民族认同状况分析

我国是一个多民族国家,各民族之间有分歧、有差异,经过千百年的碰撞融合,民族团结进一步加强。随着时代发展,我国与外国的交流也越来越密切,不同的民族文化亦产生碰撞,这部分问卷结合了当代各民族关系进行调研。

13. 您怎么看待诺贝尔奖得主、物理学家杨振宁放弃美国国籍加入中国国籍?(　　)

A. 是中华民族日益强盛的体现,未来将可以吸引到更多海外人才

B. 是名利的诱惑

C. 其他_____

在此题中,选择 A 选项的人约有 50%。随着中华民族日益强盛,也不乏外国人来中国定居,并加入中国国籍,杨振宁教授为我国做出了很多不可替代的贡献。通过 B 选项人数可以得知,也有不少的人认为他是为了回国拿到声望以及院士级别的优良待遇。选择选项 C"其他"的人多表示出,这只是杨老的个人意愿,我们不应去妄自评判。

14. 您对个别留学生加入外国国籍的行为是否认同?(　　)

A. 认同

B. 不认同

C. 别人的自由,于己无关

现在也有不少的人愿意加入外国国籍。选项 A 接近一半的人数都表示认同留学生加入外籍,不同的大学生对民族这方面的认识是有些差异的,这样有利于国内与国外民族的交流。只有一少部分人不认同,但还是有不少人不愿意干涉别人的选择。

15. 您怎么看待我国政府对少数民族的政策倾斜,比如少数民族高考加分政策?(　　)

A. 不公平

    B. 少数民族应当照顾

    C. 其他_____

  我国是一个多民族汇聚的国家,从人口最多的汉族到人口最少的珞巴族,无一不拥有各自的历史、文化。自中华人民共和国成立以来,国家非常重视少数民族地区的发展,一方面,在少数民族聚居区实行民族区域自治政策;另一方面,国家采取多种政策和措施扶持少数民族地区经济文化的发展。根据本次调查,大部分同学认为这些政策对我们不公平,他们认为所有民族应平等对待;有 20% 的同学认为少数民族应受照顾;也有 20% 的同学提出了自己的看法。大部分同学认为为了促进中华全民族融合,理应加强少数民族的教育,不应是通过加分政策进行,而是让他们享有先进优良的教学资源。

  16. 你觉得美国多民族融合的政策应用在中国会怎么样?   (   )

    A. 也会像美国那样网罗到全世界的人才

    B. 中美国情不同,不可一概而论

    C. 其他_____

  美国是世界上最大的移民国家,多种民族不断发展壮大着美国。美国推行多民族融合的政策就是为了促进各民族交流与发展。有部分人认为,如果我国学习其民族政策可以像美国那样更好地发展,而大多数人认为两国国情不同,但并不能阐述出观点。选择 C 的某些同学提出,中国可以实行自己的民族政策,国家应大力帮助少数民族克服经济文化上事实的不平衡。

四、意见与建议

  "国家认同"这个话题由来已久。从几年前央视的"你幸福吗",再到如今宣扬的"一带一路"的主流认识,这些从某一层面来说,是对中国发展现状的一种深度探索。从居民生活居住的幸福感到对中央政策的宏观把握,无一例外都是向国民求得一个"你对国家满意吗"的答案。

  拿国家政治策略来详细解释,我们以"治理雾霾""二孩"这两个经久不息的热点话题入手,来间接考察青年大学生对中央方针的了解情况。大多数大学生不可否认的确有着正确的认识,能够客观考虑国家出台的政策的原因和可行性,以及是否具有普及性且有利于国民。但是仅仅是了解的层次远远不够。大学生是未来社会发展的骨干力量,除却专业知识,对国家政策的清晰认识也是必要的。大学生对政治的参与兴致不高,就会导致对下发的国家政策文件不了解,或者没有准确的态度和看法。这次问卷调查中,还存在一部分的被调查人员对政策一无所知。深究其原因,一是对政治不感兴趣,二是政治牵涉不到自身。这种"两耳不闻窗外事,一心只读圣贤书"的处世哲学不论在过去还是当今社会,都是片面的。把自己置身于"真空",不但与社会脱节,还会造成社会的发展动力难以为继。政治认识的校正需要长时间、高强度地进行。其一,校园政治团体要起到领头作用。校园政治团体诸如学生会,不仅管理学校学生的生活,还要通过传播社会热点,潜移默化地宣扬热点中包含的国家政策,比如今年两会提出的年底取消国内长途及漫游费,从焦点来反映民生层面的中央政策。其二,加强各团支部团学活动的开展,正式地将重要的国家政策摆在台面上,让青年学生更直观地理解。

文化认同层面涉及中华传统文化和西方文化之间的交融问题,在两者文化互相作用的当今社会,无论是想革除任意一方都是牵涉极广且不合理的。直观的解决办法,就是增强中华传统文化在当今多元文化中所占比重,类同于国家经济政策中以"公有制为主体,多种所有制经济共同发展"的基本政策。加强中华传统文化,并非一味打压其他文化,而是提升国民的文化自信,让国民打心眼里认为自己的文化并不逊色,这是关键。如何增强文化认同,我们可以从"汉服运动"入手。中国文化的直观体现除却建筑、艺术,还在于着装和服饰。衣服是门面,不仅仅对个人,对国家而言也有更重要意义。鼓励支持"汉服运动"其实是在鼓励国人勇敢地在传统节日里穿着民族服饰走上街头,不必在意他人的非议和异样眼光。与韩国、日本相比,国人对民族服饰的认同较低。这不仅是因为历史原因,更是因为封闭保守的思想在作祟。在民族服饰方面,任何一个民族都有权力在传统节庆日穿着本民族服饰。这就要求主流媒体肯定这种现象,并予以鼓励,才能推动国民对于民族服饰的认识。服装承载着一个文明几千年的变化,它是一种象征、一种标志,从它入手,更容易增强文化认同。

与此相接近的是民族认同,我国的民族关系和谐融洽,纵使有过"疆独""藏独""台独"等运动,但在大环境下,民族之间仍然是相互信任,肝胆相照。从宏观上来看,中华民族与世界民族之间的跨文化交流是受到青年学生认可并赞同的,对于海外归国人士持以充分的赞赏,对于侨居外国人士也持以宽容和理解。在大趋势下,各民族和谐共处是常态,是发展所必需的条件,但是针对国内少数民族政策,则有所顾虑。高考少数民族加分政策一直以来深受社会各界的议论与调侃。固然,少数民族加分政策是国家对于少数民族学生予以的优惠与照顾,但是同时它也在一定程度上成为一种获得高分的筹码与手段,削弱了少数民族考生的积极性和进取心。用加分政策来扶持少数民族,对于被调查人员来讲,不能从根本上得到认同。他们提出国家应当完善少数民族的教育设施及教育环境,从根本上实现民族平等问题,充分保证少数民族学生能享受同样的教育资源和师资力量,获得充分的发展空间。

历史与文化、民族甚至是政策都是息息相关的。一个人如果对历史没有正确感观,必然对政治、对文化、对民族都丝毫提不起兴趣。分析研究历史,都需要持唯物主义的观点从客观事实出发,切勿用后世的价值思想来评价前人的社会活动。应从宏观整体的历史发展潮流来把握,而非纠结于某一例外的历史事件。我国的历史,极具辉煌,也充满苦难。二者择其一的有选择性地掌握了解都是不正确的,都是片面的。当今社会存在否定历史、歪曲历史、篡改历史、编造历史的现象,这些不仅体现在文学作品中,也存在于社会当中。所以对于青年学生来说,如果没有正确的唯物史观,就会轻易被某些"恶疾"影响,如历史虚无主义思潮,否定历史的必然性,诋毁本国历史,否定当今的执政党,等等。这些危害是潜在的,但是,一旦爆发,后果不堪设想。把握正确的历史就该充分了解历史的演变发展,坚定不移地相信历史。否定历史就是在否定过去,这种思想的苗头在现代社会需要警惕,需要遏制。

国家认同从 4 个方面入手探讨,也要从 4 个方面入手解决。青年学生对于国家的认同感是关乎国家发展的重中之重。学生群体是未来国家建设的顶梁柱,他们拥有前瞻性,能够充分接受新思想新事物;同时,他们也易受蛊惑和诱导。正确地培养国家认同感,应当激发他们的活力,去探索新事物,探索社会发展的途径和方法,进而在这个过程中,加深对国家的归属和对民族、文化、历史和政治的深刻理解。

(指导教师:管贝贝)

大学生日常消费情况调研报告

机械中德154　蔡永杰(组长)　杨宇航　李　筱　孙　锐　刘嘉乾　邱鹤文

摘　要：随着社会经济的发展,在当今的消费市场中,大学生作为一个特殊的消费群体正受到越来越多的关注。大学生自身消费观念的塑造和培养直接地影响其世界观的形成和发展。大学生有着不同于社会其他消费群体的心理和行为。一方面,大学生较年轻,有着旺盛的消费需求;另一方面,大学生普遍尚未获得经济独立,很大程度上制约了其消费。大学生消费观念的超前和消费能力的滞后,难免会使其存在一些非理性的消费问题。大学生的消费观念的塑造和培养突出而直接地影响他们世界观的形成与发展,进而对他们一生的品德行为产生重要的影响。因此,关注大学生消费状况,把握大学生消费的心理特征和行为导向,培养和提高大学生们的"财商",在当前就成为当代大学生们共同关注的课题,也是教育部门以及全社会都必须重视的课题。树立正确的消费观念对形成大学生们正确的人生观、价值观起到积极重要的作用,更对整个社会消费产生不可忽视的影响力。本文通过对大学生日常消费情况的调查,旨在了解并分析当代大学生的各种消费状况,并对这种现状提出一定的意见与建议,希望有助于大学生树立正确的消费观念,更进一步推动大学生的学习和生活。

关键词：大学生;消费情况;消费建议

一、选题分析

(一)调研背景

当代大学生是未来社会建设的栋梁,引导他们继续保持艰苦朴素、勤俭节约的消费观念,反对奢侈浪费、盲目攀比、过高消费等不良消费风气,加强大学生健康的消费观念的培养与塑造,在当前构建节约型社会的大环境下具有非常重要的意义。

大学这几年,正是大学生需求不断扩张的发展时期,他们特别想以新异的消费形象,向社会展示自身成长成熟。他们希望通过消费上的新潮、时尚、前卫来展示青春的活力,显现自我的能力与价值,借以获得脱颖而出的发展机会。有的大学生认为,"社会在发展,消费是动力"便在注重经济价值的现代化社会中引起公众的另眼相待,获得更多资源,追求前卫和引领社会消费潮流也是大学生对社会进步的贡献。

提高大学生生活质量,促进大学生健康成长,不仅是学校和家长的愿望,同时也是国家和社会关注的问题。从某种意义上说,发展大学生消费文化不仅可以丰富大学生生活,还可以以消费促生产,带动经济的持续增长。

(二)调研目的

大学生的消费是社会消费的重要组成部分,他们在现代社会的消费观念、生活方式、流行时尚的影响下,消费心理和消费行为往往产生彼此间的相互影响,并形成特有的群体消费心理特征。本文试图通过对当代大学生的消费行为和消费心理的分析,试提出与之相适应的消费教育理念,以帮助大学生形成科学的消费观念。

本文通过调查大学生的日常消费情况,试图发现当代大学生的消费问题,并提出合理化的建议,具有很好的社会与现实意义;同时,从小组角度出发,了解身边同学们的消费习惯也有助于我们小组成员自身建立良好的消费观念,做一名有责任感的大学生。

二、调研准备

(一)调研时间

2017 年 4—5 月。

(二)调研地点

青岛科技大学以及网络平台。

(三)调研对象

青岛科技大学在校生。

(四)调研方式

问卷调查、访谈。

(五)调研内容

通过问卷及访谈形式调查并了解大学生的生活消费状况。其内容包括大学生生活费用支出、主要经济来源和消费计划等方面。

(六)调研安排

(1)4 月 10—20 日,小组成员经讨论确定活动主题后,制定好具体活动方案,然后设计编写调查问卷以及访谈提纲。

(2)4 月 20—25 日,问卷经小组所有成员审核后,在 QQ 和微信上发布问卷链接以供同学填写。

(3)4 月 25 日—5 月 15 日,在校园内进行访谈调研,并且回收问卷,小组分工统计结果,分析数据。

(4)5月15—20日,小组总结讨论,完成调查报告。

三、调查结果与分析

(一)大学生生活费及来源

问题1 您一个月生活费是多少?

问题2 您生活费的来源是什么?(多选题)

问题2的调查结果如图1所示。

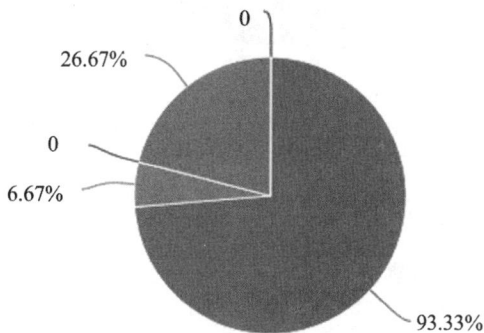

■A.全部是由家里给的 ■B.部分家里给的,部分自己挣得 ■C.全部由自己挣得 ■D.奖助学金 ■E.助学贷款

图1 问题1的调查结果

大部分学生每月生活费情况集中在1 000～2 000元。从图1中能够看出,绝大多数大学生每月生活费的来源都来自父母给予。由此可以知,虽然有一部分学生通过其他的方式获取生活费,但大学生平时的消费在很大程度上还是需要依靠家庭的给予。

(二)大学生对自身消费的规划

问题3 您每个月消费是否会做预算?

问题3的调查结果如图2所示。

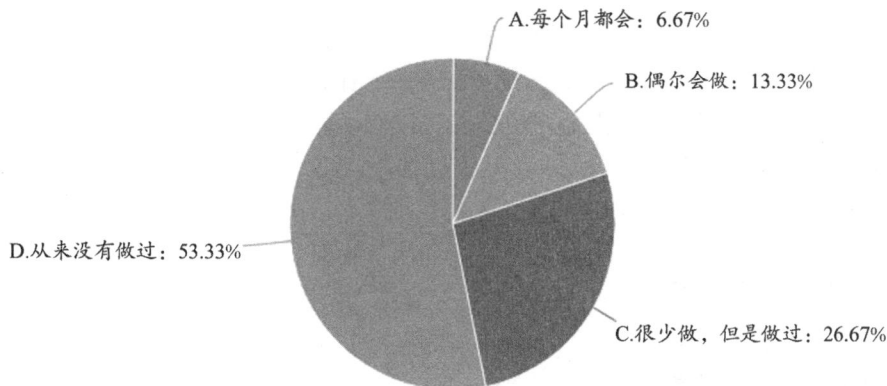

图2 问题3的调查结果

问题 4 当您拿到一个月的生活费时,您会(　　)。

问题 4 的调查结果情况如图 3 所示。

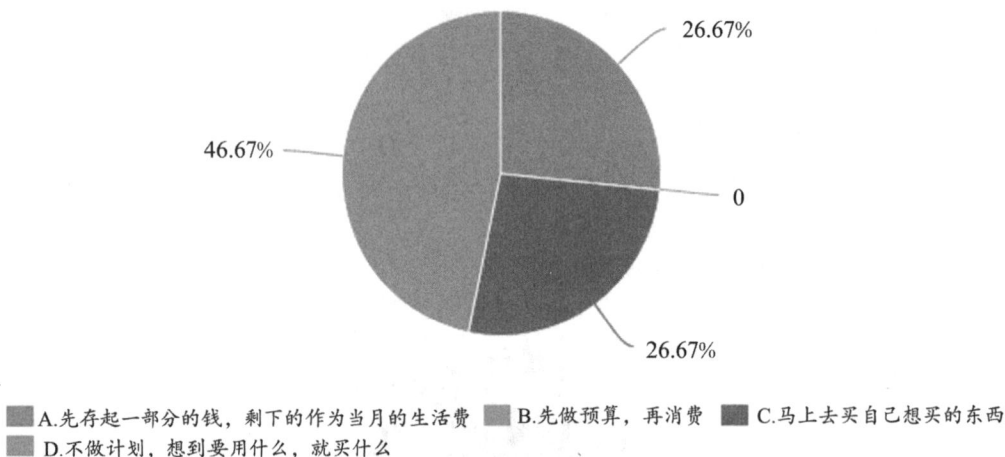

■A.先存起一部分的钱,剩下的作为当月的生活费 ■B.先做预算,再消费 ■C.马上去买自己想买的东西
■D.不做计划,想到要用什么,就买什么

图 3　问题 4 的调查结果

问题 5 你认为自己的理财能力如何?

问题 5 的答题情况如图 4 所示。

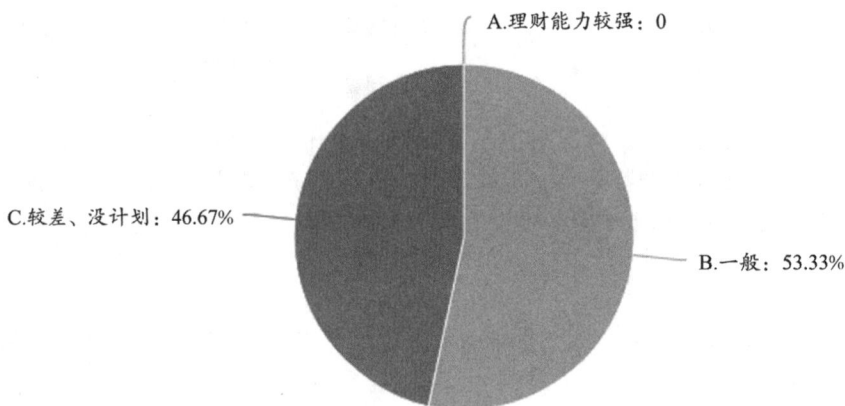

图4　问题5的调查结果

由图 2、图 3、图 4 可以看出,多数大学生从来没有做过消费预算,并且在拿到生活费以后也不做计划,随意消费,理财能力也较弱。由此可知,大学生对自己的消费进行规划的意识还是有的,但是很少有人能付诸行动;很多时候只是盲目消费,拿到就花,勤俭节约的观念不够强。这些也反映出我们大学生的理财观念还有待提升。

(三)大学生的消费方向

问题 6 您每月的生活费在哪些方面支出最多(请在以下选项中选出最主要 5 项,并且按主要程度排序)?(多选题)

调查结果显示,大学生最主要支出为伙食,学习、培训,服饰、化妆品,网上消费(包括网游消费和网购),通信费、交通费。

问题7　您在购买学习资料及考证培训等方面的支出在(　　　)。

第7题的答案情况如图5所示。

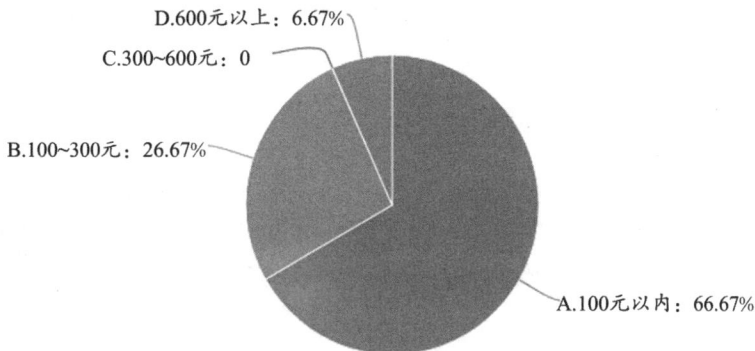

图5　问题7的调查结果

问题8　您网购的主要物品有(　　　)。(多选题)

调查结果显示,大学生网购主要物品为服装、饰品、食品等。

综合分析,除了饮食和生活必需品,大多数学生比较喜欢在零食和饮料方面进行消费;其次是娱乐交际以及网上消费,大部分网购的内容也集中在食品和服装饰品上;而购买学习资料及考证培训等方面的支出普遍很低。

五、调研结果总结

(一)大学生消费情况的特点

通过以上调研结果可以看出,大学生的基本生活消费和心理整体上是现实的、合理的,但离散趋势明显,个体差异大。主要归纳为以下几个方面。

1. 大学生消费有其不理性的一面

大学生没有经济来源,经济独立性差,消费没有基础。经济的非独立性决定了大学生自主消费经验少,不能理性地对消费价值与成本进行衡量。大学生没有形成完整的、稳定的消费观念,自控能力不强,多数消费都是受媒体宣传诱导或是受身边同学影响而产生的随机消费,冲动消费。这也正是大学生消费示范效应的结果。

2. 大学生对品牌的忠诚度很高

大学生消费在一定程度上会相信自己的真实体验,如果使用某种品牌产品产生好的体验,就会坚持使用,从而形成固定偏好,最终形成使用习惯,产生对此产品良好的忠诚度。

3. 大学生更侧重时尚性消费

大学生思想活跃,对新事物有强烈的求知欲,喜欢追求新潮,并敢于创新,消费的趋附性强,娱乐消费占全部消费额的比重很大。

4. 饮食方面开销大

无论是否是贫困生,饮食开支都在消费总额中占了绝大部分,这是符合健康的消费构成的。调查发现,大学生容易兴起一股外出聚餐和请同学吃饭的热潮。这方面的开支虽然不算大,但也是造成大学生消费高的一个原因。这说明大学生已经逐渐有了社会交际方面的消费。

(二)大学生消费构成不合理的因素分析

大学生本身的心理素质还不成熟,人生观、价值观还有待形成,容易被一些错误的价值观如拜金主义、享乐主义所迷惑。当前大学生中出现的这种消费不合理现象,不仅与大学生本身这个特殊的消费群体的特性有关,还与家庭、学校、社会等多方面的因素影响密不可分。

1. 校园不当消费环境的催化

大学生将在学校中度过 4 年,大学里的同龄人,对大学生有较强的影响力,他人的消费观念往往成为大学生个人消费的参考标准,个人的消费观很容易受到他人影响。一旦攀比、追求名牌、请客等风气在同学之间蔓延,大学生们就会开始竞相效仿。

2. 社会不良消费风气的影响

目前,社会上注重高消费,这助长了学生之间的攀比之风。另外,社会上流行提前消费的方式,容易引导学生进入消费的误区。

3. 家长不当消费观念的延伸

家庭在培养孩子成长的过程中普遍对正确消费观念的教育不足。传统的家庭教育首先注重的是德、智、体多方面的培养,但一直以来,家庭教育中一个比较薄弱的环节是对孩子消费观的培养。另外,许多家长自身没有健康的消费理念,这也助长了孩子消费不当的习惯。

六、对策与建议

(一)合理规划自身消费构成,增强理财意识

要在社会激烈竞争中站稳脚跟,大学生们对自身的消费现状需要有更理性的思考,在大学生活中就要注意养成健康的消费心理和良好的消费习惯。要强调合理和适度消费,提倡量入为出、有计划地消费。注重发扬勤俭节约的传统美德,自觉抵制不良消费风气影响。

(二)注意克服攀比心理,不要盲目追求高消费

大学生没有独立的经济来源,所以在消费的过程中要做到一切从实际出发。要选择适合大学生群体的消费标准,而不能因为攀比而一味追求名牌和高标准、高消费。要克服这种心理,大学生们就应树立适应时代潮流的、正确的、科学的价值观,逐渐确立正确

的人生准则,给自己理性的定位。

(三)贫困生应正视自身消费现状,养成良好的消费心态

贫困生们作为大学生中一个特殊的群体,消费能力是相对落后的,但是他们的消费欲望并没有衰减。所以,贫困生更要注重正视自身的实际情况。调查中一位贫困生说过这样一句话:"在清扫校道时,我会对走过的每个人微笑。因为我知道,靠自己双手挣的钱是最光荣的。"这是一种很好的心态,贫困生应积极地面对自身情况,按切身实际分配消费。

(四)注重精神消费,养成健康习惯

对于尚未有固定经济来源的大学生而言,精神消费不但能弥补物质生活上的不足,还能让大学生有更深厚的精神内涵和更丰富的精神生活。所以,大学生应通过各种教育和文化活动,将娱乐和知识摄取相结合,以陶冶性情,获取知识。另外,要注意强调绿色消费,反对不利于保护生态环境的消费行为。

(五)大学校园应形成更好的消费氛围

学校氛围的影响对大学生形成良好的消费习惯至关重要。但是,针对大学生年龄和消费行为的特点,在校内开展消费道德教育不应是单纯的说教,而应该通过灵活多样的形式加以引导。所以,我们在此呼吁学校方面应注重对大学生消费方面的引导和教育的同时,应发扬勤俭节约这项中国的传统美德,使之能够在校规、校训上得以体现。这样不仅能使大学生们树立正确的消费观,还能促进大学生形成良好的消费心理和消费行为,从而使广大学生有良好的生活习惯,进而形成良好的学风、校风。

(指导教师:管贝贝)

大学生对网络电信诈骗的防范意识调查报告

装控 154　左进伟（组长）　李　博　张　果　周　桐　赵立川　高召涛

摘　要:在信息化飞速发展给人们带来便捷的今天,各类高科技犯罪也随之蔓延。而他们的所作所为也给很多人带来精神上和财产上的损失。本文希望通过有关网络电信诈骗的调查告诫大家,网络电信诈骗就在身边,令人防不胜防,不可忽视。大学生日常生活中要提高警惕性和防范意识,对于各类信息要学会有效甄别,特别是要做到不信、不理、不汇款,有效防范网络电信诈骗。同时,要以一颗平常心看待生活,"不以物喜,不以己悲",不要轻易被不良居心者操纵情绪,学会以法律的武器保护自己。

关键词:大学生;网络电信;诈骗;防范

一、选题分析

(一)立论依据

2015 年,全国公安机关共受理电信诈骗案件 59 万起,同比上升 32.5％,造成经济损失 222 亿元。2016 年 1—7 月,全国共发生电信诈骗案件 35.5 万起,同比上升 36.4％,造成损失 114.2 亿元。2016 年 12 月 19 日,最高人民法院、最高人民检察院、公安部印发《关于办理电信网络诈骗等刑事案件适用法律若干问题的意见》(法发〔2016〕32 号),再度明确利用电信网络技术手段实施诈骗,诈骗公私财物价值 3 000 元以上的可判刑,诈骗公私财物价值 50 万元以上的,最高可判无期徒刑。

2016 年 11 月 7 日,第十二届全国人大常委会经表决高票通过了《中华人民共和国网络安全法》。该法将于 2017 年 6 月 1 日起正式施行。在信息化时代,网络已经深刻地融入了社会经济生活的各个方面,网络安全威胁也随之向经济社会的各个层面渗透,网络安全的重要性随之不断提高。

近年来,网络电信诈骗事件时常发生,其中很大一部分发生在大学生身上。不法分子瞄准了大学生阅历浅、不会识人、防范心弱、见识少等特点,对在校大学生频繁下手,并屡次得手。曾经出现过多起大学生被骗光学费、生活费事件,甚至导致一系列诸如大学生自杀等后续不良后果产生。与此同时,网络电信诈骗事件发生后,警察的侦办难度大,破案时间长,往往不能迅速破案,给大学生带来很大的经济损失。因此,我们要从预防做起,加强防范意识。所以,开展此次调查很有必要。

（二）调研目的

通过调查问卷的发放和面对面访谈,统计当代大学生对网络电信诈骗的认识及其重视程度的信息,从而推断出大学生的防范意识情况,并给出合理的建议,以期降低今后大学生上当受骗的概率,保护大学生的合法权益不受侵害。

二、调研准备

（一）调研时间

2017 年 4 月。

（二）地点

青岛科技大学。

（三）对象选取

青岛科技大学在校生。

（四）调查方案及具体实施

本调查通过网络调查问卷和访谈的形式来完成,通过调查问卷来统计情况,进而运用统计分析的方法来探知大学生的防范意识,进而帮助大学生更好地保护自己。具体安排如表 1 所示。

表 1　具体安排

	人员组成	负责人
主题确定	左进伟、李博、张果、周桐、赵立川、高召涛	左进伟
选题背景	左进伟	左进伟
选题意义	李博	李博
调研思路与方法设计	高召涛	高召涛
调研记录及进度监控	周桐	周桐
预期成果	赵利川	赵利川
问卷设计	左进伟、李博、张果、周桐、赵利川、高召涛	张果
问卷发放	左进伟、李博、张果、赵利川、高召涛、周桐	张果
数据统计	左进伟、李博、张果、周桐、赵利川、高召涛	左进伟
数据分析	左进伟、李博、张果、周桐、赵利川、高召涛	左进伟
调研报告撰写	左进伟	左进伟

三、调研分析

(一)调查具体内容

2017年4月16—27日,在图书馆、自习室、弘毅广场等场所以及在网上发放问卷的形式调查。调查问卷设有16道选择题和3道问答题。本次纸质问卷发放40份全部回收,网络问卷60份均为有效问卷。整理数据并分析。

(二)调研数据分析

通过对问卷数据和访谈的分析总结,防范电信诈骗大致可分为以下类型。

1. 谨防冒充类诈骗

冒充此类诈骗主要包括以下3类。

(1)冒充特定工作人员,如公检法、社保、医保、银行、电信、航空公司客服、淘宝客服等实施诈骗。

(2)冒充老师、亲081好友以生病、出车祸等为由,利用事主担心亲人心理,实施诈骗。

(3)冒充学院领导,利用学生尊师重教心理实施诈骗。

2. 谨防网购类诈骗

网购类诈骗主要包括以下2类。

(1)以低价为噱头,利用电子商务网站发布虚假的商品销售信息。

(2)利用网上订购的货物异常要给受害人退款为由实施诈骗。

3. 谨防金钱诱惑类诈骗

金钱诱惑类诈骗主要包括以下2类。

(1)中奖诈骗。犯罪分子发布各种彩票中奖、电话号码中奖、QQ号中奖、知名电视栏目中奖等信息诱骗受害人缴纳个人所得税、公证费、转账手续费等实施诈骗。

(2)网上兼职诈骗是最典型的诈骗方式。它以网上兼职刷信用返利为由引诱受害人购其产品实施诈骗。

4. 谨防钓鱼类诈骗

钓鱼类诈骗主要是利用改号软件、伪基站模仿银行客服号码、运营商客服电话打电话、发送虚假信息及网络链接实施诈骗。

5. 谨防木马链接类诈骗

木马链接类诈骗主要是骗子针对个人关心的事物发送短信,包括"同学聚会照片在这个网址""这是某某学生在学校的表现资料,请查收"等方式实施诈骗,对不明来历短信中的网址,切勿点击,直接删除。

6. 谨防上门推销类诈骗

上门推销类诈骗在每年的新生入校后一段时间比较集中。骗子多是以学生形象出现。这类诈骗行为的特征为团伙、流窜作案,以推销文具为名兜售与所售价格相差甚远的残次品,流窜到学生公寓实施诈骗。

总结建议:公安机关破获的无数诈骗案件有一个共同的规律,诈骗犯无论手法如何翻新,最后都要落到一个点上,就是都要受害人的银行卡、密码和账号索要。所以在日常生活中,千万不要轻信来历不明的电话、短信,千万不要轻易透露自己的身份证和银行卡的信息。如果有疑问要及时打电话向公安机关核实。

四、意见与建议

大学生防止电信诈骗先要提高警惕,加强自我防范,防止上当受骗。在校园生活中,注意做到"三不一要"。

(一)不轻信

不要轻信来历不明的电话和手机短信。不管不法分子使用什么甜言蜜语、花言巧语,都不要轻易相信,要及时挂掉电话,不回复手机短信,不给不法分子进一步布设圈套的机会。

(二)不透露

巩固自己的心理防线,不要因贪小利而受不法分子或违法短信的诱惑。不论什么情况,都不向对方透露自己及家人的身份信息、存款、银行卡等情况。如有疑问,可拨打110求助咨询,或向亲戚、朋友、同事核实。

(三)不转账

学习了解银行卡常识,保证自己银行卡内资金安全,决不向陌生人汇款、转账。据公安机关所作抽样调查统计,从受害者性别上看,女性占70%以上,因此女大学生要格外引起注意。在汇款、转账前,要再三核实对方的账户,不要让不法分子得逞。

(四)要及时报案

一旦上当受骗,或听到亲戚朋友被骗,请立即向公安机关报案。可直接拨打110,提供骗子的账号和联系电话等详细情况,以便公安机关开展侦查破案。

(指导教师:刘宝福)

当今大学生资助管理工作现状分析

机械工程154　尹新源(组长)　张慧琳　于高松　田德旭　曲同欢　齐　坤

摘　要：目前,我国高校学生资助制度取得了长足进步,国家和社会对高校学生资助情况十分重视,学校的资助工作效果也得到了广大贫困生的认可。但是,依旧不同程度地存在着资助程序主观性强、资助育人功能单一等问题,而且在资助主体、勤工助学、受资助风气上存在着许多不完善之处。建议高校应从健全资助对象认定机制、维护良好受资助氛围、革新资助理念、创造勤工助学的有利环境等几个方面着手,促进我国高等教育资源的有效配置。

关键词：高校；资助管理工作；措施建议

导论

(一)研究思路

本文在广泛收集国内外文献资料的基础上,结合我们的调研数据分析完成。其中：国内文献资料主要来源于百度学术、中国期刊网、维普等数据库中的论文期刊以及相关研究专著,国外文献资料主要是国内翻译过来的译作及相关网络文献资料。实践研究主要指对青岛部分高校的调研和对学校受资助学生的走访,实践过程以完善学生资助工作为目的,进行了目前资助管理工作的探讨和分析。

(二)主要内容

本文主要分三个部分：第一部分是在高校调研过程中,了解的目前资助管理工作和查询有关资料了解到的现状,阐述我国高校资助政策的作用及意义；第二部分是以青岛科技大学的学生为研究样本,对高校资助政策受益者进行走访,了解家庭经济困难学生的基本情况,通过发放问卷、访谈等研究方法,并对抽取的样本进行分析归纳,总结高校资助中所存在的问题,另外分析了引发这些问题的原因；第三部分是参考国内外文献资料,介绍了国内外高校在家庭经济困难学生资助工作中的一些优秀经验,希望能够从中得到借鉴和启发,并提出相应的建议。

一、大学生资助管理工作现状和研究意义

随着大学生规模不断扩大,家庭贫困学生数量不断上升,教育公平、资助公平也开始被越来越多的人关注。高校学生资助是一项繁重、琐碎、要求甚高的工作,很难做到十全十美。

党和国家高度重视家庭经济困难学生上学问题,近些年中央有关部门密集出台相关资助政策措施,从制度上保障了不让一个学生因家庭经济困难而失学。在高等教育阶段,建立了更多资助方式和更全面的资助体系,如设立国家奖学金、助学金、贷款、学费补偿或助学贷款代偿、生源地政府资助,研究生阶段设立助学岗位津贴、兼职、学校奖助学金、困难津贴、伙食补助、学费减免等混合资助体系。

在资助政策实施过程中,越来越多的家庭经济困难学生受到了国家的资助,顺利进入了高校继续深造。资助政策帮助他们缓解了生活上的压力,减轻了家庭经济负担。然而,我们也看到现行高校资助体系本身还有待完善的地方,而在资助政策实施的整个过程中也存在一些不尽如人意之处。我们通过这次调研,意图总结高校资助中所存在的问题,分析引发这些问题的原因并提出合理的建议。

二、目前资助工作中的问题和原因分析

目前,高校家庭经济困难学生资助政策在解决他们在校学习期间的经济困难起到了明显效果,但在实际实施中仍存在很多问题。据现有的研究成果发现,目前的认定工作中缺乏统一性,即同一高校不同院校认定的标准不同。缺乏系统性,在认定过程当中漏掉了不少认定依据,如学生的生活费情况、奖助学金获得情况。缺乏科学性,认定工作主要依靠人工进行,过分依赖人的主观性。缺乏动态性,每年的认定相对独立,无法兼顾学生的整个大学生涯。学者黄少玲认为,应当"建立定量与定性结合的数字平台,以定量为主、定性为辅的认定机制,按照不同学生情况计分,分值由高到低排序划定困难指数线"。

在查阅相关资料的基础上,通过我们对青岛部分高校的调研和走访分析,主要归结了以下几个方面的问题。

(一)资助对象认定机制:受资助学生如何界定

贫困证明方法,是指学生申请资助时提交的生源地提供的民政局、街道办/乡政府、居委会/村委会等相关部门开具的贫困证明,以及相关证件,如特困证、最低生活保障证、社会扶助证等,可充分证明家庭经济状况的材料,以证确该年确实需要得到资助。提供贫困证明这种方法操作便利、客观公正。不过前提条件是贫困证明材料的真实性。附加材料特困证、最低生活保障证、社会扶助证等证件的权威性毋庸置疑,一般能说明学生家庭情况确实贫困,需要获得资助;但是《学生及家庭情况调查表》的真实性在实际操作中大打折扣。调查一般是自己填写,然后到相关证明单位如民政局、街道办/乡政府、居委会/村委会或者学生家长工作单位等加盖公章。因为这些出具证明的单位在认定中没有

承担相应的责任,不需要为之买单,常常出于乡土人情或者对家庭情况难于鉴定,认定过程缺乏约束。这就会出现工作人随意加盖公章现象,出具的证明就失去了公信力。加之并没有具体措施来处罚相关提供虚假证明的行为,导致个别学生诚信缺失,随意谎报自己家庭收入情况,伪装成贫困生来争取国家资金。

贫困生认定中的人为影响因素大。现存的贫困生认定常用的方法还有学生消费水平支出、班级或年级横向比较界定。其中,消费水平界定法是指学校(幼儿园)通过对在校生学习生活消费支出和学生交纳学费的情况、学生穿着打扮等来判断学生是否贫困,一般通过班主任或辅导员或同学采访来确定。横向比较界定方法,是指学校依据学生家庭户口或者生源地、家庭人均年收支、学费及生活费等支出进行横向比较,通过统计比较得出哪些学生绝对贫困或者相对贫困。这两种方法有很大的主观性,从学生衣着打扮、其他消费习惯、是否有高消费情况来判断,具有一定的片面性。贫困家庭的孩子,通常心里有更多的自卑倾向,担心别人看不起,在穿着或手机上特别注意。随着我国经济的发展,手机、电脑等产品也比较普及,而学生的家庭人均年收支、学费及生活费等支出一般视为隐私,完全靠学生的诚信来了解比较被动,班主任或其他同学也无法准确掌握。这两种方法看似比较合理,但是比较难实现公平,人为影响因素很大。贫困认定评议小组一般为年级的同学和老师,人情意味较为浓厚,学生的人缘关系也会影响评议结果。有些学生是"事不关己高高挂起",不愿意评论同学的情况,致使班级评定的公正性大打折扣。有时候为了追求所谓的公平,不管家庭情况是否贫困,扩大资助名额降低资助标准,进行平均资助或者轮流资助,违背了国家资助贫困学生的初衷,降低资金使用效率,造成新的不公平。

(二)缺乏对受助者和资金的后续管理,没有形成良好的后续管理机制

我们在查阅众多资料和实际调研中发现,现阶段高校运行的资助政策中,大多数高校只停留在家庭经济困难学生认定、奖助学金评选及发放、国家助学贷款办理、勤工助学岗位补助的发放以及特殊困难补助的发放这几个环节,而缺少了对这些资助政策实施后的后续管理以及对资助金、勤工助学补助、特殊困难补助的使用缺乏系统的管理和相应的奖惩措施。虽然高校在各项资助政策的管理办法中制订出了违规管理办法,但都未付出实际行动。学生在获得资助金后,没有合理制定使用计划,导致资助金的滥用,失去其真正效果和意义,未能使资助政策发挥更深层次的作用。

调查发现,在受益学生中,有大部分学生会积极地寻找帮助他人的机会,并能主动帮助别人。部分学生有过想要帮助别人的念头,但是未曾付诸行动,而学校也缺少这样的平台,此外,思想政治理论课程中未开设感恩教育课程,学生缺乏对感恩的认知;大部分高校的感恩教育流于形式,未能真正体现感恩的价值和意义。

(三)奖学金资助功能不足,没有充分发挥激励作用

已有研究表明,奖学金不仅有奖励功能,而且有助困功能,可以帮助学生缓解经济压力,并激励贫困生更加努力,自立自强。国家励志奖学金管理办法规定,获得国家励志奖

学金的学生应从贫困生中推荐。而实践中,部分高校并没有遵从这一原则,奖优和助贫界限不清。在各高校,奖学金的完整含义是优秀学生奖学金,这对贫困生而言显然不利,奖学金不能真正解决贫困生的资助问题。《青岛科技大学本专科学生奖学金评定管理办法》规定:一等奖学金金额为 1 200 元/学年,占学生人数的 3%;二等奖学金为 700 元/学年,占学生人数的 7%;三等奖学金为 400 元/学年,占学生人数的 15%。很显然,奖学金办法中所规定的奖励比例和奖学金数额难以满足学生的基本需求,对于每年几千元的学费来说,可谓是杯水车薪。特别是在物价上涨情况下,难以起到资助学生的作用。

(四)受助资金的使用情况,没有合适的机制进行监督

资助过程监督工作的透明度以及监督的执行效果关系到每个学生的切实利益。各项资助政策的落实、资助过程的监督贯穿于资助工作的全过程,是实现资助工作价值的重要保障。从贫困生的认定到资助资金的使用,程序是否透明公开、政策是否落到实处、评定对象是否符合实际、资金是否发挥应有效应,都直接关切到资助工作的实效及公信力的发挥。然而从查询资料和本次相关调研发现,现今高校资助工作的监督实效却值得我们每一个人所关注,其公平公正监督理念的落实不理想。今后一段时间,高校学生资助工作的形势依然严峻。资助过程监督虚位问题成为影响中国高校资助工作健康发展的突出矛盾,是我们必须严肃面对和积极应对的教育问题。高校资助过程监督虚位,使得中国高校资助工作在教育体系的发展中,形成了教育资助工作发展与高校教育快速发展的不协调现象。在资助过程监督虚位的情况下,中国高校学生资助工作也难以根据已有的规则制度来实施,从而不能保证国家以及相关教育部门对于高校资助生的拨款真正到达救助对象,也难以确定各个高校内部学生需要资助的真实情况。高校资助工作的公平公正问题是构建和谐社会的基础问题,关系着每一个高校受资助学生的学习与发展。高校资助工作的公平公正问题体现了以人为本的教育理念,更是社会进步的前提。资助过程监督和公平正义理念的虚位,严重影响着中国高校学生资助工作的开展。

(五)勤工助学:岗位有限,育人机制缺乏

勤工助学是在教育机构统筹领导和组织下,学生充分利用课余时间,经由教育机构搭建勤工岗位,通过自己的辛勤劳动合法获得相应报酬,以实现改善自己学习和生活条件。它是融学习和实践为一体的实践性活动。勤工助学忽视了教育主体的真实和潜在的需要和意图,简单的劳务性的岗位并没有提高学生的综合能力。这说明,勤工助学虽然形式很好,在缓解学生自身经济压力的同时,也能锻炼和培养一些交往能力、独立处事和应对复杂问题的能力。但在实际操作过程中,校内勤工助学岗位供不应求,校外勤工助学岗位稀缺,勤工助学方式仍停留在劳务性层次,育人机制匮乏,部分影响了贫困生的学习。

(六)对于高校学生资助政策主要实施者——辅导员、班主任的工作分析

关于此项分析,学界普遍认为,辅导员、班主任在整个资助政策实施过程中有着十分

重要的作用。他们既是资助政策的宣传者、组织者及执行者,也是实现良好资助效果的主力军。他们应该在做好资助政策具体工作的同时,加强对受助学生进行思想政治教育和关怀。同时,各高校学生工作处行政人员、辅导员都面临着工作负荷超载、工作对象复杂、工作内容繁杂、工作角色多元的困境。贫困生资助工作只是学工行政人员工作的一部分。但是许多学校未设立专门的资助管理中心,或者学生不知道有资助管理中心这一机构,资助工作也是由个别行政人员或辅导员兼任完成。部分高校资助工作仅仅停留在"贫困名单拉出来,资助资金发下去"的水平,与促进贫困生健康成长与成才的资助育人的目标相去甚远。因此,提高贫困生资助工作的质量与效率成为许多高校资助工作的首要难题。

三、国外高校学生资助工作模式及对中国的借鉴意义

经过翻阅大量资料发现,许多国外高校家庭经济困难学生资助政策在实施过程中的优秀经验值得借鉴。"二战"后,世界经济不景气,但西欧、日本、美国的经济发展十分迅速。它们尤其注重发展教育,在高等教育方面投入了很多的资金,对家庭经济困难学生也制定了很多卓有成效的资助措施。这些措施在"二战"后很长一段时间对全球其他国家高等教育的发展影响深远。

(一)国外高校学生资助工作模式

1. 西欧模式

在"二战"后很长一段时间,全球盛行的高等教育资助模式为免费加助学金模式。这种模式主要在英国、德国、前苏联等国家使用,其中以西欧国家为主,被称为西欧模式。这种模式是指高等教育在实行免费的同时对学生生活费等进行资助,西欧模式在扩大高等教育办学规模、实现高等教育机会均等及教育民主化等三方面有着积极的作用。1990年以前的英国、是西欧模式的忠实践行者。英国大学生资助包括了学费和生活费助学金两部分等,学费资助包含学校规定的学习费用,生活费包含食宿、着装及交通费用,还为大学生提供免费的医疗和社会保险。

2. 美国模式

经过几个世纪的发展演变,美国高校建立了富有美国特色的贫困生资助模式——"教育成本分担"模式。"教育成本分担"理论认为,高等教育不具备公共物品非排他性的特点,也不属于"公共服务";大学生接受高等教育后带来巨大的经济和非经济利益,高等教育的成本应当由在教育中获得益处的各方承担,包括学生家长、学生本人、纳税人或政府、慈善机构以及企业应共同承担高等教育的成本。"教育成本分担"模式遵循"利益获得"和"能力支付"原则,因此政府成为高等教育学生资助的最大买单者。此外,社会企业和慈善机构对学生资助事业的支持力度也很大。在助学贷款资助方式上,美国创新了助学贷款的还贷和回收机制。1998年后,美国推出了可供学生选择的逐年递增还贷、延长年限还贷和按收入比例还贷等3种方式,有力地提高了还贷比例和学生的还贷能力,而

贷款的回收则由教育部、财政部及社会保障部协同负责,这种回收方式较单由银行一方来回收贷款资金有更多的优势。

(二)欧美模式对我国资助工作的启示

(1)多模式并存、不断完善管理、资助模式多样化,多渠道、多方位对大学生进行资助。我国高校家庭经济困难学生家庭情况复杂多样,多种资助模式的实行可以使很多家庭经济困难学生走出困境,顺利进入高校学习;有助于加快我国高等教育大众化进程。

(2)结合实际,更新理念,进一步完善资助模式。"高等教育机会均等""人力资本投资""成本分担"等理论在不同时期发挥了自身相应的主导性作用,指导着各国资助模式从"免费"到"收费"的演变,这些指导理念相互包容、互相补充、并存互动,保证了公平与效率,促进了大学生资助模式的完善,共同推动着现代高等教育的快速发展。我国资助模式的嬗变也同样得益于这些理念的指导。现阶段,我们应该在保证"高等教育机会均等"的前提下,重视"人力资本投资",把"成本分担"理论放在核心位置上来指导我们的资助模式改革。

目前,我国也形成了较为完善的以"奖、贷、助、补、减"5项内容相结合的混合型模式,面对多元化的资助模式,我国应加强制度建设、健全管理机制,让多种资助政策正常、长期、高效运行,更好地服务于家庭经济困难学生,让更多的学生能够圆大学梦。

四、完善资助管理工作的措施建议

(一)完善受资助学生的认定工作,建立二次选择制度

完善受资助学生的认定工作是开展资助工作的基础,是做好高校资助工作的首要环节,对受资助生科学、规范、动态的认定才能确保资助经费的合理使用,资助政策的有效运行。公平正义是开展学生资助工作的基本准则和学生资助工作价值实现的前提,一直是高悬在学生资助工作者头顶的利剑。资助工作选择机制的建立,应贯穿资助工作的制度设计、执行过程、资金发放以及后期管理的全过程。

在初次选择之后,应完善对受资助者的后期观察,进行二次选择。在二次选择制度设计上,除了来自国家层面的要求,高校应该建立符合自身实际和可操作性的监督细则。如家庭经济困难学生认定制度,如果仅凭国家的一纸证明,是很难有说服力的。高校应根据学生在校期间生活表现,建立动态和弹性的监督机制。另外,在操作流程上,高校应改变按人数或指标划分资助名额、等级的程序,建立有学生代表参与的评价监督机制。目前,很多高校已经这样开展。在此基础上,可以尝试设立多批次的学生代表,不仅能对受资助者的经济情况进行真实反馈,还可以对受资助者的行为变化有量化的反馈,确保资助流程的透明公平。用这种自下而上的方式让学生广泛参与资助工作,也避免了资助工作人员利用政策"做人情"等现象发生。

最后,在后期监督上,有些学生"不劳而获",在资助金后,不懂得感恩与珍惜,到处挥霍浪费,产生不良影响。这样使得学生资助工作的价值实现大打折扣。因而,要建立一

套资助后期管理与监督机制,学生如有违反资助管理办法,高校可收回资助资金并给予学生相应处分,从而确保资助工作的公平公正和落到实处。

(二)授人以鱼不如授人以渔,树立公平优先有偿资助理念

席巧娟主编《院校管理——探索与研究》(北京理工大学出版社,2007 年)指出,目前现有资助政策只停留在对家庭经济困难学生的经济帮助层面上,只能帮助他们缓解生活上的压力,但经济困难学生在思想上更需要帮助。因此要对高校学生资助制度进行改革,在帮助家庭经济困难学生家庭脱贫、积极筹措各项资金的同时,坚持做好经常性大学生的经济补助和精神援助工作。

国家、高校除了为受资助学生提供经济资助之外,还同时完善资助育人的功能,加强苦难生解脱贫困的能力,让资助工作从"输血型"向"造血型"发展。因此,挖掘资助政策深层次育人内涵,比如对苦难生学习能力、就业能力、心理问题、思想状况这些方面的研究,是维护教育公平的需要,也是构建社会主体和谐社会、体现社会主义优越性的需要。在社会主义市场经济条件下,助学资助是一种社会投资行为,因此要兼顾效率。这是适应国家经济社会和教育改革与发展的需要,也是实现国家助学资源资助效益最大化的需要。

要保障教育资助资源效率的发挥,就必须分区分类分层设计助学政策和制度,在助学资源分配上有所倾斜,改变目前社会经济发展和教育相对发达的地区、学校和专业所分配的资助资源反而比社会经济和教育落后地区、学校和专业要多的状态。通过真正树立公平优先的资助理念,借助公共政策来对社会资源进行二次分配。

(三)要加强对受助学生在学习和消费过程的监督与考核

高校资助工作应注重制度管理与方式方法创新相结合,充分利用校园卡,对资助资金和勤工俭学劳务费进行管理和监督。同时,要加强资助管理人员的服务意识,提高资助工作的质量,使之主动、积极、有针对性地为学生提供服务和关怀。

(四)完善资助工作团队建设

资助工作团队是运作整个工作的有生力量,团队成员的素质、团队成员的团结默契程度、良好的团队激励机制,直接决定了项目的绩效乃至成败。高校资助工作项目团队主要是由国家、省级资助管理中心以及高校学生工作人员组成。通过实际咨询和查阅资料了解到,高校的资助管理机构一般由高校资助管理中心指导、辅导员为主要负责人,家长、同学、学生干部和心理老师为主要构成人员。

从新生入学开始,高校资助工作就开始启动。高校学生资助管理中心根据上级资助管理中心的要求,指导新生辅导员组建资助工作团队,并进行贫困生资格及等级认定的工作。这是一个复杂的过程,需要通过仔细观察选择合适的团队成员,花费大量时间、运用多种手段评选出最需要资助的困难学生。在这个阶段,资助公平会受到广泛的关注,这就要求资助管理中心联合辅导员制定出科学合理、公平公正的认定体系,由表及里,由

内而外地观察、了解与评价每个申请资助的学生,多看、多听、多交流,多角度地开展这一阶段的工作,做到公正、公平、公开。

高校资助工作项目流程如图1所示。

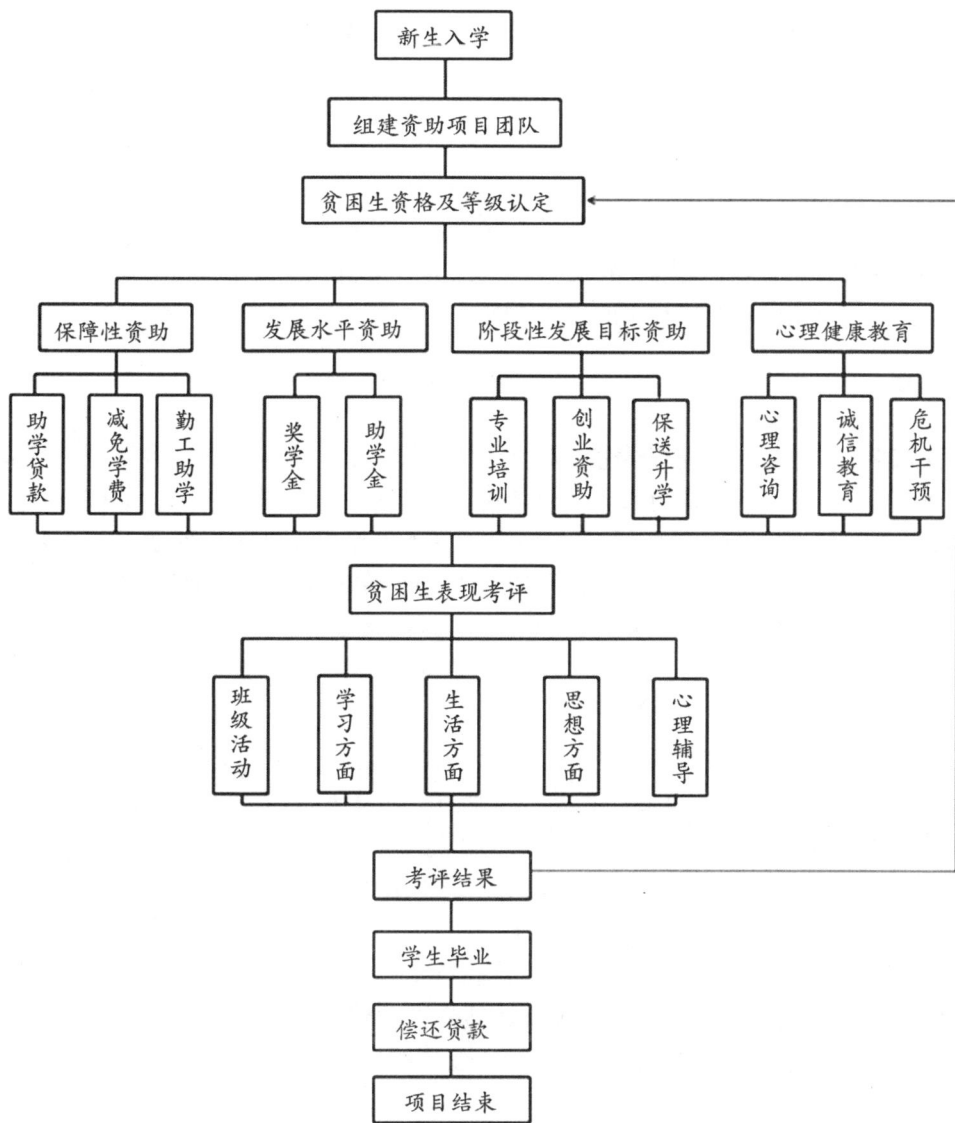

新生入学

组建资助项目团队

贫困生资格及等级认定

保障性资助 → 助学贷款 / 减免学费 / 勤工助学

发展水平资助 → 奖学金 / 助学金

阶段性发展目标资助 → 专业培训 / 创业资助 / 保送升学

心理健康教育 → 心理咨询 / 诚信教育 / 危机干预

贫困生表现考评

班级活动 / 学习方面 / 生活方面 / 思想方面 / 心理辅导

考评结果

学生毕业

偿还贷款

项目结束

图1 高校资助工作项目流程

(五)实施相关"发展型"资助工程

各高校在帮困助学中已基本建立了以奖、贷、助、勤、减、绿色通道和社会慈善助学在内的一体化资助模式。但是这些资助都是"结果性"资助,只能是短暂性地解决贫困生的生活问题;而贫困生发展性资助是一种资助与发展并重、自助与他助并重、管理与育人并重的资助形式,能充分发挥学生的主体性和能动性。"发展型"资助就是指将资助模式从

"结果奖励"变为"过程支持"。高校要积极为家庭经济困难学生在学术、科技、创业等方面提供支持和帮助,将资助贯穿在学习、科研的过程中,锻炼他们的综合能力,提高专业水平。

(六)对资助政策执行者进行绩效考评、提高工作效能

如上海中医药大学对资助政策执行者进行绩效考核,在考核体系中明确罗列了资助政策执行过程中包括政策宣传、组织实施、监督管理等方面的指标,对资助政策执行者进行有效管理,对绩效考核优秀的人员进行表彰奖励,并进行经验分享,以典型带动普遍,在高校资助政策执行者之间营造良好的工作氛围。有些高校则在学生中对资助政策执行者进行满意度调查,对学生投诉率进行统计,对政策执行者的工作进行评价。这些举措都能有效提高资助政策执行者的工作效能。

小结

高校学生资助工作是高校学生工作的重要组成部分,如何更好地完成高校学生资助工作将会在今后很长的一段时间内被继续讨论。国家一直十分重视和关心高校家庭经济困难大学生的资助工作。自家庭经济困难大学生资助政策建立以来,经过了无数次的改革和完善,目前已经形成相对成熟和完善的资助政策体系。但在资助政策的具体实施过程中,高校势必还会面临一些问题和矛盾,这些都需要不断加以研究和解决。

我们作为高校资助政策的受益者,根据前辈的工作经验以及自己的研究体会,深刻认识到将高校资助工作进行合理化改进是一条需要持续坚持的道路,需要以资助政策的执行者的工作及受益者的教育入手,努力做到资助政策高效、公平、及时运用到家庭经济困难学生的帮助中。同时,要做好资助政策受益者的管理、教育工作,以培养成绩优异、服务社会的有用人才。

高校要从解决家庭经济困难学生的实际问题出发,从物质上帮助学生、从精神上培养学生、从能力上锻炼学生,做到资助与育人相结合,切实提高资助政策的效果。相信会有更多的高校制定更为合理的措施来开展资助管理工作,改进受资助者的认定方式、健全后续的资助管理监督制度,使资源配置达到最优、资助受益者能在物质和精神上全面受益,共同将我国高校的学生资助工作推上一个新的台阶。

(指导教师:刘宝福)

大学生中华传统文化素养调查

财务 151　杜静(组长)　宋一璇　李　珍

摘　要：中华传统文化经过世世代代的继承和发展，具有鲜明的民族特色，历史悠久而博大精深。随着现代社会的不断发展，社会文化不断推陈出新，中国人的思想观念、思维、行为和生活方式都在发生着重大变化，同时中国文化也随之发展转变。因此，了解大学生对中华传统文化的了解程度及文化素养显得尤为重要。本次实践调查了当代大学生作为中华文化的传承发扬者，对中华传统文化的态度和了解程度，并提出了有针对性的意见与建议。

关键词：中华传统文化；大学生；中华传统文化素养

一、选题立论分析

在经济高速发展、祖国日益富强、人民生活水增显著提高的今天，我们耳熟能详的节日不再是腊八节、花朝节，而是圣诞节、愚人节。全球化浪潮席卷之下，中华传统文化的地位有所动摇。中华传统文化是中华民族 5 000 多年智慧的结晶，是中华民族重要的精神财富。我们应该积极继承和弘扬中华优秀传统文化，这既是对文化强国战略的践行，也是我们每个中华儿女的责任。本小组希望通过这次调查了解当代大学生的中华传统文化素养，并呼吁更多大学生去了解中华传统文化、继承中华传统文化。

二、调研准备

(一)调研时间

2017 年 5 月 11—19 日。

(二)调研地点

青岛科技大学崂山校区、青岛大学东校区、中国海洋大学崂山校区。

(二)调研对象的选取

主要面向大一到大四在校大学生以及部分在读研究生。

（三）调查方案

2017年5月11日，在青岛科技大学崂山校区弘毅楼、明德楼随机采访30名同学，通过提问一些关于中华传统文化的问题以及对中华传统文化的看法，简单了解当代大学生的中华传统文化素养。

5月12日，在青岛大学东校区，与青岛大学的同学们就中华传统文化问题进行讨论，并通过纸质版的调查问卷，收集了20份有价值的信息。从中可以看出，有些同学在了解中华传统文化方面确实还有欠缺，但仍有一部分同学有着非常丰富的中华传统文化知识，并且可以与我们侃侃而谈，表达自己的意见，也提出了自己的想法。

5月13—17日，我们通过社交软件，如QQ、微信转发网页版的调查问卷，收集了231份问卷信息。从中发现，当代大学生对中华传统文化还是有着一定的了解，并且对这方面有很大兴趣，希望学校可以开设这方面的课程，或者是选修课程可以开设这方面的课程。

5月18日，在中国海洋大学崂山校区，通过发放纸质版调查问卷的形式，收集到20份有价值的信息。中国海洋大学的同学对中华传统文化的看法是传承发扬。虽然大学的课业压力也很大，但是他们在空闲时间可以有机会多读中华传统文化书籍或是学习中华传统文化技艺、参加中华传统文化比赛、真正让中华传统文化深入我们的生活，提高当代大学生的文化素养。

三、调研分析

（1）大学生对中华传统文化的态度：理性上认同，但实际兴趣不高。

问卷中问题3、问题4的答题情况如下。

问题3　你对中华传统文化感兴趣吗？

问题3的调查结果如表1所示。

表1　问题3的调查结果

选项	人数	占比/%
非常感兴趣	88	31.32
有点感兴趣	176	62.63
不感兴趣	17	6.05
讨厌	0	0

问题4　你怎么看待中华传统文化？

问题4的调查情况如表2所示。

表2　问题4的调查结果

选项	人数	占比/%
中华传统文化博大精深、源远流长，应该以继承发扬为主	134	47.69
中华传统文化有精华也有糟粕，我们应接受时有所扬弃	144	51.25
在现代，中华传统文化已经过时了，无法融入现代社会	2	0.71
不关心，也没有什么认识	1	0.36

中华传统文化,是指以汉民族文化为代表的中华民族历代相沿而又不断承传更新的共同认可的生活方式、道德意识、民情习俗、思维特性及价值观念等,是中华民族几千年文明的结晶。中华传统文化博大精深,"四大古典文学名著"是其中的璀璨珍珠,而各种传统技艺则是其中的朵朵奇葩。

我们首先调查了大学生对中华传统文化的态度,从问题3和4的答题选项可以看出,大多数同学在理性上认同中华传统文化,认可中华传统文化的地位,同时认为中华传统文化博大精深、源远流长,应该以继承发扬为主,但在接受时也应该有所扬弃。

(2)中华传统文化在大学生群体中传播状况:传播方式多样化,但大学生主动学习意识缺乏。

问卷中,问题5、6、8及其调查结果如下。

问题5 你的中国文化素养教育的获取途径?(多选题)

问题5的调查结果如表3所示。

表3 问题5的调查结果

选项	人数	占比/%
学校教学	203	72.24
自己读书	201	71.53
家庭熏陶	138	49.11
媒体传播	206	73.31
其他	62	22.06

问题6 你是否通过培训和讲座培养中华传统文化素养?

问题6的调查结果情况如表4所示。

表4 问题6的调查结果

选项	人数	占比/%
是	78	27.76
否	203	72.24

问题8 你认为当代大学生对中华传统文化自觉意识缺乏程度是怎样?

问题8的调查结果如表5所示。

表5 问题8的调查结果

选项	人数	占比/%
没有缺乏,很重视中华传统文化	13	4.63
一部分人重视,一部分人没有自觉意识	130	46.26
都有一定程度的缺乏	125	44.48
都缺乏得很严重,几乎没有自觉意识	13	4.63

据调查显示,随着社会的发展,信息化程度的不断推进,中华传统文化的传播方式已经多种多样。从学校、书本到家庭、媒体,当代社会,尤其是教育界,对中华传统文化的重

视与宣扬,让中华传统文化的获取轻而易举。这主要是因为大学生以自主学习方式为主,而且对于网络接触较多,再加上大学图书馆资源丰富,使得课外阅读对获得知识包括中华传统文化知识具有突出的作用;同时,网络信息量大、传播速度快、互动性强、普及率高等优势,也使得信息的获取较为快捷。在影视节目方面,随着《百家讲坛》《东方讲坛》《文化中国》等精品电视栏目和一大批历史题材剧目的出现,电视节目以其形象生动、直观亲切的形式,成为大学生获取中华传统文化知识的重要渠道。另外,"学校教学"的选择率也比较高。这应该是教育大纲中对中华传统文化重视的结果。但通过问题6的调查结果我们不难发现,大学生通过讲座或者培训的方式来主动学习中华传统文化的热情并不高。这说明虽然社会很重视对于中华传统文化的传播,但却得不到大学生足够的重视,更谈不上产生主动学习的想法。

从主观上说,中华传统文化有些晦涩难懂,枯燥无味,相对于快餐性质的刊物文章显得"冗长"些。若想提高中华传统文化在大学生中的重视程度,势必要在当前传播方式多样化的基础上,增加趣味性。需要注意的是极少有同学选择"父母长辈的影响",由此可以看出大学生的成长环境缺乏良好的文化底蕴,父母长辈对于文化教育的忽略是大学生文化素养不足的重要原因。

(3)大学生对中华传统文化的了解认知程度:了解程度一般,重要文化知识仍缺乏了解,思想著作的学习也有所偏重。

问题9~13及其调查结果如下。

问题9 你看过中国的"四大古典文学名著"吗?

问题9的调查结果如表6所示。

表6 问题9的调查结果

选项	人数	占比/%
4部全部看过	71	25.27
看过两三部	146	51.96
只看过1部	47	16.73
没看过	17	6.05

问题10 古代名句"一去紫台连朔漠,独留青冢向黄昏",出自杜甫的《咏怀古迹》。这句诗的典故出自哪个历史事件?

问题10的调查结果如表7所示。

表7 问题10的调查结果

选项	人数	占比/%
昭君出塞	160	56.94
甘英出师大秦	12	4.27
文成公主入藏	23	8.19
不知道	86	30.60

问题 11　你认为中华民族精神的核心是？

问题 11 的调查结果如表 8 所示。

表 8　问题 11 的调查结果

选项	人数	占比/%
爱国主义	199	70.82
爱好和平	9	3.21
勤劳勇敢	19	6.76
自强不息	44	15.66
其他	10	3.56

问题 12　你对下列哪部思想著作比较了解或认可？（多选题）

问题 12 的调查情况如表 9 所示。

表 9　问题 12 的调查情况

选项	人数	占比/%
《论语》	215	76.51
《道德经》	79	28.11
《大学》	50	17.79
《孟子》	56	19.93
其他	81	28.83

问题 13　你对中国的诗词、书画、曲赋等中华传统文化的了解程度如何？（单选题）

问题 13 的调查结果如表 10 所示。

表 10　问题 13 的调查情况

选项	人数	占比/%
很了解	17	6.05
一般了解	196	69.75
不了解	68	24.20

我们在问卷中设计了 4 个关于具体文化知识的问题，以了解当代大学生对中华传统文化的基本认知。问题 10 的唐诗《咏怀古迹》中描述昭君出塞的场景，在初高中课本有所涉及，但是正确率却不到 60%。可见，即使作为中华传统文化中普及较好的唐诗也难免落得如此尴尬情景。问题 11 是中华民族几千年来积淀下来的民族精神，即以爱国主义为核心，团结统一、爱好和平、勤劳勇敢、自强不息。看似 70.82% 的正确率令人振奋，但是与之在初高中甚至大学课本上的出现频率与重视程度还是有些不相符。至于古典书籍，思想著作，通过调查不难看出，《论语》的认知度将其他古代思想著作甩在身后。这也不难看出，其他诸如《道德经》《孟子》等同为古代思想著作的书籍并没有得到像《论语》一样的重视，大学生对古典著作的认知度亟待提高。所谓中华文化博大精深，中华传统文化中的瑰宝不能忘记诗词歌赋、琴棋书画，只有极少数的同学选择了"很了解"，可见，其在这方面的了解程度还是极低的。

需要特别指出的是,当代大学生对于传统的认同是理性思考的结果,而实际情况却更加感性,例如问"你会听一些民族音乐或者戏曲吗?"只有极少同学回答"很喜欢,听得很多"。另外在问对"四大古典文学名著"的阅读情况如何中,接近半数的人回答"基本没看过",与回答问题9"没看过"的6.05%结果不符。因此我们得出结论,虽然大学生在理性上认同传统,但是兴趣并不高,即使知道"四大古典文学名著"博大精深我们也不会花费大量时间去阅读。而文化的传承需要物质的载体,经典书籍和传统技艺是传承文化的重要且有效的途径,从这个角度看,上述调查结果是不能令人满意的。"接触机会不足,热爱精神不够",这是中华传统文化失宠的一大原因,也是中华传统文化教育需要弥补的地方。

四、意见与建议

中华传统文化博大精深、源远流长,它不仅是无数中华儿女的智慧结晶,更是中华民族的根、中华民族的魂,是中华民族屹立于世界先进民族之林的基础,其重要性不言而喻。而在全球化的大趋势下,中华传统文化的民族特色正在逐渐淡化。

根据本次调查结果分析可知,七成以上大学生认为有必要学习中华传统文化,并肯定了中华传统文化的积极作用,认为中华传统文化没有过时;但有2/3的学生认为学习中华传统文化的好处在于陶冶情操修身养性,对学习中华传统文化意义认知模糊。与此同时,调查结果显示,喜欢通过课堂教学学习中华传统文化知识的人数在受访学生中仅约占9%。

基于以上问题,本小组讨论得出以下几点建议。

(1)学校应加强对中华优秀传统文化知识的宣传和教育,引导学生批判地继承和发扬中华传统文化,取其精华,去其糟粕。

(2)将中华优秀传统文化与社会主义核心价值观相结合,使中华传统文化更适应我国当前的经济社会情况,便于学生学以致用,理论和实践相结合。

(3)改善课堂教学方式,避免单一灌输知识的填鸭式教育,以激发学生学习兴趣为主。通过视频、音频、实践等多种方式,加深学生对中华传统文化的了解。

(4)开展好书推荐与分享活动。调查结果显示学生比起课堂教学更喜欢通过书籍了解中华传统文化,据此可以设立中华传统文化知识比赛,以精品书籍作为奖品,鼓励学生多读书多了解中华传统文化知识。

(5)学生应充分发挥主观能动性,自觉学习中华优秀传统文化知识,提高自身文化素养。

(6)媒体和社会应该起到正面引导作用,积极弘扬中华优秀传统文化。在这个信息化的时代,网络信息传播迅速,媒体正确地宣传中华传统文化,将对中华传统文化的传承发展起到重要作用。

(7)国家应该加大非物质文化遗产保护力度,重视民族文化传承。文化是民族的根,没有传统文化的民族就像无根之萍。在民族文化危机初显的时代,提高民族文化自信尤为重要。

继承和发扬中华传统文化是我们每个中华儿女的共同责任,相信通过无数人的不懈努力中华民族的优秀文化一定会传承发扬得越来越好。

(指导教师:李瑾)

大学生的环保意识与行为调查研究

财务 152　张　珂(组长)　张思晨　张晓佳　张晓莹　金文玲　柳俊燕

摘　要:近几年环境恶化、空气污染等字眼逐渐出现在公众眼前,环保问题引起了全世界的关注。大学生作为未来社会的支柱,他们的环保意识与行为格外重要。本组以大学生的环保意识与行为作为研究题目对大学生进行研究和调查。通过问卷调查以及实地考察的方式,对所得数据进行严格统计、严密分析,得出相关结论,并对当前形势提出合理化建议,希望通过此调查能提高当代大学生的环保意识并影响大学生的日常行为,为保护环境作出贡献。

关键词:环境污染;大学生;环保意识与行为

一、选题立论分析

(一)选题背景

近年全球环境恶化,空气污染、水污染、臭氧层空洞等污染现象已经对我们的生命健康产生了极为恶劣的影响,环保问题引起了全世界的广泛关注。我国对于环保问题也尤为重视。近几年,政府一直积极出台各种法律法规,遏制污染问题,增强人们的环保意识。当代大学生作为国家未来之栋梁,作为当代青年中的佼佼者,他们环保意识的强弱也是人们关注的重点。为了了解大学生对环保问题的关注程度,引起大学生对环保问题的重视,倡导大学生以自己的实际行动为环保作出自己的贡献,特开展此调查。希望其结果及结论能影响大学生的日常行为,提高大学生的环保意识,保护我们的生态环境。

(二)选题目的、意义

(1)了解大学生对环保问题的见解和看法,以及他们在生活中有哪些环保行为。

(2)引起大学生对环保的重视,培养大学生的环保意识。

(3)倡导大学生提高自己的环保素质,用实际行动响应环保。

二、调研准备

(一)调研时间及活动内容

调研时间及活动内容如表 1 所示。

表 1　调研时间及活动内容

时间	活动内容	负责人员
活动前期 (2017 年 4 月 8 —22 日)	编写活动策划书	张珂、张晓佳
	拟写调查问卷	张思晨
	制作活动策划演示文稿	张晓莹、金文玲
	活动策划答辩	柳俊燕
活动期间	进行网上问卷调查	全体成员
活动后期	对问卷结果进行汇总	全体成员
	数据统计与总结	全体成员
	撰写调查报告	全体成员

(二)实地调研情况

实地调研情况如表 2 所示。

表 2　实地调研情况

时间	活动地点	具体内容	人员
2017 年 4 月 24—26 日	食堂	观察同学饭后是否带走垃圾	全体成员
2017 年 4 月 27—29 日	教室	观察同学课后是否将垃圾带走	全体成员
2017 年 5 月 4—6 日	图书馆	观察同学学习完毕后是否将垃圾带走	全体成员
2017 年 5 月 10—12 日	操场	观察同学运动后能否将饮料瓶扔进垃圾桶	全体成员
2017 年 5 月 14—16 日	宿舍楼	观察同学是否会把生活垃圾遗留在楼道中	全体成员
2017 年 5 月 18—20 日	校园路上	观察路上是否有垃圾和有没有同学随手乱扔垃圾	全体成员
2017 年 5 月 23—26 日	青岛大学东校区	观察青岛大学同学是否保护环境以及进行实地问卷调查	全体成员

(三)调研对象的选取

青岛科技大学、青岛大学东校区大学生。

(四)调查方案

本小组采用的是问卷调查法以及实地调研法。问卷调研法采用网上问卷调查以及实地问卷调查,我们的调查对象是青岛科技大学、青岛大学东校区大学生。问卷投放数量总计 400 份,其中纸质问卷 100 份、网上问卷 300 份,有效回收数量 388 份。

三、调研分析

（一）调查结果

（1）关于大学生对于污染和破坏环境行为的态度的调查结果如图 1 所示。

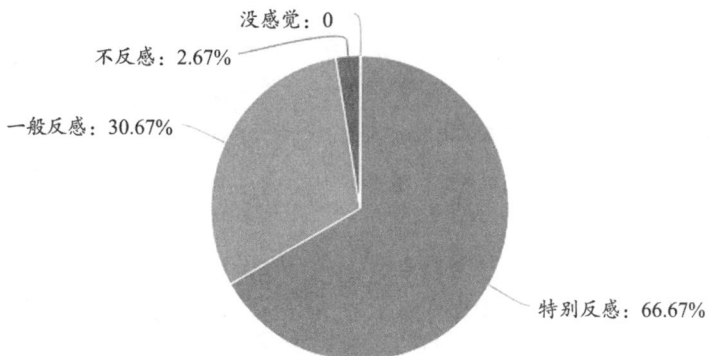

图 1　关于大学生对于污染和破坏环境行为的态度的调查结果

如图 1 所示约 66.67％的学生特别反感污染和破坏环境行为;约 30.67％的学生一般反感污染和破坏环境行为;约 2.67％的学生对污染和破坏环境行为不反感;没有学生对污染和破坏环境行为没感觉。

（2）关于大学生的环保意识的调查结果如图 2 所示。

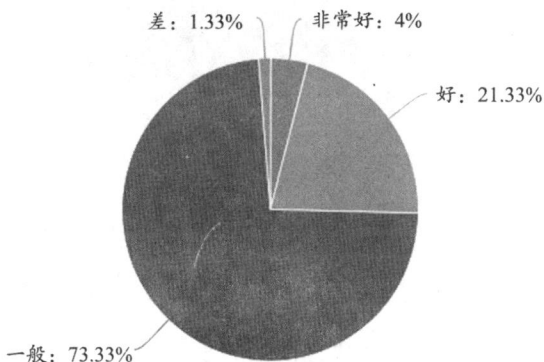

图 2　关于大学生的环保意识的调查结果

如图 2 所示,4％的学生认为大学生的环保意识非常好;约 21.33％的学生认为大学生的环保意识好;约 73.33％的学生认为大学生的环保意识一般;还有约 1.33％的学生认为大学生的环保意识差。

（3）关于大学生在实际生活中如何处理垃圾的调查,以食用带包装袋的食品后如何处理包装袋为例,其调查结果如图 3 所示。

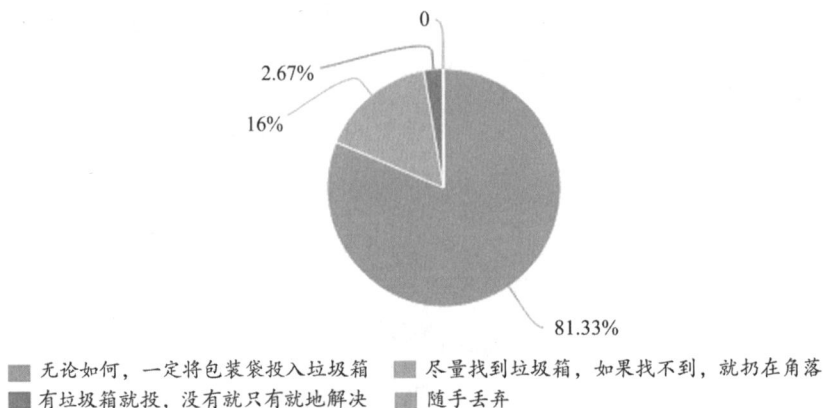

图 3　关于大学生食用带包装袋的食品如何处理包装袋的调查结果

用以上案例可推断出,在大学生手中有垃圾要扔时,约 81.33% 的学生一定会将垃圾扔进垃圾桶;16% 的学生会尽量寻找垃圾桶,若找不到时会将垃圾扔在角落里;约 2.67% 的学生在有垃圾桶时就扔,没有垃圾桶就会就地解决,不会有学生随手丢弃。

(4)关于大学生对如果食堂禁止使用方便饭盒、一次性筷子的反应的调查结果如图 4 所示。

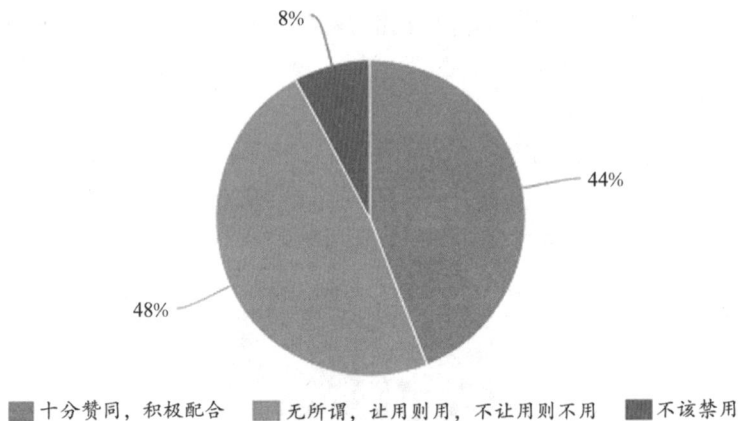

图 4　关于大学生对如果食堂禁止使用方便饭盒、一次性筷子的反应的调查结果

如图 4 所示,48% 的学生对食堂禁止使用方便饭盒、一次性筷子的政策表示十分赞同,积极配合;有 44% 的学生对食堂禁止使用方便饭盒、一次性筷子的政策表示无所谓;还有 8% 的学生对食堂禁止使用方便饭盒、一次性筷子的政策表示不赞同,认为不该禁用。

(5)关于大学生在校用水状况的调查结果如图 5 所示。

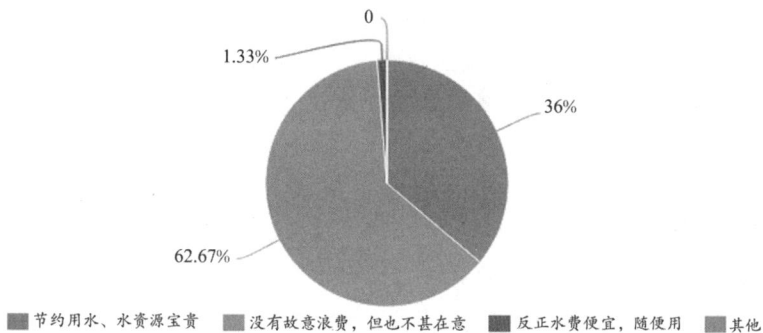

节约用水、水资源宝贵　　没有故意浪费，但也不甚在意　　反正水费便宜，随便用　　其他

图 5　关于大学生在校用水状况的调查结果

如图 5 所示，约 62.27％的学生会节约用水；36％的学生不会故意浪费水资源但也不会在意；约 1.33％的学生因为水费便宜而随便用水。

(6)关于大学生对使用一次性食品包装看法的调查结果如图 6 所示。

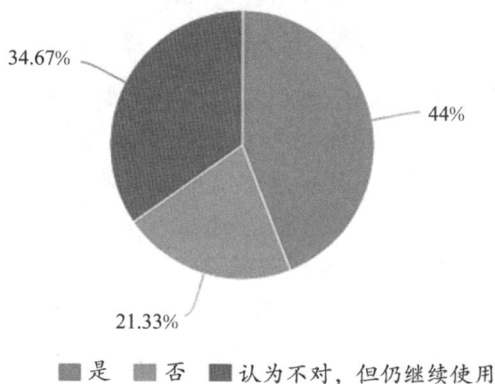

是　　否　　认为不对，但仍继续使用

图 6　关于大学生对使用一次性食品包装看法的调查结果

如图 6 所示，约 34.67％的学生会因为使用一次性食品包装而想到白色污染；约 21.33％的学生不会因为使用一次性食品包装而想到白色污染；还有 44％的学生知道使用一次性食品包装不对，但仍会继续使用。

(7)关于大学生对废电池的处理行为的调查结果如图 7 所示。

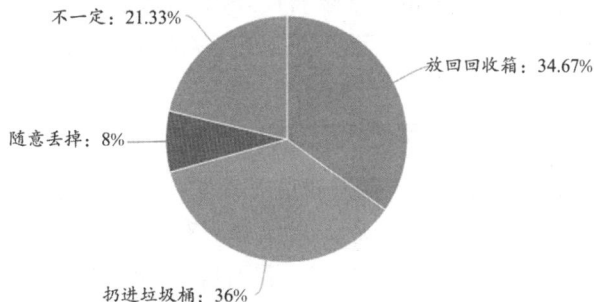

图 7　关于大学生对废电池的处理行为的调查结果

如图 7 所示,36％的学生会选择将电池扔进垃圾桶;约 34.67％的学生会选择将电池放回回收箱;约 21.33％的学生处理电池随情况而定;还有 8％的学生会把电池随意扔掉。

(8)约 81.33％的学生认为应在校园进行环保宣传;约 69.33％的学生认为学生自己应提高自觉性,避免盲目从众;约 62.67％的学生认为学校开设环境保护课程;还有 60％的学生认为对不环保的行为,应采取明确的惩罚措施。

(二)调查分析

通过问卷调查得到的结果,我们对于当代大学生在环保方面的各种认识和行为有了基本的了解。我们对此进行了深入的分析和探讨,可以得出以下结论。

1. 大学生缺乏足够的环保意识

通过对此次问卷调查结果的统计分析,我们得出了现今在校大学生的环保意识总体结论。虽然大部分参与调查的大学生都对污染和破坏环境的行为特别反感,但这并不意味着他们都有很强的环保意识。他们反感破坏环境的行为,却没有认识到环境保护与自身的关系,不能积极主动地去了解和认识环保的重要性,也做不到从自身开始杜绝破坏环境的行为。大学生环保意识的薄弱不仅源于自身的不作为,学校和社会同时也有一定的责任。当今社会重视经济的发展,一切为经济增长服务是社会的主流思想,环境保护问题始终位于次要位置,没有得到社会的高度关注,人们的环保意识普遍比较薄弱。在这样的大环境大趋势下,大学生的环保意识也很难得到进一步的提高。此外,学校对于环保教育的力度不够,宣传环保的方法和途径也过于单一。这很难带动学生了解环保知识,参与环保活动,从而导致大学生环保意识的缺乏。

2. 大学生没有养成良好的环保行为和习惯

通过此次调查结果我们也发现,很多大学生都有一定的环保意识,但都没有落实到环保行为上去,更没有形成一定的环保习惯。比如,食堂一次性筷子、方便饭盒和塑料袋等一次性食品包装,大多数大学生都了解它们对环境的危害,但为了方便都抱着让用则用的态度,不能主动拒绝;而对于学校的用水状况,也是不故意浪费但也不在意的无所谓态度;对于废旧电池等需要严格分类物品的处理,更没有了解和重视。这就需要学校把宣传教育和环保实践结合起来,开展环保教育讲座,加强对节水节电、减少白色污染的宣传活动,树立保护环境光荣、破坏环境可耻的良好风气,使更多大学生实践环保,养成环保行为习惯。社会也应利用大学生对新媒体的极高关注度,通过新媒体引导大学生多参与环保活动。

3. 大学生对环保知识的掌握不足

在调查中我们也发现,很多大学生不知道怎样对待白色污染,不知道怎样处理废旧电池。这种情况的出现就在于大学生环保知识掌握不足,平时环保知识积累得少,对环保不够重视。因为大多数大学生认为只应学习与自己专业相关的知识,这些对他们的就业有更大的影响,但环保知识却与就业无关,所以大学生都忽视了环保知识的学习。学校对于环保知识的教育力度也不够,这也阻碍了大学生获取环保知识。

四、意见与建议

通过这次的调查结果分析可以发现,当前大学生的环保意识虽然不够强,但大多数人对污染和破坏环境的行为都特别反感。这一现象存在的原因是当前大学生的环保意识只停留在思想层面,并没有落实到行动中。在生活中缺乏推动力来使他们养成环保的好习惯。基于此,我们可以从以下几个角度入手,以期改变这种现状。

(一)个人角度

"勿以恶小而为之,勿以善小而不为。"要加强个人环保意识,规范自己的行为。要明白环保无小事,需要我们每个人从日常中的小事做起,如随手关灯,下课后及时带走自己的垃圾,垃圾分类入箱,随手关水龙头,不浪费水资源,尽量不使用一次性餐具等。切莫有"事不关己,高高挂起"的心态;要将环保意识付诸行动,从意识层面落实到行动上去;日积月累,从而养成良好的环保习惯,让环保行为与自身融为一体。

(二)社团组织角度

多组织一些环保志愿服务活动,如沙滩捡垃圾、定期在校内人流多的地方回收旧电池等可回收废旧物品,帮助大学生养成良好的环保的习惯;同时,在进行其他社团活动时也要有环保意识,活动结束后清理场地,起到良好的带头作用;举办有关环保主题的竞赛,如微电影大赛、知识竞赛等,以起到良好的宣传效果,使环保意识深入人心。

(三)学校角度

开设相关课程,将环境保护课程纳入到教育环节中,在课堂上,向学生传授环境保护的相关知识,倡导环保行为,让学生意识到环保的紧迫性及个人参与的重要性,养成高度责任感,鼓励学生积极参与到解决问题中去。同时,可以开展"不环保行为随手拍"活动,并上传至学校官方媒体展示,以示惩戒,进而督促大学生养成环保的好习惯。

(四)社会角度

要使大学生以保护环境为荣,以破坏环境为耻。人人都是参与者,同时也是环境保护的监督者。我们应该反对不环保行为,对不环保的行为和个人持批判态度。社会媒体应通过各种手段加强对环保的宣传力度,使社会各界都积极参与到保护环境的行列中去。养成良好的社会风气,让环保之风盛行。

(五)政府角度

加强立法工作,完善法律法规,将环保纳入公民的义务中去。以法律法规作为环保的最后一道屏障,并以法律法规作为日常行为规范,约束包括大学生在内的社会各界的日常行为,推动各界人士积极履行环保义务。制定并颁布一系列环保政策,如限制使用一次性餐具,提高对一次性购物袋的收费标准等。进一步规范各行业的环保行为,在重视经济增长的同时不能忽视环境的重要性，倡导可持续发展，改变社会大环境。

五、总结及感悟

从这份调查分析中显示，无论是对环境知识的宣传教育还是具体保护措施，我们做得还很不够。当今的大学生环保的意识还有待加强，对环保不能只是有所了解，还要把环保行为落实到生活中来。

大学生作为未来的社会支柱、未来的环保事业的接班人，必须加强自身的环保意识。对环境的保护是我们每个人的义务与责任，为了我们的未来，为了我们子孙后代的未来，我们需要可持续发展，创造一个生态安全与环境友好型社会。

（指导教师：李瑾）

大学生入党问题调查报告

应化 158　焦龄莹(组长)　李静逸　任竹萌　李思韵　王天麟　臧　雷

摘　要:党组织需要始终保持先进性和纯洁性,这不仅仅需要队伍的扩大,更需要能够坚守本心、全心全意为人民服务的精锐力量。我们的调查结果显示,关于现如今大学生的入党问题,最为突出也是最应引以为重的一点即大学生入党动机的偏差现象。受社会风气、大学生就业形势严峻等多方面因素的影响,大学生基于追求共产主义信念、坚定共产主义信仰的纯粹性入党动机趋于减少,出现多方面的偏差现象。

关键词:大学生;学生党员;入党现象;入党动机

一、调研背景

(一)立论依据

现如今,大学生入党已成为持续热点问题,每一学期的党员推优及团员推优都备受重视。在校园生活过程中发现的如下几个现象,引发我们对大学生入党现状的关注。

1. 大学新生入党申请书递交积极

以化学院为例,化学院 2016 级学生在 2016—2017 学年第一学期入党申请书的递交率高达 97%,多数学生抱有争取在大学入党的想法。

2. 多数学生呈现出对入党的盲目性

然而在与 2016 级学生相处过程中发现,多数学生对党的认识不明确,对学生党员的模范带头作用亦不了解,存在对入党的盲目性。

3. 学生党员名额呈逐年减少趋势

以化学院为例,今年团员推优的名额较去年减少 50%,近两年党员推优的名额较前年也减少 50%,学生党员的发展越来越严格。

4. 学生入党动机呈多元化趋势

大学生世界观、人生观、价值观尚处在建立过程中,受从众心理、社会风气、大学生就业形势严峻等多方面因素的影响,大学生入党的动机越发呈现多元化。

党组织需要始终保持他的先进性和纯洁性,它需要的不仅仅是队伍的扩大,更是能够坚守本心、全心全意为人民服务的精锐力量。在大学生入党热潮的背后,能够真正端正入党动机、明确党员责任与使命的又占多少? 为此,在大学生群体中对入党问题展开调查意义重大。

(二)调研目的

为了解当代大学生对党的认识、入党动机,并分析其存在的问题和产生原因,了解学生党员在普通学生中的形象以及党组织在学生群体中的影响力,我们通过对青岛科技大学在校大学生的调查研究来进行分析,并做出初步探讨。

二、调研准备

(一)调研时间

2017 年 5—6 月。

(二)地点

青岛科技大学。

(三)对象选取

调研对象选取青岛科技大学在校师生。本项调研将调研对象确定为入党积极分子、学生党员与其他同学 3 类,先在入党积极分子群体中调查大学生关于入党的一系列问题,再把调查范围扩大到全校,随机发放问卷;另外以学生党员为主,了解学生党员的思想动态;并与学生党支部老师进行交流,了解发展学生党员的相关事宜。

(四)调研方案及具体实施情况

调研以调查问卷和随机访谈为主。调查问卷分为两个方向:先在入党积极分子群体中调查大学生关于入党的一系列问题,再将调查范围扩大到全校,随机发放问卷。将随机访谈的人群分为党支部老师、入党积极分子和学生党员三类。具体实施情况如表 1 所示。

表 1　调研方案具体实施情况

日期	实施活动
5 月 7—14 日	小组成员收集资料,商讨调研方案
5 月 15 日	调研活动策划方案 PPT 答辩
5 月 24 日	对 2015、2016 级入党积极分子进行问卷调研
5 月 25 日	在小五四广场进行现场问卷调研
6 月 8 日	约谈学生党支部老师
6 月 9 日	采访入党积极分子及学生党员
6 月 10—15 日	分析处理调研数据并撰写调研报告

三、调研分析

（一）调研问卷

我们的调查问卷从当前大学生政治面貌的基本特征、大学生对中国共产党的了解情况、入党意愿的产生与入党动机、学生党员的模范作用等方面出发，共设置 15 个问题。调查问卷的发放分为两个方向：在入党积极分子的固定群体中抽样调查以及在全校范围内随机抽样调查。

问卷印刷并发放 200 份，总计有效回收 141 份，有效率 70.5％。收发情况如表 2 所示。

表 2　问卷收发情况

形式	发放问卷数	收回问卷数	有效率/%
固定抽样	50	45	90
随机抽样	150	96	64
总计	200	141	70.5

从调查问卷的反馈结果来看，较为显著并具有代表性的是以下 3 个问题。

1. 大学生入党意愿呈现为积极状态

调查显示，在进入大学之初，大家普遍存在渴望早日加入中国共产党的愿望。在大一刚开学时，多数同学会积极向学院分团委递交入党申请书，希望得到团员推优的机会。由于学校发展学生党员的数目有限，驱使着很多同学都在为这个目标而不断努力。生活上，他们从各方面严格要求自己，尊敬老师，团结同学，乐于助人，积极参加学校和班级组织的各项活动。学习上，他们上课认真听老师讲课，课后认真复习，完成老师布置的作业。在空余时间，他们还主动学习其他课外知识，用丰富的知识来武装头脑。工作上，他们认真完成老师和同学交给他们的任务，积极主动地为同学们服务。尽管仍存在部分同学不明确自己入党的目的，也不清楚加入中国共产党会承担怎样的光荣使命，但是绝大多数同学希望加入中国共产党的这一想法是值得肯定的。大学生具有可创造性，需要我们加以正确的引导。

2. 大学生入党动机存在不端正现象

入党动机也可称为入党的目标，人的目标正如海上的灯塔，决定着行为的变化和发展的方向。然而，现如今大学生的思想呈多元化复杂化趋势，很多人的入党动机存在着较大的功利性，比如说在调查中有 18.14％的人认为成为党员之后比较光荣，有利于自己在学校的发展。其次，由于现在很多单位尤其是国有企业招聘对党员的待遇会略高一成，为了以后能找到一份更好的工作的人占比 21.16％。

除此之外，仍有少数大学生对是否申请入党表示茫然，表现出对党的追求动力不足的现象。65％的学生表示对党的知识了解不深,不能正确认识共产主义,不能正确理解马克思列宁主义、毛泽东思想、"三个代表"重要思想和科学发展观等内容。这类学生的入党动机多属于从众心理,看到身边大多数同学都在申请入党,基于随大流的心理也要争着入党。然而一般来说,此类学生在争取到难得的党校学习机会后,多数人并不懂得珍惜,面对学校权威教授来给学生更深层地讲解中国共产党的基础知识,往往仅有少之又少的同学在认真听讲,这种现象及态度应当扭转和端正。

3. 较多大学生对党组织了解不深

被调查的大学生对党的了解情况如图 1 所示。

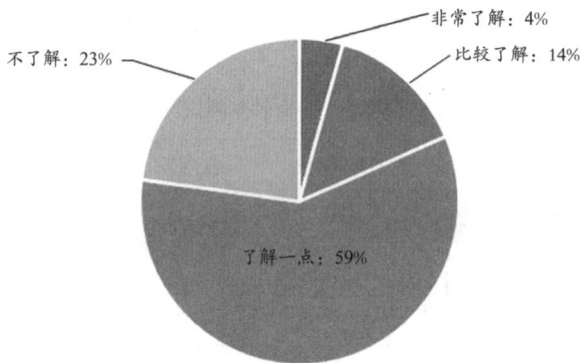

图 1 被调查的大学生对党的了解情况

被调查的大学生参加党课培训的效果统计如图 2 所示。

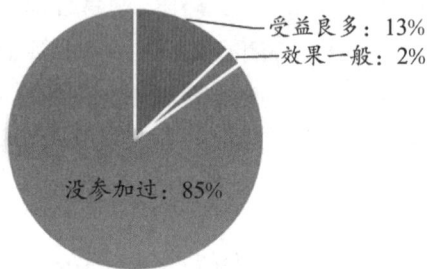

图 2 被调查的大学生参加党课培训的与效果

我们的调查结果显示,大部分同学对于入党流程一知半解,对入党后要担负的责任也了解不深。然而只有少部分同学可以通过团员推优接受系统的党课教育,这也可能会在一定程度上限制同学们的入党热情,致使一些同学对待入党问题持从众态度。我们认为对大学生的培养不能只注重专业技能,还要强化相应的思想教育,可以开设相应讲座,让有兴趣的同学有更多的机会加深对党的了解,但同时也要注重教育方式的灵活多样。另外,我们在访谈中了解到,一些接受过党课教育的同学普遍反映课堂内容有些教条和枯燥,理论知识虽然精妙富有哲理但并不生动,一味接受书本上的理论知识不免让人有些乏味。如果可以多多结合当世时事,对原始理论多一些与时俱进的新解读,并增加一些实践活动,这可以使同学们对党组织有更深的了解。

（二）随机访谈

在与学生和老师访谈的过程中，我们印证了调研初期对入党现状和学生党员模范带头作用的猜想，可总结为如下两点。

（1）在与2016级辅导员的交谈过程中我们得知，虽然每年新生入党申请书提交率逐年提高，但以班级为单位的递交方式很难避免学生的从众心理。团员推优的方式基本为以成绩为第一步筛选条件后进行无记名投票。党员推优则更为严格，需要经过各班团支部的推荐后，由学生党支部书记进行考核、筛选、谈话后确定发展对象，而在此阶段的重要考察内容即是入党动机。

（2）与学生党支部成员的随机访谈使我们发现，首先，高年级学生对党的认识程度明显高于2016级学生。与调查问卷结果相结合，我们猜想，党课的确可以发挥比较显著的作用，能增强学生的党性，增强学生对党的认识。其次，基于学生党员严格的选拔机制，他们基本可以较好地发挥模范带头作用，并积极开展党支部活动，引导入党积极分子不断向党组织靠拢。同时，学生党员也指出入党动机的重要性，这是党组织的后备军血液更纯正有活力的先决条件。

四、调研思考

（一）偏差动机的类型

根据我们的调查显示，关于现如今大学生的入党问题，最为突出也是最应引以为重的一点即大学生入党动机的偏差现象。受社会风气、思想多元化、大学生就业形势严峻等多方面因素的影响，大学生基于追求共产主义信念、坚定共产主义信仰的纯粹性入党动机趋于减少，出现多方面的偏差现象。我们将这些偏差动机分为从众型、利己型、功利型3种。

1. 从众型

根据问卷结果和访谈我们可以看到这样一个现象，在当今大学校园中存在的入党热潮。首先体现在新生入学后以班级为单位集体递交入党申请书。在这样的前提下产生的入党动机被动性较强，学生大多数还未能对党的基本理论知识有大致的了解，共产主义信念感较弱，没有从实质上理解入党的真正意义和党员应肩负的责任，而是基于"大家都写，我不写会不合群"之类的从众心理。在现实中，这类入党动机的学生往往在后期会积极性大大减弱，持久性不强。

2. 利己型

利己型的入党动机体现在他们对自己的大学生活和人生道路有着相对明确的规划。他们往往积极进取，明白自己在各个阶段应着重发展的内容，与其说他们认为入党无上光荣，不如说他们把大学生入党看做自己人生路的奠基石，是成长成才的重要一步。持有这种入党动机的同学一般能够积极响应党组织的号召并努力向党组织靠拢，积极性明显强于从众型。然而他们不会完全以党的利益为中心,仍然看重个人利益,他们力求兼顾个人利益与集体利益,并尽量保持奉献和回报的平衡。当义与利两者冲突时,利己型入党动机者的利己主义会明显占上风。

3. 功利型

功利型入党动机和利己型入党动机有相同之处,但也有本质的区别。他们或认为党员的身份可以为自己的未来铺设一条更平坦的道路,或希望利用党员的权利完成一些个人意愿。因此他们会迫切地表达自己入党的意愿,但往往在入党后明显懈怠。用一句俗语来形容,就是"入党前一身汗,入党后挑着干"。这种现象也体现在大学生群体中。有些大学生会看准学生党员更有机会被提拔为主要学生干部,在评奖评优中更占优势,多种复合优势激发了入党动机的功利型偏差。

(二)对党认识不充分

关于大学生入党问题存在的另一个现象是大学生对党的认识并不充分。党课的学习虽然在一定程度上能够较好地弥补大学生在这一方面的空缺,然而对党内时政的关注、向党组织的靠拢应是长期的,而不是局限于短暂性的学习。

(三)纠正措施

我们的党之所以重视和强调入党动机问题,就是因为入党动机反映了一个人的政治信仰。党组织要求每一个申请入党的人,必须树立正确的入党动机,即要真心实意地信仰共产主义,愿意为建设有中国特色的社会主义事业奉献自己,进而为实现共产主义远大理想而奋斗终身。为了纠正当代大学生产生的错误入党动机,我们建议可以采取下列措施。

1. 注重思政教育

着力提高入党积极分子的政治素质,建立一支不仅数量多,并且素质高的入党积极分子队伍,是做好党员发展工作的基础。把工作重点放在对入党积极分子的培养考察上可以从两点入手:一方面要充分发挥政治理论课、团日生活的主渠道作用,向他们传播党的基础知识,帮助他们加深理解只有共产党才能建设好现代化新时代的道理,引导他们追求进步;另一方面,要对入党积极分子的世界观、人生观和价值观加强教育和引导,支持学生自己组建对党章的正确认识,激发他们进取向上的热情。

2. 注重团内养成教育

入党积极分子在未入党前,首先应是一个合格的团员。当前,高校共青团分团委的工作有一种偏重校园文化,以举办各类文娱活动和社团活动为主的倾向,对规划团日活动、强化团员政治教育、树立大学生优秀共青团员意识的工作有所欠缺,各团支部举办的团日活动质量参差不齐,缺少严格的考量标准。高校应采取措施,使团的工作与大学生党建工作对接,加强团员教育和组织生活,严格团员考核,高标准要求团日活动质量,使团内工作和党建工作形成一个互相扶持的整体。

3. 注重社会—学校—家庭的联动教育

人的成长发展与社会大环境、家庭影响息息相关,对学生的培养不仅要靠学校的努力。学校对社会环境应具有基本的过滤和调控作用,要对社会因素进行筛选,弘扬和宣传积极的社会因素,减少消极事件对大学生的影响,保证大学生健康成长和向上发展。家庭成长背景对于树立子女初期的"三观"十分重要。父母要引导子女真正从思想上入党,避免灌输党员身份对求职有利的思想观念,使子女思想端正,不仅仅看重从组织上入党。

4. 注重学生党员的后续教育

端正入党动机不是一阵子的事,而是一辈子的事。入党动机的端正也不是一朝一夕就能够做到的,是一个逐步提高、循序渐进并巩固保持的过程。组织上入了党,并不意味着思想上就真正入了党,所以学生党员的思想政治素质仍然需要不断巩固和提高。高校需要多与学生党员接触、沟通,重视学生党员的思想动态,并鼓励其在团员中发挥模范作用,传播正能量。做好学生党员的后续教育工作至关重要。

(指导教师:刘庆)

李村河生态环境调研

应化 155　杨奇锋(组长)　程仕健　王嘉政　马琳东　李泳升

摘　要:在青岛市经济高速发展的同时,我们的生活环境也每况愈下。对此,我们对青岛市的李村河进行实地调研,向周围的居民咨询并进行了一系列的调查,结果显示 66.5% 的受调民众认为李村河的污染严重。我们得出结论:虽然政府对李村河的治理颁布了一系列的政策,但是结果却不容乐观,主要存在的问题有工业污染、生活污水、生活垃圾等。对此,我们提出个人应当提高环保意识,政府应当加大宣传力度,加强对工厂的排污治理等一系列措施,这样才能还青岛市民一个干净的李村河。

关键词:青岛;李村河;污染程度;问卷数据;环境保护

一、选题分析

(一)立论依据

河流是一座城市诞生的摇篮。李村河是青岛市李沧区的一条主要河流,也是青岛市区最大的水系,更是青岛市区主要的防洪排涝河道。可以说,李村河与青岛市相随相伴。自改革开放以来,青岛快速发展工业,使得青岛地区的经济飞速发展。然而,工业快速发展在给青岛人民生活带来便利的同时,也给李村河造成了严重的危害。20 世纪,李村河流经工业区和居民区,河水清澈见底。近年来,作为季节性河流的李村河时断时流。由于生态环境破坏以及部分流域缺乏排污管网,城市居民的生活污水和垃圾排入河中,导致李村河河水腥臭难闻,蚊蝇滋生,流域内污染严重。特别是李村河下游水质较差,虽然政府进行了河流治理,但是结果并不理想。在此种情况下,如何在维持青岛经济的稳定增长的基础上,治理和保护李村河生态环境则显得尤为重要。所以,我们对李村河生态环境进行调研,以期对李村河的污染情况有更加深入的认识,了解其污染的原因、当地人的环保意识、当地政府保护和治理的政策等,并试图在对调研结果进行合理分析的过程中,增强大学生保护周边环境的环保意识,同时为政府提出合理化的建议,尽当代大学生的绵薄之力。

(二)调研目的

李村河长期以来污染较为严重。尤其在胶州湾入海口附近,河道干涸、河水发黑、发臭。为了深层次地了解李村河的污染趋势,我们对李村河的深层次调研以实地考察、访谈调查、问卷调查等多方式为主,目的在于更深层次地了解李村河一直以来的污染趋势,发现李村河生态环境目前存在的问题,了解周边居民对李村河的看法以及他们心目中的李村河。

二、调研准备

(一)调研时间

2017年4月。

(二)地点

李村河上、中、下游。

(三)对象选取

李村河一带当地居民和行人。

(四)调查方案及具体实施

以实地考察、访谈调查、问卷调查为主。我们的第一站是青岛科技大学崂山校区后的李村河段。具体措施为采访附近人员,并发放调查问卷。第二站是李村河附近的居民区。这里人员密集,主要是采访当地的居民,深层次地了解李村河水质变差的原因和历程,并发放问卷进行调研。第三站是工业区和居民区的繁华地段。这里虽然处于河流的上游,但是水质也不容乐观。我们首先对周围的工业区类型做调查,然后采访当地居民以前的工业形态,并讨论工业对这里的影响,最后发放问卷进行调研。

三、调研分析

(一)调查具体内容

2017年4月8、9、15、16日共4天,组内成员开始进行社会调研实践活动。本小组的调查内容分为以下3个部分。

其一,小组成员选择李村河沿岸主要地点,集体发放问卷;对过往的行人以随机抽样的方式,进行问卷调查;对河流周围的居民进行访谈和发放问卷。其二,对李村河流域进行实地考察。其中,4月8日进行了对李村河入海口的考察;4月9日对李村河下游进行了详细考察;4月15日,对李村河中游进行了考察;4月16日,对李村河上游进行了分段考察。其三,通过互联网对李村河的污染现状、治理情况等进行调查。

本次调查以实地考察、访谈、问卷的形式为主。实地考察记录河流真实的污染状况;与当地居民和行人访谈并详细记录;问卷调查形式为发放问卷,然后从回收问卷中提出问题,解决问题。总计发放问卷 200 份,发放对象为李村河沿岸过往人群和当地居民。现对有代表性的几项进行分析。

(二)调研数据分析

为了更全面地了解李村河的污染情况,调研主要从人们对李村河现状的看法、造成李村河污染的原因、有效防治污染的措施等几个方面展开调研,以下是根据数据进行的分析。

(1)被调查者对李村河环境质量评级如表 1 所示。

表 1 被调查者对李村河环境质量评级

等级	优	良	差
人数/人	11	63	126
占比/%	5.5	31.5	63

根据调查问卷数据显示,5.5%的人认为李村河环境质量为优,31.5%的人认为李村河环境质量等级为良,而有高达 63%的人认为李村河环境质量等级为差。

(2)被调查者心目中李村河污染严重情况如表 2 所示。

表 2 被调查者心目中李村河污染严重情况

级别	严重	不严重	不知道
人数/人	133	46	21
占比/%	66.5	23	10.5

根据调查问卷数据显示,有 23%的人认为李村河污染并不严重,66.5%的人认为李村河污染很严重,另有 10.5%的人对李村河的污染情况表示并不了解。由统计可看出,大多数人认为李村河污染情况严重。

(3)被调查人认为造成李村河污染的主要的原因如表 3 所示。

表 3 当地人认为造成李村河污染的主要原因(多选)

分类	工业污染	生活污水	生活垃圾	政府重视程度	人们的环保意识差	其他
人数/人	65	129	103	83	35	67
占比/%	32.5	64.5	51.5	41.5	17.5	33.5

根据调查问卷数据显示,大多数人们认为李村河污染原因主要是生活污水和生活垃圾,有部分认为是政府重视程度不高和工业污染所导致,有少数认为是由于人们的环保意识差引起。

(4)被调查者认为有效防治河流污染的措施如表 4 所示。

表4 被调查者认为有效防治河流污染的措施

分类	加大对工厂排污治理	政府加大宣传、监管、治理	组织相关的讲座	大众媒体的公益宣传	提高个人的环保意识
人数/人	97	124	37	89	168
占比/%	48.5	62	18.5	44.5	84

根据调查问卷数据显示,48.5%的人认为加大工厂排污治理可以防治河流污染,62%的人认为应该由政府加大宣传、监管、治理,18.5%的人认为组织相关讲座对防治污染有好处,44.5%的人认为大众媒体的宣传对防治李村河污染很重要,高达84%的人认为提高个人的环保意识对李村河的污染防治很重要。由统计可看出,人们认为提高个人环保意识对防治李村河污染最重要。

(5)被调查者认为周围工厂对李村河的污染程度如表5所示。

表5 被调查者认为周围工厂的污染程度

级别	很严重	严重	一般	不严重	不了解
人数/人	34	77	56	24	9
占比/%	17	38.5	28	12	4.5

根据调查问卷数据显示,17%的人认为周围工厂对李村河污染很严重,38.5%的人认为工厂对李村河污染严重,28%的人觉得工厂对李村河污染一般,12%的人认为工厂对李村河污染不严重,另有4.5%的人表示不清楚。由统计可看出,大多数人认为工厂对李村河污染严重。

(6)被调查者会不会告诉周围的人保护李村河环境的重要性的调查结果如表6所示。

表6 被调查者会不会告诉周围的人保护李村河环境的重要性的调查结果

分类	义不容辞	尽力吧	想起来就会	不会
人数/人	43	84	40	33
占比/%	21.5	42	20	16.5

根据调查问卷数据显示,21.5%的人表示会对保护李村河环境的宣传义不容辞,42%的人表示会尽力,20%的人表示想起来就会宣传,16.5%的人表示并不会宣传。统计可看出,大多数人都会对保护李村河环境尽力宣传。

(7)被调查人群的年龄统计如表7所示。

表7 被调查人群的年龄统计

年龄/岁	<20	20~34	35~49	50~70	>70
人数/人	29	51	64	37	19
占比/%	14.5	25.5	32	18.5	9.5

根据调查问卷数据显示,调研基本对全年龄段的人群都进行了调查。综合统计数据显示,大多数人们认为李村河污染情况较为严重,认为生活污水是造成李村河污染的最

重要原因,认为提高个人环保意识对防治李村河污染最重要,并且会对保护李村河环境尽力进行宣传。因此,治理李村河的污染还需要我们积极参与,从自身开始做起,配合政府、媒体、环保组织等多方力量对李村河污染进行防治。

四、意见与建议

(一)学校层面

1. 归入学校教学内容

在教学课程相关学科内容时,将河湖保护知识与李村河流域相结合,使自然生态保护思想走进学生头脑。

2. 融入校园文化建设

校园文化应以润物细无声的姿态,使学生能潜移默化地接受教育启迪。应采取有效举措如组织人员去参观工厂的排污情况以及污水处理厂的处理过程,将李村河生态保护知识融入学校校园文化建设之中。

3. 结合家庭教育

号召学生和家长自觉保护和宣传李村河地区,并以李村河地区为例,保护周边的河流,维护良好生态,建设美好家园。发挥学生在李村河保护和生态文明教育中的宣传员、示范员和监督员的作用,以学生带动社会,将李村河环境保护教育推向深入。

(二)社会层面

1. 加强社区家庭环保意识

成年人在教育孩子的同时也要注意自身修养,培养孩子的环保意识和环保的生活方式。社区和学校可以适当组织观看环保影片或举行环保亲子活动。

2. 加强社区管理能力

倡导"人人可监督,环保靠大家"的相关活动,发挥广大人民群众的力量,将违法排污的行为上报有关部门处理。社区建立奖励机制对环保家庭进行适当的鼓励与奖励。

3. 加强政府协调能力

对工厂的排污加大力度查处,投入资金对现在已经污染的李村河进行治理,对排污屡教不改者给予适当的处罚。

(指导教师:刘庆)

大学生爱情及婚姻观念调查

物流152　何潇(组长)　石海影　刘　婧　李美玲　李海花

摘　要：当代大学生正处在恋爱、事业的选择阶段,他们的恋爱观较以前发生了很大变化,出现了很多新的特点;同时,他们当前的婚姻家庭观对他们未来的家庭和事业都将产生不可忽视的影响。因此本文就恋爱观和婚姻观对大学生进行调查,从中分析男女在恋爱观和婚姻观上的差异。本文先从男女在恋爱前后的态度入手,再过渡到对于婚姻的态度,逐点分析,得出其特点以及形成观念的原因。最后,本文对大学生婚恋观提出建议,以期引导在校大学生客观、冷静、正确地审视自己的恋爱状况,树立积极、健康的恋爱观和婚姻观。

关键词：大学生;恋爱观;婚姻观;特点;建议

一、选题分析

(一)立论分析

改革开放以来,我国社会发生一系列整体性变革,社会呈现多元化发展趋势。传统的婚姻模式被逐步瓦解,大学生群体的爱情观和婚姻观在多元化背景下呈现出诸多新特点。作为祖国的未来建设者和接班人,大学生的爱情观和婚姻观不仅折射出大学生人生价值观的基本取向,也在某种程度上预示着中国未来社会婚姻家庭发展的趋势。

本文通过问卷调查,获得大学生对恋爱的态度、大学生恋爱动机、大学生择偶标准等一系列数据,从中了解当代大学生恋爱观与婚姻观,提出建议,引导在校大学生客观、冷静、正确地审视自己的恋爱状况,促使大学生树立正确的恋爱观和婚姻观。

(二)调研目的

本文拟通过问卷调查探讨大学生恋爱观和婚姻观特点以及形成的原因和造成的影响,以期引导在校大学生客观、冷静、正确地审视自己的恋爱状况,树立积极、健康恋爱观念,促使大学生树立正确的恋爱观和婚姻观。

二、调研准备

(一)调研时间

2017 年 4 月 11 日—5 月 20 日。

(二)地点

青岛科技大学。

(三)对象选取

青岛科技大学在校生。

(四)调查方案及具体实施

本次调研采取线上和线下两种问卷模式,在规定时间内对问卷进行回收。有效问卷 414 份,其中电子问卷 316 份,纸质版问卷 98 份。

三、调研分析

(1)大学生恋爱的主要动机是体验纯真美好的爱情。

通过对调查问卷数据的统计,大学生恋爱动机如图 1 所示。在男生恋爱动机中,体验大学时代纯真美好的爱情在所有恋爱动机中所占比例为 57.14%;在女生的恋爱动机中,此动机占了所有动机的 60.23%。三者均为最大比例,而对于对方经济状况等现实性问题很少考虑,可见目前大学生恋爱思想比较单纯。

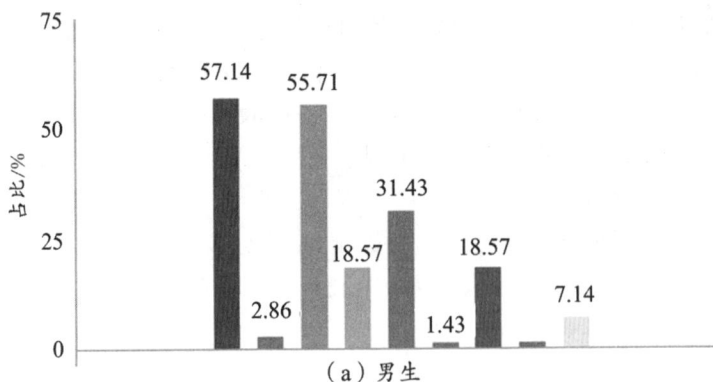

(a)男生

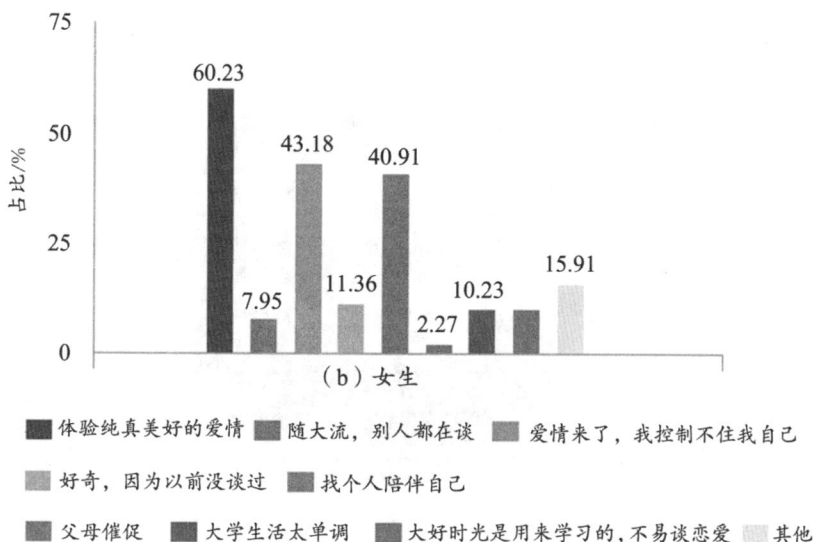

（b）女生

■ 体验纯真美好的爱情　■ 随大流，别人都在谈　■ 爱情来了，我控制不住我自己

■ 好奇，因为以前没谈过　■ 找个人陪伴自己

■ 父母催促　■ 大学生活太单调　■ 大好时光是用来学习的，不易谈恋爱　■ 其他

图1　大学生恋爱动机

（2）大学生选择恋爱对象时性格为首先考虑因素。

通过对调查问卷数据的统计，男生、女生的择偶标准分别如图2、图3统计。在颜值、才华、身高、性格、价值观等众多标准中，性格为男生和女生的首先考虑因素，选择性格的男女生人数所占比例分别为95.71％、89.77％。其次为价值观。第三名为颜值。因此根据数据分析可知，在恋爱对"皮囊"和"灵魂"的选择中，大学生更倾向于选择性格相投的灵魂，同时随着所调查年级的增高，此现象愈明显。

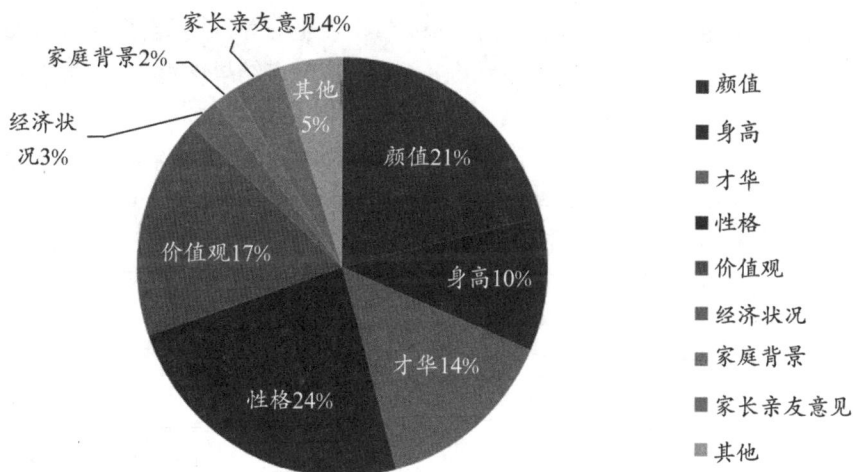

■ 颜值
■ 身高
■ 才华
■ 性格
■ 价值观
■ 经济状况
■ 家庭背景
■ 家长亲友意见
■ 其他

图2　男生择偶标准

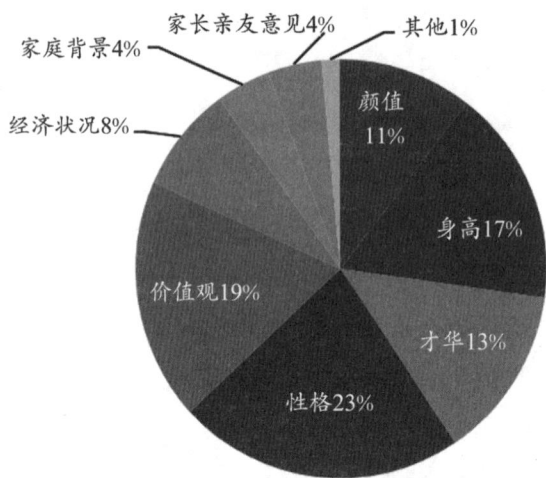

图3 女生择偶标准

(3)对婚前性行为的态度趋于赞同。

随着经济发展和时代的变迁,性解放等西方观念对我国传统的道德观念产生了巨大的冲击,人们对待婚前性行为的态度逐渐开明,相应地大学生群体的性观念、对待婚前性行为的态度也有所转变。

如表1所示,绝大部分的大学生都赞成婚前性行为,特别是男生占比居多(95.71%),女生相对而言赞成的要少得多(61.36%)。从这一点看,男生对待婚前性行为的态度更加开明。

男女生在爱情的不同阶段对婚前性行为的赞成度不同。认可相恋1年以上发生婚前性行为的居多(男生占37.14%,女生占40.91%),而更多学生否定了相恋三天就发生婚前性行为的现象(男生占90%,女生占98.86%)。从调查结果中得出,大学生对待爱情有着单纯美好的情怀,对彼此怀着真感情,只有长时间相处,彼此了解,认为双方是彼此想要的幸福的时候才选择婚前性行为,不会盲目地短时间相恋就发生婚前性行为。这一点可以说明,当代大学生大部分对待爱情是认真的,是单纯美好的。

表1 对婚前性行为的认可度

性别	占比/%				
	相恋1年以上	相恋6个月以上	相恋3个月以上	相恋3天即可	不会发生
男	37.14	21.43	27.14	10	4.29
女	40.91	11.36	7.95	1.14	38.64

(4)爱情与事业在男女生中的比重有所不同。

很多人认为,人往往缺乏的不是物质上的需要,而是精神上的需要。其中,分量最重要的是爱情。被调查者结婚以后的重点方向如表2所示。根据表2,大学生中大部分男生验证了这句话,当爱情与事业冲突时,男生更多的是以爱情为重(男生占61.43%,女生占 27.27%);相反地,更多的女生会以事业为重(男生占 36.57%;女生占 72.73%)。

随着时代的变迁,女生更加趋于独立,希望自己变得更强,而不是过去地依赖于爱人,女生更多地想要自己的实力能够更加强大。

表 2　结婚以后的重点方向

性别	占比/%	
	爱情为重	事业为重
男	61.43	38.57
女	27.27	72.73

(5)大部分大学生会保持积极的心态处理失恋,同样也存在着不可忽视的消极心理。

随着生理的发育成熟、心理的发展完善,大学生恋爱现象在大学校园已十分普遍,一定程度上讲,恋爱是把双刃剑,能带来美好的情感体验也可能会带来极大伤害。失恋对于任何感情坚强和成熟的人都是很大的挑战和考验,更何况有部分大学生存在心理脆弱的问题,对这类学生而言,失恋则有可能成为致命的打击。所以如何处理大学生恋爱失恋问题,是值得我们关注的一个问题。

很多学生进入大学后,在从众心理影响下急着谈恋爱,可是由于之前缺乏与异性交往的能力,更缺少爱别人和被别人爱的能力,所以在恋爱时很容易出现问题,细节打败爱情,所以一定要学会处理恋爱中的各类问题,尤其是众多人难以处理得当的失恋问题,不少大学生的过激行为都是由于无法承受失恋而引起的。

通过我们调查与统计的数据(表 3)可以得知,面对失恋大学生们大部分都会理性面对进而采取积极的态度,选择用平和的方式祝对方幸福。通过图表我们可以看出分手后的他/她们少部分选择了做朋友,数据中"浑浑噩噩"的男女生各占 11.43% 和 2.27%,"打他/她"则为 2.86% 和 6.82%。虽说这个数据很小,但仍能说明我们的大学生心理素质有待提高,正确的恋爱观教育不容忽视。

表 3　与现任分手后的态度

性别	占比/%					
	打他/她	祝他/她幸福	潇洒地离去	萎靡不振,浑浑噩噩	继续做朋友	其他
男	2.86	27.14	24.29	11.43	12.86	21.43
女	6.82	26.14	46.59	2.27	10.23	7.95

(6)通过观察大学生男、女生对于"婚前适合谈几次"的看法分析,大部分人认为婚前谈 3 次以下的恋爱比较适宜,具体调查结果如图 5 所示。

统计数据显示,男生中选择三次以下的占 81.43%,女生中选择 3 次以下占 74.55%。可以看出学生们大部分还是认为 3 次以下比较适宜,3 次以上的占少数,也有人选择了随心,遇见一辈子的那个他/她。数据中,男生理想中的次数一次的占 40% 最为显著,而女生则居于 2 次最为显著。由此可以看出,大部分的男生都比较倾向和初恋结婚,而女生则会更倾向于第二次恋爱。

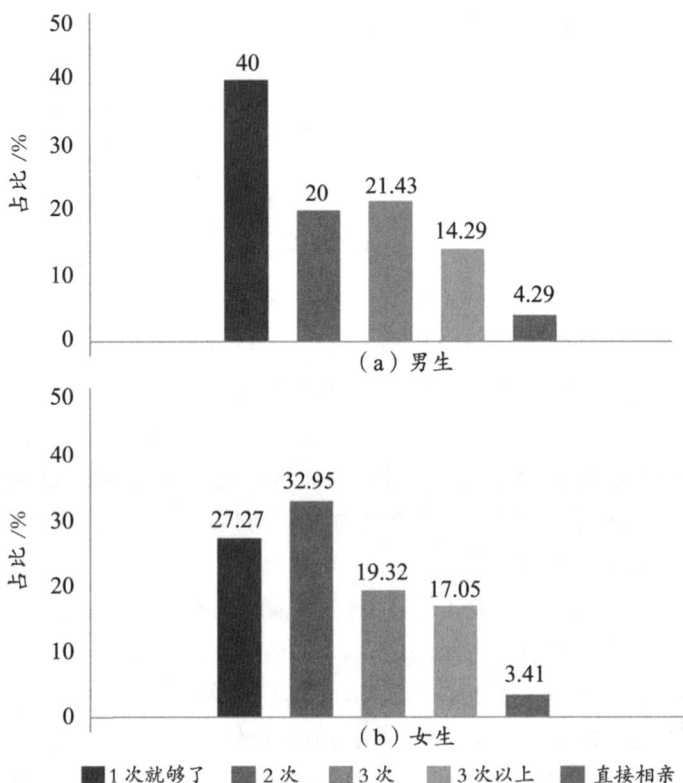

图 5　结婚前谈恋爱的次数

(7)面对结婚具有房子、车子、爱情等条件,大学生会更在乎是否有爱情。相关调查结果如表 4 所示。

数据显示,大学生结婚的必要条件时,还是会以爱情为上,更倾向于有爱情的婚姻。而他们也同样会在意一些辅助的物质条件,如家庭、工作。

数据显示,"爱情"与"父母同意"这两项在男女生中都占有比较高的分量。由此可以看出,男女们更渴望既有爱情又有父母祝福的婚姻。在房子和车子的要求上,男生和女生就发生了不一样的看法。数据中,男生对房子和车子的需求占比分别为 51.43% 与 21.43%,而女生则分别为 71.86% 和 17.05%。由此可以看出,女生对于房子的要求相对而言更高,车子则没有太多的要求。在工作地是否异地这一点男、女生的数据没有太多的差距。可以看出,他们都更倾向于不选择异地。

面对裸婚的话题,大学生们也有着不一样的看法。数据显示,男生选择裸婚的百分比为 11.43%,女生则为 1.14%。对比之下,可以表明女生对于婚姻的个人方面的条件要求是比较看重的,更渴望有物质安全为保障基础的婚姻,接受裸婚的程度较低。

表4　结婚的必要条件

性别	占比/%					
	房子	车子	爱情	双方父母同意	工作地一致，不异地	裸婚
男	51.43	21.43	85.71	80	50	11.43
女	73.86	17.05	81.82	70.45	55.68	1.14

(8)择偶标准——主观上趋于理性,客观上功利主义明显。

择偶标准是男女之间进行恋爱与组成家庭时相互选择的主观评价标准,由众多基本要素(如财富、才华、品德、相貌等)所组成,而每一个基本要素都包含着特定的价值内涵。如表5所示,大学生对未来结婚伴侣的标准主要集中在能与自己交流、会照顾人、有工作能力3个方面。特别是"能与自己进行交流,彼此理解"选项被大多数学生列为首选因素,而配偶的外貌、经济水平和家庭条件则排名靠后,说明大学生的择偶标准在主观上还是比较理性。在现实的社会大背景下,大学生能有这样的轻物质重内在的品质难能可贵,也体现出大学生具有理想的浪漫主义色彩。

表5　婚姻方面您更看重对方哪些条件

性别	占比/%					
	工作能力	能做家务，会照顾人	颜值	能与自己进行交流，彼此理解	经济水平	家庭背景
男	62.86	94.29	30	92.86	11.43	8.57
女	72.73	76.14	9.09	93.18	39.77	9.09

数据显示,在婚姻方面,39.77%的女生对配偶的经济能力比较在意,高于11.43%的男生。男生对配偶相貌的在意程度(30%)远高于女生(9.09%)。具体结果如表5所示。

(9)男女双方均不希望彼此差距过大。

30%的被调查者表示在婚姻中会看重配偶的经济水平和工作能力。据表6的调查结果显示,53.41%的女生与44.29%的男生都期望男方略强于女生,43.18%的女生与42.86%的男生希望配偶与彼此实力相当,仅有2.27%的女生和2.27%的男生希望男方比女方强很多。与男生相比,大部分女生对配偶的工作能力期望更高。相同的是,男女双方都不希望彼此差距过大。随着观念转变,大部分女生不愿再完全依附男生,开始追求平等与自由,希望在家庭中有话语权,渴望得到家庭成员的理解和尊重,产生了很强的经济独立观念。面对巨大的生活压力,男生也逐渐意识到,一个实力相当的配偶有助于减轻自己的重担;同时,经济基础决定上层建筑,如果两人的经济实力旗鼓相当,则彼此会更加容易理解对方,有助于营造幸福的家庭氛围。

表6　大学生的恋爱模式

性别	占比/%			
	女强男弱	双方实力相当	男方强一点	男方强很多
男	8.57	42.86	44.29	4.29
女	1.14	43.18	53.41	2.27

（10）"工作家庭不能兼顾"成为大学生最担心出现的婚姻问题。

对大学生最担心以后婚姻出现的问题的调查结果如表7所示。依据调查结果，"工作家庭不能兼顾"位列大学生最担心出现的婚姻问题之首，"对方出轨"紧随其后。大学生们已经开始思索现实的婚姻问题。

长久以来受"男主外，女主内"传统思想的影响，"男生应该比女生承担更多责任"已经深入人心。84.09％的女生对"丈夫没有上进心"表示更加担心，而仅28.57％的男生担心自己妻子没有上进心。80％的男生担心自己疲于为生计奔波的同时无暇顾及家庭；与男生相比，仅46.59％的女生对此表示担心。

大学生们已经感受到毕业之后要面对的生活压力，很多男生意识到自己的责任不只是挣钱养家，与配偶一起经营维护家庭也是自己不可推卸的责任，担心工作和家庭不能兼顾。

如今以网络为主体的传播媒介对人们的认知影响日渐深入，近段时间关于各类人士出轨报道铺天盖地，对正处于恋爱观和婚姻观塑造的大学生有着很大的影响。被调查者中有56.82％的女生和62.86％的男生对此问题表示担心。

表7　大学生最担心以后婚姻出现的问题

性别	占比/%					
	出轨	他/她没有上进心	经济危机	婆媳关系	工作和家庭不能兼顾	孩子的教育问题
男	62.86	28.57	51.43	47.14	80	30
女	56.82	84.09	54.55	42.05	46.59	15.91

四、意见与建议

1. 大学生应树立正确的恋爱观，避免盲从

体验大学美好的纯真恋情成为大学生恋爱的主导因素。同时，也有部分大学生趋于盲从，认为身边的人都在谈恋爱，为随大流而恋爱。这种观念是非常不可取的。它不仅欺骗了自己，更欺骗了别人的感情。大学生应该建立正确的恋爱观，不应为恋爱而恋爱，而是应该根据自己的标准和性格去选择最对的人。

2. 开展性知识专题讲座

进入大学校园，学生的理解和辨识能力增强。这时候开展性教育不仅能让学生深刻

了解性的神圣,引导恋爱中学生的行为;也能让还没恋爱的同学了解爱情的真谛,遇到爱情时能面对。

3. 组织团体训练,促进男女生人际交往

学校可以利用团体活动,促进男女生人际交往。团体训练是心理辅导的一种形式,通过组织团体成员共同完成一种活动或者游戏,从而使团员之间敞开心扉,增进感情,学会理解人,培养"爱人"的精神。对于心里有困惑的同学,可以帮助他们缓解焦虑,重建自信心。团体训练虽然不能对恋爱观的形成起到直接作用,但能够培养大学生积极的人生态度和乐观的心态,形成良好的世界观和人生观,间接帮助大学生更好地去恋爱。

4. 发挥大学心理咨询室的作用

近年来,对大学生因失恋而产生过激行为的报道很多。最常见的是恋爱受挫后在校园里借酒消愁、寻衅滋事,给自己及他人造成伤害。但这些行为其实都是可以预防的。在他们做出过激行为之前都会有预兆,应该及时给予心理疏导,减少悲剧的发生。由此可见,大学心理咨询室的建立尤为重要。

心理咨询室可以组织老师适时发放问卷,了解近期学生情况。学校可以在各宿管站张贴心理咨询室地址和预约电话。心理咨询室应留有值班老师。心理老师应遵循保密原则,咨询室应有良好温馨的环境,以促进心理咨询的进行,及时解决学生的问题。

5. 重视家庭教育的基础作用

大多数大学生对婚恋的看法主要来自对家庭的感性认知,婚恋观的形成受到自己生活经历的影响。父母感情不和,发生争吵或者冷暴力、离异等,会影响孩子的正常生活,使孩子对婚恋产生怀疑,甚至否定婚恋的价值,不利于他们建立良好的婚姻家庭道德观念和性道德观念。

在家庭教育中,父母应当审视自己的行为模式和婚恋观对孩子的影响,为孩子营造和睦、安定、温馨的家庭氛围,培养孩子独立自信的心理和丰富的感情世界。

(指导教师:李霞)

共享单车对大学生环保意识
及行为的影响报告

营销 151　　韩华洋(组长)　　王永平　　光巧巧　　曲依林

伍梦瑶　　刘丽　　刘佳敏　　孙菲

摘　要：近年来,我国的环境污染状况日益严重,雾霾天气经常出现在我们的生活之中,似乎已经成为一种司空见惯的景象,甚至有人喊出"自强不吸,厚德载雾"的口号。所幸政府对环境污染的治理力度逐步加大,人们的环保意识也逐步加强,保护环境的针对措施层出不穷。近两年间,以"解决最后一千米出行"为口号的共享单车横空出世。它的存在在一定程度上改变了人们的出行方式,使得机动车辆使用有所减少,进而减少了温室气体的排放量。本文以青岛科技大学学生为调查对象,试探究共享单车对大学生出行方式的影响及共享单车对环保的意义。

关键词：共享单车;环保;大学生;出行方式

一、选题分析

(一)立论依据

共享单车的领头羊 OFO 萌起校园,2015 年启动以来,已经接连投放超过 250 万辆共享单车,提供 5 亿次共享单车出行服务,为全球 46 座城市超 3 000 万用户提供服务。仅此一个客户端的数据即如此庞大,可见共享单车的发展势头十分强劲。

在大学校园里,共享单车以其便捷、便宜的特点,一进入校园即引起了一阵风潮,吸引教师及学生选择使用共享单车出行。青岛作为一个旅游城市,有优美的风景,很多大学生在前往各景点时多选择共享单车,这样可以以最低的成本欣赏到尽可能多的风景。此外,在一些短途的行程中,也有很多大学生选择了共享单车。共享单车将会在较长的一段时间内保持稳定的发展,逐渐步入大学生的日常生活。

(二)调研目的

通过对共享单车的基本信息调查,了解大学生群体对于共享单车的看法、他们使用共享单车的体验以及该行为与环保之间的联系。

二、调研准备

(一)调研时间

2017 年 4 月—16 日。

(二)地点

青岛科技大学。

(三)对象选取

青岛科技大学在校生。

(四)调查方案及具体实施

本次调研主要通过线上问卷调查和实地访谈两种方式进行,调研时间一共 7 天,将收集到的问卷和访谈结果通过数据分析软件进行分析汇总。

三、调研分析

(一)调查具体内容

问卷分成 4 个部分:基本信息、对共享单车的了解、共享单车使用状况及共享单车的影响。题目类型涵盖单选、多选、填空 3 种题型,共计 20 题。其中,第四部分共享单车的影响占据题目比例较大。

本次调研采用分层抽样的方法,抽样时考虑各个年级各个专业的大概人数以及学院的分布情况,主要对象为在校大学生。其中,大一、大二的学生占据绝大部分,分别为 36.24%、53.17%;由于工作实习等原因,大三、大四的比例相对较小,分别为 8.20%、2.38%。

调查共发放 400 份问卷,收回 378 份,问卷回收率为 94.5%。收集到的问卷应用了 SPSS 和 Excel 软件进行数据分析,主要涉及频数分析、描述性统计,绘制直方图、条形图、饼状图等。

(二)调研数据分析

为了更全面地了解大学生对于共享单车与环保意识的联系,调研主要从共享单车的了解程度、使用度、环保意识唤醒度等几个方面展开,以下是根据数据进行的分析。

1. 对共享单车的了解

对其享单车的了解程度的统计情况如图 1 所示。对共享单车获知渠道的统计情况如图 2 所示。

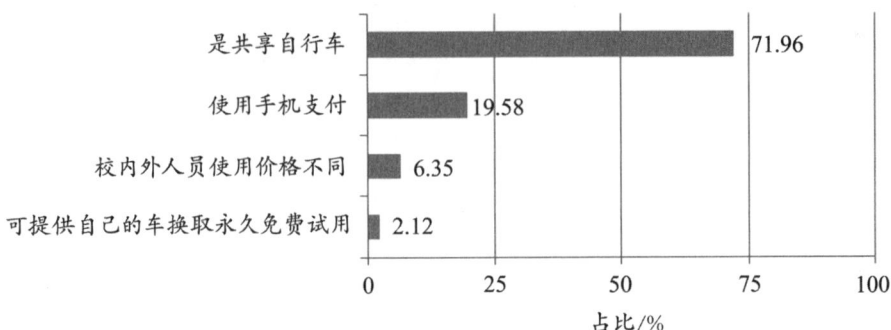

图 1 对共享单车的了解程度

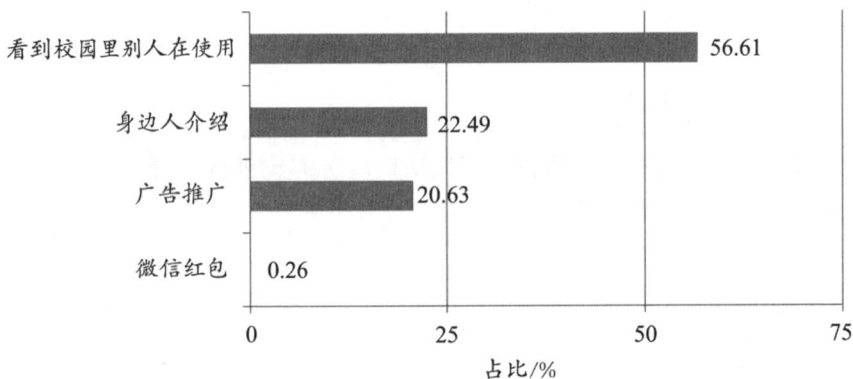

图 2 共享单车获知渠道

由图 1、图 2 可知,大学生对于共享单车的了解其实是十分有限的。从数据中我们可以看出,图 1 当中除第一项之外,剩余选项的所占比例较小,绝大多数大学生对共享单车了解仅限于这是一种共享的自行车,说明大学生对共享单车应用目前还处于一个较为初级的阶段。图 2 中数据的第一项和第二项共计 79.10%,可知大部分大学生获知共享单车是从身边的人开始的。综合来看,大学生虽然对共享单车的了解还处在一个知之甚少的阶段。但是由于共享单车已经进入校园,校园中的每一个使用共享单车的人都发挥着自媒体的作用,可以预测将来会有越来越多的人使用共享单车。

2. 共享单车的使用

图 3 中对于大学生在何种情况下使用共享单车进行了粗略的统计。数据显示,有 28.57% 的人在出游时会选择使用共享单车,10.85% 的人会因为赶时间而选择使用,其他原因占据 24.60%。我们可以推知,共享单车的存在在客观上减少了一部分机动车辆的使用,从而降低了大气污染物的排放量。

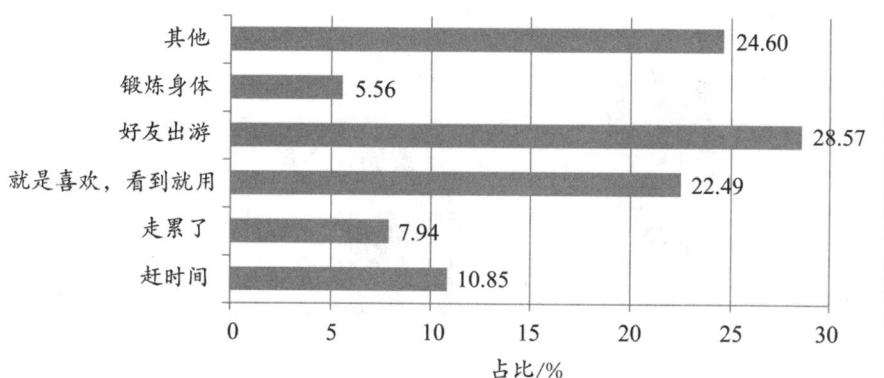

图 3　使用共享单车的情况

图 4 中我们看到,在 378 位受访者当中,有 91.01％的人单车使用频率为每周 1～2 次。不经常使用的原因大致有:第一,单车的押金额太高,大学生又是低收入或者无收入群体,很多大学生难以长时间把押金存放于 APP 中;第二,大学生使用单车出行所到达的目的地相对来说较远,由于课程时间安排的原因致使很多人只能是在休息日出行,其余时间可能根本没有时间外出;第三,出行的方式在一定程度上也受到学校区位因素、城市地理环境的影响,青岛市是一个丘陵地带,道路上下坡较多,单车的骑行非常不便,因此可能会大大降低单车的使用频率。

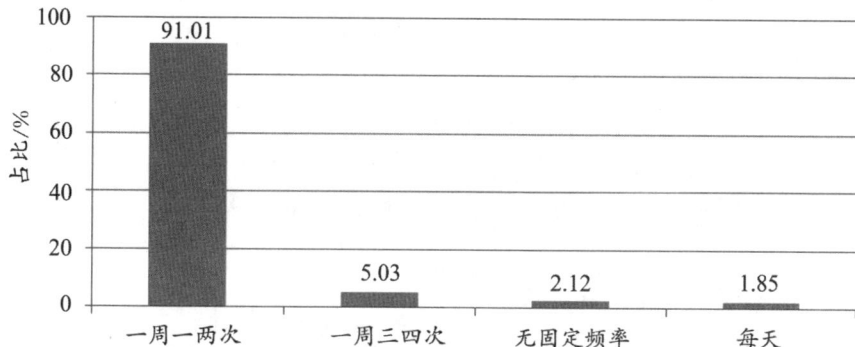

图 4　共享单车的使用频率

图 5 和图 6 分别对个人心目中共享单车的使用人数和使用单车的动力做了统计。据图 5 所示,有超过一半的受访者认为共享单车使用人数不多,说明共享单车在大学生群体中的普及率目前来看不是很高。在使用单车的动力调研中我们发现大学生使用单车以方便为主,共享单车也确实方便了人们的生活。较为庆幸的是,环保能够排在第二位,占比 42.86％。这项数据表明共享单车能够在一定程度上唤起大学生的环保意识,说明大学生能够意识到使用共享单车的出行不仅可以方便自己,而且可以对环保做出贡献。

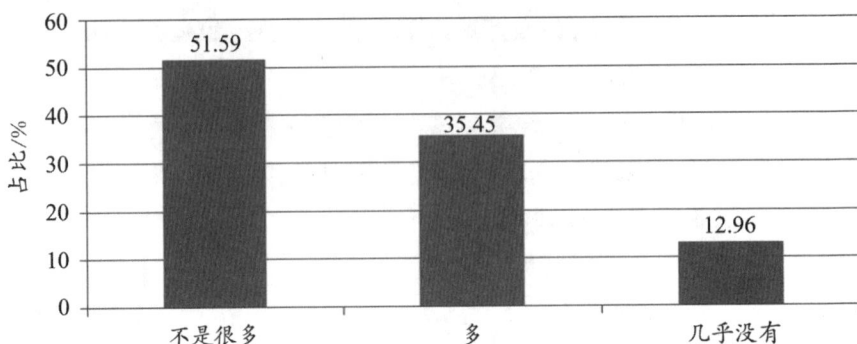

图5　对单车使用人数的概念

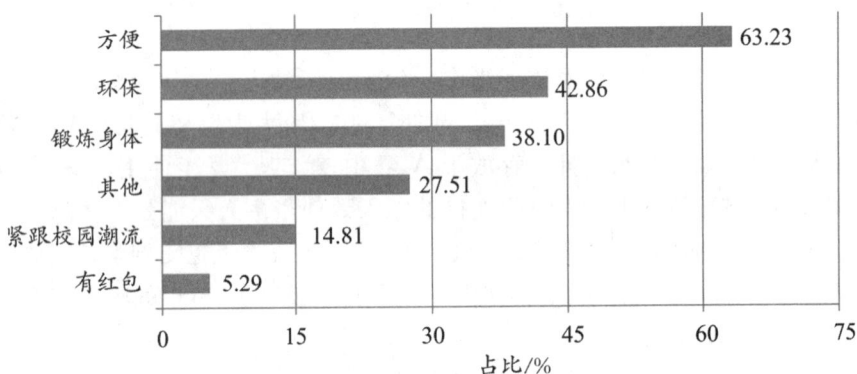

图6　使用单车的动力

3. 共享单车对环保的影响

首先,根据图7所反馈的数据来看,共享单车只对接近一半的人造成了影响,并且其中还包括了少部分的不良影响,单从这个角度来看,共享单车的发展有些不容乐观,对大学生群体影响还不够大,进而推测其对环保的贡献可能也不大。

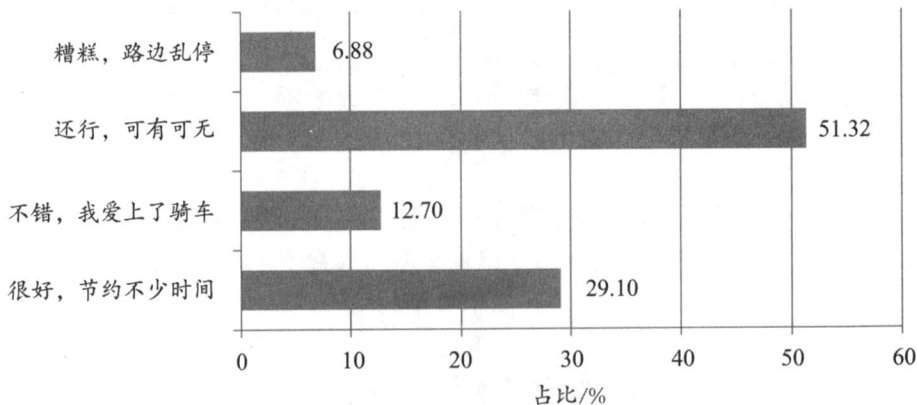

图7　共享单车是否造成影响

但是,从另外的方面来看,如图8、图9所示,共享单车的存在其实在很大程度上改变了大学生的出行方式,大学生在出行的时候有超过半数的人会选择共享单车。中国是一个拥有十几亿人口的大国,在消费者市场中哪怕所占比例很低也会是非常庞大的数量。据统计显示,共享单车的存在对出行方式确实能够有所影响,并且对于单车的消费者而言影响尤其重大。每一位共享单车的使用者即便只是通过使用共享单车而对环保做出些许的贡献,但在庞大的人口基数的背景之下,它所能够造成的影响是绝对不能忽视的。

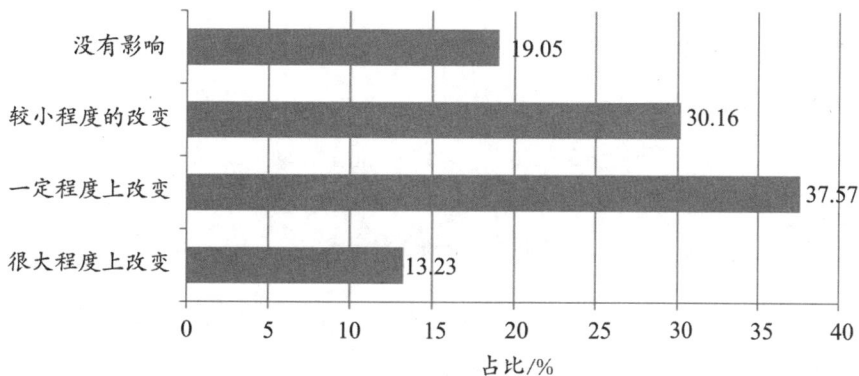

图8　出行方式的改变

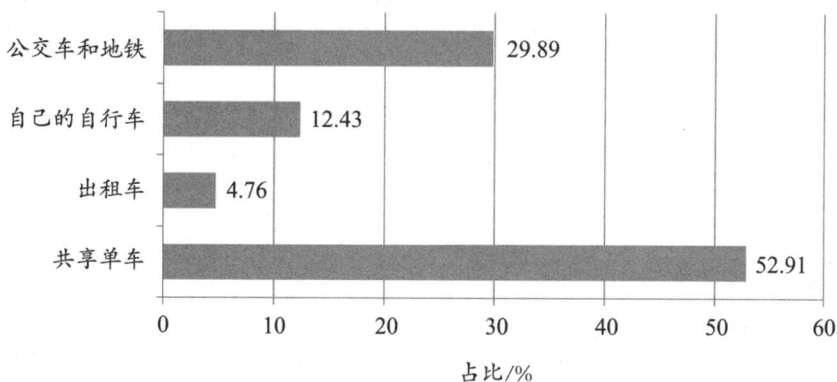

图9　对交通工具选择的影响

针对大学生群体而言,大部分人对于共享单车的环保作用持有积极乐观的态度,并且有 76.98% 的受访者认为共享单车绿色环保的作用是其一大亮点,这就充分说明共享单车的存在对环保确实具有积极意义,调研结果如图10、图11所示。

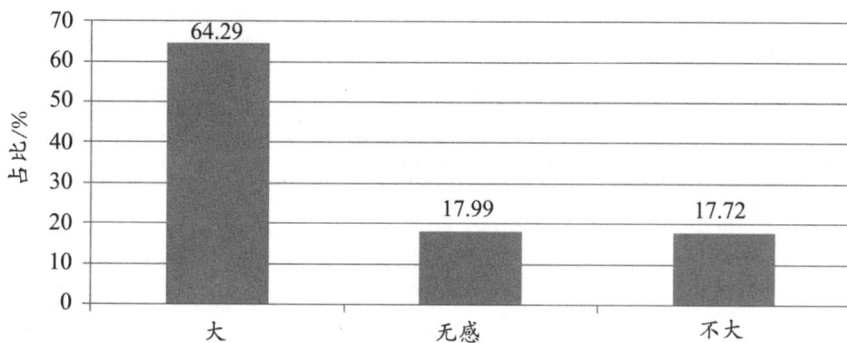

图10　对环保作用的感想

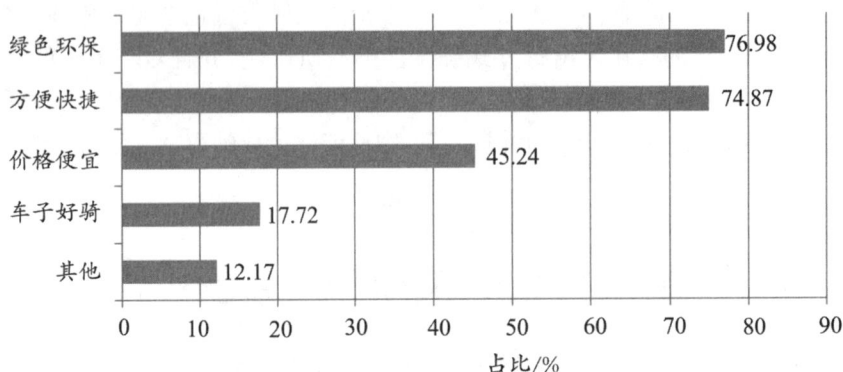

图11　共享单车的亮点

综合图 11 的数据分析，我们发现，共享单车的存在使得很多大学生的环保意识有所加强，并且激发了很多其他的环保行为；共享单车对于环保所做出的贡献绝不仅仅是减少大气污染那么简单，它在潜移默化地改变着人们的行为，增强了人们的环保意识，促进了生态文明友好健康发展。

四、意见与建议

（一）共享单车层面

1. 为大学生提供更优惠的价格

大学生的生活费主要来源于父母的提供，有一定的承担限度。若针对大学生提供相应的优惠，比如减免押金，会吸引更多的大学生选择共享单车出行。这样不仅利于企业知名度的提高，更有利于环境保护。

2. 与高校合作

可以与高校联合举办一些活动，比如竞速类的比赛，借着高校的影响力不但可以号召更多的人来加入，也更有利于宣传环保意识。

（二）学生个人层面

在外出行的时候，如果目的地不是较远距离的话尽量选择共享单车，共享单车不仅成本较低，对于环境的保护力度也是大于其他交通方式的。此外，大学生作为新生力量，其所作所为带来的影响也会渐渐深入到人们的生活之中，促使更多的人选择使用共享单车，从而增强人们的环境保护意识。

（指导教师：李霞）

大学生爱情及婚姻观念调研报告

视传 154　王梦娟(组长)　孙一鹤　苗晶芸　韩钰菲

摘　要:本调查是以大学为研究背景展开的大学生爱情观调查。我们的研究特点在于访问面较广,不仅有本校的,也有其他省份大学的学生。本调查旨在促使大学生在爱情中正确认识自己,正确把握爱情与学业,发挥爱情的积极效应,使大学生在校园收获爱情的幸福。

关键词:爱情观;价值观;家庭;金钱;责任

一、选题分析

(一)立论依据

大学生恋爱呈现年龄低龄化、比例扩大化的趋势。而在恋爱的过程中,难免遇到各种各样的感情问题。最让大学生焦虑的是,无法正确处理好爱情与学业或爱情与工作的关系。

(二)调研目的

(1)了解大学生的恋爱状况和恋爱观,使大学生更好地了解恋爱的本质。

(2)让恋爱中的人正确经营爱情。

(3)让大学生学会交往,把握正确的节奏,树立正确的恋爱观。

二、调研准备

(一)调研时间

2017 年 5 月 20 日—6 月 5 日。

(二)地点

青岛科技大学。

（三）对象选取

单身男性、单身女性、恋爱中的男生、恋爱中的女生、失恋后的男生、失恋后的女生。

（四）调查方案

(1)小组讨论,确定主题及调研方向。
(2)通过书籍、网络、杂志查阅课题资料。
(3)发现、提出、讨论存在的问题,并设计调查问卷。
(4)发放问卷,并收回统计,分析。
(5)筛选有效问卷,并统计结果,组员讨论。
(6)细化问题,综合分析,编写报告。
(7)整合报告,上交。

（五）调查意义

大学生作为新时代的栋梁,其恋爱观应该是理想、道德、科学的有机结合,这样才能更好地面对学习和生活。

三、调研分析

（一）调查具体情况

调查采用网上问卷、现场发放问卷、专题访谈的形式,具体情况如表1所示。

表1　调查具体情况

形式	发放问卷数/份	收回问卷数/份	成功率/%
随机抽样	100	70	70
固定集体抽样	60	50	83.33
网络调查	115	115	100
总计	275	235	85.45

（二）调查数据分析

问题1　您有过几次恋爱经历?

问题1的调查结果如表2所示。

表2　第1题的调查结果

性别	占比/%			
	1次	2次	3次或3次以上	无
男	31.67	23.33	13.33	31.67
女	27.27	21.82	27.27	23.64

据调查分析,女生的恋爱经历要比同龄男生丰富。约 1/3 的男生没有恋爱经历,比无恋爱经历的女生人数多 7.97％。

问题 2　恋爱消费占每个月生活费多少? 如果单身,您认为每个月生活费多少合理?

问题 2 的调查结果如表 3 所示。

表 3　第 2 题的调查结果

性别	占比/%		
	20％以下	20—49％	50％以上
男	31.67	50	18.33
女	27.27	60	12.73

据调查分析,一半的男生和女生恋爱消费大约在 20％～49％ 的数值上,约 1/6 的人恋爱消费超过 50％。由此可见,恋爱消费占大学生的生活费比重较大。

问题 3　您有和现任男/女朋友结婚的打算吗?

问题 3 的调查结果如表 4 所示。

表 4　第 3 题的调查结果

性别	占比/%		
	有	没有	没想过
男	53.33	21.67	25
女	34.55	21.82	43.64

据调查分析,在大学校园的恋爱中,男生有 53.33％ 都想过结婚的问题;而女生相对来说较少,女生在恋爱中有 43.64％ 没考虑过结婚的问题。

问题 4　您打算何时结婚?

问题 4 的调查结果如表 5 所示。

表 5　第 4 题的调查结果

性别	占比/%			
	25 岁之前	25～27 岁	28～30 岁	30 岁以后
男	3.33	50	40	6.67
女	3.64	36.36	45.45	14.55

据调查分析,在选择适合的年龄结婚的问题上来看,男生选择 25～27 岁人数偏多,而女生选择 28～30 岁的人数偏多。由此看来,男生选择在毕业后结婚的概率较大,而女生毕业几年后才会考虑自己的结婚对象。

问题 5　如果对方提出婚前性行为,你会怎么看?

问题 5 的调查结果如表 6 所示。

表 6　第 5 题的调查结果

性别	占比/%		
	同意,都是成年人了	拒绝,结婚后再说	无所谓
男	66.67	13.33	20
女	29.09	54.55	16.36

据调查分析,在此次调查人数中显示,66.67%的男生同意婚前性行为,54.55%的女生拒绝婚前性行为。由此看来,在校园的恋爱过程中,大部分的男生支持婚前性行为,大部分女生不支持婚前性行为。

问题 6　你父母支持你现在恋爱吗?

问题 6 的调查结果如表 7 所示。

表 7　问题 6 的调查结果

性别	占比/%			
	支持,并尊重我的决定	不支持	无所谓	没有和父母探讨过这个话题
男	51.67	10	20	18.33
女	47.27	18.18	9.09	25.45

据调查分析,从家庭影响因素来看,大部分的父母是支持和尊重孩子在大学时期找对象的,而不支持的占少部分。由此看来,父母比较支持自己的孩子在大学时期就能谈恋爱,积累恋爱经验。

问题 7　在你看来,恋爱到什么程度可以谈婚论嫁?

问题 7 的调查结果如表 8 所示。

表 8　问题 7 的调查结果

性别	占比/%			
	感情稳定,适婚年龄	彼此父母已同意	对方提出想结婚	奉子成婚
男	73.33	16.67	8.33	1.67
女	83.64	12.73	1.82	1.82

据调查分析,男生和女生都认同感情稳定和到了适婚年龄就可以谈婚论嫁。由此看来,只要彼此到了适婚年龄,感情不错,彼此就会考虑结婚。但极少部分的人会因为对方想结婚而选择结婚。

问题 8　你怎么看待大学生同居?

问题 8 的调查结果如表 9 所示。

表9　问题8的调查结果

性别	占比/%			
	支持,没什么不好	不合适,违背社会道德	无所谓	适当同居不反对
男	33.33	6.67	25	35
女	5.45	16.36	23.64	54.55

据调查分析,男生有33.33％的人支持大学同居;而女生只有5.45％的人支持大学同居,大部分的女生同意适当的同居方式。由此看来,大学同居这个话题,女生比较敏感,很少有完全支持的,但适当同居也不拒绝。

问题9　如果你坚持单身,原因是什么?

问题9的调查结果如表10所示。

表10　问题9的调查结果

性别	占比/%			
	怕家里人反对	没有喜欢的人	喜欢的人不喜欢自己	以学习为重
男	1.67	65	21.67	11.67
女	3.64	70.91	18.18	7.27

据调查分析,在男女生坚持单身的原因中,主要原因是没有喜欢的人;第二原因是喜欢的人不喜欢自己;第三原因是以学习为重,怕耽误学业;极少部分是害怕家里人反对而坚持单身。

问题10　在恋爱中你是个主动的人吗?

问题10的调查结果如表11所示。

表11　第10题的调查结果

性别	占比/%		
	是的	不是	视情况而定
男	45	28.33	26.67
女	14.55	27.27	58.18

据调查分析,男生中45％的人在恋爱中会主动,而女生中有14.55％的人会在恋爱中主动,相比来说,男生在恋爱中起到主导作用,主动程度会比女生高很多;58.18％的女生选择了看情况。

（三）访谈数据分析

本访谈访问了五位单身大学生,交流了不同的问题。

1. 访谈一

问题1　你为什么没有女朋友?

回答:因为想考研,觉得时间上还是抽不出来陪女朋友的,而且觉得考上研之后谈恋爱也不迟。

问题2　如果你找男朋友,希望他具备什么样的品质?

回答:我如果找男朋友,首先他的长相可以不是那么帅,但品行一定要好,要有耐心,要孝顺。以后有了家庭,要记得顾家。顾家很重要,毕竟要找的对象如果是结婚对象的话,过一辈子当然得找个顾家的人。

问题3　对"单身狗"这个词怎么看?

回答:我就是一名"单身狗"(不好意思地笑)。我也很想找女朋友啊,但是喜欢的人家都不喜欢自己,我能有什么办法?我也很绝望啊!"单身狗"这个词总觉得有点不尊重人的意思,难道没有对象就要被嘲讽吗?

问题4　你准备什么时候谈恋爱,什么时候结婚?

回答:遇到合适的人就谈恋爱吧。我要求还是比较高的,朋友都说我特别能挑。但是我是奔着结婚去的,总得慢慢挑,挑个好一点的过一辈子。我觉得如果年龄到了谈恋爱两三年就可以结婚,因为趁着新鲜感还没有完全消失,赶紧结婚。

问题5　找男女朋友的时候会奔着结婚去吗?

回答:会啊,毕竟我都大四了,准备开始有稳定的工作了,不像十七八岁那样能折腾了。

2. 访谈二

问题　您怎样看待恋爱和婚姻的关系?

回答1　同等重要,以结婚为前提去谈恋爱。

回答2　大学毕业谈一次恋爱,无关于婚姻。

回答3　对大学恋爱是否能走进婚姻,认为是不可能的。

总结:大四学生的想法更为现实,也许是经历的事情多了,看法也就更加务实:大多数人的恋人并非理想的人,而是在现实的实际接触后才确立的。在大学的恋爱能否成为婚姻这个问题上,绝大部分的人都悲观地认为是不可能的,可见在大学生看来,大学恋爱是有花无果的事情,也许是彼此接触的时间久了,腻在一起太长时间反而会暴露出更多的缺点,也许距离真的会产生美。

思考:随着年龄的增长,知识的扩展,社会阅历的增加,大学生的恋爱观一步一步走向成熟和现实。我们要把握当下,活在当下,既享受爱情的甜蜜,同时也能做到不影响学业;彼此携手共进,充满正能量,以婚姻为前提谈恋爱,不随便;共同树立正确的人生观价值观,两个人相互扶持,互相吸引。爱情是没有附加条件的,最重要的是真情实感。为了给自己一个未来美好的婚姻,一定要看对人,不能被爱情里的甜言蜜语蒙蔽了双眼。

3. 访谈三

问题　一件事情双方发生了分歧或是价值观差异你会怎样解决,会因为价值观的不同而吵架吗?

女生1回答:会吵架。但希望慢慢磨合,互相退一步,希望能在一个点上达成共识。

男生回答:沟通多一些,但有时会吵架。

女生2回答:沟通,但沟通没有结果的话就会想到分手。毕竟两个人的观念不同很难一直走到最后。

总结：对于价值观的问题每个人的看法都是不一样的，因为每个人都是独立的个体，我们可以双方相互理解，相互体谅，但是不能强迫别人去接受自己的观点。价值观是我们对于是非对错的认定，是我们选择和什么人相处，选择做什么抉择的内在依据。价值观在成长中慢慢形成，不断更新，不断重塑。每个人的性格、经历不同，都会有不同的价值观。

没有所谓唯一正确的价值观，在和别的价值观发生碰撞的时候，我们最容易发生的错误就是认为自己的价值观是正确的，而跟我们有冲突的观念都是有偏颇的。不要试图找到绝对正确的理论和做法，也不要去试图随意批评或否定某种理念。

我们每个人都有局限，除了要明白别人的价值观有别人的道理，我们不可轻易否定之外，还要明白，我们自己当前所认识的对错，很多时候都是片面的，我们要看到事情的全貌。

对方的观念中总有一些我们因为自己的局限未曾考虑的部分，要学会尊重和互相理解。尊重和理解对方的价值观并不意味着我们要完全听从别人的意见。如果轻易被别人的观念影响，反而是没有主见且非常危险的。我们要学会对别人的价值观报以充分的尊重和适度的取用，并且坚持自己价值观中最原则性的部分。

思考：在大学时期恋爱的我们，或多或少地会感受到对方并不是最初想象的样子，这在很大程度上是彼此之间对事情的看法和价值观产生了分歧。所以在选择恋爱对象时，一定要慎重，选择价值观相近、最好是了解得比较深的人。

四、意见与建议

通过这次调查实践，我们得出以下几点结论。这些也是恋爱的该注意的方面。

（一）对待恋爱态度需认真

对大学生加强爱的教育，使大学生深刻认识到爱不仅是一种权利，更是一种责任和义务，必须以高度负责的态度对待恋爱。爱是感情，但除开感情因素，也应当讲究理性，应当符合社会的法律和道德规范。无理性的爱是盲目的、危险的，导致的后果很可能是一场悲剧。

（二）爱情的地位需正视

首先，大学生需要摆正爱情在人生中的位置。爱情在人生中占有重要地位，没有爱情的人生是不完美的。但爱情不是人生的根本宗旨，更不是人生的全部，只为爱情而活着是苍白的。只有伟大的事业对人生才具有决定意义。其次，大学生要摆正爱情在大学生活中的位置。明确坚持学业第一的观点，今天的学习与未来的事业息息相关。那种抛开学业谈恋爱的做法，不仅有碍成就事业，也难以获得幸福的爱情。要把兴奋中心转移到学习上，把时间和精力投放到学习上，从而真正把学习放在第一位，爱情服从学业，爱情促进学习。

（三）择偶需谨慎

如果大学生真的要谈恋爱，千万不能操之过急，要保持慎重。应做到以下两点。

第一，在择偶标准方面，不应过于片面，身材长相不应成为决定因素，关键在于对方是否具有上进心和善良，是否跟自己志同道合和。

第二，在追求爱情方面，在一定程度上，应该相信"随缘"和"顺其自然"之说。因为爱情是可以追求但绝不能强求的，只要双方在学习和生活中能相互从对方得到帮助，所谓的"爱情"就会水到渠成了。

（四）交往过程要有原则

在交往的过程中，要做到相互尊重、关心、帮助和理解。做人要有自己的原则，千万不要因为任何人而改变整个自己。应该本着"独立自主、互相尊重、和睦共处"的原则，站在对方的角度去考虑问题，多顾及对方的感受，尽量避免伤害对方的自尊心和不让其感到尴尬。在交往过程中，不要花太多的财力、时间和精力到对方身上。作为学生，学习是重中之重。因此，恋爱应该为学习服务，而不应因之而严重影响学习。恋爱并非都是一帆风顺和快乐的，所以要有足够的心理准备，不要因为对方对自己冷落而全盘否定自己。

健康的爱情可以促进双方的学业，但不应过度沉溺在爱情的河流中，不要在热恋中迷失自己的前进方向。毕竟大学生活是我们学习专业技能的黄金时期，是决定我们未来方向的关键阶段，不能为了一时的快乐而抛弃一生的幸福。对于爱情，我们要始终保持一种平常心，不能为了一时的不快，而做出令自身、对方、家人和社会痛心的行为。

（指导教师：李晓晨）

青岛市大学生现阶段留学问题调查报告

广告153　崔艳菊(组长)　胡焕琛　赵文昊　郭逸群　杨　阳

摘　要:通过对留学问题的调查,了解当前阶段留学出现的问题,并分析其深层原因。如通过对留学人数不断增多的趋势的分析,总结出影响人们选择留学的最主要的三个因素;调查人们选择留学最想要得到的几个方面的能力;调查已出国留学的学生所面对的一系列问题与挑战等等。通过将不同调查方面所得到的结论进行整合,从而对现阶段留学的形势与状况作出分析,希望能为将要留学的同学们提供一定的建议与帮助。

关键词:留学;海归;能力提升;机遇与挑战

一、选题分析

(一)立论依据

出国留学作为社会所普遍关注的现象,一直具有与众不同的吸引力,对于大学生来说更是如此。继2016年中国再一次成为留学生第一输出国之后,2017年中国留学生数量继续呈稳步增长的趋势。

与此同时,中国留学现状也在悄然发生改变,最近10年来,无论是中国学生对留学的认识、选择,还是留学生的构成、地区分布等方面,都在悄无声息地发生着变化。而这些变化不仅仅影响到留学生群体;也正在从方方面面影响甚至改变着我国的高等教育,改变着我们每一个人。

在中国留学生数量逐年增长的同时,中国留学生在国外遇害的恶性事件也在不断发生。美国、日本、澳大利亚、德国,一个又一个中国留学生聚集的留学热门地区接连发生中国留学生遇害事件,将留学生的安全问题推向了社会舆论的风口浪尖,引起了国内外各界的高度关注。这势必也将引起人们关于留学问题新一轮的探讨与反思。

基于上述各方面,我们小组认为留学生安全、留学的意义及必要性等有关出国留学的问题具有一定的研究价值。这些不仅在相当长的一段时间内吸引了众多的社会注意力与舆论,而且与现阶段我们大学生群体的学习生活息息相关。宋代著名文学家苏轼曾经说过:"是以美恶横生,而忧乐出焉。"当留学的优点与弊病同时暴露在聚光灯下引起人们的注意时,忧愁和喜悦的情感也同时相伴而生,关于留学的选择也令人愈加彷徨不定,这不得不引人深思。所以,我们选择将留学的相关问题作为我们的课题研究方向,并确定严谨的步骤、采取适当的方式来逐步开展调查与研究。

（二）调研目的

通过对青岛各大学校在校生的调查研究来了解现阶段我国大学生留学的现实状况,为留学生安全、留学的意义及必要性等关于出国留学的具有高度价值的课题研究提供依据,借以帮助同学们对留学问题进行理性选择。

二、调研准备

（一）调研时间

2017 年 4—5 月。

（二）地点

青岛各大高校。

（三）对象选取

青岛各大高校在校生

（四）调查方案及具体实施

1. 前期
(1)提前预约,确定采访时间、采访地点、采访时长以及采访内容。
(2)准备采访所需的相关器材、资料。
(3)了解被采访者的个人资料,制定相关采访问题。

2. 后期
(1)整理采访资料,提取有效信息。
(2)总结采访过程、概括主要内容、提炼中心思想。

三、调研分析

（一）具体调查内容

具体调查内容如表 1 所示。

表1　具体调查内容

时间	采访地点	采访对象	采访方式	提问提纲	采访分工
2017年 4月18—24日	青岛科技大学	准备出国的同学（目的地韩国、德国各一人） 在校留学生 本科教师	面谈		采访：崔艳菊 　　　杨　阳 记录：胡云烽 摄像：郭逸群
		其他在校生	调查问卷		
2017年 4月25—30日	青岛大学	准备出国的同学（目的地某国） 本科教师	面谈		采访：胡云烽 　　　杨　阳 记录：郭逸群 摄像：崔艳菊
		青岛大学在校生	调查问卷		
2017年 5月1—8日	中国海洋大学	准备出国的同学（目的地澳大利亚） 本科教师	面谈		采访：崔艳菊 　　　郭逸群 记录：杨　阳 摄像：胡云烽
		其他在校生	调查问卷		
2017年 5月9—16日	青岛农业大学	准备出国的同学（目的地某国） 本科教师	面谈		采访：郭逸群 　　　胡云烽 记录：崔艳菊 摄像：杨　阳
		其他在校生	调查问卷		
2017年 5月17—24日	青岛理工大学	准备出国的同学（目的地某国） 本科教师	面谈		采访：郭逸群 　　　胡云烽 记录：杨　阳 摄像：崔艳菊
		其他在校生	调查问卷		
2017年 4—5月		已经在国外的留学生（涉及韩国、西班牙、日本、英国等国家的留学生） 留学归来的人士	网络访谈	见采访计划	采访： 小组全体成员

注：网上调查问卷，根据实际填写情况调查分析。

(二)调研数据分析

调查显示,如今的大学生大约有 58% 愿意出国留学,这表明出国留学仍然是大学生的主流选择。而且由于受金融风暴的影响,特别是在汇率的变动中,人民币的坚挺使得留学成本下降。另一方面,金融危机导致国内就业困难,不少高校毕业生趁机选择到国外留学深造,增强自身竞争力,躲避就业"寒冬",因此出国留学热一定时期内还将持续。

在出国留学的目的地选择上,美国仍然是留学的首选之地,大约占 48%;其次是欧洲占 41%;其他地区占 11%。可见中国学生在留学目的地的选择上依然倾向于欧美国家。美国历史虽短,但其学府林立,学术氛围浓厚,教育水平极高,并且拥有很好的教育资源,因此成为中国大学生出国留学的首选之地。

最后在留学后的方向选择上,91% 的大学生表示会在留学后归国。这表明绝大部分大学生具有很强的爱国意识,愿意投身于祖国的建设之中。针对部分人出国留学后不归国,58% 的大学生建议政府应该出台更强的政策来控制留学生不归国的现象。

调查报告正文(含意见及建议)如下。

你确定要出国留学吗?

"如果不考虑经济因素,你会选择出国留学吗?"
90% 的受访者在 3 秒内给出了自己的答案。

显而易见的优势

根据教育部公开资料显示,2013 年我国出国留学人数首次突破 40 万,2015 年便突破 50 万大关。

对内,家庭收入提高、教育观念转变和出国便利性增强成为留学人数呈井喷式增长的重要因素。

对外,一方面,西方发达国家有成熟的教育体系、优质的教学资源和先进的教育理念。绝大部分国外大学具有高度的独立性,有良好的学术氛围、注重学术研究和学生的个性化发展,偏向培养学生的思考、实践、动手能力。另一方面,一部分国外大学校园风景优美、历史文化底蕴深厚,并且在食宿条件、休闲娱乐设施上具有较大优势。

来自青岛大学师范学院的受访者小邢,在一系列准备工作完成后即将在 2017 年赴英国留学。她表示:"英国是我比较向往的国家,我很喜欢它的风景、人文风情。"即使了解英国在公投脱欧后存在一定的社会及经济问题,小邢仍然坚持出国留学。

此外,多彩的异域文化、丰富的社团活动,以及开阔眼界、增加阅历、提高能力等因素都促使越来越多的人踏上出国求学之路。在经济条件允许的条件下,90% 的受访在读大学生都表示愿意出国留学。

然而,出国留学仅仅只需考虑经济因素吗? 换言之,出国留学真如大家所想的那般简单吗?

广泛面对的问题

出国留学首先需要考量经济开销问题。留学费用根据所选就读国家、地区、年级、专业而定，最低约每年10万元人民币，并非每个家庭都能承担。

受访者小张，目前就读于青岛科技大学。在高考志愿填报时，他放弃了心仪的山东建筑大学中澳留学项目，如今选择了赴德深造。小张表示，赴澳留学费用高达每年30万～40万元人民币，家里难以承受。即使是赴德相对较低，每年10万人民币的费用也给小张的家庭带来了很大压力。

其次，在国内通过的语言考试，在国外实际运用时发挥的作用可能较为有限。比如交流时遇到较快的语速和不同地区的方言的情况，不同语言天赋的留学生需要长短不一的适应时间。"我们可能在国内觉得自己外、语学得很好，但是一旦踏出国门以后，你才会发现你外语差得很远。"曾在日本取得硕士、博士学位，现于青岛科技大学任教的苏老师如此向我们说道。

同时，留学外国还需重视个人的生命财产安全。近些年来海外中国留学生遇害事件频发，并呈逐年上涨之势。2016年10月，一位参与抢劫、殴打中国留学生的美国嫌犯曾向媒体表示："他是中国人，中国人肯定有钱。"该言论引发了人们的广泛关注和讨论。同年11月4日，在日中国女留学生遇害事件再一次引起了全世界范围华人的巨大震动。

青岛大学的受访者小王表示，部分国家枪支泛滥是她放弃留学的一个重要因素之一。"（在中国）可以半夜出去买个夜宵而不怕被枪指着"，小王风趣地说道。

一位不愿意透露姓名的在美留学生在采访过程中表示："（中国留学生被枪击事件）这是中国媒体的关注重心（重点）问题，其实美国学生被枪击的数量要多十几倍。"

难以回避的挑战

除了中国媒体重点关注的问题以外，近年来申请外国名校的难度也在逐渐提高。根据相关资料显示：国外知名大学本科录取率从整体上呈下降趋势。激烈竞争下，国外院校录取门槛逐渐提高，更多的学校开始要求学生进行第三方成绩认证，并且对学生的社会实践经历有一定的要求。此外，国外大学的教育体系与中国大学也存在很大不同，国外知名大学普遍作业繁重、论文质量要求严格、考试通过率低。

申请成功的留学生还必须直面国外生活习惯、社交、价值观和宗教等与国内的差异。一方面是国外的生活习惯，如作息、饮食等，与国内存在差异；另一方面，如何与不同文化背景下的人进行沟通交流，融入当地团体，了解和接受当地的价值观、尊重理解当地人的风俗习惯和思维方式，等，都较为考验留学生的适应和应变能力。

受访者小王采纳了已经出国留学的表哥的建议，放弃了留学计划。难以融入外国学生圈子是小王最不能接受的障碍。"我们接受的是中华传统文化教育，他们（外国人）是西方文化教育，有很大差异，很难融合在一起。"

无独有偶，中国海洋大学的受访者小楠在经过深思熟虑后也放弃了准备已久的留学计划,在采访中她表示:"(出国留学可能会面临)被歧视、社会治安不太好和外来诱惑比较多,是我之前没有考虑到的。"

逐渐回归的理性

大部分受访留学生出国留学的最主要目的之一是毕业回国后有就业和工作上的优势。实际上,在当今日益以资历和能力为重的就业市场中,"海归"的投入和回报比重正在逐步走向平衡,在求职中需要与本土毕业生公平竞争。

对于国内教育制度的不满意也是促使留学生奔赴海外的重要因素之一。70%以上已经在国外就读的受访留学生表达了对国内教育制度的不满。这一比例反映了很大一部分留学生对中国目前的教育制度缺乏一定的理性认识,忽视了中国在基础教育上的优势,也未关注到近些年来中国在高等教育上取得的成就。

与此相对的是,很多本土学生表达了对中国目前高等教育发展改革的信心。受访者小王放弃出国留学决定改考国内高校的研究生,"国内的高等教育水平发展也很快,国内很多一流大学的教学水平跟外国的一流大学不相上下,没有必要一定要出去"。出国留学的益处是显而易见的,但出国留学需要考量的却不仅仅只有经济因素。

2016年,中国留学人数持续高涨之余,增长率却已呈放缓之势。国人已经逐渐开始理性对待出国留学,在并未消退的留学热潮中,这种理性正是我们所需要的。

(指导教师:李晓晨)

大学生课余生活安排调查报告

复合151 谢 丽(组长) 张一诺 周升媚 张志涛 尹聪聪 加乃提古丽·如则

摘 要:大学是通向未来社会的一个重要平台。如何充分利用好大学四年,一个重要的前提便是合理安排好自己的课余时间,通过不断的学习、思考、实践来提升自己的能力,树立正确的世界观、价值观和人生观。在大学校园里,大学生能安排的课余时间其实很富余,那么当代大学生用这些时间来做什么? 这些行为对于他们的人生会带来什么样的影响呢? 为了了解当代大学生的课余时间安排情况,我们小组以调查问卷的形式进行了解和分析,并提出相关建议,希望有助于大学生活更加丰富,充实。

关键词:大学生;课余时间;合理安排;建议

一、选题分析

(一)立论依据

作为从校园到社会的一种过渡,大学成为我们实现自我理想的转折点。随着社会竞争的日益加剧,学生面对的来自校园内外的多重压力与沉重的课业负担,使得如何合理安排课余时间以学习技能、积累知识、发展自己的兴趣爱好以及增加社会经验、增强自己的综合素质,成为每一个大学生都应该引起重视的问题。而且,与小学、中学时期不同,大学时期的自由支配时间更多,学生对于课余时间的安排更加灵活,大多数学生可以自由支配自己的课余时间,然而也会存在少部分不合理的现象。为了调查大学生课余生活安排的问题,我们决定对身边的大学生进行一次关于大学生业余生活安排的调查。关于调查对象,我们选择了不同学校、不同年级的大学生,以使样本具有充分的代表性及多样性。

(二)调研目的

本次调研旨在全面了解当代大学生的课余时间安排情况,获取相关数据并对其进行统计分析,以期引导大学生合理安排课余生活,促进大学生的健康成长与发展。

二、调研准备

(一)调研时间

2017 年 5 月 7 日—6 月 4 日。

(二)调研地点

以网络形式,通过 QQ 空间及微信朋友圈等将问卷投放到青岛科技大学、青岛大学、青岛理工大学、中国石油大学(华东)、山东建筑大学、济南大学、山东警察学院、喀什师范大学等进行问卷调查;同时,在青岛科技大学四方校区进行访谈式调查。

(三)对象的选取

选其对象为在校大学生,参与调查的男女生比例约为 1∶1。

(四)调查方案

该调研以线上调研为主,通过 QQ、微信及微博等方式将问卷扩散出去,再发动好友帮忙做问卷及进一步扩散,便能到达其他各个高校及地区。

三、调研分析

(一)基本情况

问题 1　您的性别是什么?

问题 1 的调查结果如图 1 所示。

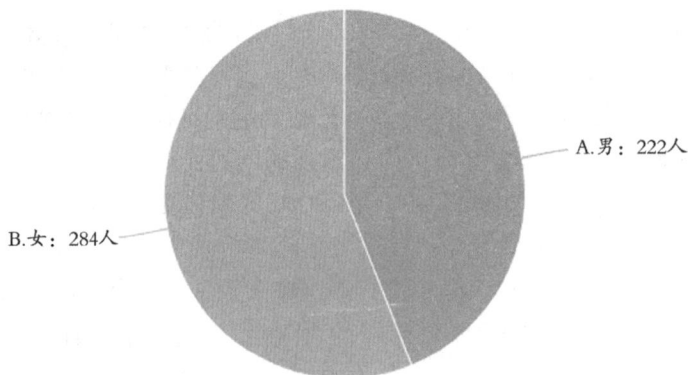

图 1　问题 1 的调查结果

据统计,参与网上调查问卷的同学共有 506 位。其中,男生 222 位,女生 284 位。男生、女生分别占总数的 43.87％和 56.13％,约为 1∶1,调查对象选择合理。

问题2　您所在的年级是什么？

问题2的调查结果如图2所示。

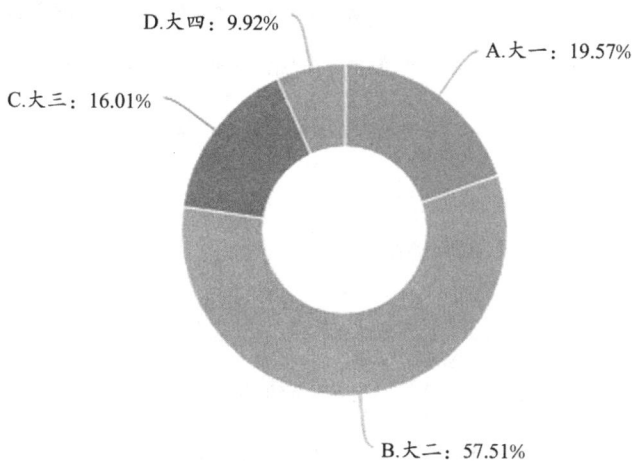

图2　问题2的调查结果

如图2所示,大二学生占总数的57.51％;大一、大三、大四年级的同学分别占总数的19.57％、16.01％及6.92％,所占比例均较小。但本次调查涵盖四个年级,因此调查对象选取较为合理。

问题3　您周一至周五,平均每天几节课？

问题3的调查结果如图3所示。

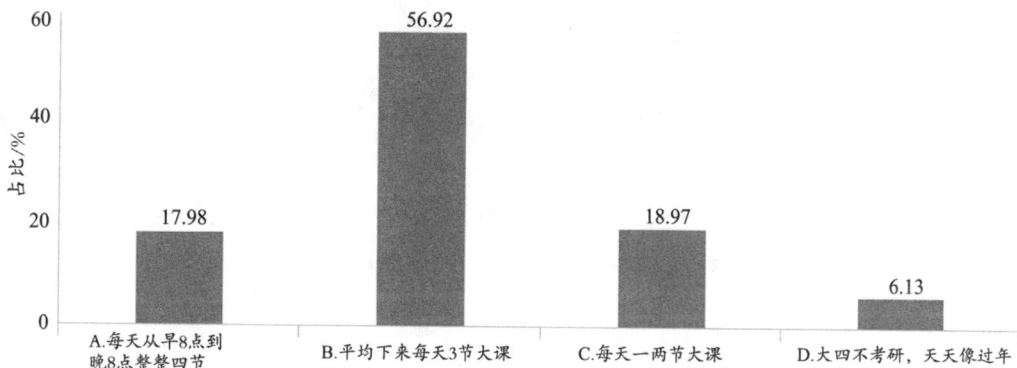

图3　问题3的调查结果

根据统计数据分析,56.92％的同学表示在工作日中平均每天有三节大课,82.02％的同学表示自己的课余时间相当充足。

问题4　您周一至周五课余时间用来上自习的次数是多少？

问题4的调查结果如图4所示。

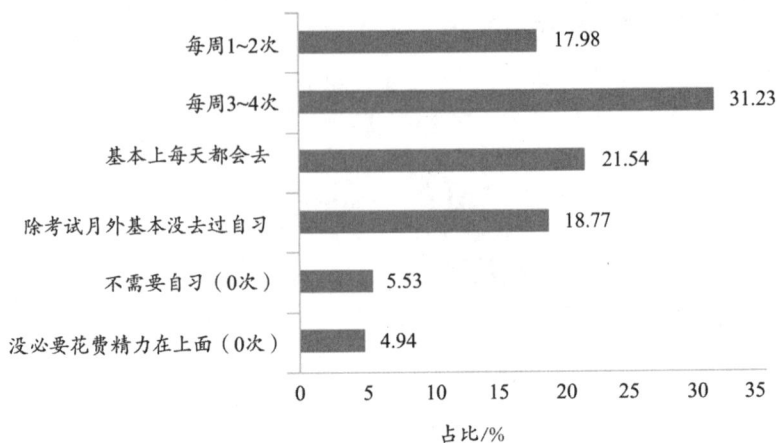

图 4　问题 4 的调查结果

总体来说,有 89.53% 的同学表示会在他们的课余时间里拿出一部分时间来自习。其中,选择"一周 3～4 次"这一选项所占比重较大。

问题 5　您周六、周日都用来做什么?

问题 5 的调查结果如图 5 所示。

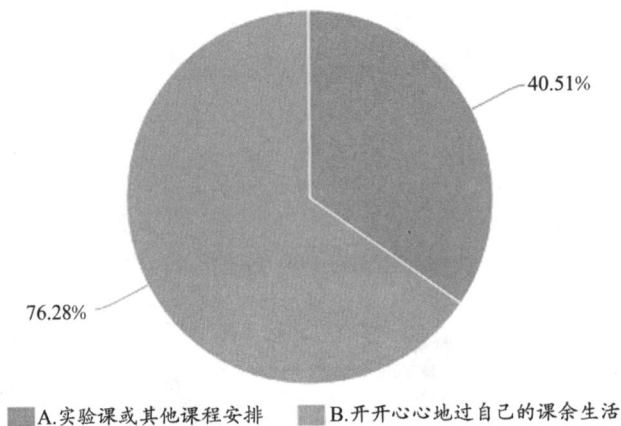

■A.实验课或其他课程安排　　■B.开开心心地过自己的课余生活

图 5　问题 5 的调查结果

据统计数据分析,在节假日中除有 40.51% 的同学会有实验课或其他课程安排外,76.28% 的同学会愉快地过自己的课余生活。

问题 6　您课余生活怎么安排?

据统计数据分析,56.72% 的同学表示会将课余时间用来吃饭睡觉玩手机,41.30% 的同学会在课余时间安排旅游,26.48% 的同学选择兼职,38.34% 的同学将课余时间用来阅读,21.94% 的同学选择健身,28.85% 的同学会选择在课余时间内参加社团学生会活动。

（二）课余安排详情

1. 吃饭睡觉玩手机类（关联逻辑问题 6 的 A 选项）

问题 7　课余时间内，您通常都用手机做什么？（关联逻辑问题 6 的 A 选项）

问题 7 的调查结果如图 6 所示。

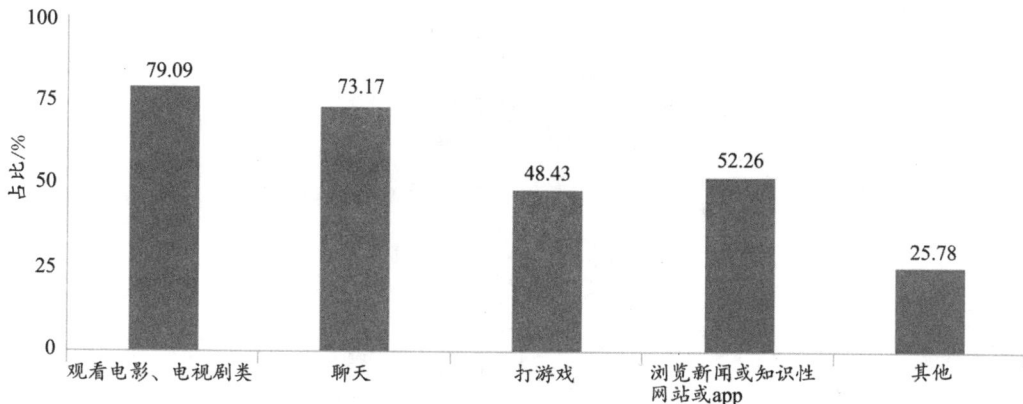

图 6　问题 7 的调查结果

其中，79.09％的同学表示会用手机观看电影、电视剧类，73.17％的同学会用来聊天，用手机打游戏的同学占 48.43％，而用手机来浏览新闻、知识性网站或 App 的同学占 52.25％，25.78％的同学表示将手机用于其他方面。

问题 8　您玩游戏的主要原因是什么？（关联逻辑问题 7 的 C 选项）

调查结果显示，在将手机用来打游戏的同学中，56.83％的同学表示是出于爱好，61.87％ 的同学表示打游戏是用来打发时间，33.09％的同学表示是由于社交。

问题 9　您对待游戏的态度如何？（关联逻辑问题 7 的 C 选项）

问题 9 的调查结果如图 7 所示。

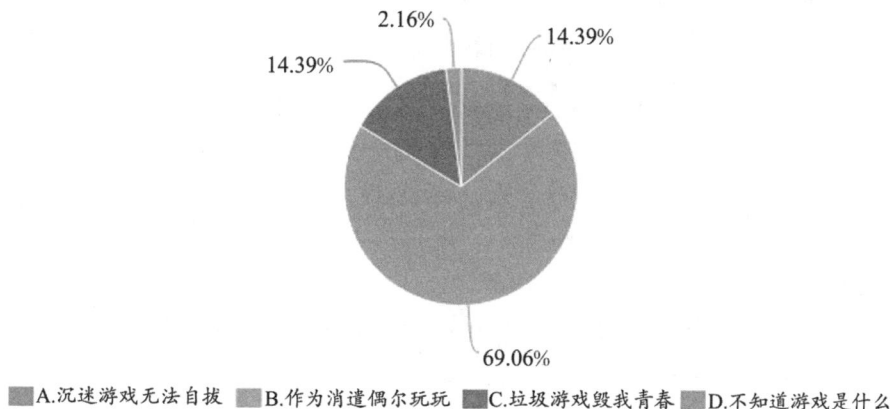

A.沉迷游戏无法自拔　B.作为消遣偶尔玩玩　C.垃圾游戏毁我青春　D.不知道游戏是什么

图 7　问题 9 的调查结果

玩游戏的同学中,69.06％左右的同学对待游戏的态度是作为消遣偶尔玩玩,说明大多数同学能理性的对待游戏;但14.39％的同学表示自己正处在沉迷游戏无法自拔的状态。

问题10　您平均每天玩游戏的时间有多少?(关联逻辑问题7的C选项)

问题10的调查结果如图8所示。

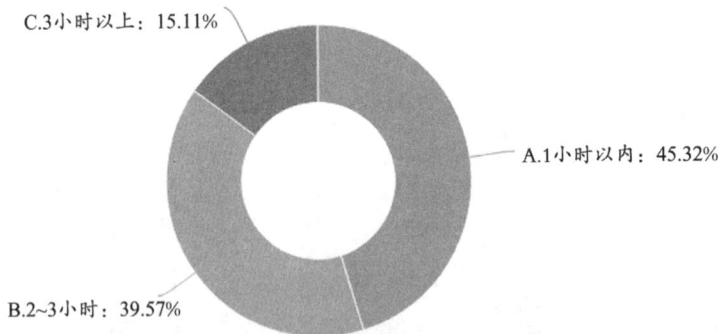

C.3小时以上:15.11%

A.1小时以内:45.32%

B.2~3小时:39.57%

图8　问题10的调查结果

问题11　您觉得游戏给你带来的影响?(关联逻辑问题7的C选项)

问题11的调查结果如图9所示。

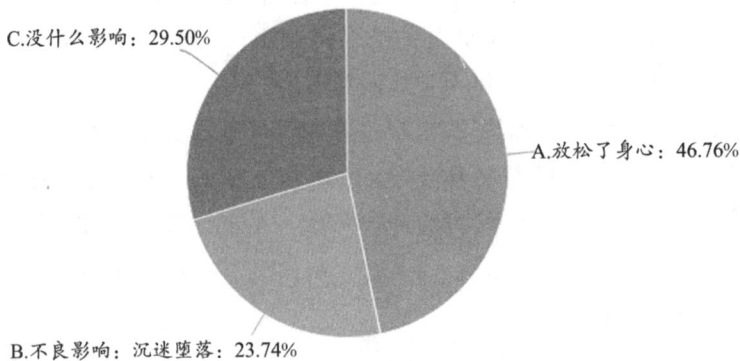

C.没什么影响:29.50%

A.放松了身心:46.76%

B.不良影响:沉迷堕落:23.74%

图9　问题11的调查结果

据统计数据分析,45％以上的同学能将玩游戏的时间控制在1小时以内,说明大多数同学能理性地对待游戏;且数据表明,近一半的同学在游戏中放松了身心,产生了良好的影响。与此同时,有近1/4的同学表示这样安排自己的课余生活产生了不良影响,容易沉迷于游戏。

2. 旅行类(关联逻辑问题6的B选项)

关于同学们对喜好旅游程度的调查显示,大概有75％的人表示很喜欢旅游。

问题24　在过去一年当中,您出游的次数是什么?

问题24的调查结果如图10所示。

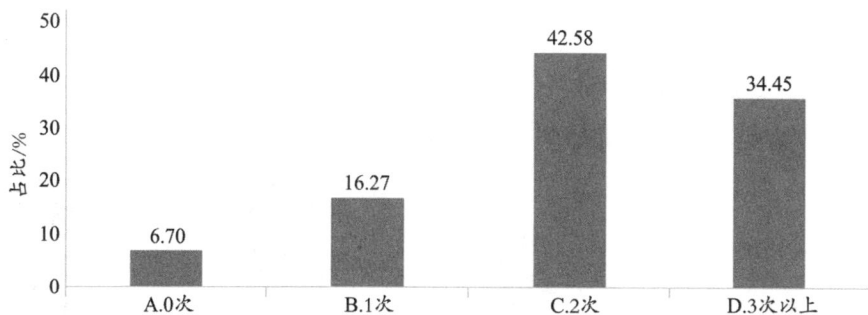

图 10　问题 24 的调查结果

据统计数据分析,在被调查的同学中,过去一年当中出游次数为 0 的占人数的 6.70％,出游次数为 1 次的占 16.27％,2 次以上的人数占 77.03％。

问题 25　您喜欢去哪一类旅游景点?

问题 25 的调查结果如图 11 所示。

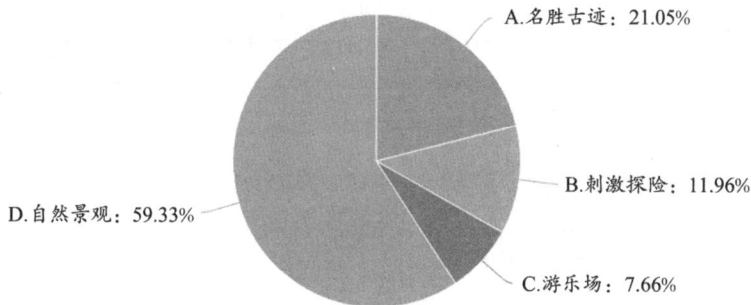

图 11　旅游对象的调查结果

据统计数据分析,21.05％的同学选择名胜古迹,将近 59.33％的同学选择自然景观,11.96％的同学选择刺激探险,仅有 7.66％的同学选择游乐场等人文景观。这些充分显示,同学们热爱大自然的雄伟壮观,喜欢去名胜古迹探幽,享受刺激探险带来的乐趣。

问题 26　对于大学生来说,选择旅游地最应该考虑的因素?

问题 26 的调查结果如图 12 所示。

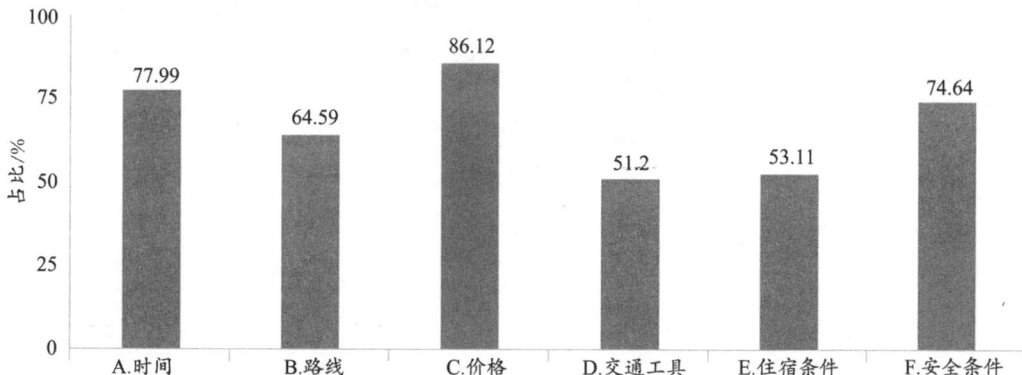

图 12　问题 26 的调查结果

问题 28　您认为大学生应当根据什么因素选择出行地点?

问题 28 的调查结果如图 13 所示。

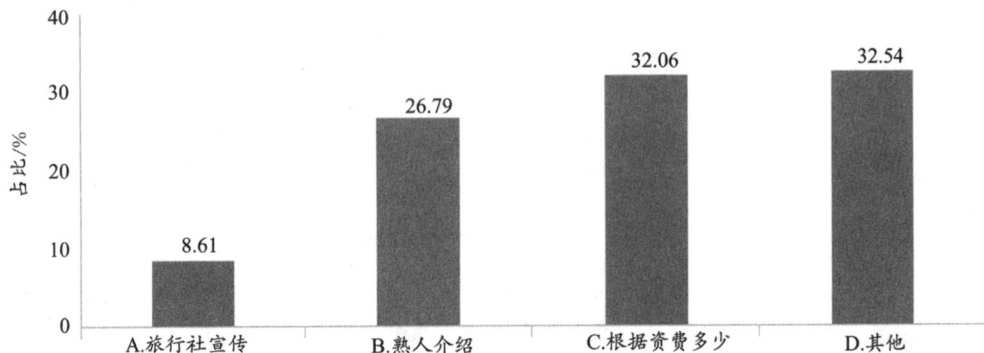

图 13　问题 28 的调查结果

据统计数据分析,决定旅游时,35.40％的同学通过熟人介绍或旅行社的宣传来选择旅游的地点,32.06％左右的同学根据旅游的费用权衡要去的地点。大多数的同学选择自己和朋友去游玩,极少的人选择跟团旅游。这说明同学们比较喜欢听取熟人和旅行社介绍,自由出游。

对于旅游应该考虑的因素,86.12％的同学认为旅游的费用最重要,74.64％的同学觉得安全非常重要。由统计数据分析可以看出,大部分人出行旅游考虑的因素众多,费用、时间、安全、交通、住宿等等都涉及在内。

3. 兼职类(关联逻辑第 6 题的 C 选项)

问题 14　你的兼职占课余时间的比例是多少?(关联逻辑第 6 题的 C 选项)

问题 14 的调查结果如图 14 所示。

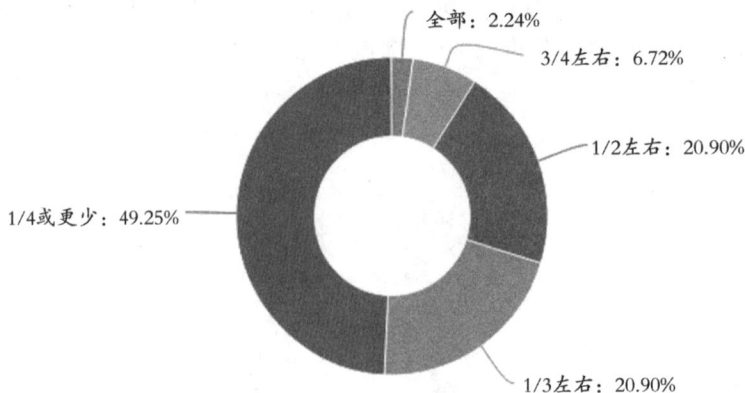

图 14　问题 14 的调查结果

从图 16 可以看出,利用 1/4 课余时间或更少的占 49.25％,利用 1/2 左右课余时间和 1/3 左右课余时间同样占 20.90％,利用 3/4 左右课余时间占 6.72％,利用全部占 2.24％。调查说明,大多数同学的兼职时间不会占据大部分课余时间,同学们也会合理安排自己的课余时间。

问题 15　您选择兼职的类别有哪些？（多选，关联逻辑第 6 题的 C 选项）

问题 15 的调查结果如图 15 所示。

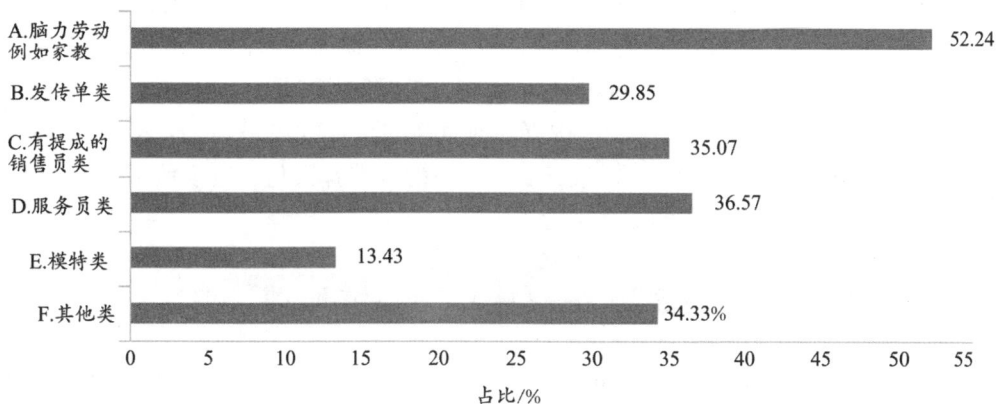

图 15　问题 15 的调查结果

由图 17 看出，兼职类别根据人数由多到少依次为家教类（52.24％）、服务员类（36.57％）、有提成的销售员类（35.07）、其他类（34.33％）、发传单类（29.85％），模特类（13.43％）。从这几类兼职类别可以看出，当代大学生们还是以家教类兼职为主，说明同学们还是擅长围绕自己的特长来积累经验，同时也对社会的教育也做出了贡献。

问题 16　您兼职的初衷是什么？（多选，关联逻辑第 6 题的 C 选项）

根据统计数据分析，为了赚取零花钱的占 68.66％，为了体验生活的占 52.99％，为了提高能力的占 48.51％，为了生活所迫的占 18.66％，其他占 17.91％。大部分的大学生做兼职是为了赚取零花钱，还有一部分大学生是为了体验生活和提高能力。同学们在课余时间去做兼职，不管出于什么原因，都能体验社会，使课余生活更加丰富。

问题 17　兼职对您产生怎样影响？

问题 17 的调查结果如图 16 所示。

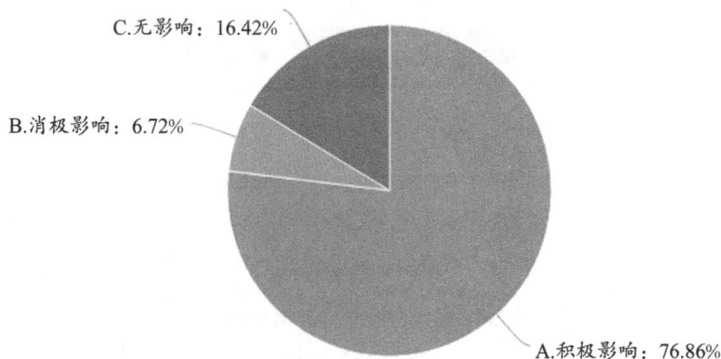

图 16　问题 17 的调查结果

由图 19 可以看出，兼职产生的积极影响占 76.86%，产生的消极影响占 6.72%，无影响占 16.42%。由此说明，兼职带来的大部分影响还是积极的，当代大学生应该合理调整自己的课余安排，提高自己对课余生活的满意度。

4. 阅读类（关联逻辑第 6 题的 D 选项）

对于读书的原因，79.38% 的同学表示是为了有目的地提升自己；63.40% 的同学是从兴趣出发；还有 15.46% 的同学表示，是为了无聊打发时间。

关于图书的选择，如图 17 所示，选择专业书籍的占 53.09%，选择名人名著的占 69.07%，选择网络小说的占 33.51%，还有 30.41% 的人选择其他。这表明大学生读书的广泛性，更多人选择名人名著和专业书籍。

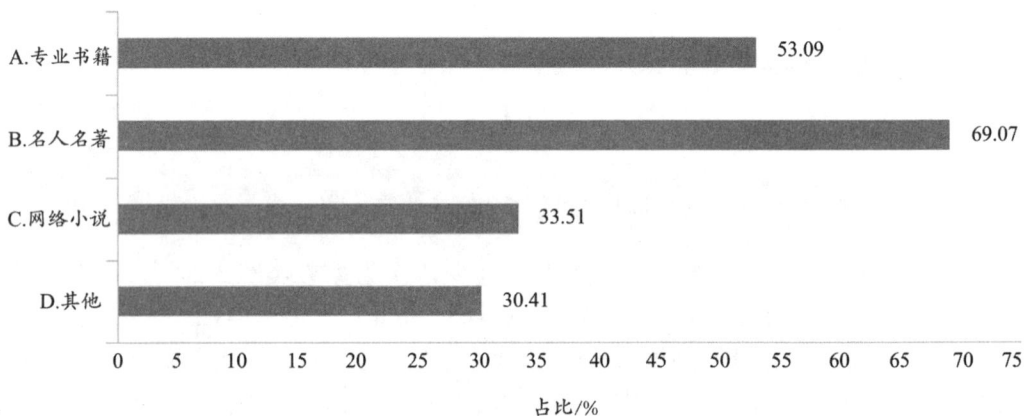

图 17　关于图书的选择的调查结果

关于读书的时间，50% 同学每天读书时间在 1 小时以下；37.63% 的同学每天读书时间在 2～3 小时，还有 12.37% 的同学每天的阅读时间在 3 小时以上。由图 18 可看出，随着每天阅读时间的增加，人数呈现降低的趋势。

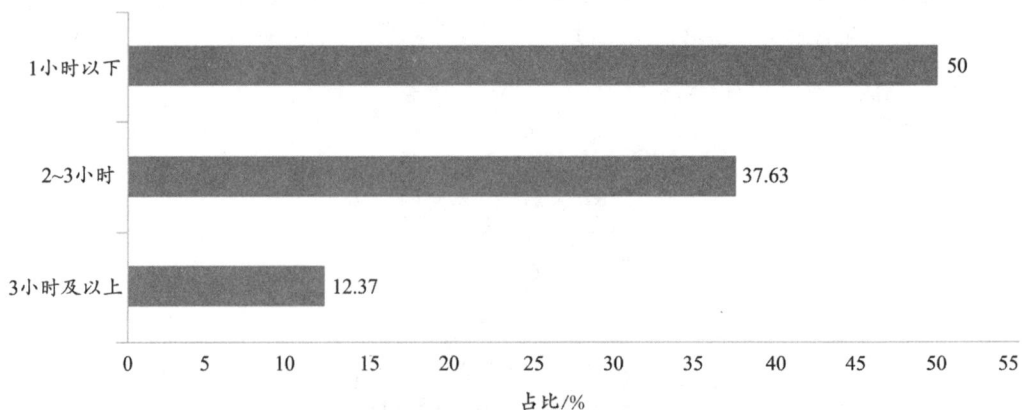

图 18　关于读书时间的调查结果

关于读书带来的影响，84.54% 的同学表示可以收获知识，增长见识；77.84% 的同学表示可以愉悦身心，7.22% 的同学表示读书没有什么影响或带来不良影响。由此表示，读书有利于大家增长见识,放松身心。

关于读书部分的数据表明,绝大多数的同学读书是为了提升自身的学识,开阔眼界;大部分同学是从兴趣出发,陶冶自己的情操;大学生读书时,选择的图书种类具有广泛性,以名著和专业书籍为主;绝大多数人每天的阅读时间在 1 小时以内;大部分人认为读书带来的影响是积极的。

5. 健身类(关联逻辑第 6 题的 E 选项)

问题 29　您在课余时间选择运动的原因是什么?

问题 29 的调查结果如图 19 所示。

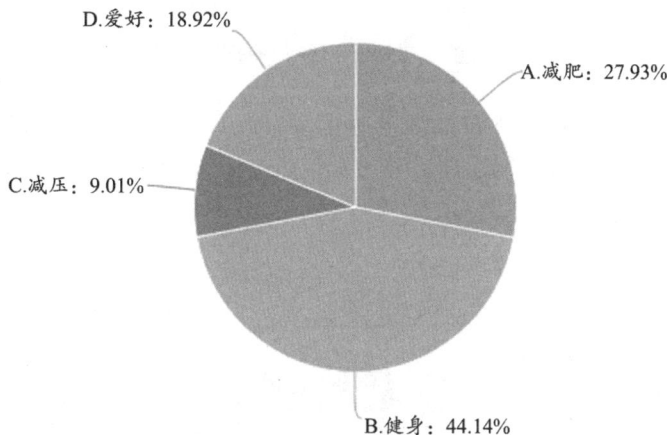

D.爱好:18.92%

C.减压:9.01%

A.减肥:27.93%

B.健身:44.14%

图 19　问题 29 的调查结果

本次问卷总共调查了 506 位同学,其中有 111 位同学会在课余时间健身。大学期间针对大学生身体素质的训练课程较少,所以我们有必要为了自己的身体健康适当进行运动。而在这部分同学中,较多的同学选择了健身。这是对自己的身体有一个较高的要求和标准,或为了保持良好的身形而选择的运动方式。也有不少同学为了减肥而运动。通过运动,使自己身体各部分机理得到增强,抵抗力相应提高,自己的形象更加完美,增强了自信心,对于身心健康相当有利。

生活中压力总是如影随形,而有 9% 左右的同学会为了减轻压力而运动。这是一种很好的减压方式。

将运动作为自己的一个爱好来坚持是 18.92% 的同学的选择。健康积极的爱好能够陶冶情操,放松心情,使人不断发现生活的乐趣。

无论出于什么目的,运动都是很有必要的,所以我们应在课余时间适当进行运动。

问题 30　您运动的地点一般选择在哪里?

问题 30 的调查结果如图 20 所示。

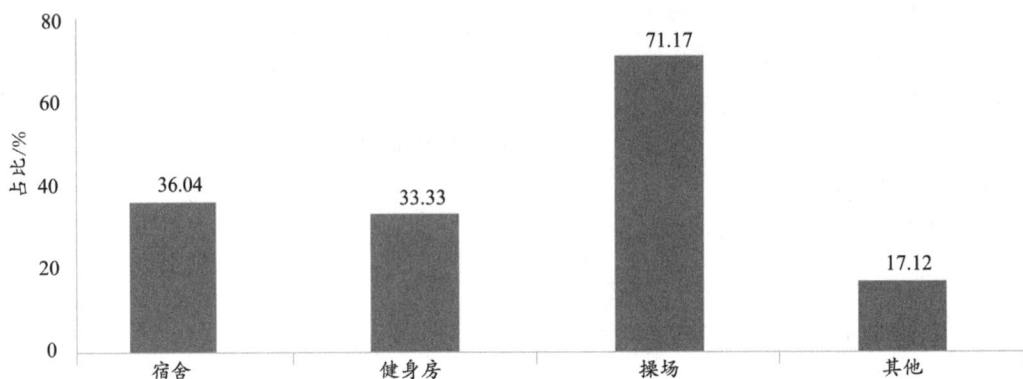

图 20　问题 30 的调查结果

71.17％的同学充分利用学校操场进行运动,36.04％的同学选择在宿舍进行锻炼,33.33％的同学会去健身房进行运动。只要真正热爱运动,场地的选择完全可以灵活。

问题 31　您运动的频率如何?

问题 31 的调查结果如图 21 所示。

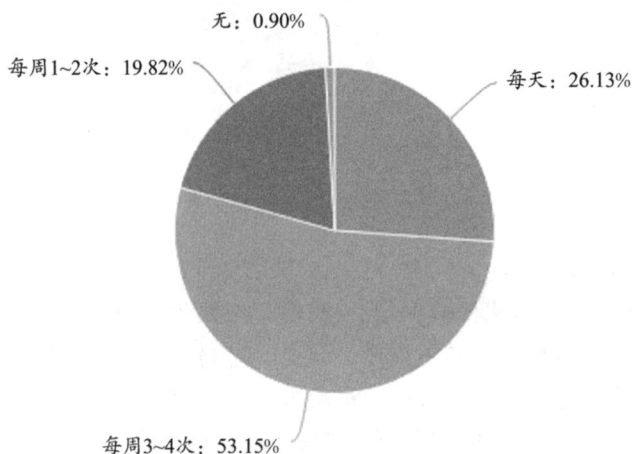

图 21　问题 30 的调查结果

53.15％的同学表示每周会进行 3～4 次运动,26.13％的同学会坚持每天运动。经常运动的同学表示,运动使身体状态变好的同时,还有减压及愉悦身心的功效。

6. 社团学生会活动(关联逻辑第 6 题的 F 选项)

问题 34　您参加学生会、社团投入的时间和精力如何?

问题 34 的调查结果如图 22 所示。

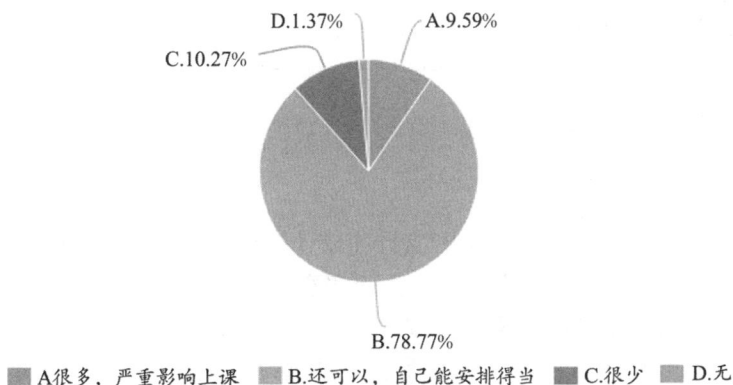

图 22　问题 34 的调查结果

A很多，严重影响上课　B.还可以，自己能安排得当　C.很少　D.无

78.77％的同学表示能合理安排自己投入学生会和社团的时间和精力，不会影响正常上课和学习。超过一半的同学表示参加社团和学生会的工作提高了自己的个人能力，认识了很多志同道合的人。学生会社团等组织在学校和学院的活动中起到了关键作用，同学们大多喜欢社团学生会的工作并希望能够继续坚持，但 10.27％左右的同学认为社团学生会的工作严重影响上课，且这些活动和组织并没有锻炼到自己的能力，表示不想再将课余时间用在这些活动上了。

问题 38　怎么评价您的课余生活？

问题 38 的调查结果如图 23 所示。

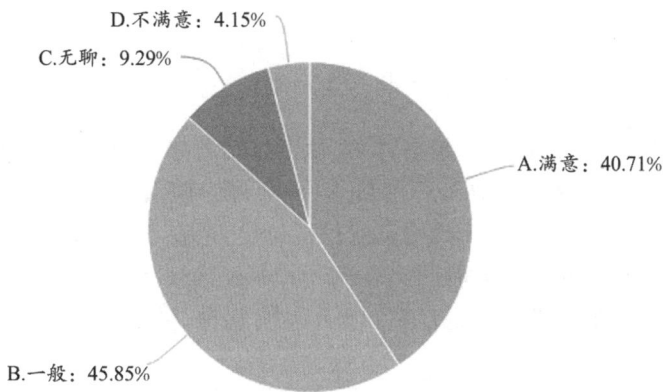

图 23　问题 38 的调查结果

据统计数据显示，对自己的课余时间安排感到满意的同学占 40.17％；45.85％的同学表示自己的时间安排一般；13.44％的同学表示对自己的课余时间安排不满意；需要调整时间规划，以促进自身的全面发展与健康成长。

四、意见与建议

从上述一系列图中我们可以得出，部分当代大学生对课余时间的利用率较低，很多人不能有效合理地利用课余时间，这对我们今后的职业生涯规划带来消极影响。要想成为国家的栋梁之材，单单只靠上课时间是远远不够的。我们还必须利用好我们的课余时间，合理安排课余生活，度过高效、理想的大学生涯。因此，为了丰富我们的课余生活，我们建议以下几点。

（一）学校要为大学生创造良好的环境

学校是一个学习的地方，是大学生成长和成才的必要场所，所以学校应为学生创造良好的学习环境。首先，学校要有足够数量的教室供学生自习，其次，学校要注重学风建设，好的学风有利于学生良好习惯、个人修养的养成。再次，学校除了对学生进行课余生活指导、开展丰富的课余生活之外，还要加强对基础设施及设备的建设，尽可能为学生营造广阔的活动和娱乐空间。

（二）举办文化进校园活动，让大学生的课余生活丰富多彩

举办校园文化活动是广大高校培养学生德、智、体、美、劳全面发展的一个强有力的措施，对广大学生的全面发展起了非常重要的作用。举办校园文化活动不但充分利用了学生的课余时间，而且各类校园活动的开展对学生养成积极向上的精神面貌起到了关键性的作用，有利于培养学生健全的人格和良好的个性。校园文化活动可以从以下几个方面展开。根据同学们的兴趣爱好开展各类社团类活动，让活动更加个性化。以学院院系为单位，开展各种知识类和娱乐类活动，让同学们可根据个人兴趣参加；也可以以班级和寝室为单位展开的各项集体活动。该类活动更加自由化，时间可自由支配，活动的地点也多样化。

（三）大学生应提高自制力，积极参与社会活动

在大学生活中，课余时间越来越多，但大学生自制力却日渐降低，为此我们更应该合理地安排课余时间，并且提高执行力。如先以一个月为期限，对自己近期的情况有一个整体且全面的分析，在此基础上明确自己的目标，做出最科学的时间安排，在计划中不断完善。此外，大学生还应积极参与社会实践活动，深入接触社会，如兼职、志愿者活动、献血、学雷锋等爱心活动，培养社会责任感和爱国主义精神，树立正确的人生观、价值观。

（指导教师：马丽娟）

大学生爱情及婚姻观念调查报告

橡胶 157　刘丹(组长)　王炳智　卢宁宁　付丽君　李海第　吴　磊　韩　笑　谭俊飞

摘　要:为深入了解当代大学生最真实的爱情、婚姻观,我们开展了线上线下活动调研,较为真实准确地了解了当代大学生最真实的想法。经多次讨论协商,最终确定了分块答题模式,区分了单身非单身人群,具有分析的科学性和合理性。调查结束后,我们对数据进行了详细统计和合理分析,在街拍和真实访谈过程中,我们更加深入地了解了当代大学生的真实想法,也发现了一些存在的问题,我们在征得他人意见的前提下,进行了街头访谈和短视频的拍摄,但为保护个人隐私,我们仅将部分比较鲜明的观点做了摘录。

关键词:大学生;爱情观;婚姻观;阻碍因素;存在问题

一、选题分析

(一)理论依据

根据国家统计局的调查数据显示,截至 2018 年底,中国(不含港、澳、台地区)男性比女性多 3 164 万,男女比例是 106.64∶100。也就是说,未来的中国社会,会有上千万的男性单身,也就是俗称的"打光棍"。因此,年轻人的恋爱和婚姻情况深受社会各界关注。大学生正是其中的主力军,因此调查大学生爱情及婚姻观念很有现实意义。

大学时光是人一生中最美好的时候,很多人在这个阶段正式踏入社会的大门,开始对社会有了自己的认识。爱情和婚姻作为人一辈子的大事,对待其态度直接构成了人生的价值观念。因此,是否拥有正确的爱情婚姻观对大学生极为重要。

(二)调查目的

调查本校大学生爱情观、婚姻观,整理并分析数据,借以了解及总结当代大学生整体的爱情婚姻观。

调查本校大学生单身率以及单身情况和单身原因,讨论大学生恋爱是否具有必要性。

调查正在恋爱中的人群的恋爱动机和对未来婚姻的打算,借以验证"大学时代毕业季也是分手季"这一说法是否正确。

调查大学生情侣的消费情况,同单身大学生消费情况进行对比,讨论大学生恋爱是否会影响消费观念。

二、调研准备

(一)调研时间、地点、任务及活动形式

表1为本次调研活动实施情况节选。

表1 调研活动实施情况节选

调研时间	调研地点	调研任务	活动形式
2017年4月10日	一教大厅	预先选题,讨论各预选方案的可行性,最终确定选题;讨论调研策划案的书写、大体规划任务进度以及明确队员分工	会议讨论
2017年4月22日	二教长亭	讨论指导教师提出的修改意见,对策划案进行修改和完善,对问卷设计进行修改,并细化队员分工	会议讨论
2017年4月23日	四方校区校园内	第一次问卷发放,一周后进行初步整理,对出现的问题进行及时汇总,并开始进行随机访问记录	问卷、访谈记录、汇总
2017年4月29日	女生:慧园甲楼、乙楼、4号楼 男生:22、23号楼	小组商讨并进行集体线上传播和转发,包括微信朋友圈、空间、各大社团微信群等	问卷调查 线上传播
2017年5月2日	一教大厅	队员集体讨论第一次问卷发放中存在的问题,提出改进建议,进行经验分享,并制定第二次问卷发放的形式和时间	线上初步交流 线下会议分享
2017年5月6日	崂山校区校园内	队员按照分工开始第二次发放问卷,并在校园内进行随机访问和记录	问卷、访谈、记录
2017年5月13日	女生:慧园甲楼、乙楼、4号楼 男生:22、23号楼	队员按照分工开始第三次发放问卷,地点集中在学生宿舍	问卷调查
2017年5月21日	一教大厅	队员进行问卷调查数据的整理和处理,再次细化分工并开始书写调查报告	会议讨论
2017年5月28日	图书馆自习室	汇总调研结果,讨论决定最终定稿	会议讨论

（二）对象选取原则

首先,调研对象尽可能地多样化。

其次,我们在选择人群时,还适当注意了单身、非单身的人群比例,确保数据不会出现一边倒的趋势。

在调研过程中,对于被调查者在态度不佳或者极为敷衍情况下填写的问卷,我们都对其进行了筛选处理,以确保数据的准确性。

（三）调研方法

为方便统计和调研合理有序进行,我们利用抽样调查方法原理,随机选取若干个体作为一个样本,用样本的特征来表征总体的情况。

1. 访谈调查法

两人一组,组成街访小队,通过在校园内随机挑选同学进行现场访谈记录,获得了更多有价值有意义的信息。

2. 问卷调查法

问卷发放形式主要包括线下和线上两种方式。另外,我们考虑到调研小组的地理位置因素,主要在青岛科技大学四方校区进行线下问卷推广和整理,而在崂山校区,主要进行线上问卷发放与调查,最大限度地将调查范围扩大化,也使得调查对象更具有随机性和合理性,在短时间内获取了大量的有效数据,对后期我们的数据分析极为有利。

3. 统计调查法

通过分析调查问卷总结反馈的数据,运用统计学进行了分析,将所有信息汇总并制成图表,如柱状图、饼状图、折线图等,以直观地看出各个选项选取人数的差距和比例。具体看数据分析部分。

三、调研分析

（一）调查具体内容

调查的具体内容如表2所示。

表2　人员安排及负责项目统计表

人员	负责项目
刘丹、李海第	负责调研活动组织、策划及汇总
付丽君、谭俊飞	问卷的首次打印、四方校区校园内分发
吴磊、王炳智	问卷的第二次打印、访谈街拍
韩笑、李海第	男生宿舍问卷发放

（续表）

人员	负责项目
刘丹、付丽君	女生宿舍问卷发放
吴磊、卢宁宁	崂山校区问卷分发与回收(纸质版)
韩笑、谭俊飞	线上问卷统计,数据整合
全体成员	线下问题分类统计、结果汇总及讨论

在此次调研过程中,我调研团队开展了线上线下活动调研,通过开展问卷调查、街拍访谈以及线上问题留言等活动,较为准确地了解了青岛科技大学在校大学生的爱情、婚姻观念,也了解到他们对于一些问题的独到见解。对于个别有消极思想或行为的同学,我们对其进行了跟踪调查,通过多种多样的活动形式,对其进行适当的劝导和纠正,并帮助其放平心态,以正确的态度面对爱情、面对婚姻,进而树立正确的爱情观、婚姻观。

另外,我们在实际的调查过程中,既进行了细化分工又强调了合作的重要性,因此在实际调查过程当中,队员们齐心协力、相互扶持、相互帮助,虽然在调查初期遇到瓶颈,但是队员们团结协作、共同面对,最终克服。

(二)调研数据分析

通过问卷调查和访谈记录,我们总计获取了 737 份有效的问卷信息(线上、线下同时开展),现对其中较为典型的几个问题进行具体剖析和解读。

调查人群分布情况如表 3 所示。

表 3　调查人群的分布情况

年级	人数/人	占比/%
大一	309	42
大二	234	32
大三	117	16
大四	77	10

分析:我们线下的调查区域集中在校区内和宿舍,很多大四的学生已经不在学校,加上线上传播主要在自己的同龄圈内,所以大四的同学所占比例较少。

问题 1　你对大学生情侣在公共场合的亲密行为的看法是什么?

问题 1 的调查结果如图 1 所示。

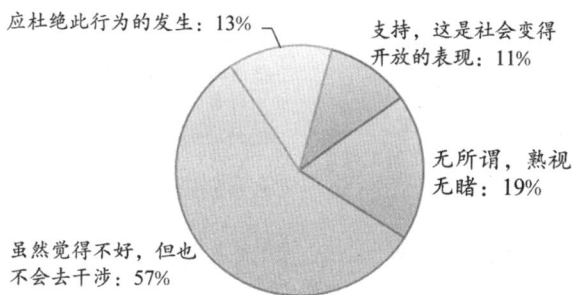

图1 问题1的调查结果

分析:这个问题在前段时间的热点新闻中曾经有所报道,山东某高校直接将校内抓拍或者摄像头拍到的情侣不雅照片进行公示栏曝光,引起了一定的社会舆论。对于此种言行,大多数人持包容的态度,不过内心还是会觉得此种行为不当,需要自身加强管理。此种不雅的行为,最好还是不要在大庭广众之下表现出来。

问题2 你认为大学生谈恋爱的劣势是什么?

问题2的调查结果如图2所示。

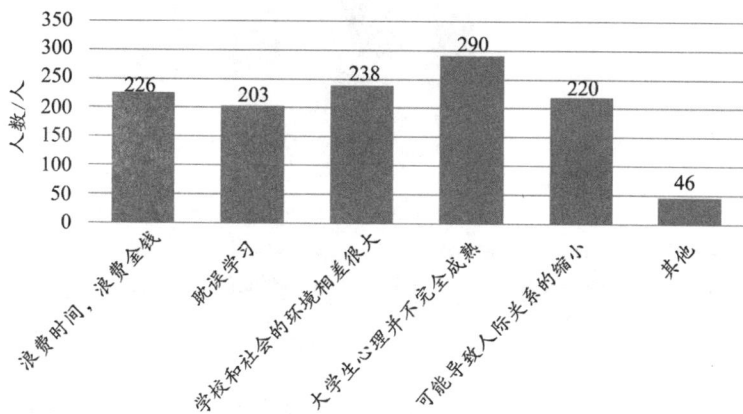

图2 问题2的调查结果

分析:本题为多选题,可以看出,除"其他"外,各个选项的分布大致相当,但每个选项的数量也仅占总数的1/3左右,因此可以看出大部分对于大学生恋爱还是持中立态度。大学生恋爱之所以会产生不利影响,主要原因还是没有加强自身管理和情侣间的互相督促。各选项得票数最多的是大学生心理并不成熟,这一事实确实值得考虑。在恋爱过程中,双方中任何一方可能出现的各种情况,都会直接影响双方的心理变化。这对大学生的心理考验极大,因此也成为影响大学生恋爱的重要选项之一。

问题3 大学生谈恋爱的原因有哪些?

问题3的调查结果如图3所示。

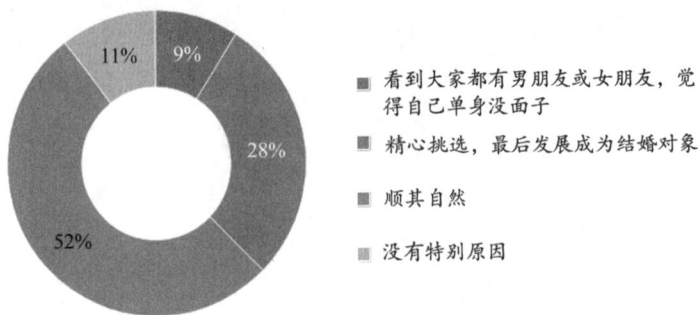

看到大家都有男朋友或女朋友，觉得自己单身没面子

精心挑选，最后发展成为结婚对象

顺其自然

没有特别原因

图3　问题3的调查结果

分析：大部分人选择了顺其自然这一选项，1/4 左右的人选择精心挑选，并最终发展为结婚对象。这说明大部分人对于大学生恋爱持有理性态度。

问题4　你对婚姻的看法是什么？

问题4的调查结果如图4所示。

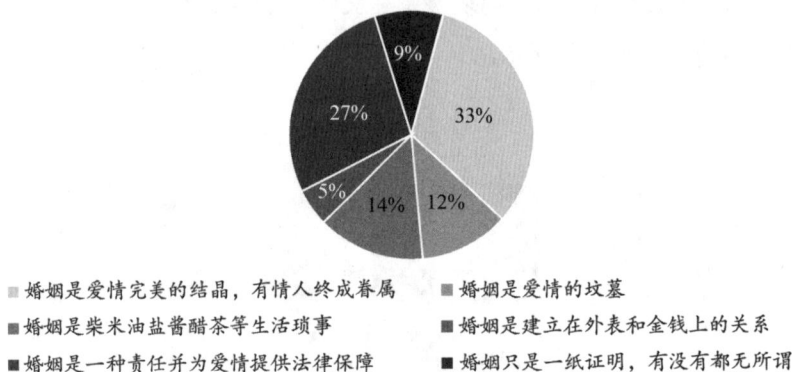

婚姻是爱情完美的结晶，有情人终成眷属　　婚姻是爱情的坟墓

婚姻是柴米油盐酱醋茶等生活琐事　　婚姻是建立在外表和金钱上的关系

婚姻是一种责任并为爱情提供法律保障　　婚姻只是一纸证明，有没有都无所谓

图4　问题4的调查结果

分析：婚姻对于大学生看似还很遥远，其实已经很近了，几年之内我们中有的人就要步入婚姻的殿堂。因此，从大学时期开始形成一个正确的婚姻观极为重要。大学里的恋人发展为以后的婚姻对象，相伴度过一生的可能性极大。1/3 的人认为婚姻是爱情完美的结晶，有情人终成眷属，这也是很多人恋爱中所期待的。不过，当看清现实、经历了越来越多的事情以后，可能大部分人发现，想要和自己最初的那个恋人在一起的可能性很小，阻碍因素包括地域的限制、经济状况、父母的意见等。所以，问卷才会设有其余的选项，可能这正是部分人心声的真实写照。

问题5　你的恋爱动机是什么？

问题5的调查结果如图5所示。

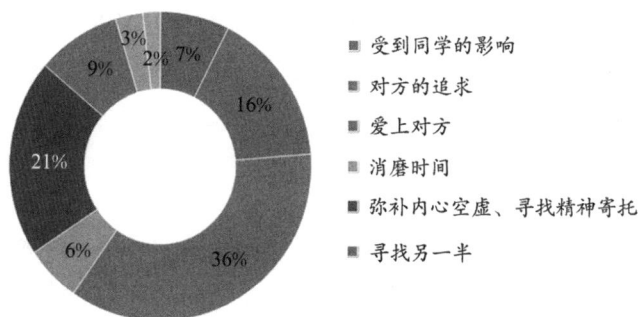

图 5　问题 5 的调查结果

分析：根据图 5 可以看出，选项最多的人恋爱动机是因为爱上了对方，可以说这是学生时期甚至是一生中最美好的事情了。

问题 6　你会看重对方哪些条件？

问题 6 的调查结果如图 6 所示。

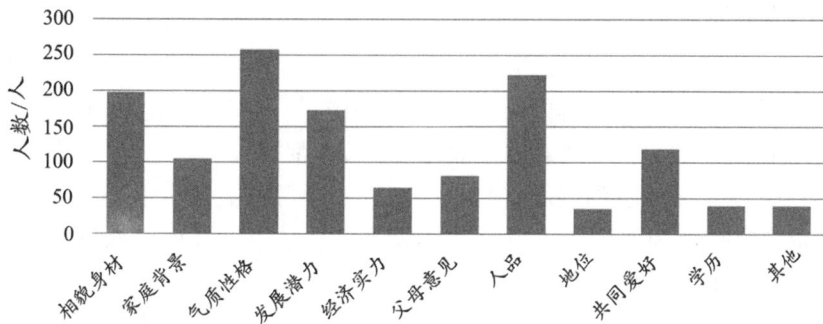

图 6　问题 6 的调查结果

分析：本题为多选题，选择人数最多的 4 个选项依次：气质性格、人品、相貌身材、发展潜力（发展潜力其实也是婚姻观念的一种体现，潜意识里已经开始为未来做准备了）。

问题 7　冷饮认为恋爱与学习的关系如何？

问题 7 的调查结果如图 7 所示。

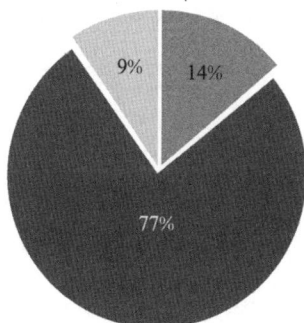

图 7　问题 7 的调查结果

分析：如何处理学习与爱情的关系，是大学生恋爱里会面临的第一道难题。根据数据显示，更多的人还是持有正确态度的，恋爱的同时也不能影响学习。最好的处理方式应该是双方共同进步、共同学习。

四、意见与建议

经过本次对大学生恋爱婚姻观念的调查，我们小组对于大学生恋爱有了新的认识。在此总结并提出意见如下。

（一）学校层面

（1）学校应积极倡导良好校园风气的形成，注重学生在大学期间的思想动向。

（2）学校可定期举办形式多样的活动，如选修课程、公开讲座、心理测试等。通过此类活动，丰富学生的课余生活。

（二）学生个人层面

（1）大学生恋爱首先应明白恋爱是否会对自己的生活产生重大影响；影响是正面还是负面的；如果存在负面影响，自己是否有能力去应对。这几个问题想明白以后，再决定是否和对方牵手，不然只会导致双方正常的生活节奏都被打乱。

（2）恋爱中最需要注意的问题就是如何处理和学习的关系。学生的天职就是学习，如果因为恋爱的原因影响了学习，那就得不偿失了。如果已经处在恋爱的甜蜜中，双方应该互相鼓励，共同进步。

（3）在恋爱关系正式确立以后，虽然还在象牙塔内，但也应该为对方负责，树立正确的婚姻观念。既不拖累对方，也不影响自己的正常生活。

（指导教师：马丽娟）

大学生网络使用及网络素养情况调查

高材实验151　李睿智（组长）　朱立琦　朱家俊　高　健　高志东　赵馨蕊　王子秋

摘　要：当今，随着经济、科技快速发展，网络逐渐覆盖人类的日常生活，在大学生中更是广为使用。网络已成为大学生学习、生活、工作中不可或缺的一部分。正如"水能载舟，亦能覆舟"：利用好网络，我们将受益无穷；利用得不好，则可能会使我们陷入困境。因而，大学生的网络素养问题成为社会关注的焦点。我们此次调查了解大学生网络使用及网络素养情况，希望引导大学生提高网络素养，遵守道德与法律，认清网络的虚拟本质，增强社会责任感，发挥网络的最大用处。

关键词：大学生；网络；网络素养

一、选题立论分析

（一）理论依据

当人类沉浸在网络带来的便利中时，越来越多别有用心的人、组织，包括大学生，通过网络手段进行谋利、诈骗、散播邪恶信息等行为，腐蚀社会风气，对个人、社会造成一系列不可忽视的影响。无论是利用网络作恶或是受到网络恶意事件的波及，针对大学生暴露出来的问题，均需提升其网络素养，引导他们正确使用网络。这不仅是提升大学生综合素质的要求，也是当今时代对大学生思想政治教育的要求。为此，小组全面展开大学生网络素养调查，具有理论意义和现实意义。从个人层面，能督促大学生正确对待网络信息，遵守道德、法律，增强社会责任感；从社会层面，能为我国大学生思想政治教育工作提供新的视角和工作着力点，在一定程度上也能促进我国互联网事业的高速发展。

（二）调研目的

调查大学生网络使用及网络素养情况；提高大学生网络认知与信息辨识能力，认清网络虚拟本质；普及积极健康的网络使用方式，合理安排上网时间；提高大学生的网络素养，促使其遵守道德规范与法律，增强社会责任感。

二、调研准备

(一)调研时间

2017 年 5—6 月。

(二)地点

青岛科技大学四方校区。

(三)对象选取

青岛科技大学在校生。

(四)调查方案及具体实施

(1)搜集资料。利用计算机网络搜集资料,到图书馆查阅相关书籍。

(2)调查问卷。设计问卷内容,制作网络版和纸质版问卷,并打印纸质版问卷。

(3)宣传活动。大力宣传调查活动,发动大学生积极配合调查。

(4)抽样调查。确定样本容量,随机选取大学生进行抽样调查。

(5)邀约访谈。随机邀约大学生访谈,了解他们网络使用及素养情况。

(6)小组分工,积极展开各项调研活动。

(7)整理数据,分析讨论调研结果。

三、调研结果与分析

(一)调查具体内容

2017 年 5 月 15 日—6 月 10 日,组内成员 3 次在校内不同地点及网络开展社会调研实践活动。纸质版问卷共印制 200 份,回收 200 份;网络版问卷共收到 165 份。

(二)调研数据分析

问题 1　您的性别是什么?

问题 1 的调查结果如图 1 所示。

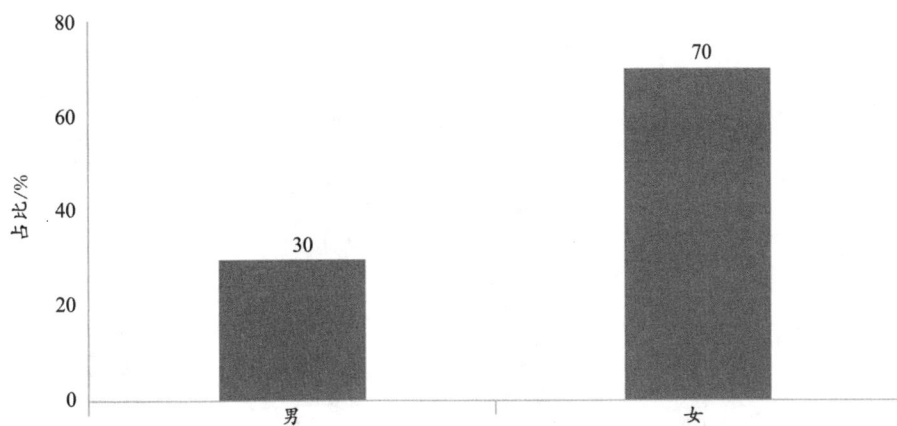

图 1　问题 1 的调查结果

问题 2　您是哪个年级的?

问题 2 的调查结果如图 2 所示。

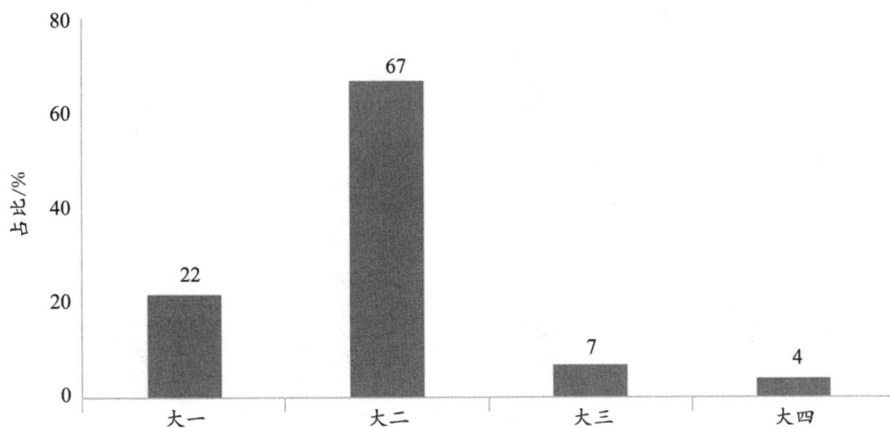

图 2　问题 2 的调查结果

问题 3　您每天大约用于上网的时间有多少?

问题 3 的调查结果如图 3 所示。

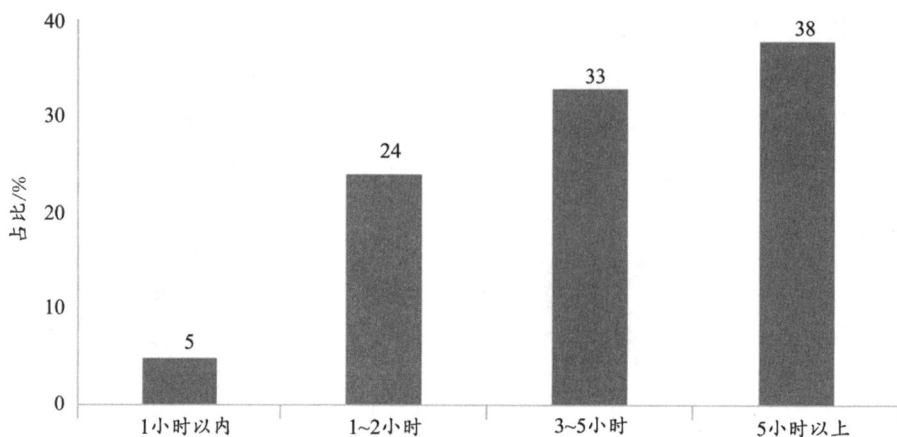

图 3　问题 3 的调查结果

问题 4　您每月花在上网的费用有多少?

问题 4 的调查结果如图 4 所示。

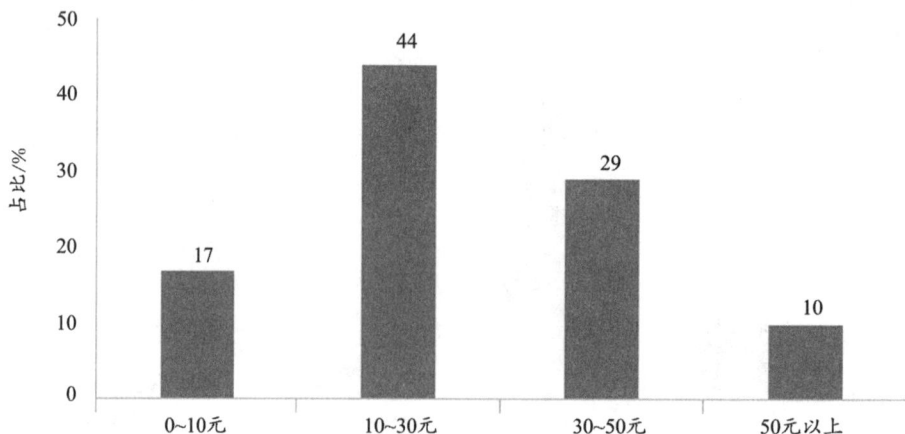

图 4　问题 4 的调查结果

分析:女生占参与调查总数的 70%,男生当 30%。大二年级学生是主要的调查对象。关于每天上网时间,38% 的被调查者超出 5 小时,33% 的被调查者为 3～5 小时,24% 的被调查者为 1～2 小时。关于上网花费问题,大多数被调查者花费 10～30 元,29% 的被调查者花费 30～50 元,仅少数人用于网络的费用较高或较低。

原因:多数同学使用网络打发时间,但因其自控能力差,上网时间相对较长,仅极少数人能控制在一小时之内;由于本次调查主体为学生,缺少经济来源,月均网络费用并不太高,但有部分人因购买游戏装备等,费用相对有所提高。

建议:大学生应自觉控制上网习惯,合理安排上网时间,控制自己对电子产品的欲望。可以请身边的人监督自己,并多做有意义的事情转移自己注意力,避免沉迷网络。

问题 5 您上网的主要目的是什么?

问题 5 的调查结果如图 5 所示。

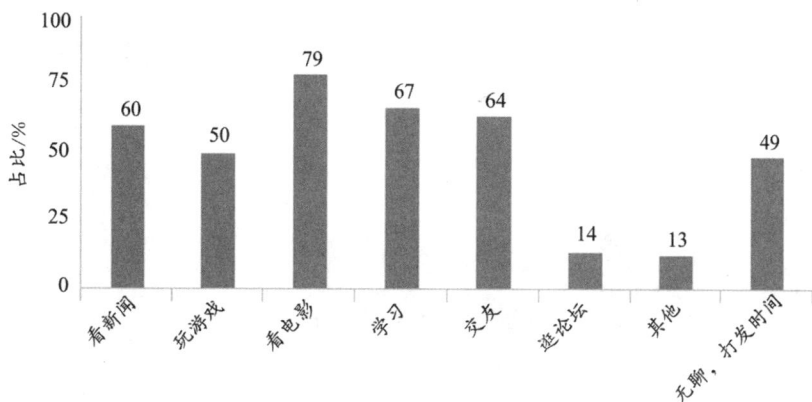

图 5 问题 5 的调查结果

分析:关于上网的目的,大部分学生用于看电影、学习、交友、看新闻,也有部分用于玩游戏、打发无聊时间、逛论坛等。

原因:多数大学生较为自律,用于学习对自己有用的东西、和朋友聊天拓展人际关系等;但也有不少用于游戏或打发时间,没有积极的兴趣和追求。

建议:网络学习自然是好事,值得提倡;但对用于游戏的同学,建议改变自己的不良习惯,培养自己其他兴趣,把更多时间用于做有益的事情。

问题 6 您跟同学、朋友交流一般采用哪种信息传递方式?

问题 6 的调查结果如图 6 所示。

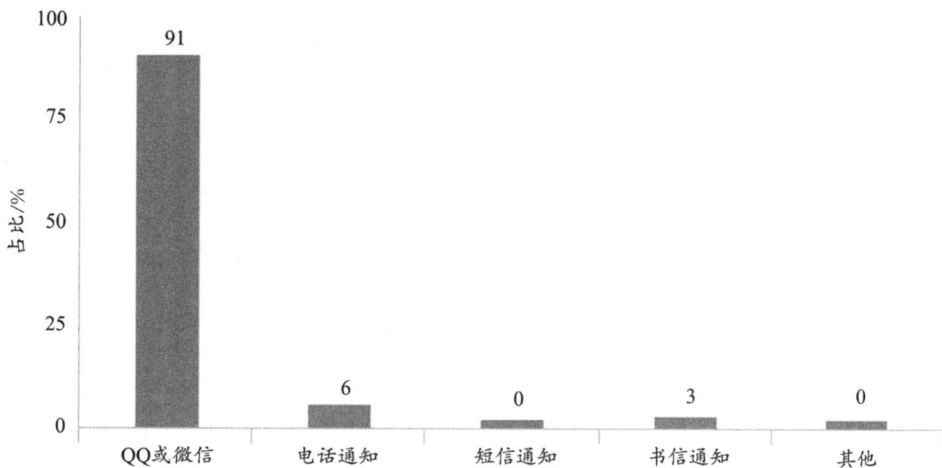

图 6 问题 6 的调查结果

问题 7 您和陌生网友见过面吗?

问题 7 的调查结果如图 7 所示。

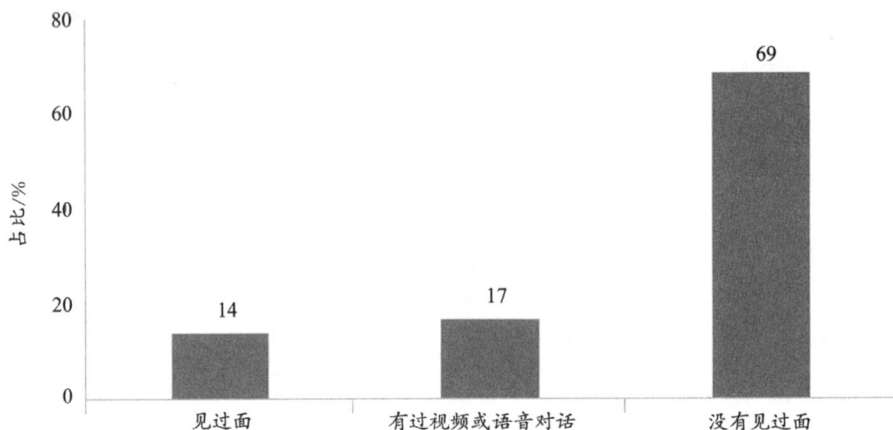

图7 问题7的调查结果

分析:关于社交方式问题,绝大多数被调查者通过 QQ 和微信,少数通过传统手机短信、书信或其他方式。大多数的被调查者主要与现实生活中的人联系,偶尔结识新朋友;33%的被调查者不同陌生人联系;极少数被调查者仅用于结交新朋友。关于网友见面问题,69%的被调查者未曾见过面,超过 1/6 的被调查者通过话或见过面。

原因:网络发达的时代,社交软件的普及为我们带来很大的便利,比书信快速,比电话便宜。大多选择与熟悉的人聊天,有共同话题,同时可以结识新朋友,拓宽交际圈。聊天双方可能距离较远,不便见面。而且现在的年轻人越来越宅,更喜欢通过网络看世界,基本不与网友见面。

建议:通过网上聊天,我们可以结交志同道合的朋友;也可以通过网络参加社会活动,结交有趣的人,不断提升、完善自己。

问题8 您认为上网的利弊情况如何?

问题8的调查结果如图8所示。

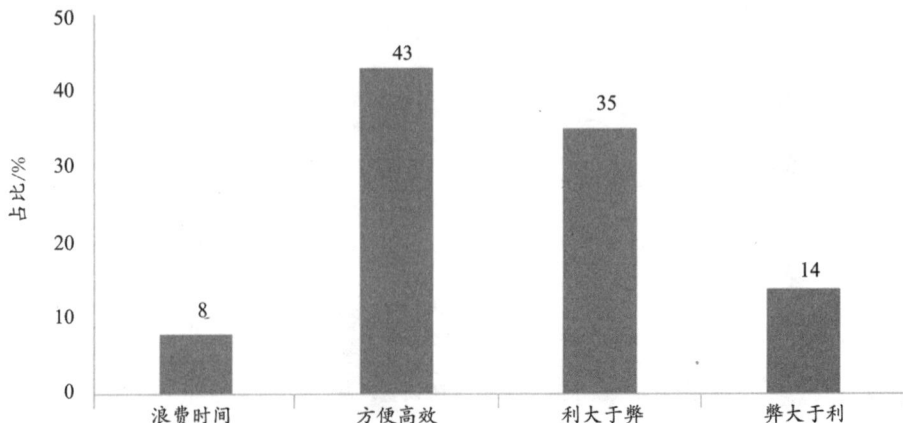

图8 问题8的调查结果

分析:近半数的被调查者认为网络方便高效,35%的被调查者认为利大于弊,少数被调查者认为弊大于利。

原因:大多数的被调查者能够很好地利用网络资源,网络带给自己的利大于弊;反之,则弊大于利。

建议:大学生应该好好利用网络,多浏览、学习知识性的网站。

问题9　您是如何看待网络上的"人肉搜索"的?

问题9的调查结果如图9所示。

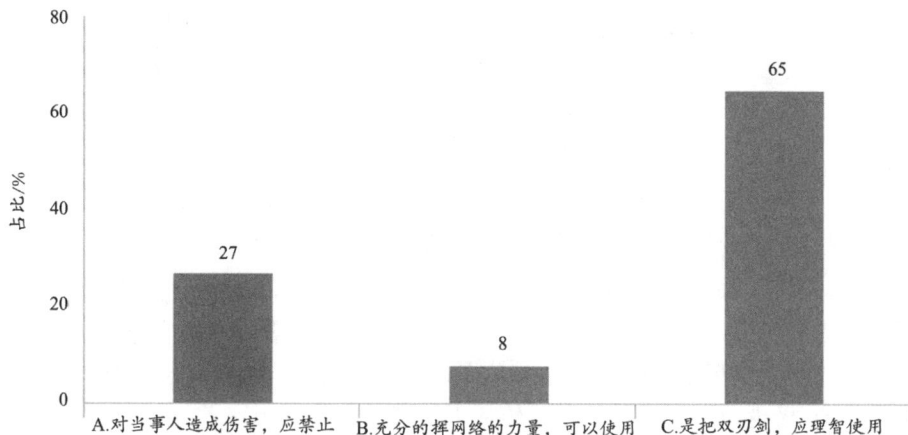

图9　问题9的调查结果

问题10　如何看待"网络是自由的,没有必要限制网络用语"?

问题10的调查结果如图10所示。

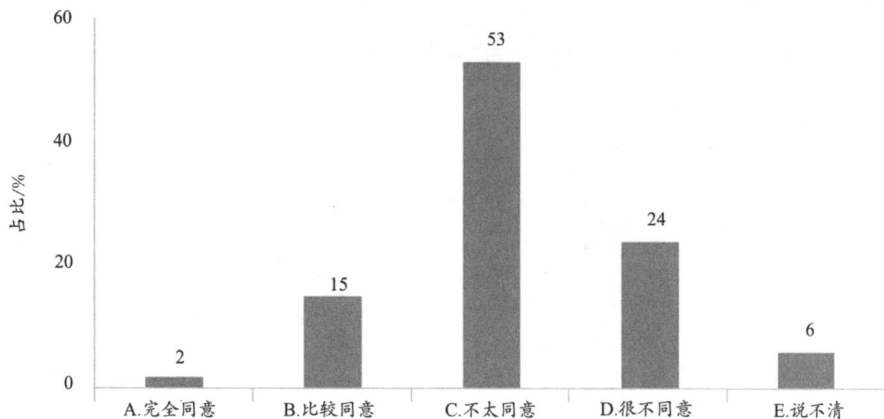

图10　问题10的调查结果

问题11　有没有在网上发布、传播自己未核实的信息?

问题11的调查结果如图11所示。

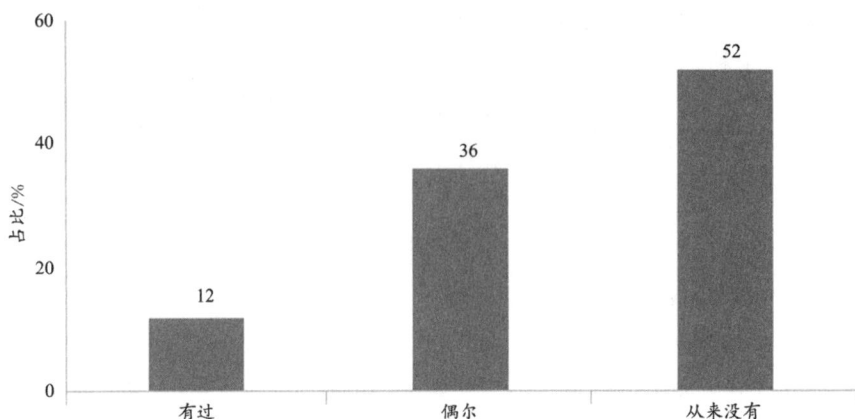

图 11　问题 11 的调查结果

分析：关于网络用语的使用是否应被限制，多半数被调查者不太同意；少部分被调查者觉得无关紧要；较少数被调查者认为没必要限制网络用语，赞同言论自由。大多数被调查者认为"人肉搜索"是把双刃剑，我们应理智使用；27％的被调查者认为"人肉搜索"会对当事人造成伤害，应该禁止；极少数人认为这是充分发挥了网络力量，可以使用。对于是否曾经在网上发布或传播自己未核实的信息，52％的被调查者从来没有，36％的被调查者偶尔会，极少数同学有过发布或传播未核实信息的经历。

原因：部分同学缺少对网络评论及信息的辨识能力。

建议：总体而言，大学生对于网络的认识较为到位。面对鱼龙混杂的网络世界，我们应提高自己对网络信息的辨识能力。学校可以通过组织网络知识竞赛或讲座，提高大学生对网络信息的认知，防止非故意性伤害他人或触犯法律法规。网络力量巨大，应理智对待，增强安全防范意识，避免对自己、他人造成伤害。

问题 12　您是否同意网络能通过干预来帮助解决社会现实问题？

问题 12 的调查结果如图 12 所示。

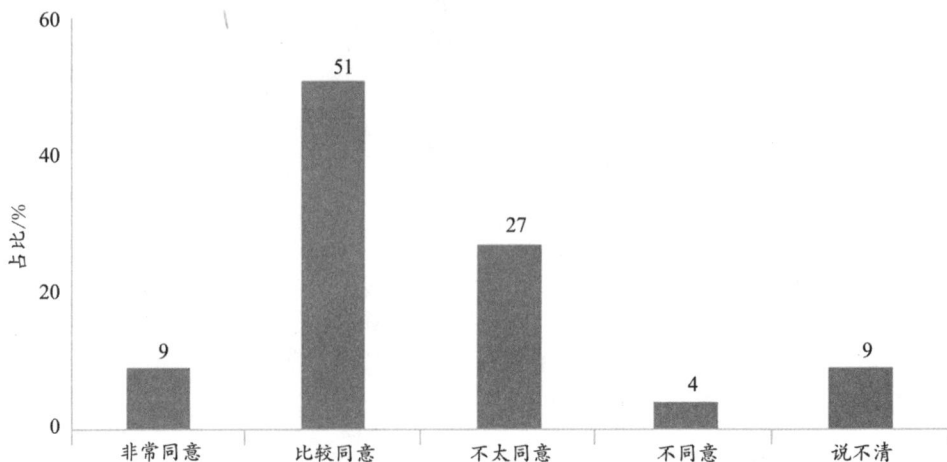

图 12　问题 12 的调查结果

分析:极少数学生了解网络相关法律法规,绝大部分学生不太了解。约 60% 的被调查者认为可以通过网络干预解决社会现实问题,少数同学不太同意这个观点,极少数被调查者不能给出答案。

原因:学校、社会对网络相关法律法规的宣传力度不够,大学生缺乏有关了解。

建议:学校可以在校报或宣传栏普及相关的法律法规,组织有关网络法律法规的相关竞赛。大学生应多阅读相关书籍,提高对网络法律法规的认识。社会可以考虑通过网络解决部分社会问题。网络方便快捷,自然被大家认同。如"微博问政"发挥了很好的作用,更好地解决了社会存在的问题。

问题 13 对于搜索到的信息,您是如何利用的?

问题 13 的调查结果如图 13 所示。

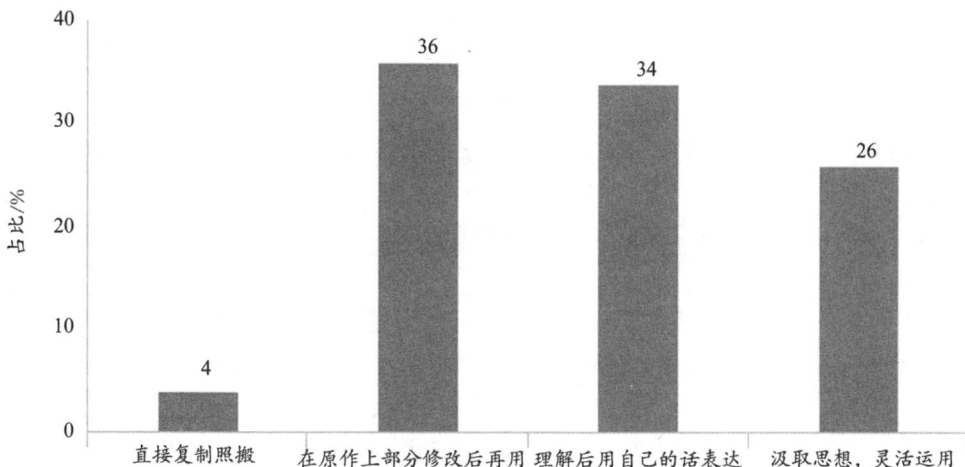

图 13 问题 13 的调查结果

分析:对于搜索到的信息,36% 的被调查者会在原作上修改后再使用;34% 的被调查者提取后用自己的语言表达;26% 的被调查者会汲取原文的思想,灵活运用信息;极少数直接复制照搬,并没有自己认真思考,未考虑信息的权威性。

原因:有些学生投机取巧,没有自己的想法,不能很好地利用网络知识提升自己。

建议:丰富的信息资源偶尔会使人迷茫,对此,我们应学会选取有效信息,汲取思想,灵活运用,利用网络学习知识和提高能力。

问题 14 您对不文明上网的态度怎样?

问题 14 的调查结果如图 14 所示。

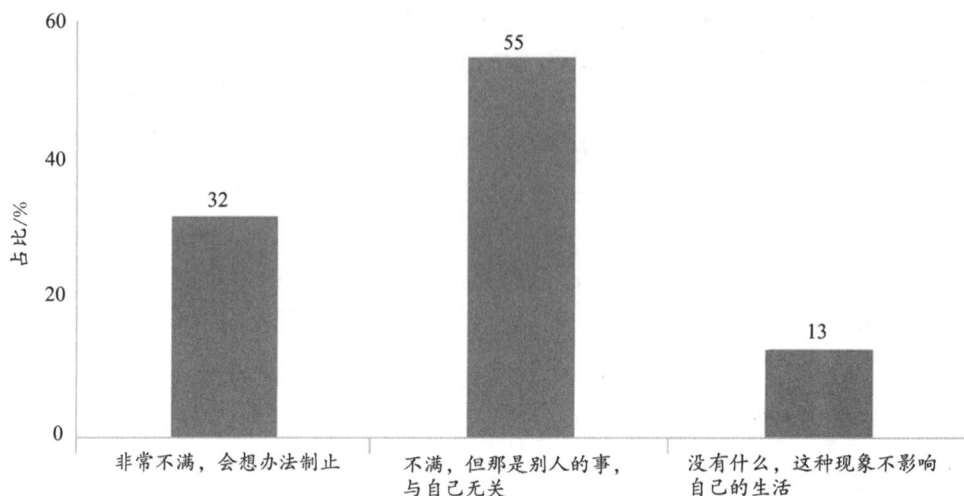

图 14   问题 14 的调查结果

分析:55%的被调查者对不文明上网现象表示不满,但并未采取措施批评或阻止这种现象;13%的被调查者认为这种现象在当今社会已经非常普遍,并没有影响自己的生活,可以忽略;仅 32%的被调查者对这种不文明现象表示强烈不满,并采取一定措施给予阻止。

原因:根据调查结果,不文明现象在我们日常网络生活中已经见怪不怪,很多人对这种现象有所不满,但并没有采取措施。原因可能是大多网友责任意识与法律法规意识的缺乏,不了解纵容这种现象给社会带来的不良影响,没有承担社会责任的担当。

建议:可以举办有关网络文明的宣传讲座,普及相关的法律法规,提高大学生的责任与法律意识,倡导共同营造绿色网络环境。

问题 15   如果遇到有人在网上散布不良信息,您将会如何对待?

问题 15 的调查结果如图 15 所示。

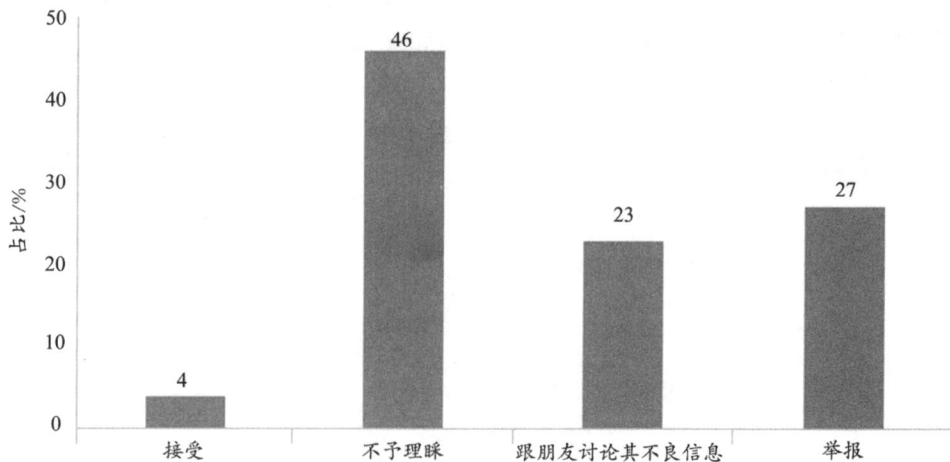

图 15   问题 15 的调查结果

分析:46%的被调查者表示会对不良信息不予理睬;23%的被调查者可能与朋友讨论,将不良信息扩大传播,造成更严重的影响;仅27%的被调查者会选择举报不良信息,敢于同散布者作斗争。

原因:广大网友对不良信息的危害了解不足。自制力较强的人,对不良信息有一定的抵制力,但对于自制力薄弱者,尤其对部分未成年人来说,不良信息的横行无疑是定时炸弹。

建议:为消除社会的不稳定因素,须大大加强对不良信息危害的宣传,尽量使大学生网民不仅自己不在网上散播不良信息,而且敢于对不良信息进行抵制和举报。

问题16 除了说脏话以外,网络上还存在恶意评论、散播谣言等行为,这些都属于不文明上网吗?

问题16的调查结果如图16所示。

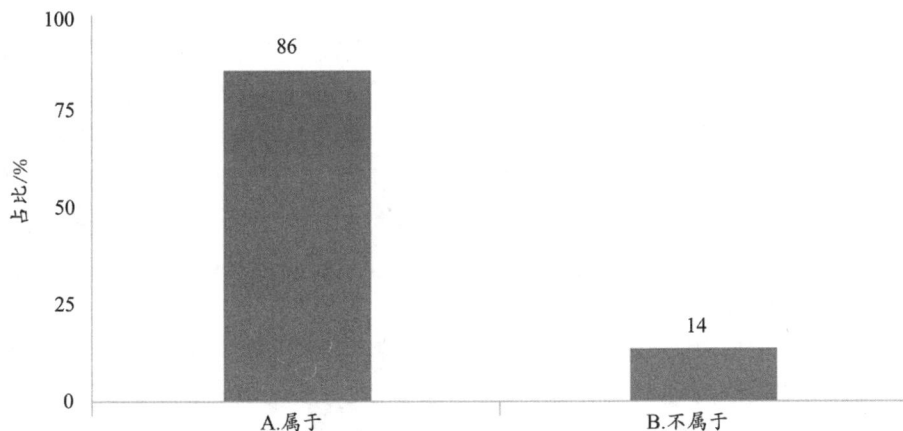

图16 问题16的调查结果

分析:86%的被调查者认为上述行为不符合文明要求,属于不文明上网行为;14%的被调查者认为每个人言论自由,并没有违反法律法规,不属于不文明上网行为。

原因:我国强调人权,每个人都有自己的言论自由,但不能肆意妄为,不能在网上大肆表达或散播可能产生严重后果的观点。有时候舆论比凶手更可怕。

建议:在网络使用中,我们表达自己的想法时要考虑是否得当、合法,加强对不文明行为的监督与制止。

问题17 您认为现在大学生上网不文明的现象普遍吗?

问题17的调查结果如图17所示。

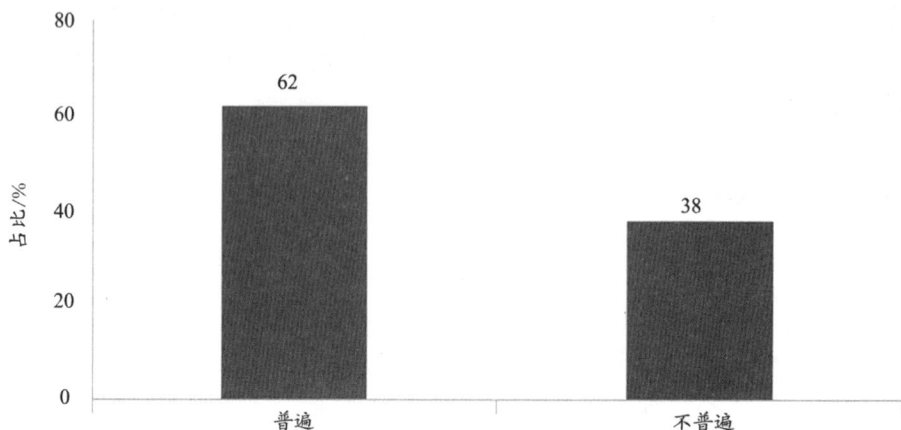

图 17　问题 17 的调查结果

分析：62%的被调查者认为大学生上网不文明现象十分普遍，包括各种不文明语言等；38%的被调查者认为大学生毕竟是有素质的高等人才，不存在不文明现象。

原因：在当今网络发达社会，大学生作为与网络紧密联系的一部分，有较多精力用于网络，但是每个人对网络的应用不同。有些大学生可以很好地利用丰富资源的网络来充实自己，为自己的生活带来更多便利。但也有大学生在使用网络时逐渐偏离方向，违背网络的最初目的，不仅在网络上散播不良信息、言论，还浏览各种不法网站，沉迷游戏。这些都是大学生群体中存在的不文明现象。

建议：家庭、学校、社会都应采取措施约束大学生上网不文明行为。在学校，普及网络健康活动，多鼓励大学生参加社会活动；对家庭，父母要增加对学生的关注，避免其沉迷网络；对社会，每个人都有责任创造绿色网络，减少不良危害。

问题 18　您有没有遇到不文明言论的攻击？

问题 18 的调查结果如图 18 所示。

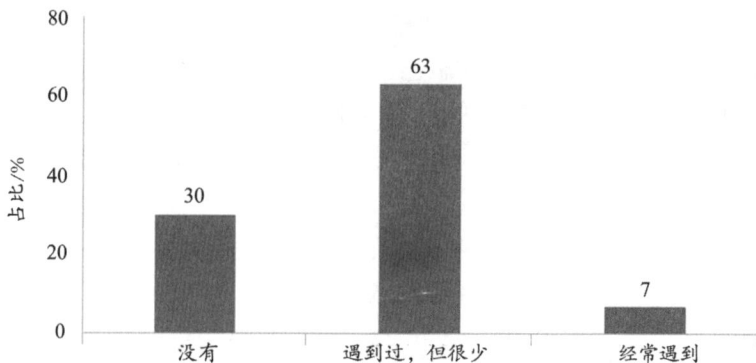

图 18　问题 18 的调查结果

分析：52%的被调查者表示没有受到过言论攻击，36%的被调查者表示在日常生活中会偶尔受到言论攻击，12%的被调查者认为确实受到过言论攻击。

原因：调查结果显示，大多数学生未受到过网络暴力，部分受到过网络暴力。网络暴力不可避免,没有有效的办法彻底阻止,我们能做的是保证自己不是网络暴力的一部分,对自己的言论负责。

建议:增强网络意识,不随意散播不良信息,不恶意评论抨击他人,以平和、正义的心态面对网络言论。

问题 19 遇到不文明的情况您是怎样处理的?

问题 19 的调查结果如图 19 所示。

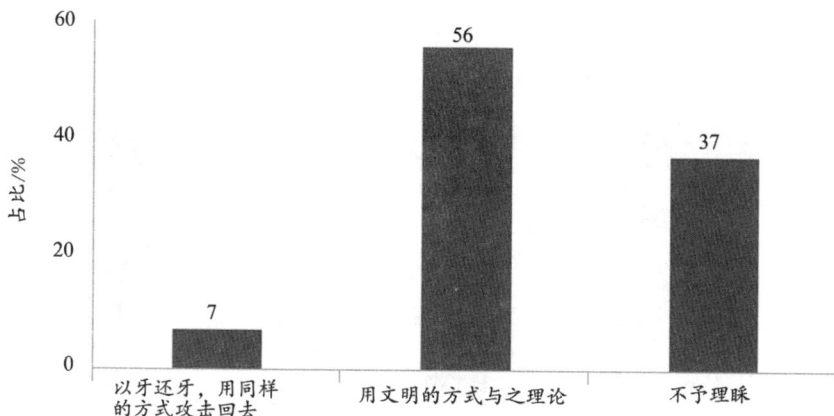

图 19 问题 19 的调查结果

分析:56%的被调查者用文明的方式解决问题,37%的被调查者不予理睬,极少数被调查者选择以牙还牙的方式解决。

原因:生活中难免会遇到这种情况,最提倡的解决办法是用文明去对阵不文明;而以牙还牙只会让事情更加糟糕;不予理睬的态度也是不可取的。一味地忍让,会让这种现象更加猖獗。

建议:我们应该做到不纵容,必要时要勇于使用法律武器保护自己的合法权益。

问题 20 您认为相对而言发生频率比较高的网络事件是?

问题 20 的调查结果如图 20 所示。

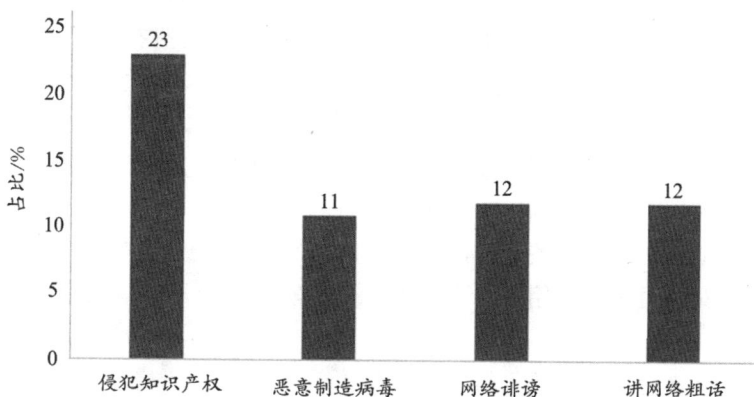

图 20 问题 20 的调查结果

分析：调查发现大部分学生认为网络生活遇见频率较高的事件是侵犯知识产权（如抄袭论文）。这说明，当代大学生对知识产权的保护意识较强，对侵犯知识产权事件比较关注。但网络上存在的许多不文明行为，比如恶意制造病毒、网络诽谤、讲网络粗话等，都需法律进行规范。

问题 21　对网络的相关法律的了解程度？

问题 21 的调查结果如图 21 所示。

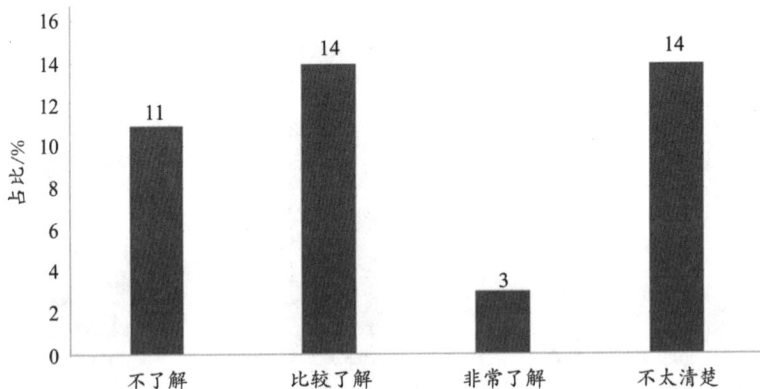

图 21　问题 21 的调查结果

分析：从调查结果不难看出当代大学生对网络法律法规处于不太清楚或相对了解状态，仅 7％的被调查者对网络的法律法规非常清楚。大学生在努力学习科学文化知识的同时，也应阅读法律相关书籍，学习相关的法律知识，以便在关键时刻用法律武器保护自己的合法权益。

四、调查结论分析

通过讨论分析，最终可得以下结论：

(1)网络使用在大学生中已经很普遍。

(2)网络是大学生获取信息的主要方式。

(3)大部分学生每天上网时间超过 5 个小时，每个月花费在 10～30 元，基本没有规划。

(4)大学生上网的目的多样，大部分以娱乐和交友为主。

(5)大学生对于网络言论和信息都有很高的辨识能力且能够正确捍卫自己的权益。

(6)极少数人缺乏对信息的正确利用和认识。

(7)大学生缺乏对网络相关法律法规的了解。

(8)大学生对是否可以利用网络来干预社会现实问题及是否应该限制网络用语都存在争议。

(9)大学生不文明上网现象仍然存在。

五、意见与建议

(一)养成良好的上网习惯

(1)合理安排上网时间,做到上网、学习、工作三均衡。

(2)正确对待网络的各种娱乐资源,劳逸结合,以学习为重。

(3)对待网络信息应取其精华、去其糟粕。

(4)文明上网,不随意散播不良信息,不恶意评论抨击他人。

(5)遵守道德法律,严格自律。

(二)正确利用网络资源

(1)学会选取有效信息,利用网络学习知识,提升自己能力。

(2)利用网络的便捷性进行沟通交流,多交良友。

(3)利用网络的普遍性合理发布有用信息。

(三)加强网络安全防范意识

(1)拒绝网络暴力的发生。

(2)加强对个人信息的保护。

(3)了解网络的相关法律法规,文明上网。

(四)大力宣传文明上网方式

(1)学校大力宣传有关网络使用的法律法规。

(2)组织网络知识竞赛,提高大学生对于网络的认知度。

(五)相关部门采取相关措施

(1)网络监管部门加强网络监管。

(2)完善相关法律法规。

(3)加强管理,加大执法力度。

(指导教师:聂爱华)

独生子女大学生价值观调查

机械实验151　刘　彤(组长)　刘占坤　孙吉浩　孙伟杰　杨明亮　周疆宇

摘　要：我国自1978年开始实施计划生育政策后，独生子女一直受到社会各界的广泛关注。因此，加强研究独生子女价值观的现状有着重要意义。本文在进行规模性和系统性的调查后，利用SPSS对数据进行了可靠性和有效性处理，根据问卷数据总结出独生子女大学生价值观的鲜明特点以及存在的问题，并理性分析了造成该现状的主观和客观方面的原因，提出相关对策，进而加强对其价值观的教育，帮助独生子女大学生健康成长。

关键词：大学生；独生子女；价值观

一、选题分析

(一)国内背景

在我国，随着计划生育政策的落实，独生子女越来越多，占据了我国当代大学生的相当大的比例。独生子女，通常在家中处于中心地位，往往会受到家长的过度保护，过着衣食无忧的生活，因而价值观有很大的不同。例如，有些同学在游戏中一掷千金，生活奢侈浪费；也有些省吃俭用，自己打工赚钱回报父母。有些同学集体意识较差，不懂得尊重他人，过于自我；也有些有着强烈的集体荣誉感和责任感，尊重他人，团结同学。有些同学抵抗挫折的能力差，遇到困难先想到父母，只想寻求他人的帮助，缺乏独立能力；而也有些同学能直面挫折，不畏不惧，能做到自立自强……

(二)调研目的

基于以上立论依据，因此我们选择对当代大学生独生子女价值观问题进行调查。调研目的：调查当代独生子女大学生的主体价值观，探索价值观有偏颇的同学的价值观分布与人群分布，协助老师与辅导员端正有问题同学的价值观，帮助我们更好地认知正确的价值观。

二、调研准备

(一)调研时间地点与内容

调研时间:2017 年 4 月 14 日。

调研地点:青岛科技大学崂山校区明德楼

调研内容:对明德楼自习室里的一些同学进行调查,询问一些独生子女从小到大有无孤独感,自己想成为一个什么样的人,是否经常做家务,遭遇挫折怎么处理等问题,并做好总结。

调研时间:2017 年 4 月 15 日。

调研地点:青岛科技大学崂山校区南苑操场

调研内容:对操场里的独生子女进行进一步的调查,询问一些独生子女认为自己目前是哪一类大学生,当代大学生价值观的误区中最严重的问题,大学学习究竟有什么价值,大学生谈恋爱的主要目的等问题,并做好总结。

调研时间:2017 年 4 月 16 日。

调研地点:青岛科技大学崂山校区图书馆。

调研内容:对图书馆里的独生子女进行最后的调查,询问一些独生子女判断人生价值观的标准,对仁、孝、忠的看法,是否有很好的朋友,对金钱是如何看待的等问题,并做好总结。

调研时间:2017 年 4 月 20 日。

调研地点:青岛科技大学崂山校区北苑宿舍

调研内容:对前三天的调查内容进行总结,全组人员一起进行调查问卷的设计,并进行最终的检查核对。

调研时间:2017 年 4 月 21 日。

调研地点:青岛科技大学崂山校区北苑宿舍。

调研内容:把设计出来的问卷通过问卷星发布到网上,对网上的独生子女进行调查,并做好最后的总结。

调研时间:2017 年 4 月 22 日。

调研地点:青岛科技大学崂山校区内。

调研内容:把设计出来的问卷进行打印、发到校内部分学生手中,并进行最后的回收总结。

调研时间:2017 年 4 月 23 日。

调研地点:青岛科技大学崂山校区北苑宿舍

调研内容:将收回的问卷进行统计整理、数据处理,并进行最后的实验报告的设计撰写。

（二）调研方案

我们决定在 4 月 14—23 日在青岛科技大学崂山校区进行调研。调研对象为青岛科技大学在校学生。调研方案为通过纸质调查问卷对周边独生子女大学生进行调查，并随机进行深入采访调查。此外还在网上制作电子版调查问卷，以更广泛地调研本校大学生的价值观。调研过程为确立选题、撰写策划书、组员探讨并制作调查问卷的内容、在校园中及网络平台分发调查问卷、汇总所得问卷的结果统计整理、将结果成文。

三、调研分析

（一）基本信息分析

本次问卷调查一共发放调查问卷 242 份，其中收回有效问卷 230 份，有效回收率达到 95％。样本结构结计如表 1 所示。

表 1 样本结构统计表

分类	特征	人数	占比/%
性别	男生	155	67.39
	女生	75	32.60
是否希望独生	是	68	29.57
	否	162	70.43

当今独生子女大学生中近七成不希望成为独生子女，三成依旧希望为独生子女，可见多数独生子女大学生较为喜欢非独生子女的生活。

1. 信度分析

信度分析又被称为可靠性分析，是度量综合评价体系是否具有的可靠性和稳定性的一种有效分析方法。信度系数区间为 1，在这个范围内系数大小与信度高低呈正相关关系，此数值越大说明数据越可靠。现在对于可靠性检验可以采用重测信度、复本信度、α 信度系数法等。α 信度系数法相比较另外两种方法有着不需多次调查统计数据的优点，可以从数据本身分析得到各个指标之间的内在联系。所以，在此用 α 信度系数法对调查问卷数据指标的相关程度进行合理分析。

当 $\alpha < 0.7$ 时，表示信度较低；$\alpha \geq 0.7$ 时，表示信度较高。利用 SPSS 软件得到本次调查的克朗巴哈系数 $\alpha \approx 0.917$，所以本次问卷调查的信度较高。

2. 效度分析

效度分析是展现问卷有效性的方式，是问卷展现想要衡量的焦点的程度。本文使用因子分析法对问卷的效度进行分析。

首先，使用 KMO 检验和巴利特球形度检验各变量之间的相关度，来判断它们是不是可以进行因子分析。KMO 检验用来比较因子间的相关程度，取值范围为 0~1。当各因子之间的相关系数的平方的差大于0,并且差值比较大时,KMO接近1,说明因子间的相关性越强。巴利特球形度检验首先假设各因子相互独立,如果假设不成立,也就是说因子间有一定的相关性,是适合做因子分析的。

利用 SPSS 软件对数据进行 KMO 检验和巴利特球体检验结果如上表所示。KMO 值为0.900,大于0.7,巴利特球体检验拒绝零假设,说明指标变量间存在相关性。因此,可以进行因子分析。

因子分析是把许多个指标变量进行简化的分析方法。首先把多个因子进行分解,然后总结相同点,并进行分类,把相关性强的分为一类。用因子分析,可以找到适合的因子数,再分析各样本的因子得分,然后对所有样本做聚类分析,根据得分的特点总结出每个类别的特点。

假设观测变量 α 可以由几个不可观测的随机变量 E_1、E_2、$\cdots\cdots E_n$ 表示:

$$\alpha_i = \beta_{i1}E_1 + \beta_{i2}E_2 + \cdots\cdots + \beta_{in}E_n + \varepsilon_i$$

β_{in} 是第 i 个变量在第 n 个因子的载荷。因子载荷矩阵每一行数值的平方和是相应变量的共同度。共同度越大,因子能反映指标的能力就越强,一般来说,共同度大于0.4,因子就可以比较好的反映相应的指标;小于0.4的,因子就要去掉。由表3~1可以看出,公因子可很好地反映拟定的指标。

表2 公因子方差

序号	初始	提取
1	1.000	.604
2	1.000	.821
3	1.000	.722
4	1.000	.684
5	1.000	.838
6	1.000	.826
7	1.000	.694
8	1.000	.643
9	1.000	.610
10	1.000	.679
11	1.000	.713
12	1.000	.544
13	1.000	.712
14	1.000	.787
15	1.000	.528
16	1.000	.849

提取方法:主成分分析。

(三)具体问题分析

本部分就调查问卷中的几个关键问题进行原因分析与讨论,总结出当代独生子女大学生存在的问题与值得肯定的方面。

问题1 你认为自己是个什么样的人?

问题1的调查结果如图1所示。

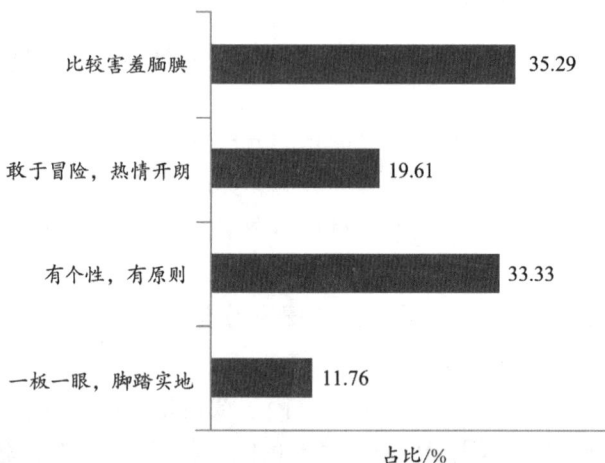

图1 问题1的调查结果

从图1可以看出独生子女的性格大多比较害羞腼腆,有个性有原则,然而都没有冒险精神,做事也难以脚踏实地。产生这些问题的原因主要是由于独生子女从小独自长大,缺乏交流,而且从小被父母娇生惯养,从而养成害羞、任性的性格。

问题2 你是否经常做家务?

问题2的调查结果如图2所示。

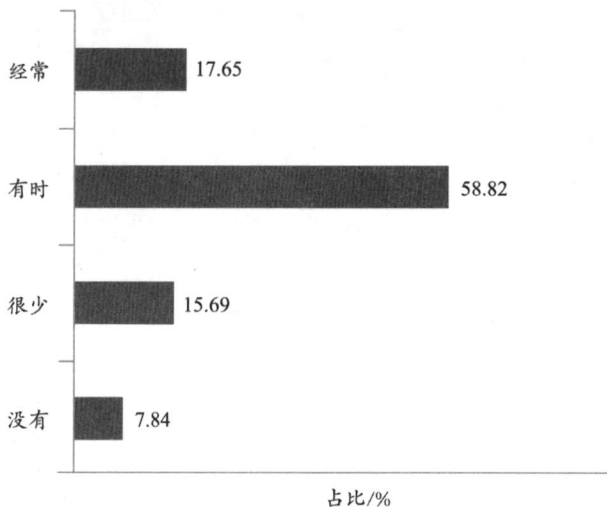

图2 问题2的调查结果

从图2可以清晰地看出,大多数独生子女只是有时做家务,由此可见独生子女在家对父母依赖性高,自理能力较差。

问题3 遇挫折时,你大多会怎么处理?

问题3的调查结果如图所示。

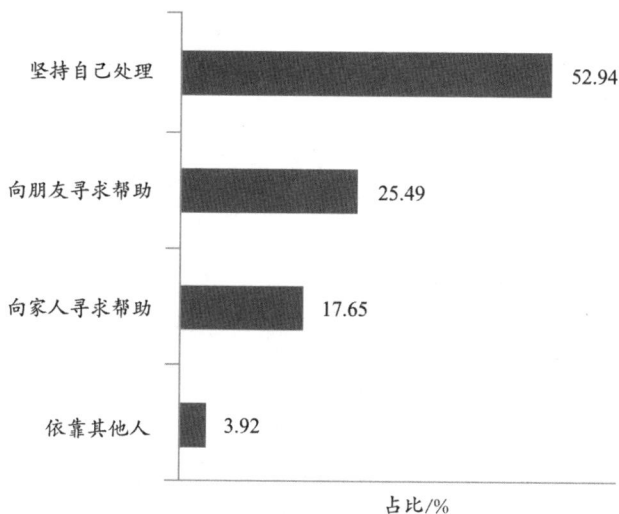

图3 问题3的调查结果

从图3中可以看出,大多数独生子女遇到困难习惯于自己处理。这是因为他们没有兄弟姐妹,从小到大自己一个人度过,所以他们更多地会选择自己处理。

问题4 你觉得大学生对谈恋爱的看法是什么?

问题4的调查结果如图4所示。

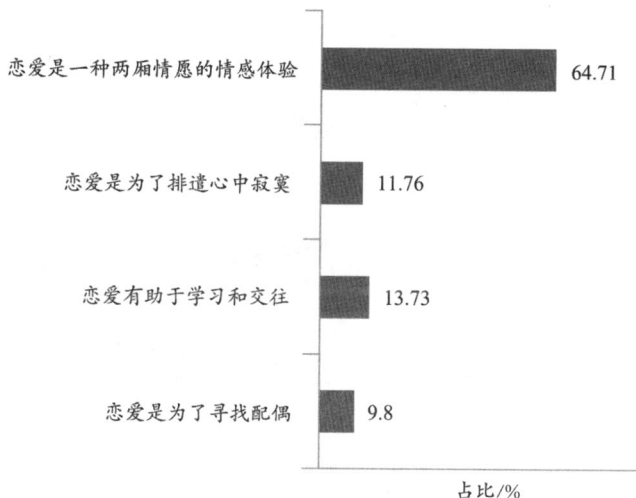

图4 问题4的调查结果

从图4可以明显看出,绝大多数独生子女认为恋爱是一种两相情愿的情感体验。爱情是纯洁的,只有少数人认为恋爱是为了寻找配偶。这说明当代大学生独生子女的恋爱观较为理性。

问题5 你对金钱如何看待?

问题5的调查结果如图5所示。

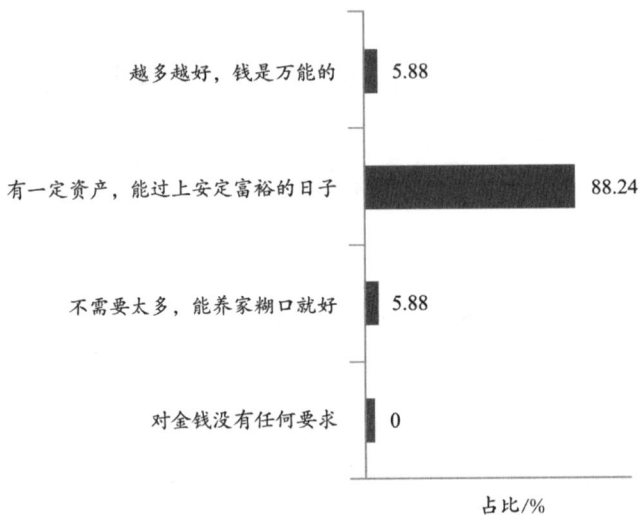

越多越好,钱是万能的　5.88

有一定资产,能过上安定富裕的日子　88.24

不需要太多,能养家糊口就好　5.88

对金钱没有任何要求　0

占比/%

图5 问题5的调查结果

从图5可以看出,几乎所有独生子女都认为有一定资产,能过上安定富裕的日子即可,并没有觉得钱越多越好的拜金主义。这说明当代大学生独生子女拥有较为正确的金钱观。

问题6 你认为该如何实现人生价值?

问题6的调查结果如图6所示。

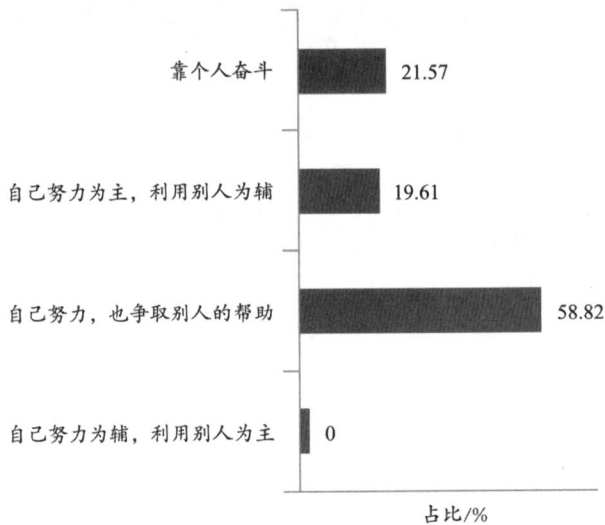

靠个人奋斗　21.57

自己努力为主,利用别人为辅　19.61

自己努力,也争取别人的帮助　58.82

自己努力为辅,利用别人为主　0

占比/%

图6 问题6的调查结果

从图6可以清晰地看出独生子女大多数想通过自己努力,也争取别人帮助来实现人生价值,并没有人主要利用别人为主从而实现人生价值的。这说明当代大学生独生子女的人生观比较正确。还有一部分独生子女认为通过自身奋斗来抵达成功的彼岸,这也值得欣赏。

问题7　你将来会选择和父母同住吗?

问题7的调查结果如图7所示。

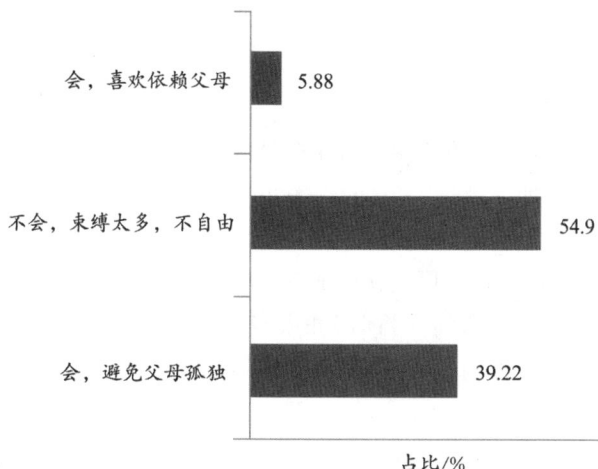

图7　问题7的调查结果

从图7可以看出,独生子女大学生以后多数不会和父母同居,喜欢依赖父母的只有极少数人。由此可以看出,独生子女并没有养成父母依赖症,有一定的独立性,在这一点上值得肯定。

问题8　你觉得目前自己是哪一类大学生?

问题8的调查结果如图8所示。

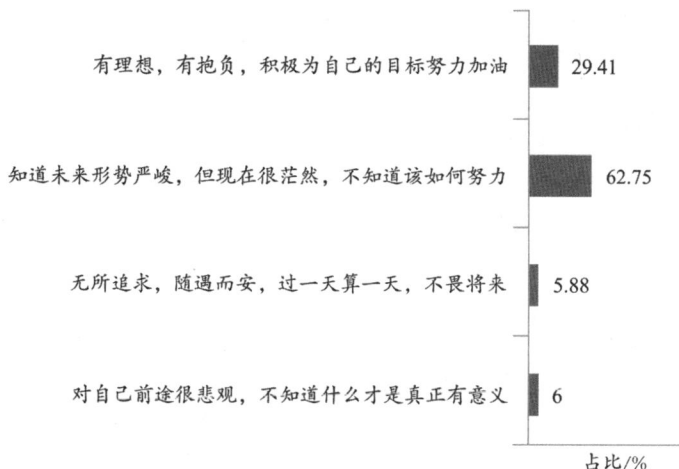

图8　问题的调查结果

从图8可以看出,大多数独生子女大学生知道未来形势严峻,但现在很茫然,不知道该如何努力。这可能是由于其从小在父母的呵护下长大,很少遇到挫折,遇到困难不知所措。

四、意见与建议

从这次调查的结果看,独生子女希望自己是独生子女的比例明显低于不希望自己是独生子女。

(一)生活价值观

大部分独生子女家只会偶尔做做家务,缺乏帮助父母做家务的意识。我们建议独生子女在未来的生活中要更加注意这一方面,在家里要做一些力所能及的家务。

在面对挫折时大多数人会选择独自解决。除此之外,独生子女更倾向于向父母寻求帮助,不倾向于向朋友寻求帮助。我们认为独生子女和非独生子女相比,更喜欢依赖父母。我们建议独生子女在未来遇到挫折时,如果自己无法解决,就要多寻求身边的朋友帮助。虽然父母是我们最亲近的人,但还是不要让他们担心。

(二)人生价值观

在对"判断人生价值观的标准"的回答中可以看出,独生子女更倾向于"说不清",而不倾向于"对社会贡献的大小"。价值观代表一个人对周围事物的是非、善恶和重要性的评价。人们对各种事物的评价,如对自由、幸福、自尊、诚实、服从、平等等,在心中有轻重主次之分。这种主次的排列,构成了个人的价值体系。价值观和价值观体系是决定人们期望、态度和行为的心理基础。我们认为,只有树立正确的价值观才能够树立正确的目标和方向,才能对一些重大问题有正确的认识和态度,才能辨别形形色色的错误理论和思潮。我们建议独生子女家庭在教育孩子的时候要多注意让孩子明白什么事是重要的、什么事情是不必要的,教导孩子有一定的金钱意识,不能够一味地宠爱孩子,这对形成正确的价值观有重要的影响。

(三)恋爱价值观

由统计结果看,大部分人恋爱的目的主要是一种两相情愿的情感体验。学生需要端正恋爱动机,树立正确的恋爱观,发展适当的恋爱关系。对于大学生而言,我们提倡树立科学的无产阶级的恋爱观。具体来说,有以下几个方面的内容:第一,提倡志同道合的爱情;第二,正确处理爱情与事业的关系;第三,要懂得爱情是一种责任和奉献;第四,恋爱要严肃认真,感情专一;第五,在恋爱过程中,应多一些理解、信任和宽容,互相尊重,共同进步。

(四)理想价值观

对于大学的学习,独生子女认为,沟通是一项重要的能力,无论从事什么行业,只要与人相处,就需要沟通;而专业知识也是必须拥有的,其在未来的就业中起重要的作用。

对于自我的现状,独生子女们都明白应该努力,但是有很多人不明白努力的目标和方向。这可能是由于刚刚进入大学阶段,不了解当前的就业形势以及社会发展的现状导致的。所以我们建议,大学生在学习大学知识的同时,也应该积极与社会接轨,明确当今的社会形势和自己的目标、理想。

（指导教师:庞桂美）

大学生日常消费与合理理财情况调查报告

机械实验151　庞立林(组长)　冯政恒　何　臣　胡锦榕　朱　林　刘　凯

摘　要:本文通过问卷调查的方式,对青岛科技大学在校生的日常消费与合理理财的情况进行调查分析,发现大多数大学生的消费观念是科学合理的,同时也存在着一些不健康的消费观念。通过对大学生日常消费与合理理财情况的分析,我们认为高校和家庭应该重视大学生的消费与理财的心理,并引导大学生树立正确的消费与理财观念。

关键词:大学生;日常消费;合理理财

一、选题分析

(一)立论分析

随着人民生活水平的日益提高,消费水平也普遍提高。但是由于大学生生活经验不够丰富、经济上不能够完全独立,同时他们的思想观念比较前工,因此大学生的日常消费与合理理财情况又有别于普通大众。大学生是我国重要消费人群,同时也是我国社会主义建设的接班人,因此了解大学生的日常消费与合理理财情况,并给予正确的引导,帮助大学生树立正确的消费与理财观念具有非常重要的意义。

(二)调研目的

通过对青岛科技大学在校大学生的调查研究,了解大学生日常消费与合理理财情况,并提出合理的建议,引导大学生树立正确的消费与理财观念。

二、调研准备

(一)调研时间

2017年5月6日、7日、13日、14日、20日、21日、27日。

(二)调研地点

青岛科技大学崂山校区(宿舍、图书馆、餐厅、教学楼)。

（三）对象的选择

青岛科技大学在校生。

（四）调研方案

调研采取线上调研与线下调研相结合的方式。线上调研是将调查问卷发布在微信等社交平台让同学填写；线下调研采用小组成员在学校图书馆、宿舍、餐厅等地发放调查问卷并回收的方式。

（五）注意事项

在图书馆发放调研问卷时，尽量不要打扰到别人学习；去宿舍发放调查问卷，要注意文明礼貌。

三、调研分析

（一）大学生日常消费额

对大学日常消费额的调查结果如表1所示。

表1　大学生日常消费额

金额	1 000元以下	1 000～1 500元	1 500～2 000元	2 000元以上
人数/人	127	188	30	15
占比/%	35.21	52.11	8.45	4.23

从表1中可以看出，一半以上的大学生每月消费额在1 000～1 500元之间；大约1/3的学生消费额在1 000元以下，这部分学生主要来自农村；月消费额在150～2 000元的学生大约占8%，2 000元以上的仅占约4%，这些学生主要来自城市。

从调查结果来看，一半以上学生的月消费为1 000～1 500元，而1 000元以下和1 500元以上的占比之和不足50%。这说明大多数大学生日常生活水平中等，过高与过低的相对较少。同时也可以看出城乡大学生消费水平是有差异的，城市学生消费水平相对较高。

（二）大学生消费构成

对大学生每月餐饮消费额的调查结果如表2所示。

表2　大学生每月餐饮消费额

消费金额	600元以下	600～800元	800～1 000元	1 000元以上
人数/人	101	193	56	102
占比/%	28.17	53.52	15.49	2.82

从调查结果来看,大部分同学的餐饮消费为 600～800 元。按平均水平来说,每天 20～30 元的餐饮支出也比较符合现在学校的消费水平。仅有 2.82% 的同学月餐饮消费在 1 000 元以上,这也与家庭条件相关。该数据表明,社会上一些认为大学生代表着高消费与奢侈浪费的舆论是片面的,并不是大学中普遍存在的现象,大多数大学生的消费是合理的。

对大学生除餐饮外的消费方向的调查结果如表 3 所示。

表 3 大学生除餐饮外的消费方向

消费项目	衣服、化妆品	恋爱支出	旅游	学习用品	娱乐
人数/人	228	106	76	117	213
占比/%	63.38	29.58	21.13	32.39	59.15

在此项调查中,衣服、化妆品和娱乐支出分别以 63.38% 和 59.15% 遥遥领先于另外几项,可见作为日常必需品的衣服化妆品在所有同学的消费中占着举足轻重的地位。在娱乐方面,结合目前大学生中普遍存在的现象分析,几乎每位同学都或多或少地存在着娱乐消费,比如同学聚会、舍友生日等。从其他几项来看,学习用品作为日常必需品也是必然要付出的;恋爱支出也构成了部分同学的日常消费;大学生拥有相对充足的业余时间,大部分同学也会根据自身情况选择或近或远的外出旅游。

从以上分析来看,由于大学生各种消费的不确定性,制定必要的消费计划,能够使同学们的消费支出更加科学合理。

(三)大学生消费来源

对大学生日常消费支出的主要来源的调查结果如表 4 所示。

表 4 大学生日常消费支出的主要来源

来源	父母给予	课余兼职	奖学金和助学金	贷款
人数/人	350	106	122	15
占比/%	97.18	29.58	33.80	4.23

从调查结果可以看出,绝大多数学生的消费支出来自父母给予,有约 1/3 的学生通过课余兼职来补贴生活,另有不到 1/3 的学生的部分消费来自奖学金和助学金,仅有 4% 的同学的部分生活费来自贷款。

不难发现,绝大多数同学的消费来自父母,只有不到 3% 的人可以实现经济独立。另外有 1/3 的人通过兼职补贴生活费,说明一些同学尝试着经济独立,并有一小部分实现了经济独立。

此外,在"如果时间充足,同学们是否会去做兼职"这一问题中,有 65% 的同学表示会去做兼职,有 14% 的同学表示不会做兼职,有 21% 的同学表示愿意尝试。

大学生学业繁重,尤其是对于有考研意向的同学,留有兼职的空余时间少之又少。这类同学不愿意兼职,他们认为兼职可能会影响自己的学业。但大部分同学表示会做兼职,表明大部分同学都希望通过自己的努力实现经济上的独立。

（四）大学生消费理念

对大学生消费观念的调查结果如表 5 所示。

表 5 大学生消费观念

消费水平	比较节俭	比较理性	偶尔奢侈	比较奢侈
人数/人	76	183	86	83
占比/%	21.13	50.70	23.94	23.00

如图表所示，在问及"你的消费观念"时，大多数人选择了"比较理性"选项，选择"比较奢侈"的仅占 4.23%，这反映出当代大学生消费观念依然以"有计划"的理智型、"尽量压缩"的保守型为主导；同时也发现，"凭感觉、小奢侈"的不成熟型和"有多花、较奢侈"的盲目型也占有一定的比例。

在调查中发现，大约有 82% 的同学理解奢侈品消费，但是不愿意尝试，15% 的同学赞成奢侈品消费，这也反映了大学生的消费意识水平较高，但大部分同学可以根据自身生活水平来控制自己奢侈消费的欲望，做到理智消费。

当问及"您心中合理的消费状况"时，22.54% 的同学认为，应明确每笔费用的去向，制定出比较细致的消费计划是自己心中比较合理的消费状况；46.48% 的同学认为，只要每个月都有余额能够支配就可以；14.08% 的同学认为，只要钱够花就可以，对是否剩有余额并不在意；16.9% 的同学认为，"有钱就多花，没钱就少花"是自己心中合理的消费状况。其中，认为应该制定消费计划的同学大部分来自农村家庭，他们对生活费用有较细致的安排；而认为每个月都应该有余额支配的同学大部分来自城市，他们的消费水平较高，不太在意对生活费用的规划。这也表明大学生的消费观念存在着显著的城乡差异，消费状况与家庭经济情况有着密切的联系。

对大学生购物最关注方面的调查结果如表 6 所示。

表 6 大学生购物最关注方面

关注方面	品牌	价格	质量	实用性
人数/人	20	122	81	137
占比/%	5.63	33.8	22.54	38.03

表 6 说明，大学生在购物时主要考虑价格、实用性因素。这反映出大部分大学生在购物时相对比较理性，相对于物品的品牌，他们更看重物品的价格和实用性；另一方面也表现出大学生对质量要求并不太高，进一步究其原因发现大学生习惯网上购物，质量经常得不到保证。

对当受经济条件限制大学生的选择情况的调查结果如表 7 所示。

表 7 当受经济条件限制大学生选择情况

选择	向家里要	向朋友借	减缩开支	兼职赚取
人数/人	198	81	279	106
占比/%	54.93	22.54	77.46	29.58

表 7 说明,多数大学生在钱不够用时,选择向家里要和减缩开支。大学生尽管在人格上正逐步趋向独立,但在经济方面依然没有独立,当缺钱时,还是需要向家里要,或者缩减开支。但值得注意且可喜的是,已经有部分(约 30%)的学生靠自己兼职来赚取自己的生活费用。

(五)对理财的认识及个人合理理财情况

当问及是否购买过理财产品时,有 76.06% 的大学生选择了购买过,而选择没有购买的占 23.94%。这反映了当代大学生的消费结构正发生新的改变,同时,消费情况也呈现出了新趋势。大学生的消费不仅仅局限在吃穿住行等生活必需品,大部分大学生已经开始购买个人理财产品,个人理财观念也有很大的提升。

当问及是否会成为"月光族"时,大多数同学表示不会成为"月光族",少部分同学表示偶尔会成为"月光族",会成为"月光族"的同学极其少数。这也表明了绝大多数同学还是理性消费的。结合当下大学生的状况分析,大学里经常会有朋友、同学、社团的聚会活动,比如碰上生日、考试得奖学金等,只要是相关的"喜事",都会成为请客的理由。有些同学过于看重人际交往关系,把许多钱花在了这上面,也是成为"月光族"的一种主要原因。

当问及月底省下的钱如何处理时,选择转入下月和留着备用的同学占绝大部分,选择想把这些钱立即花掉的同学占少数。这说明绝大多数同学对于自己的消费计划还是比较理性的。

当问及认为自己的理财能力如何时,18.31% 的同学认为自己的理财能力较差,77.46% 的同学认为自己的能力一般,仅有 4.23% 的同学认为自己的理财能力较好。这说明大多数学生的理财能力有待提高,学校应当采取措施以提高学生的理财能力。

对大学生平时支出记账习惯情况多调查结果如表 8 所示。

表 8　大学生平时支出记账习惯情况

习惯	有	经常有	偶尔有	没有
人数/人	25	15	167	153
占比/%	7.04	4.23	46.48	42.25

表 8 说明多数学生不具有记账的习惯。深究原因,是他们认为记账是一种很麻烦的事情,而且浪费时间。每天进行记账,把自己的收入、支出、投资、交易清晰地记录下来,对于大学生的消费自理能力有着重要的帮助。因为每个人的生活资源都是有限的,每一方面需求需要给予适当地满足,从日常养成良好的记账习惯,可以清楚地知道每一方面项目的消费情况,以及这些需求是否得到满足。

对大学生是否会做消费计划少的调查情况如表 9 所示。

表 9　大学生是否会做消费计划

是否做计划	会	偶尔计划	不会
人数/人	91	183	86
占比/%	25.35	50.71	23.94

在是否会做消费计划的调查中,仅有 25.35％的同学选择会,50.71％的同学偶尔会做消费计划。这说明大部分的同学还是有做消费计划的意向。过半数同学受时间、个人意志等原因不能坚持做计划,同时也存在超过 20％的同学由于缺少时间、无科学方法等种种原因无法做出消费计划。

四、意见与建议

(1)大学生要树立合理的消费观念。绝大多数大学生的主要消费支出来自于父母,因此消费不要大手大脚,应该根据自己的家庭收入情况进行消费,不要过多追求虚荣、购买奢侈品、拒绝攀比。另外,在注意实用性、价格的同时,应兼顾商品质量,拒绝盲目消费、从众消费,不要疯狂购买不实用的打折、促销产品。

(2)大学生要树立合理的理财观念。大多数大学生对理财产品有一定的了解,但绝大多数大学生的理财观念比较淡薄。建议每天进行记账,把自己的收入、支出、投资、交易清晰地记录下来,从日常养成良好的记账习惯。同时,要制定合理的消费计划,避免不必要的消费。

(3)大学生的消费方向呈现多样化,衣服、化妆品、旅游、娱乐产品和学生用品是他们主要购买的物品。市场应该从种类、价格、服务等多方面满足大学生合理的消费需求;社会应该规范市场秩序,为大学生提供友好的市场环境。

(4)家长给孩子的生活费要有节制。大学生的经济来源主要是父母,父母给孩子生活费也从不吝惜,但数量也要有度,不要过量。这样既可以培养大学生勤俭节约的习惯,又能促使大学生培养合理消费的习惯。

(5)学校也应加强对学生消费观念的培养,可在思政课教学中设置一些关于大学生日常消费与合理理财的课程,在帮助大学生树立良好的世界观、人生观、价值观的同时,引导大学生建立合理的消费观念和理财观念。

(指导教师:庞桂美)

大学生法治观念调查

信息152　于晓梅(组长)　王晨阳　孙海航　孙梦悦　张　晨　胡馨月　翟洪玉

摘　要:建设社会主义法治国家,要求全体公民具备成熟的法治观。公民,尤其是大学生,其正确的法治观是和谐社会的重要保障。大学阶段是大学生法治观形成的重要时期。本调查试通过网络问卷和采访的方法来真实了解大学生的法治观念现状,探寻大学生健全法治观的方法和途径,对依法治国、构建社会主义和谐社会具有一定的借鉴意义。

关键词:大学生法治观念调查;依法治国

一、选题分析

党的十八大报告将"全面推进依法治国"确立为推进政治建设和政治体制改革的重要任务,对"加快建设社会主义法治国家"做了重要部署。这对于高扬人民民主的光辉旗帜,坚持和发展中国特色社会主义政治发展道路,全面建设小康社会具有直接的重要意义。依法治国是党领导人民治理国家的基本方略。法治是治国理政的基本方式。要更加注重发挥法治在国家治理和社会管理中的重要作用,全面推进依法治国,加快建设社会主义法治国家。实现这个目标要求,必须全面贯彻、实施宪法。大学生是一个特殊的社会群体,是我国未来社会的支撑主体,他们的法治意识的强弱、法律认识水平的高低,直接影响到公民法律素质和整个社会法治文明程度。了解当代中国大学生法治意识现状,培养具有中国特色的现代法治意识的大学生群体,对中国法治社会建设具有重要意义。

分析和认识大学生法律意识的现状,是培养和塑造当代大学生法律意识的前提和基础,对实现建设社会主义法治国家的目标具有重要的现实意义。在依法治国的道路上,大学生法律意识的高低起着重要的作用。同时,可又可以反映出法治贯彻的效果。当代大学生正处于世界观、人生观、价值观形成和发展的重要时期。这一时期,大学生急需在学校的正确教育和引导下不断学习,努力提高和完善自己的思想道德修养和法律素养培养。本文探究大学生法治意识培养的途径及方式,进而寻找更加有效的培养大学生法治意识的方法,并希望通过此次调查能更好地向大学生宣扬法治意识,进而让大学生认识到法律的重要性。

二、调研准备

(一)调研进程

2017 年 4 月 10 日,完成调研计划报告及汇报。

4 月 23 日,通过"问卷星"投放问卷。

4 月 30 日,海大访谈

5 月 3 日,青科大访谈

5 月 18 日,青大访谈

5 月 23 日,对老师进行采访

5 月 24 日,青科大访谈

6 月 1 日,小组讨论

6 月 8 日,完成调查报告

(二)地点

青岛科技大学、青岛大学、中国海洋大学。

(三)对象选取

访谈对象随机选取 20 人;网络问卷随机选取 100 人。

(四)调查方案及具体实施

(1)小组内进行初步讨论,对调研提出自己的意见及建议。

(2)完成社会实践活动方案。

(3)小组成员探讨自己对法治的认识及评价。

(4)小组成员分工去青岛市内高校进行采访。

(5)制作网络问卷,通过多种方式邀请不同学校的同学参与调研。

(6)进行采访,让受访者对大学生的法治意识进行评价

(7)小组内对收集的问卷进行总结,写下自己的心得体会。

(五)小组分工

(1)孙海航负责活动策划设计。

(2)王晨阳负责调研计划与调研课题 PPT 设计。

(3)于晓梅负责调研问卷设计。

(4)孙梦悦负责收集网络评论设计。

(5)张晨负责采访老师设计。

(6)胡馨月负责对问卷进行总结设计。

(7)翟洪玉负责调研计划与调研课题设计。

(六)预期结果

(1)通过调查、访谈并调查相关资料,能够比较全面地了解大学生的法律意识及法治观念,对调查所得的数据进行分析,最后制定调研报告。

(2)调查结果以调查报告的形式展示出来、报告内容包括调查方案、问卷分析结果、访谈记录以及调查相关图片等。根据调查所得数据,了解大学生的法律意识及法治观念。

三、调研分析

问题1 我国的根本大法是什么?

问题1的调查结果如表1所示。

表1 问题1的调查结果

选项	人数/人	占比/%
《刑法》	3	3
《宪法》	95	95
《民法》	1	1
《诉讼法》	1	1

绝大部分人知道我国根本大法是《宪法》。

问题2 《宪法》的解释权归谁所属?

问题2的调查结果如表2所示。

表2 问题2的调查结果

选项	人数/人	占比/%
全国人民代表大会常务委员会	15	15
全国人民代表大会	72	72
中国最高法院	12	12
中国人民政治协商会	1	1

72%的人知道《宪法》的解释权归属全国人民代表大会,15%的人认为是全国人民代表大会常务委员会,还有12%的认为是中国最高法院,1%的认为是中国人民政治协商会。大部分人对法律这方面的知识不了解。

问题 3 《民法》基本原则不包含哪一项?

问题 3 的调查结果如表 3 所示。

表 3 问题 3 的调查结果

选项	人数/人	占比/%
保护公民、法人合法民事权益原则	17	17
平等、自愿、等价有偿原则	432	43
遵守法律和国家政策原则	11	11
一切为了人民原则	29	29

民法的基本原则不包括一切为了人民原则,只有 29% 的人对其有了解,大多数人对这方面的法律知识欠缺。

问题 4 法人的特征不包括哪一项?

问题 4 的调查结果如表 4 所示。

表 4 问题 4 的调查结果

选项	人数/人	占比/%
法人是独立的社会组织	40	40
法人具有独立的财产	19	19
法人承担独立的责任	8	8
法人是合法公民	33	33

法人的特征不包括法人是合法公民,只有 33% 的人回答正确,高达 44% 的人认为法人不是独立的社会组织,19% 的人认为法人具有独立的财产不是法人的特征,8% 的人认为法人需要承担独立的责任不是法人的特征,大多数人对法人方面法律欠缺了解。

问题 5 关于执行机关剥夺政治权利的机关是哪一个?

问题 5 的调查结果如表 5 所示。

表 5 问题 5 的调查结果

选项	人数/人	占比/%
公安机关	8	8
人民法院	42	42
人民检察院	35	35
人民代表大会	15	15

公安机关是执行机关剥夺政治权利的机关,只有 8% 的人回答正确;而大多数人认为是人民法院或人民检察院;还有相当一部分人认为是人民代表大会。

问题 6 甲公司向乙公司发出采购 50 台电脑的要约。乙公司于 3 月 1 日发出承诺信件表示完全同意要约内容,于 3 月 7 日信件发至甲公司,3 月 8 日,甲公司的经理知悉了该信件内容,遂于 3 月 10 日电传告知乙公司收到承诺信件。在该合同的订立过程中,承诺通知的生效时间(我国规定承诺生效时间采取到达主义)是哪一日?

问题 6 的调查结果如表 6 所示。

表 6　问题 6 的调查结果

选项	人数/人	占比/%
3 月 1 日	23	23
3 月 7 日	25	25
3 月 8 日	26	26
3 月 10 日	25	25
未作答	1	1

对于合同生效时间问题的回答,大家的回答参差不齐,大部分人对这方面没有最基本的了解。

问题 7　你认为目前的未成年人犯罪是否应该惩罚他们本人?

问题 7 的调查结果如表 7 所示。

表 7　问题 7 的调查结果

选项	人数/人	占比/%
应该,不能用他们未成年作为一种包庇犯罪的借口。现在青少年比较早熟,有一定的承担责任的能力	87	87
不应该,应当让他们的监护人承担责任。他们毕竟还小,认知不够全面	9	9
无所谓	4	4

绝大多数人认为未成年人犯罪应该惩罚他们本人,可见现在人对于青少年犯罪的容忍度很低。这也说明现在未成年人犯罪屡屡增加,危害社会秩序。

问题 8　已满十六周岁的人犯罪,应当负刑事责任。已满_____ 不满十六周岁的人,犯故意杀人、故意伤害致人重伤或死亡、强奸、抢劫、贩毒品、放火、爆炸、投毒罪的,应当负刑事责任。

问题 8 的调查结果如表 8 所示。

表 8　问题 8 的调查结果

选项	人数/人	占比/%
十二周岁	24	24
十四周岁	69	69
十五周岁	7	7

69% 的人知道已满十四周岁未满十六周岁的人,犯故意杀人、故意伤害致人重伤或死亡、强奸、抢劫、贩卖毒品、放火、爆炸、投毒罪的,应当负刑事责任;还有约 1/3 的人对此不了解。

问题 9 当日常生活中您的名誉受损了,会采取什么样的措施保护自己?

问题 9 的调查结果如表 9 所示。

表 9 问题 9 的调查结果

选项	人数/人	占比/%
无所谓,清者自清	13	13
说说就行,激怒了人则会被群殴	9	9
依靠法律程序来维护自己的权利	78	78

当被问到日常生活中名誉受损会怎么办时,78%的人依靠法律程序来维护自己的权利;少数人认为无所谓,清者自清;更有极少数人害怕自己会引来不必要的麻烦,不会正当保护自己的权利。这些说明现在人越来越重视法律,越来越会运用法律保护自己的权利。

问题 10 当你遭到性骚扰时,你会采取什么方式来维护自身的权利?

问题 10 的调查结果如表 10 所示。

表 10 问题 10 的调查结果

选项	人数/人	占比/%
通过法律渠道	74	74
采取暴力措施	10	10
其他	16	16

大多人遇到性骚扰时都会通过法律渠道保护自己,还有少数部分人会采取暴力措施和其他手段。

问题 11 你收看过以下哪些法制节目?(多选题)

问题 11 的调查结果如表 11 所示。

表 11 问题 11 的调查结果

选项	人数/人	占比/%
《今日说法》	63	63
《焦点访谈》	65	65
《经济与法》	42	42
《中国法制报道》	27	27
《法制进行时》	29	29
《拍案说法》	20	20
其他	22	22

大学生收看的法制节目种类很多,以《今日说法》《焦点访谈》《经济与法》居多,《中国法治报道》《法治进行时》《拍案说法》及其他法制节目也都为人所熟知和收看。

问题 12 你主要从哪些渠道了解法律知识?

问题 12 的调查结果如表 12 所示。

表 12 问题 12 的调查结果

选项	人数/人	占比/%
国家普法宣传	38	38
自己看有关法律方面的书籍了解	30	30
自身经历	10	10
其他	22	22

大多数人通过国家普法宣传和看法律方面的书籍了解有关法律知识,少数人通过自身经历对法进行了解,还有不少其他了解法的途径被大学生所采用。

问题 13 法律是否在您脑海中形成了深刻的认识?

问题 13 的调查结果如表 13 所示。

表 13 问题 13 的调查结果

选项	人数/人	占比/%
没有形成	9	9
形成了一点	73	73
完全形成	18	18

法律在大多数人脑海中只形成了一般认识,但还是有少数一部分人的脑海中对法有着深刻认识。

总体来看,大学生对宪法有基本的认识,对民法本身的了解和学习不到位,对于法人以及合同方面的了解更是少之又少。不过现在的大学生对法律越来越重视,懂得人人都能运用法律武器,做事都要依据法律,而且对青少年法律方面的教育越来越重视。

四、意见与建议

综合本次调查问卷,可以看出当代大学生接触法律的时间较晚,缺乏对法律知识的了解,总体来说法律意识比较薄弱,遇到问题也不习惯于运用法律的武器来解决;但对于公安机关、法院、检察院等国家机关持比较信任的态度,也反映出了当代大学生的法制观念在逐年上升。问卷同时还反映出,大学生已经意识到自己的法律意识比较薄弱,有意通过各种方式去学习了解,对此我们小组作出以下建议。

(一)优化网络法治环境

当今社会,网络作为信息交流的平台也愈来愈受到大学生的青睐。毋庸置疑,网络给大学生的生活和学习带来了方便和快捷;然而其消极影响也是不可忽视的,色情、暴力等低俗内容,严重污染了网络环境。因此,为了使当代大学生健康成长,需要创造一个健康良好的网络环境。为此,必须实施行之有效的措施,加强法治宣传教育以遏制大学生违法犯罪事件的发生。

首先,加强网络立法。加快网络立法进程,构建法治化的网络文化管理机制尤为重要。其次,应加强网络技术防范。最后,建立和完善网民举报制度,聘请一批社会责任心强、有一定政策水平的网友为义务监督员,协助有关部门监管网站,把网民举报与技术监控结合起来。

(二)创建法治校园文化

1. 提高当代大学生对法治教育重要性的认识

高等院校作为对当代大学生进行法治教育的主要阵地,应当积极宣传国家的法律法规和相关法律政策,将法治教育放在突出的位置,培养大学生的法律信仰,使其树立法律至上的意识,增强法律素养。

2. 加强对当代大学生的法治教育

(1)推动法治教育课程改革。高校要高度重视法治教育,充分考虑在校大学生的自身特点与需要,有针对性地加以教学,如丰富法治教学内容、改进教学方法、扩展法治教育渠道、构建有效实践环节等,以此增强法律教育课程的实效性,从而真正发挥好法治课堂的作用。

(2)实行依法治校。首先,建立健全校园法规制度。高校要建立健全各种校园规章制度,同时结合教育教学的日常工作实际,参照国家法律法规,制定适应现代学校教学、科研、管理、服务等各方面工作的规章制度,让学校所进行的各项工作都有法可依、有章可循,促进依法治教和学生管理法治化,形成靠制度管人、靠制度行事的良好局面。

(3)加强校园文化建设。学校应该通过以法育人等经常性的校规校纪教育,及时纠正大学生的不良行为,创造校园法治宣传的良好氛围。应努力加强校园文化建设,为培养法治意识创造条件。一是要以马列主义、毛泽东思想、邓小平理论、"三个代表"重要思想、科学发展观、习近平新时代中国特色社会主义思想为理论指导,形成一个有时代精神、秉承优良传统、推崇崇高理想的文化氛围和环境,熏陶和感染高校在校学生,将优良传统和作风转变为学生自身素质。二是加强爱国主义,集体主义等积极向上思想的教育,帮助他们树立起正确的人生观,价值观;三是要利用校报、广播、电视等新闻媒体,发挥舆论导向作用,正确引导校园里的各种思潮和文化现象。

3. 锻炼大学生的法律实践能力

高等院校应高度重视法律实践活动,将法治教育与法律的实践活动有机结合起来,理论联系实际,这样才能真正做到提高大学生的法律实践能力。组织学生进行相关的社会调查,邀请有办案经验的公安人员、法官、检察官、律师来校举行法律讲座;举办一些法律知识方面的辩论赛或演讲,组织学生进行"模拟法庭"等活动。诸如此类的法律实践活动不仅可以培养学生学习法律的兴趣,而且有助于增强大学生的法律意识和自我保护意识。

(三)重视和完善家庭教育

提高大学生法律意识需要社会各方面的配合才能顺利完成。家庭作为培养大学生法律意识的第二课堂,父母是孩子的首位教育者,他们对子女的潜移默化的作用是很大的。

作为父母,应该在思想上高度重视培养子女的法律意识,提高自己的素质和修养,并且为子女创造良好的家庭氛围,家庭氛围是否良好直接影响着对大学生法律意识的培养。

目前,我国公民法治观念还是比较淡薄,是推进法治进程的障碍。因此,树立法治观念,增强全社会成员的法律意识,是实现我国法治化的前提,是我们大学生义不容辞的责任。

(指导教师:秦宁波)

大学生日常消费与合理理财情况调查

电气 154　　丁维涛(组长)　崔津源　曹培芳　盛　威　高俊辉　赵中华　徐计浩

摘　要: 大学生是一个备受社会关注的群体。时代在发展,大学生的生活方式也在不断改变,而生活方式取决于消费水平。因此,要想了解其生活方式,对其消费状况进行调查显得尤为重要。在本次调研活动中,我们分别进行了线上、线下问卷调查以及面对面访谈形式,借以对大学生的消费状况进行了详细的调查。通过调查,我们发现在不同年级、不同性别间消费水平有着较大差异。在其日常生活中,饮食消费、恋爱消费、学习消费占比重最大。本次调查主要针对青岛高校的大学生群体,得出的结论亦可推广于全国高校。

关键词: 大学生年消费状况;生活模式;消费比例

一、选题分析

在高中时代,学习占据了生活的大部分。而大学意味着生活的完整化,学习变为生活的一部分,大学生需要处理生活的方方面面。大学生尚不具备经济独立的能力,大部分生活费用还需要父母提供。生活费用的多少也决定着生活质量。因此了解大学生的课余生活、生活理念,都需要了解其日常消费。

大学生是社会的焦点,其生活方式受到广泛关注。而经济基础决定上层建筑,通过研究其生活资金、理财方式,可以了解大学生的生活态度,也能帮助大学生群体重新认识自己的消费状况。

二、调研准备

(一)调研时间

2017 年 3 月 20 日—5 月 30 日。

(二)地点

青岛科技大学。

(三)对象选取

青岛科技大学在校生。

(四)调查方案及具体实施

(1)确定影响大学生消费水平的重要因素,进而探知其消费水平。
(2)基于大学生的消费水平对其生活方式进行预判。
(3)设计问卷,并主要通过线下随机发放问卷以及线上利用"问卷星"调查。
(4)数据收集。
(5)数据分析。
(6)基于数据,对大学生生活消费状况进行评价。

三、调研分析

(一)月消费情况调查

1. 线上问卷调查

为了更好反映出各消费群体所占的比例,我们将统计到的数据以饼状图进行反映,如图1所示。

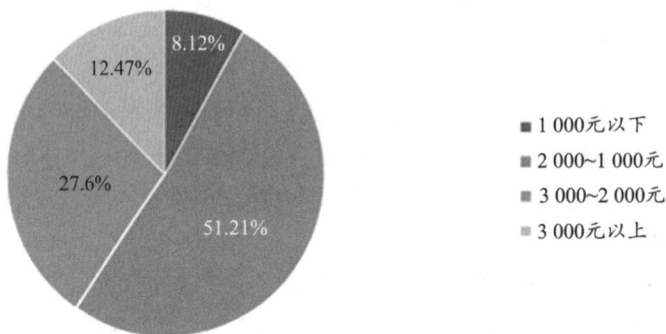

图 1　线上被调查的各消费群体分布

从图中可以看出,消费水平在 1 000～2 000 元的群体所占比例最大,达到了51.21％;而 1 000 元以下的只有不足 10％。由此可以看出,大学生群体生活水平的提高。但值得注意的是,月消费在 3 000 元以上的高消费群体,也占到了不小的比例。

2. 线下问卷调查

线上的问卷仅统计了 77 份,样本数量过少,难以得出一般性结论。因此我们又进行了 100 份线下问卷调查,具体结果如图 2 所示。

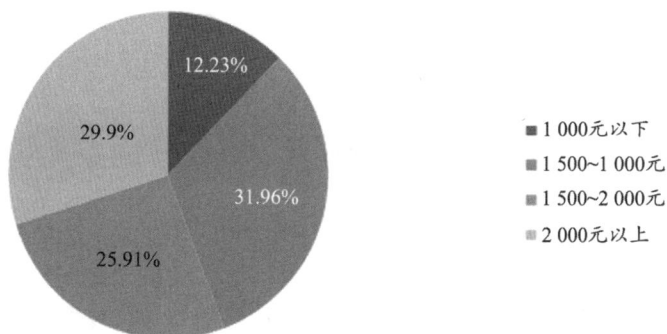

图2 线下被调查的各消费群体分布

针对线上问卷的调查结果,消费水平在1 000~2 000元的群体所占比例最大。为了对线上数据形成补充,我们完善了线下问卷的调查区间,将1 000~2000元的消费区间进一步细分为1 000~1 500元和1 500~2 000元。结果显示,1 000~1 500元的人数最多,可见大部分学生还是比较节俭的。

3. 月消费支出

为了了解大学生的生活方式,我们对其主要消费支出项进行了调查与统计,如图3所示。结果显示,旅游花费惊人地占到了总支出的49.64%,可见大学生群体的主要娱乐方式为旅游;而学习支出仅占4.24%,这也难怪当今社会批判大学生的学习态度。这种结果确实值得反思。

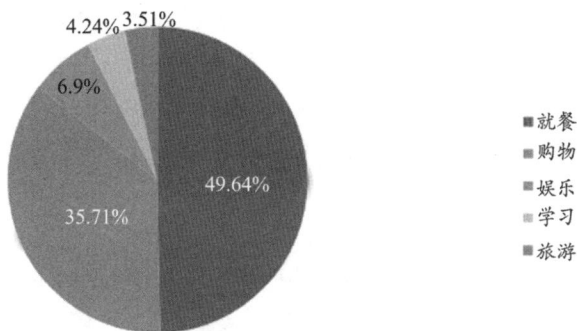

图3 月消费支出分布

(二)年消费情况调查

为了更好地了解大学生消费状况,我们在接下来的年消费调查中进行了面对面访谈,统计了所有支出。

1. 自动化专业研一杨同学年消费账单

自动化专业研一杨同学年消费账单如下。

学费+住宿费:10 000+1 500=11 500(元)。

餐费:30×30×8=7 200(元)(刨除寒暑假4个月,在校期间以食堂就餐为主,其次是网上点外卖)。

通信费:65×12＝780 元(中国联通"沃派校园"套餐每月 36 元,月平均额外的通话、流量＝29 元)

书费:960 元(最经常上的买书网站是亚马逊;花费最多的是小说,其次为学校教材)。

文具:240 元(笔、本等,主要购于学校超市)。

网费:250×2＝500(元)(联通 201 上网卡学期卡 1 000 元,宿舍 4 人均摊)。

服饰:服装 1 800 元,鞋、包 1 200 元,饰品 600 元(主要购于淘宝)。

旅游:4 200 元(一年一次同学 4 人自助游,包括住宿、车票、餐饮、门票等)。

交通费:20×8＋295×4＝1 340(元)(在校充值公交卡、寒暑假往返车票)。

水果费:150×8＝1 200(元)(刨除寒暑假 4 个月,主要购于学校小摊、超市)。

零食饮料:1 440 元(刨除寒暑假 4 个月)。

美妆护肤:1 800 元(最经常买的产品是化妆水与面膜)。

聚会:3×50×12＝1 800(元)(每月平均 3 次,人均消费 50 元;最经常去的聚会地点是朝阳大悦城)。

日用品:960 元(刨除寒暑假 4 个月,洗护用品、牙膏、纸品等)。

其他:1 200 元(购置礼物、校医院买药、理发等)。

总计:38 720 元(除去学费和住宿费的实际花费为 27 220 元)。

2. 艺术学院赵同学年消费账单

艺术学院赵同学年消费账单如下。

学费＋住宿费:5 000＋1 500＋6 500＝13 000(元)(本专业和双学位一年的学费及一年住宿费)。

餐费:30×10×30＝9 000(元)(刨除寒暑假不在学校 2 个月,平时以食堂为主)。

通信费:200＋30×12＝560(元)(中国联通"校园 200 元年"套餐,每月另充值 30 元)。

书费:1 000 元(主要为教材,其次是杂志、电子书)。

文具:200 元(笔记本、钢笔、碳素笔等)。

网费:150＋225＝375(元)(两个学期购买联通 201 校园上网学期卡,与 3 名室友均摊)。

购物:2 500 元(主要在网上买衣服)。

旅游:5 000 元(主要为自由行、寒暑假长途、平时与室友北京周边短途旅行)。

食品饮料:10×300＝3 000(元)。

运动健身:1 500 元

护肤理发:30×12＋500＝860(元)(每月理发,男士洁面泥、洗发水为主要花销)。

聚会:800×12＝9 600(元)(大学各部门同事、同学舍友、实习同事、高中朋友聚餐较多)。

交通:200×12＋300×12＝2 760(元)(实习兼职、出去玩以地铁打车为主,每个月回老家一次)。

电影、电玩游戏:40×12＋150＝630(元)(平均每月看一次电影,玩手游充值 150 元)。

会员:15×12＝180(元)

总计:50 165 元(除去学费和住宿费的实际花费为 37 165 元)

3. 数理学院熊同学年消费账单

数理学院熊同学年消费账单:学费+住宿费:5 000+1 500+8 000=14 500(元)(本专业及辅修专业学费、一年住宿费)。

餐费:35×365=12 775(元)(在校期间以点外卖为主,偶尔吃食堂,每天平均消费35 元)。

话费:720+500=1 220(元)(中国联通"沃派"36 元套餐,每月流量加油包及其他附加服务共 30 元左右。除此之外,每年长途通话费等共计 500 元)。

书费:500 元。

文具:100 元。(本、笔,主要购于学校超市和路边小摊)。

网费:400 元。

购物:6 000 元(一般是逛街时购物,主要是服饰和鞋)。

旅游:3 000 元(每年一次左右,主要是和朋友自由行,包括住宿费、路费、餐费和门票等消费)。

食品饮料:10×365=3 650(元)(平时会在学校小卖部购买一些零食饮料)。

护肤美妆理发:3 000(元)(购买护肤、化妆品不频繁,不会每个月都有支出)。

聚会:约 2 000 元(主要是和朋友一起外出聚餐消费)。

交通:50×12+200=800(元)(外出以地铁为主,有时打网约车并与朋友平摊费用)。

电影、电玩:150×12=1 800(元)(每个月大概看三次电影,通过网上购票)。

会员:10 元。

总计:49 755 元。(除去学费和住宿费的实际花费为 35 255 元)。

通过对年消费情况的详细调查,我们发现在大学生的所有支出中,餐费、学费所占比例较高,而不同学院、不同性别间消费差异显著。例如,艺术学院的同学,化妆用品、服饰也占了很大比重。

四、意见与建议

大学阶段逐渐走向成熟,大学生群体也要学习规划自己的生活。大学生尚不具备经济独立能力,大部分经济来源还是依赖于父母。这使得部分大学生难以体会挣钱的艰辛与不易。大学是学习的黄金时期,把大量的时间精力都花在学习之外,是不合理的。诸葛亮《诫子书》云:"年与时驰,意与日去,遂成枯落,多不接世,悲守穷庐,将复何及。"青春只有一次,要珍惜大学时光,将消费用于提升自己的知识、修养方面,这才是理性投资。

(指导教师:秦宁波)

青年志愿者行动的意义和影响

电网 151　田昊（组长）　刘格言　宋晓雅　张　霄　张天意　陈柳成

摘　要：近年来，在党中央的亲切关怀下，青年志愿者行动发展十分迅速。青年志愿者在社会保障、社区服务、救援抢险、大型活动、城区建设、环境保护和促进社会稳定中发挥了重要作用。青年志愿者活动成为动员大学生广泛参与群众性奉献的载体。志愿者服务正在成为新的社会风尚，越来越多的青年及社会各界群众加入志愿者的行列。实践充分说明，青年志愿者行动符合时代发展的潮流，为当代青年在实践中锻炼成长提供了广阔的舞台，开辟了现实的途径。它与国际志愿服务接轨，在国际上树立了当代中国青年的良好形象，成为加强与各国青年之间交流与合作的重要渠道。因此，我们做了关于青年志愿者的意义与影响的调查，以更进一步了解当代青年志愿者行动。

关键词：青年志愿者；大学生；奉献

一、选题分析

（一）立论依据

第一，青年志愿者行动倡导了"志愿、奉献"的精神。"志愿、奉献"精神是中华民族助人为乐的传统美德与新形势下弘扬雷锋精神的有机结合。青年志愿者行动所体现的中华民族的传统美德和时代精神，正是当代青年理想的追求。

第二，青年志愿者行动是为人民群众生产生活的基本需求服务。为人民群众的基本需求服务，是青年志愿者行动的生命力所在，是全心全意为人民服务精神在青年志愿者身上的具体体现，也是青年志愿者行动发展壮大的重要原因之一。

第三，青年志愿者行动成为精神文明建设的新载体。青年志愿者行动将分散的、各自的道德理性和道德热情融入规范化、制度化、有组织性的社会服务体系中，有效地承载了社会主义精神文明建设这一历史重任。青年志愿者行动对精神文明建设的作用不仅在于对道德的呼唤和感召，更重要的是它广泛调动了社会青少年的参与意识和主体能动性。在一定意义上，精神文明的内涵蕴藏在青年志愿服务的行动和理想中，对青年道德理想的呼唤又能够促使更多的青年去为社会服务，从而在具体的行动中贯彻精神文明建设的要求。

第四,青年志愿者行动探索出了一条育人的途径。广大青年以力所能及的方式参加各种社会活动,既拓宽了自己的生活范围,又丰富了自己的人生阅历;既表达了自己的同情心,又明确了自己对人生观和人类良知的理解;既锻炼了自我的综合能力,又提高了自己的思想修养;提升了自己的精神境界。

（二）调研目的

本文在实证研究的基础上,从参与志愿服务的现状、对志愿服务内容的选择和期望、参与志愿服务的动机和影响因素等方面,对青岛科技大学同学及周边青年志愿者行动进行分析,力求反映出青岛青年志愿者行动的概况和影响。

二、调研准备

经过本组成员的讨论,将本次实践调研分为 4 个部分:网上问卷调研、校园实践调研、校外实践调研、组织沙滩清洁志愿活动。

（一）网上问卷调研

1. 调研时间

2017 年 4 月 15—30 日。

2. 对象选取

主要针对全国各地大学生群体。

3. 调查方案

通过问卷星从是否了解志愿者、获得志愿服务活动信息来源、参与志愿服务的意愿、对志愿者的印象、参与志愿活动的原因、对志愿服务类型的意见、对志愿服务提供保障的了解几个方面设置问题及选项,将问卷发送到社交软件上进行调研。

（二）校园实践调研

1. 调研时间

2017 年 5 月 13 日。

2. 调研地点

青岛科技大学崂山校区校园、宿舍、教室、餐厅、体育场。

3. 对象选取

青岛科技大学崂山校区学生。

4. 调查方案

(1)在餐厅、宿舍、教室、体育场等场所发放纸质调查问卷进行调研。

(2)在校园内随机采访同学关于志愿服务的以下几个问题。

①是否参加过志愿服务活动？为什么要参加志愿者活动,或者想从志愿者活动中得

到什么?

②请问你参加过什么志愿服务活动?有什么印象深刻的经历和体验吗?

③请问你在志愿服务中最大的收获是什么?

④你是否愿意当一个无酬劳的志愿者?为什么?

(三)校外实践调研

1. 调研时间

2017年5月14日。

2. 调研地点

青岛科技大学崂山校区周边。

3. 对象选取

其他学校学生以及市民

4. 调查方案

(1)在学校附近发放调查问卷进行调研。

(2)在学校周围对外校学生及市民进行采访调研,问题如下。

①请问你对志愿者服务有了解吗? ②你怎么看待大学生参加志愿服务活动?

(四)沙滩清洁志愿活动

1. 调研时间

2017年5月14日。

2. 调研地点

石老人海水浴场

3. 对象选取

青岛石老人浴场周边市民。

4. 调查方案

(1)本组成员一起在海滩捡垃圾。

(2)随机采访海边市民,了解他们对志愿服务的看法,问题如下。

①请问你对志愿服务活动有了解吗?

②你怎么看待大学生参加志愿服务活动?

③你怎么看待我们刚刚在沙滩捡垃圾的行为?

以上实践调研均采用录像、拍照、录音、问卷的形式记录。

三、调研分析

经过这几天的调查,我们总结出目前大学生对志愿活动的认知状况。

首先,学校的志愿活动机制还是比较成熟的。被调查者中,76%的同学对志愿者活动较为了解。获得志愿服务的信息的渠道大部分是来自学校团委、学生会、志愿服务团体,只有30%的同学对志愿活动的了解是来自志愿服务机构。这说明我们学校的红十字会和青年志愿者协会等公益组织还需要加大宣传力度。

其次,当代大学生的奉献意识有大幅度提高,但是仍需加强。被调查者中,36%的同学有过被动参加志愿服务的经历。真正的志愿者需要发自内心地通过志愿服务实现自身的满足,这样的人我们才能称呼他们为志愿者。被动参加可能使得他们积极性不高,活动效果大打折扣,因此我们应该减少这种情况的发生。

志愿者的活动多种多样,比如说支农支教、医疗服务、会议服务等。当我们无法完全调动学生参加志愿者活动的积极性时,我们应从志愿活动的本身找原因。当被问及不想参加活动的主要原因时,52%的同学认为活动不吸引人,21%的同学认为活动没有意义。因此,我们应该思考,该如何设计志愿活动形式,才能吸引到更多同学参与进来,并且体会到当中的意义。55%的同学对现如今的志愿活动形式较为满意,但大部分人认为形式更多一些会更好。

我们常常在思考一个问题,参加青年志愿者活动有何意义。通过问卷调查,我们得知,大部分同学想借助这个机会接触更多的人和事,锻炼自己的能力。还有的同学想通过志愿活动增加社会经历,获得和丰富自己的经验,为社会、国家做贡献,实现个人价值。其实,真正的志愿者都是有一颗善心,对公益有一种向往,才会选择加入这个领域的。很多人开始很积极,后来慢慢累了、退了。这便是因为刚开始有感动,所以很热情;当那些热情退去,便失去了动力。其实想一想,高校公益活动,不正是在培养我们的责任意识吗? 当我们通过志愿活动一步步提升自己的同时,也能为社会做出贡献,这大概就是志愿活动最大的意义。

现如今,党和国家对志愿服务事业高度重视。现阶段是全民参与志愿服务的时代,中国正在逐渐建构"党政统筹、团青示范、社团管理、公民参与、社会支持、法律保障"的社会志愿服务体系。志愿服务保障就是保障志愿服务持续性的各种需要的有机整合及相关的制度安排。它不仅仅是对志愿者权益的保障,主要是指给予志愿服务以法制、政策、资金、技能、志愿者权益和社会认同等多方面的相互作用和支持,以保障志愿服务更有效、有力、全面地开展。志愿服务保障,使志愿者成为社会的一大宝贵财富,成为深入普及、动作有序、组织规范的社会群体,最终形成以项目活动为载体,适合不同阶层、不同年龄、不同种族的民众共同参与的相对稳定的志愿服务队伍,充分体现社会的文明和进步。但是通过问卷调查我们发现,大部分同学对志愿活动的保障并不了解。大部分只知道志愿活动有相关的培训,但对志愿活动中的签订相关协议,明确志愿者的责任意识与相关权利、志愿服务活动提供评估和奖励、提供基本补贴(如交通补贴等)、提供的安全保障及适合的医疗卫生条件、服务出现问题时的应急制度、为志愿者提供的人身保险等保障所知甚少。在我国,由于志愿服务起步较晚,志愿服务宣传不够,鲜有志愿服务方面的深入报道,社会支持度不够高,使得社会公益性活动很难深入人心,公民志愿意识没有得到很好的激发。人们低估了志愿服务的社会意义,简单地认为志愿服务就是"学雷锋做好事",就是"义务劳动",甚至称志愿者们"假积极""挣表现",没有领会志愿服务的精神实质,也没有意识到志愿服务是每位有条件的现代公民应尽的责任和义务。这些都成为我国志愿服务事业发展的障碍。我国青年志愿者的现状是志愿者的组织、培训、宣传、奖励等做得不够,直接影响到志愿服务效果,这都是我们今后应该加强的。

具体问卷内容及数据如下(有效填写人数为38)。

问题1 你觉得你了解志愿者吗?

具体调查结果如表1所示。

表1 问题1的调查结果

选项	人数/人	占比/%
非常了解	2	5.26
一般	27	71.05
了解一点	7	18.42
不了解	2	5.26

问题2 你主要是通过什么渠道获得志愿服务信息的?(多选题)

具体调查结果如表2所示。

表2 问题2的调查结果

选项	人数/人	占比/%
志愿服务机构	15	39.47
学校团委、学生会、志愿服务团体	33	86.84
志愿服务机构或自发的志愿者团体	18	47.37
同辈群体(同学、朋友及其他)	19	50
网络、报纸、电台、电视等媒体	14	36.84
其他	4	10.53

问题3 你参加的志愿服务中是否有过被动参加的经历(比如,是老师叫你参加的)?

具体调查结果如表3所示。

表3 问题3的调查结果

选项	人数/人	占比/%
有	14	36.84
没有	24	63.16

问题4 当你不想参加活动时,什么因素占最大部分?

具体调查结果如表4所示。

表4 问题4的调查结果

选项	人数/人	占比/%
感觉浪费时间	9	23.68
参加过一次,不想再去	1	2.63
活动不吸引你	20	52.63
觉得参加没意义	8	21.05

问题5 你认为志愿者是一类什么样的人?（多选题）

具体调查结果如表5所示。

表5 问题5的调查结果

选项	人数/人	占比/%
身体力行,尽力去帮助有需要的人	37	97.37
爱心澎湃的人	23	60.53
把服务当作无聊消遣的人	2	5.26
免费的劳动力	4	10.53
是英雄	4	10.53
有怜悯之心的人	18	47.37

问题6 你觉得志愿者参加青年志愿者活动是什么原因?（多选题）

具体调查结果如表6所示。

表6 问题6的调查结果

选项	人数/人	占比/%
得到适当的报酬	2	5.26
想借助这个机会接触更多的人和事,锻炼自己的能力	36	94.74
为社会、国家作贡献,实现个人价值	27	71.05
增加社会见闻,获得和丰富自己的经验	34	89.47
追求成就感、自豪感和荣誉感	15	639.47
为了消磨时间	2	5.26

问题7 你对学校组织的志愿者服务活动类型满意吗?（单选题）

具体调查结果如表7所示。

表 7　问题 7 的调查结果

选项	人数/人	占比/%
满意,活动类型丰富	9	23.68
还可以,如果形式再多些会更好	21	55.26
不满意,形式单一	3	7.89
不清楚	5	13.16

问题 8　你感觉社会各界怎样看待志愿服务活动?

具体调查结果如表 8 所示。

表 8　问题 8 的调查结果

选项	人数/人	占比/%
纯粹是做宣传、搞形式	3	7.89
是提倡社会公益的好办法	12	31.58
给人们创造了一个奉献社会、自我实现的好平台	18	47.37
是援助社会弱势群体的良好机制	5	13.16

问题 9　你了解以下哪些对参与志愿服务活动提供的保障?(多选题)

具体调查结果如表 9 所示。

表 9　问题 9 的调查结果

选项	人数/人	占比/%
签订相关协议,明确志愿者的责任意识与相关权利	18	47.37
对志愿者的管理、监督、指导	20	52.63
为志愿者提供相关培训	27	71.05
对志愿者志愿服务活动提供评估和奖励	20	52.63
提供正式的志愿服务证明	22	57.89
为志愿者提供基本补贴(如交通补贴等)	20	52.63
为志愿者提供的安全保障及适合的医疗卫生条件	18	47.37
服务出现问题时的应急制度	12	31.58
为志愿者提供的人身保险	8	21.05

问题 10　如果遇到老人摔倒你会不会扶？（单选题）

具体调查结果如表 10 所示。

表 10　问题 10 的调查结果

选项	人数/人	占比/%
不顾一切去扶	6	15.79
先留证据再扶	28	73.68
不扶，打电话求助	4	10.53
视而不见	0	0

问题 11　在你心中是坏人多还是好人多？（单选题）

问题 11 的调查结果如表 11 所示。

表 11　问题 11 的调查结果

选项	人数/人	占比/%
好人多	36	94.74
坏人多	2	5.26

四、意见与建议

志愿服务不仅是人的义务和责任，也是一种现代化的生活方式。目前，高校的志愿服务虽然取得了较为显著的成绩，但总体来讲它还处于起步摸索阶段，仍然存在着一些亟待解决的问题。这些问题的存在严重制约着高校志愿服务事业向更高层次迈进。根据我们这次关于志愿者行为和志愿活动的问卷调查和采访总结，我们对青年志愿者服务现状有了更直观的了解。

我们接下来应该加大对青年志愿者服务的宣传力度，让广大青年充分了解志愿者工作并呼吁大家积极参与到志愿者服务中来。可以从学校层面，通过对学生的德育教育，采取电影、邀请志愿服务的先进个体讲座等形式多样的教育方式，使学生通过志愿服务的具体事迹，感知志愿服务精神，为学生树立精神榜样。也可从社会层面，加强社会引导，纠正大学生对志愿服务的错位认识，正确看待大学生志愿服务的社会价值。志愿者协会和组织应定期组织志愿者活动，而组织的形式也应尽量多样化，才能让更多的人参与进来，并享受其中。在齐声呼吁大家参与志愿者活动的同时，我们还应注重为志愿者提供更完善的保障，给予志愿服务以法制、政策、资金、技能、志愿者权益和社会认同等多方面的相互作用和支持，以保障志愿服务更有效、有力、全面地开展。

大学生参与志愿活动，最大的意义是在这个从学校走向社会的过程中，使青年人有一种奉献精神，使志愿服务精神长存心中，发挥青春正能量。愿志愿活动在我们的积极完善下能越走越远。

（指导教师：秦宁波）

大学生参与志愿活动、
公益活动情况调查报告

高机151　李荣蓉　刘小冬　刘　鑫　龚丹媛　姜言青　毕洪玮

摘　要:当前,大学生在志愿服务活动中日益发挥着重要作用。本文立足于青岛科技大学大学生志愿活动开展的实际情况,深入探寻了大学生志愿活动的发展方向,通过在青岛科技大学发放纸质和电子问卷,以及调查走访、与校内志愿者及校外义工交流,分析总结了志愿服务活动的开展现状与问题等方面,并基于以上调查结果,结合现阶段社会发展和志愿服务事业发展的情况,对青岛科技大学志愿服务活动提出了合理化建议。

关键词:志愿服务;社会义工;校外采访;相关建议

一、选题背景

志愿服务是指任何人自愿贡献个人时间和精力,在不为物质报酬的前提下,为推动人类发展、社会进步和社会福利事业而提供服务的活动。这一概念既包括地方和国家范围内的志愿者行为,也包括跨双边的和国际的志愿者项目。志愿服务为发达国家和发展中国家福利的提高和社会进步做出了重要贡献,它是各国和联合国进行人道主义援助计划、技术合作、改善人权、促进民主与和平的重要组成部分。志愿服务突出地表现在非政府组织、专业协会、工会和其他民间组织的活动中,许多社会运动,比如在消除文盲、免疫和环境保护等领域,都主要依靠志愿者的帮助。

近年来,随着社会经济文化生活的发展,国民素质的普遍提高,各大高校对大学生社会实践工作的重视也逐渐提高,大学生实践的形式也变得更加多样化。其中,最热门的实践形式之一当属志愿者服务。越来越多的高水平、高素质的大学生积极地参与到各类志愿活动中,并为志愿服务队伍的发扬和壮大而努力。对于这样的现象,我们在褒扬的同时,更应该深入活动和活动参与者中进行探究。只有了解了活动和服务者本身,才能更好地推广志愿者服务,让更多的人为了社会的和谐奉献自己的一份力量;才能了解大学生对于志愿者服务的看法和理解,并发现现有形势下的问题,从而更好地解决问题,使以后的志愿者工作更加顺利、有序的开展。

二、选题意义

志愿服务作为重要的社会公益事业,是衡量社会文明程度的重要指标,是提升自身综合素养的有效载体,也是践行社会主义核心价值观的重要手段。本次调查通过对大学生是否参加过志愿活动和公益活动、参加志愿活动的时间、最想参加何种公益活动、参加志愿活动的次数和公益活动的主要形式、参加志愿活动的感受及参加公益活动对自身的影响等问题进行展开。通过了解现阶段大学生志愿服务情况,对志愿活动给出合理的发展建议,是本次调查的关键意义。

三、调研思路与方法

本次调研设计主要运用问卷调查和实地调研等方式进行调查。前期主要是收集资料、编写问卷。问卷信息完善后,通过社交网络发放到各年级学生中进行抽样调查。然后利用节假日在学校和社区访查大学生以及社会人员的志愿活动情况,以分析社会人员的公益行为对大学生的影响。最后以照片形式展现在结果中。

四、活动开展准备

(一)调研地点

青岛科技大学崂山校区。

(二)分工

李荣蓉负责调研策划、活动安排、最后信息整理及报告总结。龚丹媛负责调研信息采集

刘鑫、毕洪玮负责编写问卷、采访大学生志愿者及拍摄与整理照片。
刘小冬、姜言青负责社会活动调研、采访社会义工及拍摄与整理照片。

(三)时间安排

2017 年 4 月 24 日之前,完成活动策划,完成信息采集工作。
4 月 24—29 日进行网上问卷调查。
4 月 30 日,线上调查结束,进行信息回收整理。
5 月 1 日,进行大学生志愿者采访、照片拍摄和信息汇总。
5 月 7 日,进行社会义工采访、照片拍摄和信息汇总。
5 月 14 日,撰写活动报告。

五、预期结果

预期调查的结果,多数被调研对象在校学习期间都有过参加志愿服务活动的经历。

而且在参加过志愿服务的同学中,绝大多数的同学愿意继续参加志愿服务,也有部分同学不确定。在没有志愿服务经历的同学中,愿意参加的同学也较多。大学生参加志愿服务的频率情况,以每月两三次居多,能做到只要有需要任何时间都可以的同学较少。大学生参加的志愿服务的调查内容中,大型会展、大型运动会等活动服务,环境保护与美化服务,帮助孤寡老人、残疾人的服务,支教服务为主要内容。关于公益活动中存在的问题,有不少同学会提出来,以供我们分析给出建议。至于关于志愿活动的建议,有部分较为合理良好的建议可以收集采纳。

六、调研数据分析

问题3　您参加志愿活动的情况如何?

具体要求调查结果如图1所示。

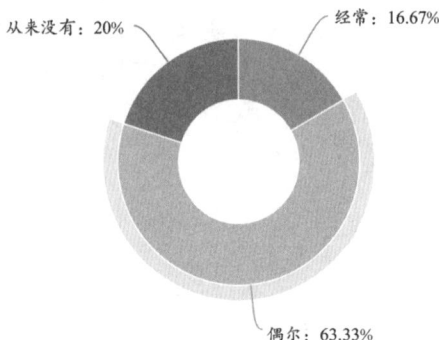

图1　问题3的调查结果

根据统计数据分析,约 16.67% 的同学经常参加志愿活动,约 63.33% 的同学偶尔参加志愿活动,20% 的同学从来没有参加过志愿活动。

问题4　您参加志愿服务活动的初衷是什么?

根据统计数据分析,50% 的同学觉得做志愿者很光荣;75% 的同学认为参加志愿活动可以锻炼实际能力;约 71.67% 的同学认为志愿活动可以丰富大学生活;约 28.33% 的同学认为参加志愿活动可以帮助社会上的弱势群体;约 55% 的同学认为参加志愿活动可以认识社会;约 13.33% 的同学是看到别人加入,自己也加入;约 8.33% 的同学有其他认识。

问题5　您有时候没有参加志愿活动的原因是什么?

根据统计数据分析,约 57.38% 的同学没有及时获得相关信息,约 76.67% 的同学没有时间参加志愿活动,约 38.33% 的同学不清楚参加志愿活动的途径,约 30% 的同学对志愿活动不感兴趣,约 8.33% 的同学认为参加志愿活动对自己没有帮助,约 6.67% 的同学有其他原因。

问题6　如果您参加过志愿活动,当时主要通过什么渠道获得服务信息?

根据统计数据分析,50% 的同学通过志愿服务平台获得相关信息,80% 的同学通过朋友或同学获得相关信息,约 8.33% 的同学通过广播、报纸或展板等媒体获得相关信息,约 61.67％的同学通过校园宣传获得相关信息,5％的同学通过其他途径获得相关信息。

问题 7 您了解的学校志愿者协会或者相关组织有哪些?

根据统计数据分析,70％的同学了解青年志愿者协会,约 63.33％的同学了解微尘志愿者协会,约 48.33％的同学了解青尘义工队,50％的同学了解支教团队,约 38.33％的同学了解三下乡团队,约 15％的同学了解其他志愿者团队。

问题 8 您对公益服务活动的态度是什么?

具体调查结果如图 2 所示。

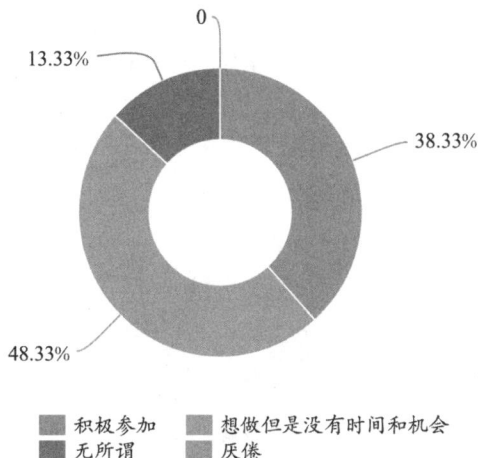

0

13.33％

38.33％

48.33％

■ 积极参加   ■ 想做但是没有时间和机会
■ 无所谓   ■ 厌倦

图 2 问题 8 的调查结果

根据统计数据分析,约 38.33％的同学积极参加公益活动,约 48.33％的同学想做但是没有时间和机会,约 13.33％认为参不参加公益活动无所谓,没有同学厌倦公益活动。

问题 9 您以什么形式参加志愿服务活动?

根据统计数据分析,约 91.67％的同学通过学生志愿者组织积极参加志愿活动,约 6.67％的同学自己组织志愿活动,55％的同学通过社会公益组织参加志愿活动,15％的同学通过其他形式参加志愿活动。

问题 10 您更愿意参加哪一类的志愿服务活动?

根据统计数据分析,约 43.33％的同学愿意参加义务支教,45％的同学愿意参加社区服务,约 68.33％的同学愿意为大型活动或赛事提供服务,25％的同学愿意助老扶幼,40％的同学愿意参加校园环境保护,10％的同学愿意参加义务卖报,约 18.33％的同学愿意参加维持秩序的活动,约 8.33％的同学还有参加其他形式志愿活动的意愿。

问题 11 您更希望通过志愿服务活动帮助到哪些人?

通过统计数据分析,约 43.33％的同学愿意帮助孤寡老人,约 48.33％的同学愿意帮助留守儿童,30％的同学愿意帮助农民工,38.33％的同学愿意帮助贫困地区人群,68.33％的同学没有特定的人群,觉得有帮助就好。

问题 12 您希望多久可以参加一次志愿活动?

具体调查结果如图 3 所示。

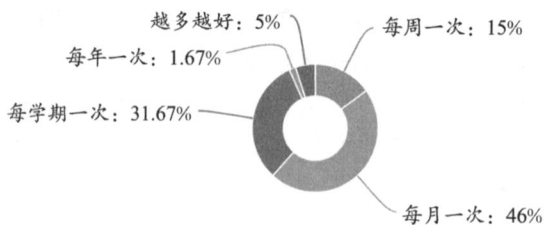

图 3　问题 12 的调查结果

根据统计数据分析，有 15% 的同学希望每周一次，有 46% 的同学希望每月一次，有 31.67% 的同学希望每学期一次，有 1.67% 的同学希望每年一次，约有 5% 的同学希望越多越好。

问题 13　参加志愿活动会影响您的学习或生活吗？

具体调查结果如图 4 所示。

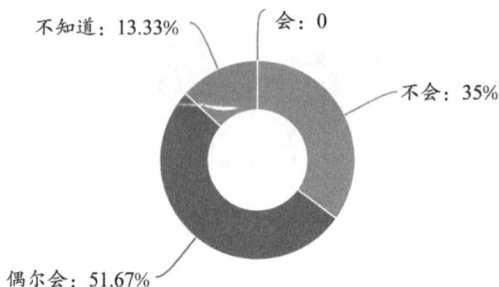

图 4　问题 13 的调查结果

根据统计数据分析，35% 的同学认为不会影响，约 51.67% 的同学偶尔会影响，约 13.33% 的同学不知道是否会影响，没有同学认为会影响。

问题 14　您认为公益活动服务效果怎么样？

具体调查结果如图 5 所示。

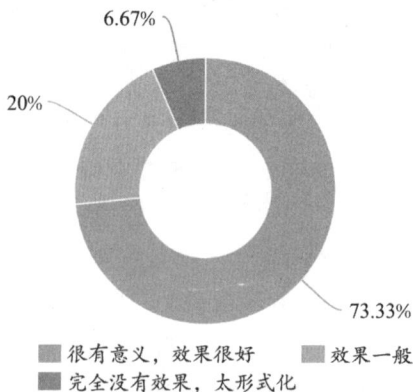

图 5　问题 14 的调查结果

根据统计数据分析，约 73.33% 的同学认为公益活动很有意义，效果很好；20% 的同学认为公益活动效果一般；约 6.67% 的同学认为公益活动完全没有效果，太形式化。

问题 15　您认为现在的志愿服务活动开展中,遇到的最大的问题是什么?

根据统计数据分析,50％的同学认为资金不足,54％的同学认为学校的支持度不够,45％的同学认为组织管理不良,45％的同学认为与外界联系少,15％的同学认为有其他原因。

问题 16　您认为下面哪一种说法是对志愿公益活动最适当的评价?

具体调查结果如图 6 所示。

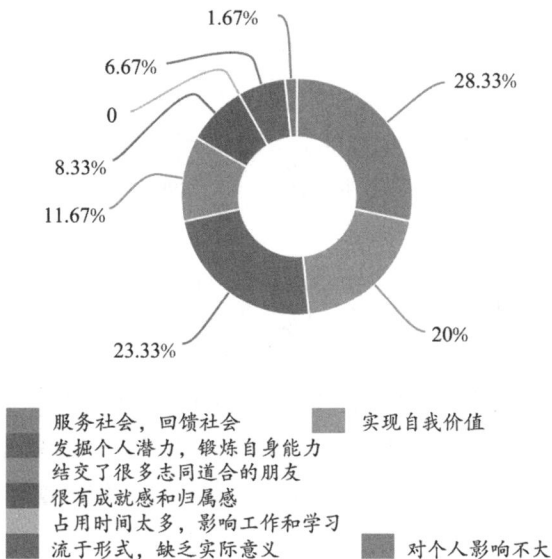

1.67%
6.67%
0
8.33%
11.67%
28.33%
23.33%
20%

服务社会,回馈社会　　　实现自我价值
发掘个人潜力,锻炼自身能力
结交了很多志同道合的朋友
很有成就感和归属感
占用时间太多,影响工作和学习
流于形式,缺乏实际意义　　　对个人影响不大

图 6　问题 16 的调查结果

根据统计数据分析,约 28.33％的同学认为志愿公益活动能够服务社会、回馈社会,20％的同学认为可以实现自我价值;约 23.33％的同学认为可以发掘个人潜力,锻炼自身能力;约 11.67％的同学认为可以结交很多志同道合的朋友;约 8.33％的同学很有成就感和归属感;约 6.67％的同学认为志愿公益活动流于形式,缺乏实际意义;约 1.67％的同学认为对个人影响不大。

问题 17　您认为志愿服务的前景怎么样?

具体调查结果如图 7 所示。

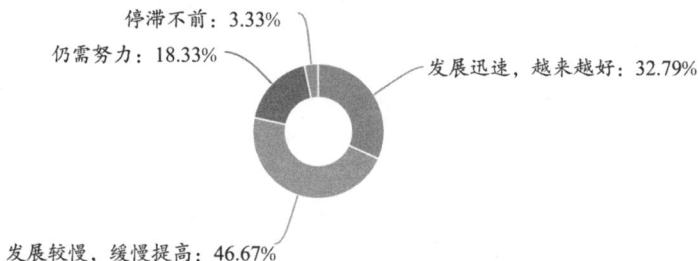

停滞不前:3.33%
仍需努力:18.33%
发展迅速,越来越好:32.79%
发展较慢,缓慢提高:46.67%

图 7　问题 17 的调查结果

根据统计数据分析，约 3.33％的同学认为志愿服务停滞不前；约 32.79％的同学认为发展迅速，越来越好；约 46.67％的同学认为志愿服务发展较慢，缓慢提高；约 18.33％的同学认为缓慢发展，还需努力。

问题 18　您认为目前志愿服务活动有哪些方面需要改进？

根据统计数据分析，约 66.67％的同学认为应该进一步丰富志愿服务活动形式，约 61.67％的同学认为应该提高志愿者的积极性，约 48.33％的同学认为应该坚持活动开展的长期性，约 48.33％的同学认为应该加强志愿者管理组织的建设。

本次调查中填写问卷的男女比例接近 1∶1。经常参加志愿活动的比例在 17％左右；偶尔参加的居多，占 59％左右；也有 24％左右从来没有参加过公益活动。觉得做志愿者能提高自身能力的占 78％；也有部分人看别人加入，自己也加入。在公益活动进行过程中，54％未参加过志愿活动的人是因为没有及时获取信息，说明我们的宣传力度还不够；也有绝大多数人说自己没有时间参加。而在志愿活动信息传播途径上，则以朋友同学间交流居多。如果以校园广播、展板宣传，则起不到很好的效果。

不过，大家对学校的一些志愿者组织协会、社团如微尘志愿者协会、青年志愿者协会等都比较了解，从其内向外推广或活动预计会产生良好的反应。对待志愿活动，积极参加和想参加没时间的人数持平，也反映了广大同学对于志愿活动的积极性。希望通过活动帮助到的各类群体如孤寡老人及留守儿童所占比例等都很相近，说明同学们对于志愿服务对象认识的多样性。接近 50％的人觉得每月一次志愿活动频率较为合适，绝大多数同学也能合理安排活动与学习的时间，不影响自己的学习生活。

68％的同学愿意为大型活动或赛事提供服务，愿意参加义务支教和社区服务的同学也有 90％，50％的同学愿意参加助老扶幼和校园环境保护类的志愿活动，其他的还有意向参加义务卖报和维持秩序的公益活动。

超过 76％的同学认为志愿服务活动效果很好，也认为公益活动很有意义；超过 90％的同学评价志愿活动能服务社会、回馈社会，能够在活动中实现自我价值，发掘个人潜力，锻炼自身能力，同时结交到志同道合的朋友，认为在志愿服务过程中很有成就感和归属感。这说明当代大学生热衷公益的还是占大多数，大学生的社会素质较高，以服务社会为己任，为社会的发展能作出自己的贡献。也有 10％的同学认为公益活动缺乏实际意义，对个人影响不大。

当然，目前无论是志愿服务还是公益活动都存在有待改进的问题。此次调查中，我们就活动开展中遇到的最大问题进行问卷调查，结果显示在资金不足、学校的支持度不够、组织管理不良、与外界联系少等方面还需要我们共同努力。

超过 40％的同学认为现在的志愿活动发展较慢，缓慢提高，也给出了许多建议如进一步丰富志愿活动形式、提高志愿者的积极性、坚持活动开展的长期性、加强志愿者管理组织的建设等。还有 30％左右的同学认为现阶段的志愿服务活动发展较好，也相信会越来越好。

70％的同学认为自己对志愿活动的选择会受到社会人士的影响，社会对大学生的影响还是存在且必要的。

七、调查总结及相应建议

调查结束后,小组人员经过讨论,就调查结果与当前社会情况相结合,给出如下建议。

(1)当下的志愿服务宣传力度需要加强,宣传方式、手段以及宣传范围、时间都应该进一步完善。

(2)学校应给予志愿者协会大力支持,可以组织大学生参加各种大型活动及赛事的志愿活动,增加大学生的社会经验,提升大学生的基本社会素养与社会能力。

(3)志愿者组织应该依靠自身优势,发挥自身特点,创建属于自己的品牌活动,并坚持长期、定时举办。服务内容应与社会接轨,不断进行革新和补充完善,做到有益于大学生身心发展。

(4)对于资金不足等困难,志愿者团队应积极寻求赞助、捐款等途径解决经费问题。适当扩大志愿者组织队伍,获取更多支持。

(5)建立完善的奖励表彰制度,如适当给予荣誉表彰。

(6)加强与社会的联系,扩大协会组织的影响力,发展良好的服务资源。

(7)多与社会志愿者交流合作,以便吸取教训与经验,帮助团队更好地发展。

(指导教师:孙德菁)

大学生爱情及婚姻观念调查报告

高机 154　周尚文(组长)　秦　健　俞佩瑶　李　睿　侯　旭　种传峰　孟德成

摘　要:信息时代的来临使社会生活发生巨大变化,人们的各种观念也随之发生了变化。作为生活在信息时代前沿的大学生,传统的爱情观、婚姻观遭受巨大挑战。本文根据对青岛科技大学学生调查数据的分析,揭示了当代大学生在爱情及婚姻观念方面可能出现的问题,并对问题提出了合理的建议。

关键词:大学生;爱情;恋爱及婚姻观念;青岛科技大学

一、选题分析

(一)立论依据

近年来,随着经济的发展,整个社会发生了巨大的变化。人们的思想观念也在不断变化,传统的婚姻观、爱情观遭受巨大挑战。大学生作为其中最有代表性的群体,他们的爱情观、婚姻观也随之发生了很大变化,在情感上表现得更加大胆和开放。大学生是国家建设的栋梁,其爱情观和婚姻观积极与否直接关系到其心理健康、学业成功等问题,进而影响到的大学生其综合素质和整体发展水平,影响未来的国民素质和社会的发展。因此,全面了解大学生的爱情和婚姻观是十分重要的。

(二)调研目的

本调研通过对在校大学生的调查研究来了解当代大学生的爱情及婚姻价值观,帮助大学生正确对待恋爱,处理恋爱挫折,端正恋爱动机,树立正确的爱情观、婚姻观及人生价值观。

二、调研准备

(一)调研时间

2017 年 4 月 8 日—5 月 23 日。

（二）地点

青岛科技大学。

（三）对象选取

青岛科技大学在校学生。

（四）调查方案及具体实施

此次调查采用网络调查问卷和纸制调查问题相结合。网络调查问卷通过问卷星填写，并由各组员通过 QQ 空间、微信朋友圈等渠道进行扩散。纸质版调查问卷以及采访在青岛科技大学宿舍、餐厅、图书馆、教学楼等人流比较密集的地方随机抽取调查对象进行调查。

三、调研分析

（一）调查具体内容

2017 年 4 月 8 日—5 月 23 日，组内成员开始进行社会调研实践活动。本小组的调查内容分为三个部分。第一部分，小组成员选择青岛科技大学图书馆、明德楼及弘毅楼发放问卷，对过往的学生进行问卷调查。第二部分，对本班级学生发放问卷进行调查。第三部分，使用问卷星，对青岛科技大学学生进行网络调研。问卷发放数量如表 1 所示。

表 1 问卷发放数量

形式	发放问卷数/份	收回问卷数/分	成功率/%
随机调查	74	74	100
班级调查	26	26	100
线上调查	176	176	100
总计	276	276	100

本次调研共发放纸质调查问卷 100 份，网络调查问卷 176 份。在被调查者中，男生共 127 人，女生共 149 人。大二学生人数最多，为 146 人；其次是大一学生，为 92 人。在专业类型中，48％的被调查者为工学，11％为理学。有 35.8％的人目前正在恋爱中，而 64.2％的人正处于单身状态中。

（二）调研数据分析

问题 1 您怎样看待大学生恋爱？
具体调查结果如图 1 所示。

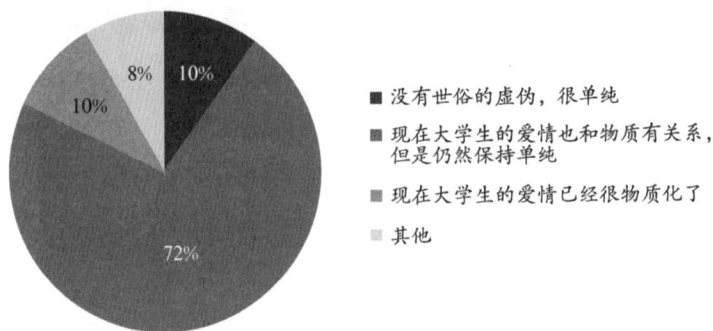

图1 问题1的调查结果

调查结果显示,大部分大学生认为,"现在大学生的爱情也和物质有关系,但是仍然保持单纯"。可见,在目前物欲横流的社会中,正在接受高等教育的大学生并没有放弃对单纯美好的爱情的追求。但是也并没有过于理想化,大部分人还是承认了在这个物质化的社会中,恋爱也不可避免地越来越现实。可以说,大部分人还是能够很清楚地看明白爱情,并在恋爱中保持理智。

问题2 您认为大学生恋爱目的是什么?

问题2的调查结果如图2所示。

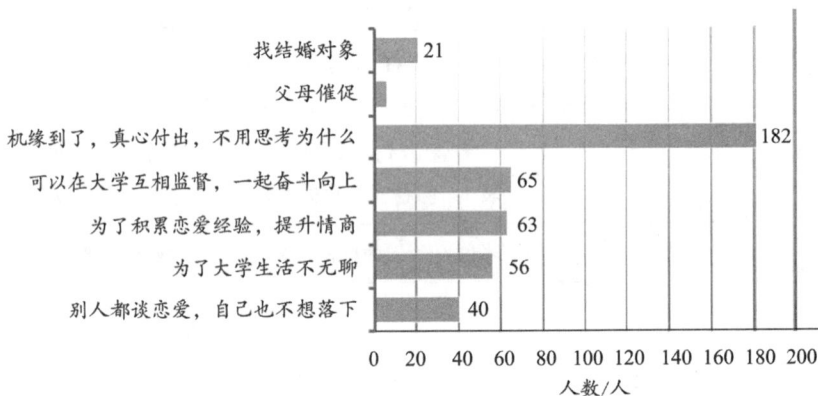

图2 问题2的调查结果

从图2中可以看出,选择"机缘到了,真心付出,不用思考为什么"的最多,而选择"找对象结婚""父母催促"的较少。由此可以看出,大学中的恋爱并没有来自父母等方面的压力,相对来说更为自由。也人打算在大学的恋爱中找到结婚对象,不过这部分人不多。选择"别人都谈恋爱,自己也不想落下"的人也并不多。这说明了"大学期间不恋爱,大学生活就不完整"等观点并没有对大学生产生很大影响,从众心理在大学生恋爱中的作用并不像想象中那么大。

问题3 您认为大学恋爱可以坚持到结婚吗?

具体调查结果如图3所示。

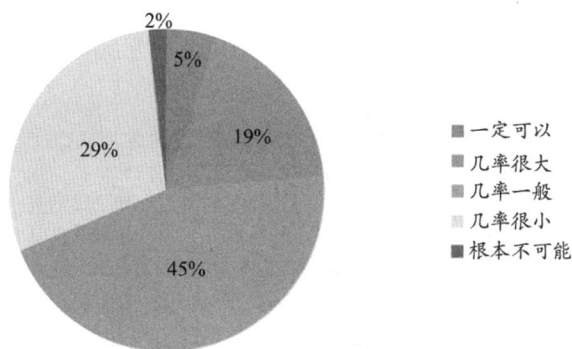

- 2%
- 5%
- 19%
- 29%
- 45%

■ 一定可以
■ 几率很大
■ 几率一般
■ 几率很小
■ 根本不可能

图3　问题3的调查结果

关于这个问题,大部分人都认为概率一般,认为一定可以和根本不可能的都只占很小一部分。调查发现,在恋爱中,结婚仿佛成为一种负担。一经提起,多数人都会避而不谈,甚至连想都不愿去想。那么在大学的恋爱中,到底要不要以结婚为目的呢?经过研究讨论,我们认为,在大学恋爱中,以结婚为目的的谈恋爱利大于弊。原因有以下三点:第一,以结婚为目的谈恋爱是对大学美好爱情的追求;第二,以结婚为目的谈恋爱可以使人更有责任感;第三,以结婚为目的谈恋爱能增加双方面对困难的勇气。因此,以结婚为目的的恋爱是值得提倡的。

问题4　如果失恋了,您可能会怎样?

具体调查结果如图4所示。

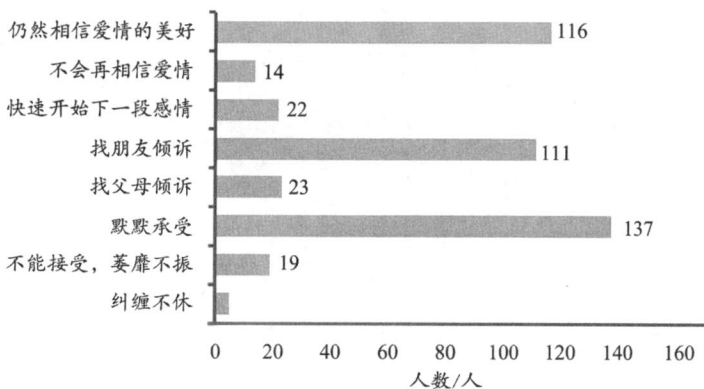

- 仍然相信爱情的美好　116
- 不会再相信爱情　14
- 快速开始下一段感情　22
- 找朋友倾诉　111
- 找父母倾诉　23
- 默默承受　137
- 不能接受,萎靡不振　19
- 纠缠不休

人数/人

图4　问题4的调查结果

既然有恋爱,那么失恋就是不可避免的。恋爱并不是一帆风顺的,恋爱中的两个人有可能因为生活习惯不同,与其他异性之间的关系处理得不好,或是某一方面没有考虑到,而产生种种矛盾。这些小矛盾不断地积累,最终就会成为分手的原因。而面对失恋,有的人一蹶不振,不再相信爱情;也有的人积极面对,在缘分来时开始下一段感情。

根据数据来看,大部分人还是相信爱情的,有人会找朋友倾诉,有人会默默承受,最终都是为了一个目的,那就是从失恋的阴影中走出来。

问题 5　您怎样看待异地恋？

具体调查结果如图 5 所示。

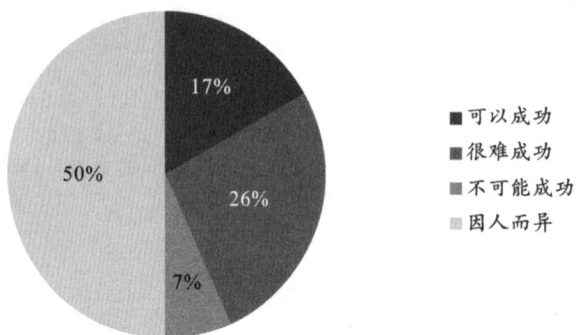

图 5　问题 5 的调查结果

异地恋是当代大学生中存在的普遍问题。在调查中，填写问卷的大学生一半选择了"因人而异"，只有 7% 的人认为不可能成功。总体来说，大学生面对异地恋还是持有乐观的态度的。大学生异地恋中的影响因素大体来说有成本、目标差异、问题解决的滞后性等，而且异地恋中的两个人可能会因为生活环境、社交环境不同而产生人生观的差异，就会导致种种矛盾。

问题 6　您的理想结婚年纪是什么？

具体调查结果如图 6 所示。

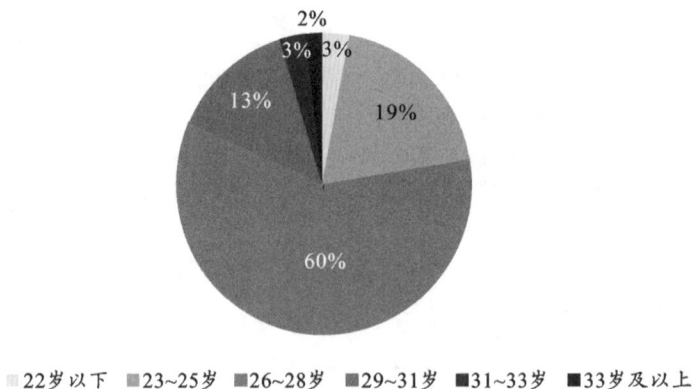

图 6　问题 6 的调查结果

根据调查结果可知，60% 的大学生理想的结婚年龄是 26～28 岁，19% 的大学生理想的结婚年龄是 23～25 岁，13% 的大学生理想的结婚年龄在 29～31 岁，认为应该在 22 岁以前结婚和在 31～33 岁结婚的大学生均占 3%，打算在 33 岁以后结婚的大学生仅占 2%。由此可以看出，大学生的婚姻观念在结婚年龄方面发生了改变。60% 的大学生结婚年龄与父辈相比发生了推迟，但 95% 的大学生还是选择在"三十而立"之前解决自己的婚姻问题。近年来，社会发展带动了大学生婚姻观念的转变，"立业"比"成家"似乎更能引起大学生们的重视，但"不成家无以立"的思想也在深深影响着大学生和他们的家长。

问题7　若您在恋爱中,恋爱花销占据您总生活费比例是多少?

具体调查结果如图7所示。

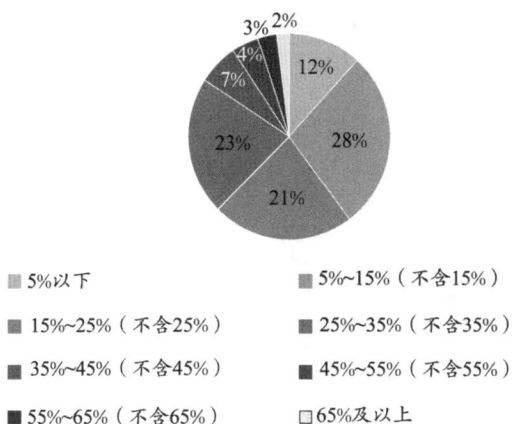

图7　问题7的调查结果

　　根据调查结果显示,28％的大学生的恋爱花销占总生活费的 5％～15％,23％的大学生的恋爱花销占总生活费的 15％～25％,21％的大学生的恋爱花销占总生活费的 25％～35％,12％的大学生的恋爱花销占总生活费的 5％以下,16％的大学生的恋爱花销占总生活费的 35％以上。由此可见,大多数大学生的恋爱消费占总生活费的 5％～35％,大学生对恋爱消费较为理智。仅有 2％的大学生的恋爱花销占其总生活费的 65％以上。建议这些同学合理支配恋爱花销,美好的恋爱不应建立在物质基础上。

　　问题8　如果恋爱了,你会告诉父母吗?

　　具体调查结果如图8所示。

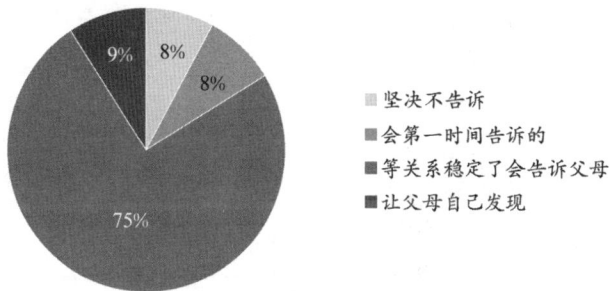

图8　问题8的调查结果

　　由调查结果可知,75％的大学生恋爱后选择等关系稳定了再告诉父母,9％的大学生恋爱后选择让父母自己发现,还有 8％的大学生会选择第一时间告诉父母,8％的大学生选择坚决不告诉父母。由此可以看出,大多数的大学生恋爱后会选择告诉父母,特别是等关系稳定后再告诉父母,希望得到家庭的支持。这说明了大学生对恋爱的一种认真负责的态度。恋爱不仅仅是两个人的事。

问题 9　遇到喜欢的人,您会主动追求吗?

具体调查结果如图 9 所示。

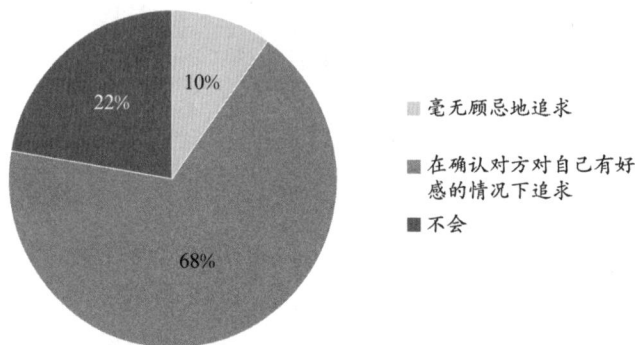

图 9　问题 9 的调查结果

根据调查显示,68% 的学生在遇到喜欢的人时,在确认对方对自己有好感的情况下,会主动追求对方;只有 10% 的学生会毫无顾忌地追求对方;而另外 22% 的学生却在遇到自己喜欢的人时不会追求。可以看出,大部分学生对待恋爱时会考虑到对方的情况,然后再决定追求与否。这部分学生对待恋爱是比较理智和现实的。只有少部分学生会毫无顾忌地追求恋爱对象,希望这部分学生能够理智地展开追求,以免造成双方的困扰。而另外有 22% 的学生面对恋爱时比较腼腆,不会表达自己的爱慕之情。希望这部分同学更加自信,毕竟恋爱也是人生中一段美妙的经历。

问题 10　您认为哪些是择偶的重要标准?

具体调查结果如图 10 所示。

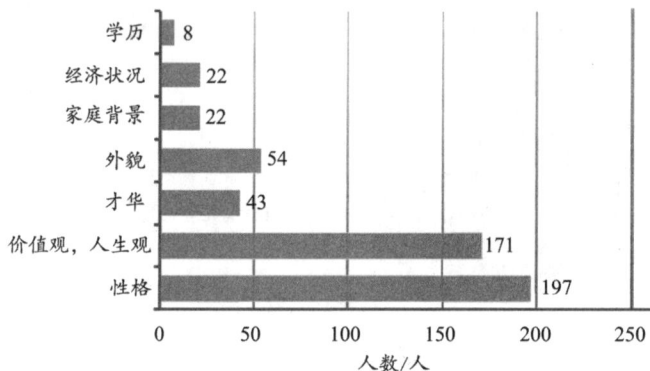

图 10　问题 10 的调查结果

统计数据反映,绝大多数人都认为价值观是否相互认同、性格是否合得来是自己最重要的择偶标准。其次为相貌与才华。很少有人会将对方的家庭情况以及学历作为最重要的择偶标准,一方面可能是不好意思这样说,但另一方面也从一定程度上说明当代大学生的择偶标准偏于理想化。

四、意见与建议

(一)学校层面

当代大学生正值青春,接受新生事物较快,思想活跃,渴望友谊、交往;同时,社会阅历浅,从学校到学校的生活使他们的心理素质比较脆弱,在鉴别能力上不够成熟。因而在高校的爱情观和婚姻观教育中,要围绕社会上婚恋问题的热点和焦点问题,有针对性地对学生进行主题教育和专题教育,帮助学生认识、理解、分析社会现实问题,引导学生树立正确的婚姻观、爱情观和人生价值观。

(二)学生个人层面

1. 正确对待恋爱

正确处理好恋爱、学业、事业之间的关系。恋爱很重要,但它并不是人生的全部。大学生虽然没有了沉重的课业,但本质上还是学生。在恋爱的同时保证学习,才是大学生应该做到的。

2. 正确处理恋爱挫折

面对恋爱,要敢于正视现实。爱情是双向的、相互的,以双方的感情为基础。无论哪一方没了感情,恋爱都宣告终止。这时就要学会放手。作为有理智的大学生,应该正视这一事实,不要让失恋成为学习、工作的绊脚石。

3. 端正恋爱动机

恋爱是为了寻求志同道合、白头偕老的终身伴侣。恋爱对象的选择是一个复杂的过程,不能忽视了经济、文化、个性等因素,但是共同的理想品德和情操是最根本的基础。恋爱动机的好坏,直接关系到恋爱的成功与否。大学生作为新时代的桥梁,其恋爱观应该是理想、道德、事业和爱情的有机结合。

(指导教师:孙德菁)

大学生共享单车使用情况的调查

新能源 151　刘东喜(组长)　黄志电　冯耀强　朱中琪　曲明杰

摘　要:当下,共享经济成为热门话题,共享单车已经越来越多地引起了人们的注意。为了进一步了解在校大学生对共享单车的认识以及现在共享单车存在的潜在问题,提高出行效率,使共享单车资源得到合理利用,我们对这一课题进行了认真调查研究。本文通过对我市部分高校引进共享单车后出行交通方式变化情况的统计调查以及国家政策实施结果的分析研究,总结了共享单车的出现对大学生出行便利的促进效应,提出对共享单车升级改造的积极意见,以实现共享领域的双赢。

关键词:共享单车;交通方式;国家政策;升级改造

一、调查背景

在当今共享经济迅速发展的时代,各大城市也正风靡着一些"橙黄色旋风""绿旋风"等。共享单车的出现方便了人们的出行,深受广大城市居民的喜爱。共享单车是指企业与政府合作,在校园、地铁站点、公交站点、居民区、商业区、公共服务区等提供单车共享服务,是共享经济的一种新形态。用户打开共享单车 APP,就可以查看附近可租用单车的分布图、进行预约等。找到单车后,用手机扫二维码即可开锁骑车;骑行结束后,将车辆停放在道路两侧可以停放自行车的区域,锁车即可完成使用。根据第三方数据研究机构发布的《2016 中国共享单车市场研究报告》显示,截至 2016 年底,中国共享单车市场整体用户数量已达到 1 886 万;预计 2017 年,共享单车市场用户规模将继续保持大幅增长,年底将达 5 000 万用户规模。随着移动互联网的快速发展,以 OFO 为代表的互联网共享单车应运而生,更加便捷的无桩单车开始取代有桩单车。

2017 年 3 月 21 日,OFO 共享单车在青岛的投放,意味着共享单车在岛城的抢滩登陆战正式打响。面对 OFO 共享单车的新鲜面孔,欢迎的声音有,质疑的声音也有。共享单车,究竟是又一轮烧钱大战的资本秀场,还是解决城市一公里交通难题的利器,一切都有待时间的检验。为了解青岛部分高校大学生对共享单车的了解和使用情况,本小组开展了对青岛部分高校大学生共享单车使用情况的调查。

二、调查目的

(1)当前共享单车在很多城市推行。希望通过调查能更加详细地了解大学生使用共享单车的现状,以便解决共享单车存在的种种问题,提高出行的效率。

(2)通过调查所得的数据分析,帮助我们了解共享单车对于全社会出行交通方式的影响,了解共享单车整体的社会现状,为城市制定决策提供参考依据。

(3)根据调查所得结论,提出对共享单车升级改造的积极意见,实现共享领域的双赢。

三、调研准备

(一)调研方案

本次关于对大学生共享单车使用情况的调查,我们采用发放网络调查问卷和纸质调查问卷的形式,依托"问卷星"的技术支持,通过网页、QQ、微信等平台对 513 名非青岛科技大学崂山校区的学生进行匿名抽查;并以两人为一组的形式在青岛科技大学崂山校区明德楼、图书馆、餐厅等场所发放纸质版调查问卷。

(二)调研时间及地点

(1)2017 年 4 月 15 日,设计调查问卷。

为了更好地达到调研目的,更深入地了解大学生共享单车的使用情况,本小组于 2017 年 4 月 15 日在图书馆进行了讨论,通过询问老师和查阅资料,最终确定了本次调查所需的问卷。

(2)2017 年 4 月 20 日,在中国海洋大学崂山校区进行网络问卷调查。

经过小组地讨论,决定以在调查校区建立 QQ 群或微信群的形式进行网络问卷调查。2017 年 4 月 20 日,小组成员刘东喜和黄志电在中国海洋大学崂山校区对 97 名学生进行了网络问卷调查。共发放查问卷 97 次,回收 97 份。

(3)2017 年 4 月 22 日,在青岛大学东校区进行网络问卷调查。

2017 年 4 月 22 日,小组成员朱中琪和曲明杰在青岛大学东校区对 64 名学生进行了网络问卷调查,共发放调查问卷 64 次,回收 64 份。

(4)2017 年 4 月 23 日,在中国海洋大学鱼山校区和青岛大学中心校区进行网络问卷调查。

2017 年 4 月 23 日,小组成员刘东喜和冯耀强在中国海洋大学鱼山校区和青岛大学中心校区对 102 名学生进行了网络问卷调查。共发放调查问卷 102 次,回收调查 102 份。其间通过访谈的形式了解了两校学生对共享单车的看法。

(5)2017 年 4 月 25 日,在青岛科技大学崂山校区发放纸质调查问卷。

2017 年 4 月 25 日下午,小组全体成员在青岛科技大学崂山校区明德楼、图书馆、弘毅楼和餐厅发放纸质调查问卷 100 份,回收 95 份。

(6)2017 年 4 月 27 日,在青岛科技大学四方校区进行网络问卷调查。

2017 年 4 月 27 日,小组成员朱中琪和曲明杰在青岛科技大学四方校区对 69 名学生进行了网络问卷调查。共分享调查问卷 69 份,回收 69 份。

(7)2017 年 4 月 28 日,在青岛农业大学进行网络问卷调查。

2017 年 4 月 28 日,小组成员刘东喜和冯耀强在青岛农业大学对 86 名学生进行了网络问卷调查。共发放调查问卷 86 次,回收 86 份。其间,拍摄了多组青农大学生在使用共享单车时常见的问题的照片。

四、调研分析

(一)调查内容

本次调查的内容为大学生对共享单车的使用情况,本次调查采用在线问卷调查和线下调查的方式。原始数据的提取从 2017 年 4 月 20 日持续到 2017 年 4 月 28 日,共耗时 9 天。本次调查共有 513 人提交了问卷,问卷有效率为 100%。其中,男生 297 人,占被调查者的 57.94%;女生 216 人,占被调查者的 42.06%。被调查者中,大一学生占 29.91%,大二学生占 47.66%,大三学生占 15.89%,大四学生占 3.74%,其他学生(含研究生)占 2.8%。

(二)数据分析

调查原始数据统计情况见如下。

问题 1　您是否了解过共享单车?

具体调查结果如图 1 所示。

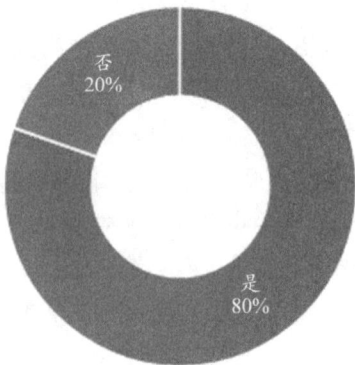

图 1　问题 1 的调查结果

根据统计数据,约 20% 的学生没有了解过共享单车,约 80% 的学生了解过共享单车。

问题2　您是否使用过共享单车?

具体调查结果如图 2 所示。

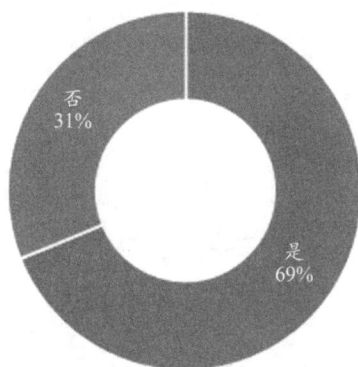

图 2　问题 2 的调查结果

根据统计数据,约 31% 的学生没有使用过共享单车,约 69% 的学生使用过共享单车。

问题3　您是通过什么途径了解共享单车的?

具体调查结果如图 3 所示。

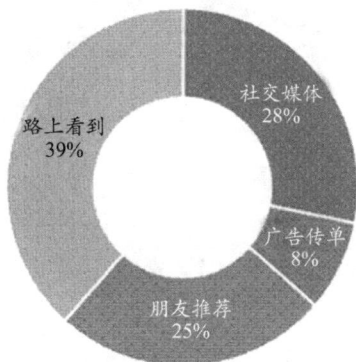

图 3　问题 3 的调查结果

根据统计数据,约 39% 的学生通过在路上看到而了解的共享单车,约 28% 的学生通过社交媒体了解的共享单车,约 25% 的学生通过朋友推荐了解的共享单车,约 8% 的学生通过广告宣传了解的共享单车。

问题4　您在什么情况下会使用共享单车?

具体调查结果如图 4 所示。

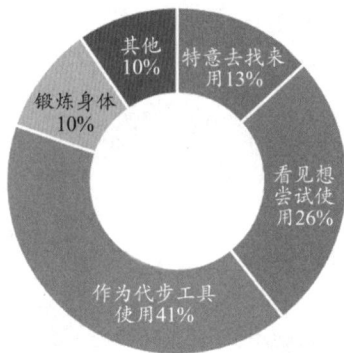

图 4　问题 4 的调查结果

　　根据统计数据,约 41% 的学生出于作为代步工具的目的而使用共享单车,约 26% 的学生出于看见想尝试的目的而使用共享单车,约 13% 的学生特意找来用,约 10% 的学生出于锻炼身体的目的而使用共享单车,约 10% 的学生出于其他目的而使用共享单车。

　　问题 5　您选择共享单车的因素是什么?

　　具体调查结果如图 5 所示。

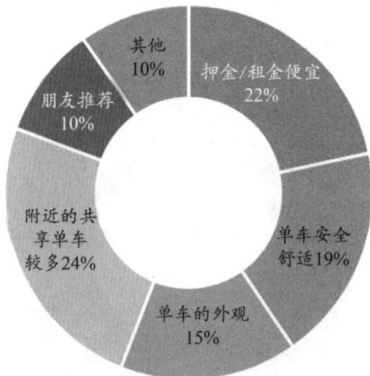

图 5　问题 5 的调查结果

　　根据统计数据,约 24% 的学生是由于附近的共享单车较多而使用共享单车,约 22% 的学生是因为押金/租金便宜而使用,约 19% 的学生是因为单车安全舒适而使用共享单车,约 15% 的学生是因为单车的外观因素而使用,约 10% 的学生是因为朋友推荐而使用共享单车,约 10% 的学生是因为其他原因而使用共享单车。

　　问题 6　共享单车是否让您出行更方便?

　　具体调查结果如图 6 所示。

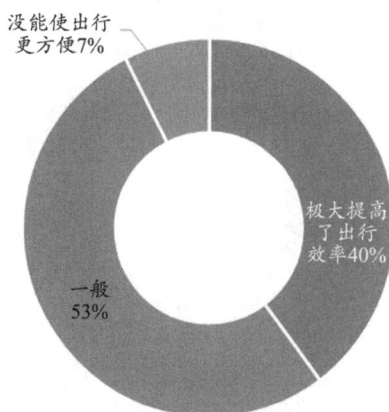

图 6　问题 6 的调查结果

根据统计数据,约 53% 的学生认为共享单车在出行方面方便程度一般,约 40% 的学生认为共享单车极大提高了出行的效率,约有 7% 的学生认为共享单车没能使出行方便。

问题 7　很多共享单车使用者用完单车后,见空就停、随手乱放、破坏公共秩序。您平时用完之后会将单车停放在哪?

具体调查结果如图 7 所示。

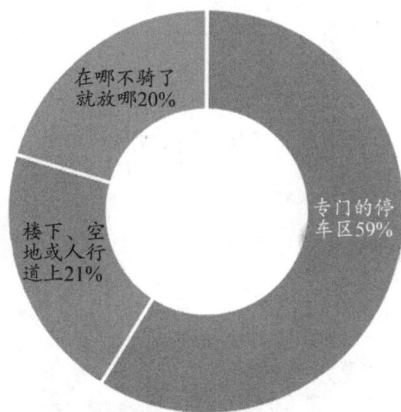

图 7　问题 7 的调查结果

根据统计数据,约 59% 的学生使用共享单车后停放在专门的停车区,约 21% 的学生使用共享单车后停放在楼下、空地或人行道上,约 20% 的学生使用共享单车后在哪不骑就停在哪里,没有学生停放在家里。

问题 8　您在使用共享单车时,遇到了哪些问题?

具体调查结果如图 8 所示。

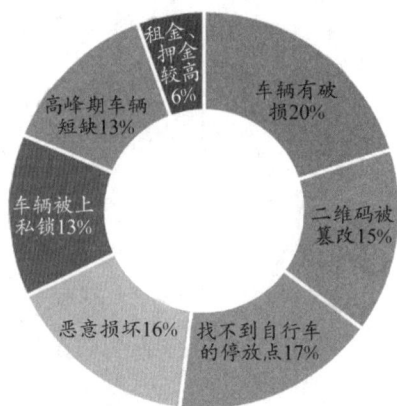

图 8　问题 8 的调查结果

根据统计数据,约 20% 的学生遇到过车辆有损坏的问题,约 17% 的学生遇到过找不到自行车停放点的问题,约 16% 的学生遇到过恶意损坏的问题,约 15% 的学生遇到过二维码被篡改的问题,约 13% 的学生遇到过高峰期车辆短缺的问题,约 13% 的学生遇到过车辆被上私锁的问题,约 6% 的学生认为租金/押金较高的问题。

问题 9　当您看到有人在恶意破坏共享单车时,如上私锁、篡改二维码等,您会怎么做?

具体调查结果如图 9 所示。

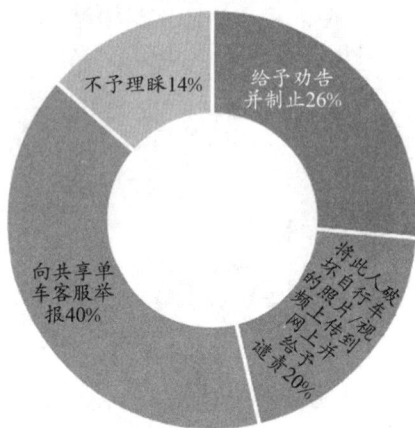

图 9　问题 9 的调查结果

根据统计数据,当看到有人在恶意破坏共享单车时,约 40% 的学生向共享单车客服举报,约 26% 的学生给予劝告并制止,约 20% 的学生将破坏自行车的照片/视频上传到网上并给予谴责,约 14% 的学生选择不予理睬。

(三)调查结果综合分析

对问题 1 的调查结果显示,80% 的大学生对共享单车有一定的了解,并约 68.81% 的同学使用过共享单车。对问题 4 的调查结果显示,约 41% 的同学选择了"作为代步工具使用"这一选项;对问题 5 的调查结果显示,选择"附近的共享单车较多""押金/租金便宜""单车安全舒适"位居前三位。由此可见,大学生使用共享单车的目的一般是作为代步工具,而押金/租金便宜、单车安全舒适、附近的共享单车较多,成为共享单车受大学生群体欢迎的主要因素。结合问题 6 的调查结果表明,共享单车确实能够方便大学生的生活出行。问题 8 调查了大学生在使用共享单车时遇到的问题。数据显示,车辆破损是共享单车的主要问题。

五、意见与建议

共享单车在"共享经济""互联网+"和"低碳环保"的大背景下应运而生、切实解决了民众出行"最后一公里"难题的一个重大项目。但是,它诞生的同时也产生了一系列的问题。我们小组将本次以"大学生对于共享单车的使用情况"为主题的实践调研活动中得到的事实材料进行总结归纳,分析整理得出了部分看法和结论,并在此基础上大量查阅有关交通管理、城市规划、经济管理以及信用贸易等方面的相关文献,广泛参考来自社会主流媒体关于共享单车使用情况的报道和改良措施,提出部分意见与建议。

(一)共享单车的投放不合理问题

我们小组大量查阅有关公共设施投放建设管理的文献并且参考广大社会群众的意见,经过讨论分析后认为,自行车的投放应该实行综合考虑城市特点、公众出行路线和共享单车所拥有的互联网定位的大数据分析这三方面的因素。关于城市特点,应该着重考虑城市的地理地貌特征以及流动人口分布。在城市中地势较为平坦,流动人口分布较为集中的区域,加大自行车的投放量;在城市中的丘陵地带以及流动人口分布较少的区域减少自行车的投放。关于公众出行路线,应该着重考虑公交、地铁车站人流密度分布,以及火车站、汽车站、机场、码头等地的人流密度。对于人流密度较大的公交车站、地铁站,应投放更多的自行车;对于小站点可以减少自行车的投放。关于共享单车所拥有的互联网定位大数据分析,应该着重考虑利用共享单车的定位功能时刻分析各区域的自行车实际投放量。对于自行车的投放不能简单地一次性投放,应该合理运用大数据的分析,对于各区域的自行车实际投放量即时做出合理的调整,做到即时、合理投放。

(二)共享单车的乱停乱放问题

我们小组通过参考主流媒体对于全国各大城市的共享单车的乱停乱放问题的报道,经过分析讨论得出解决这一问题的一些建议。我们认为,在城市中应该合理地部署自行车交通网络和专门的停车设施;推进城市中的自行车道建设,规范城市中的停车点位设置;在部分问题严重的区域,实行禁停管理。部署自行车交通网络,推进自行车道建设可以从根本上消除共享单车的乱停乱放对于主要交通干路的影响,进一步鼓励民众选择绿色出行,大幅提升民众的出行效率。设置停车设施,可以对民众形成一种引导,尤其是在一些人流密集的公共场合。此举可以在一定程度上提升城市的整洁度,为解决城市的脏乱差现象做出一定贡献。而规范停车点位设置,实行部分区域的禁停管理则是针对部分乱停乱放现象可能造成严重后果的解决方案。

(三)共享单车的结构设计以及功能问题

我们小组在实际走访调查过程中,得到许多同学对于共享单车的体验心得。由此,我们小组针对共享单车的结构设计以及功能得出一些改进意见。共享单车的 APP 可以在原有定位功能的基础上附加导航功能,这样可以使用户能够获得更加简单快捷方便的骑行体验。同时,在自行车的结构设计上,可以再加上一个能够放手机的支架。这样用户在骑行过程中,不用为接收不到手机消息而烦恼,也能便于使用手机导航功能生率。

(四)共享单车的押金收退问题

在我们小组的实际走访调查过程中,许多同学表示,现如今市场上投放的共享单车种类较多,且每一种在使用之前都必须缴纳押金,同时押金返退的时效性不高,自己在使用共享单车时对于所缴纳的押金存在担忧。由此我们小组经过分析提出以下建议,多家共享单车公司应该统一建立一个专门针对押金的监督管理机构,以及专门关于用户的信誉管理机构。多家共享单车实现数据共享,对于每一个用户可以根据其信誉情况进行评估,以决定其缴纳多少押金可以获得所有种类共享单车的使用权;同时,押金监督机构应该对所收取的押金的使用情况向社会公开,消除用户顾虑,以获取更多用户。

(五)共享单车的线下服务问题

共享单车应该建设更多线下服务团队,以用来对共享单车进行即时维护,对于社会上的不文明用车行为进行监督管理,同时广泛听取来自广大人民群众对于共享单车的使用体验以及改进意见,创造更加完美的共享单车使用环境,更加切实地提高民众的出行效率。

(六)恶意损坏共享单车的问题

根据我们小组在青岛部分高校的调研,发现大学生在使用共享单车时存在恶意损坏单车零件、涂改二维码、上私锁将单车据为己有等问题。对此,2017 年 8 月 1 日,交通运输部等 10 个部门发布的《关于鼓励和规范互联网租赁自行车发展的指导意见》中明确提出,要引导用户安全文明用车,加强对互联网租赁自行车使用规范和安全文明骑行的宣传教育。加强信用管理,建立企业和用户信用基础数据库,对企业和用户不文明行为和违法违规行为记入信用记录,建立守信激励和失信惩戒机制。小组在此倡导大学生加强道德规范、爱护公共财物、共创文明社会,做一名文明合格的大学生。

大学生要注意劳逸结合,应提倡大学生们走出校园去骑行,鼓励其尽可能多地去接触社会、贴近自然。考虑到一些地区的地势起伏较大,如青岛市崂山区,共享单车企业可以转向山地车的经营。为解决在使用共享单车时遇到的问题,共享单车企业可以采取一定的保护措施,防止车辆被恶意损坏以及二维码被篡改。如在自行车容易受损的地方安装恶意破坏报警器,以起到警示作用。另外,共享单车企业应采取实名注册方式,对恶意损坏自行车的人加大惩罚力度,对举报者给予一定的奖励。

(指导教师:孙德菁)

大学生网络使用及网络素养情况调查报告

软件 152　丁兆元(组长)　马　健　王　科　李金蒙　赵延顺　段文镇

摘　要:本选题对大学生的网络使用及网络素养情况进行调查,并进行分析统计,制定具体有效的建议,以促使大学生形成良好的网络素养,正确使用网络。

关键词:大学生;获取信息;网络使用;外界交流;网络素养

一、选题分析

(一)立论依据

大学网络基础设施相对完善,作为特殊的社会群体和网络传播的主要受众,大学生的网络素养状况直接影响着他们的价值取向和行为取向。了解当代大学生的网络使用情况和网络素养,有利于进一步提升整体大学生网络素养,构建一个良好的网络环境。

(二)调研目的

了解大学生能否利用好高校的网络基础设施、科学上网;了解大学生能否趋利避害健康上网;了解大学生是否能避免诈骗陷阱、安全上网;了解当代大学生网络使用情况和网络素养;从现状进行分析与总结,提出有针对性的建议。

二、调研准备

(一)调研时间、地点、对象、方案

调研时间、地点、对象、方案如表1所示。

表1　调研时间、地点、对象、方案

调研时间	调研地点	调研对象	调查方案
2017年5月2日	教室	上课学生	在不干扰正常教学活动的原则下,利用课间休息时间进行问卷的发放与回收,每人均进行参与,并注意照片素材的采集
2017年5月3日	教室	附近学生	在不干扰正常教学活动的原则下,每人就近发放与回收问卷,并注意照片素材的采集
2017年5月6日	宿舍	宿舍学生	由于宿舍空间狭小,分组进行宿舍调研并注意照片素材的采集
2017年5月7日	图书馆	阅读学生	为维持图书馆正常秩序,分组进行问卷发放与回收,并注意照片素材的采集
2017年5月9日	自习室	自习学生	为维持自习室正常秩序,分组进行问卷发放与问卷统计分析
2017年5月13日	宿舍	网络朋友圈	每人将网上问卷链接发往各自好友群
2017年5月14日	电子阅览室	自习学生	为维持电子阅览室正常秩序,分组进行问卷发放与回收,并注意照片素材的采集

(二)成员分工

线下:每人负责7份问卷的发布与回收。

线上:每人将链接发布在各自的老乡群、同学群等。每人负责至少20份问卷的发布与回收。

三、调研分析

(一)基本数据分析

首先将网上问卷答题时间少于10秒的问卷视为无效,然后将所有问卷统计的数据在网上进行汇总,并自动生成可视化图表,最后将其下载并进行数据分析。

问题1　您的性别是什么?

具体的调查结果如图1所示。

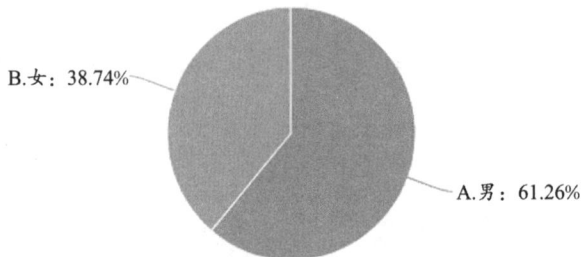

B.女:38.74%　　A.男:61.26%

图1　问题1的调查结果

此次调查对象的男女比例约为 3∶2。

问题 2　您的专业是属于哪一类？

具体调查结果如图 2 所示。

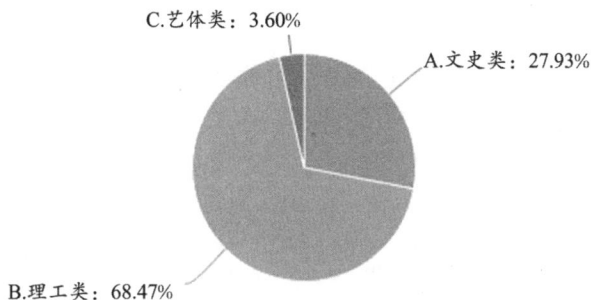

图 2　问题 2 的调查结果

被调查者专业属于理工类的超过 2/3。

问题 3　您属于哪个年级的？

具体调查结果如图 3 所示。

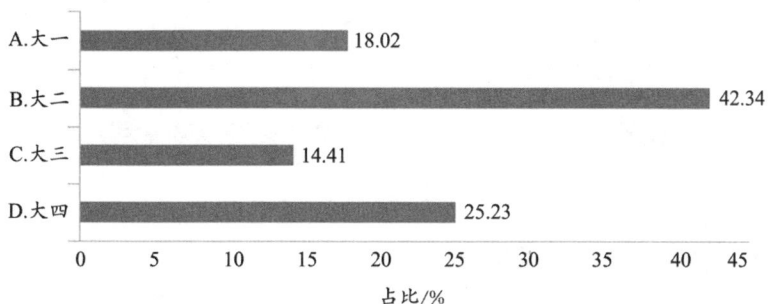

图 3　问题 3 的调查结果

被调查者年级以大二、大四为主。

问题 4　您主要通过何种方式上网？

具体调查结果如图 4 所示。

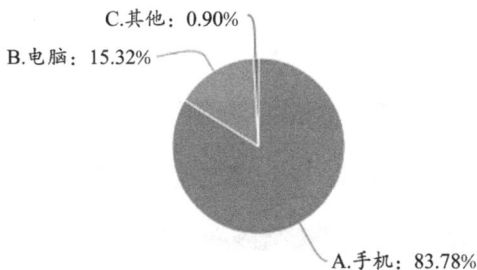

图 4　问题 4 的调查结果

调查结果显示，移动终端已成为大学生的主要上网方式。

问题 5 您上网的主要场所是哪里?

具体调查结果如图 5 所示。

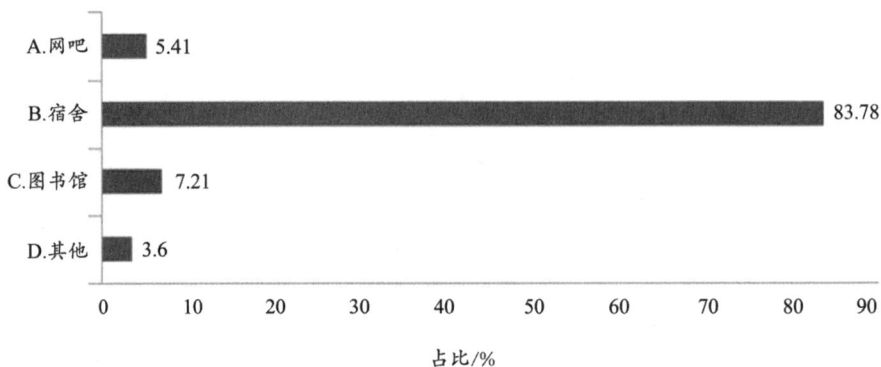

图 5 问题 5 的调查结果

调查结果显示,宿舍是大学生的主要上网场所。

问题 6 每月花在上网上的费用是多少?

具体调查结果如图 6 所示。

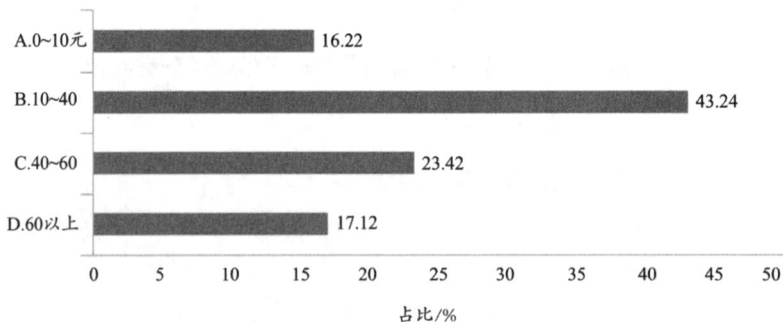

图 6 问题 6 的调查结果

调查结果显示:大学生每月上网的费用集中在 10～60 元。

问题 7 每天花在网上的时间有多少?

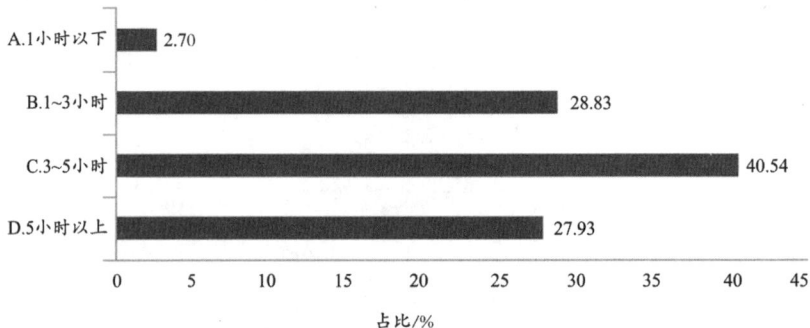

图 7 问题 7 的调查结果

调查结果显示，多数同学上网时间3～5小时，1～3小时和5小时以上的同学人数相当，极少数同学每天上网1小时以内。

问题8　在网上的时间主要花费在哪里？

具体调查结果如图8所示。

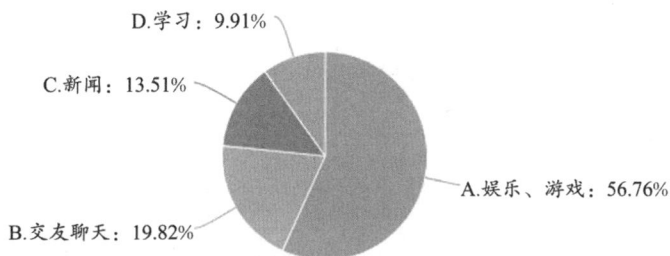

图8　问题8的调查结果

调查结果显示，超过一半的同学上网主要进行娱乐、游戏等活动，只有约1/10的同学上网主要进行学习。

问题9　您获得信息的主要渠道是什么？

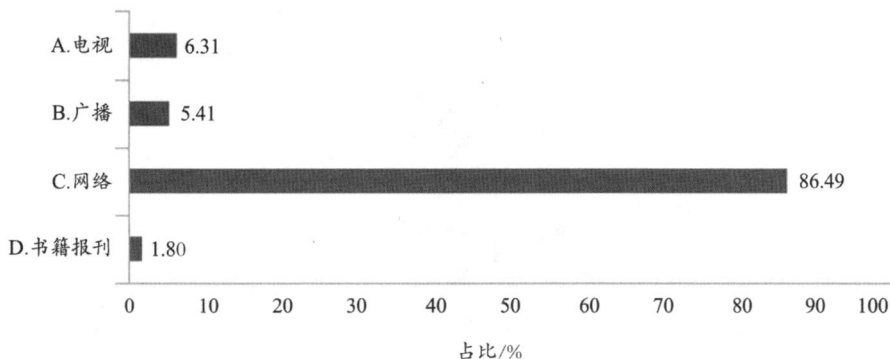

图9　问题9的调查结果

调查结果显示，超过80％的同学主要通过网络获得信息，以书籍报刊为获得信息主要渠道的同学不到2％。

问题10　您是否有被网上信息欺骗的经历？

具体调查结果如图10所示。

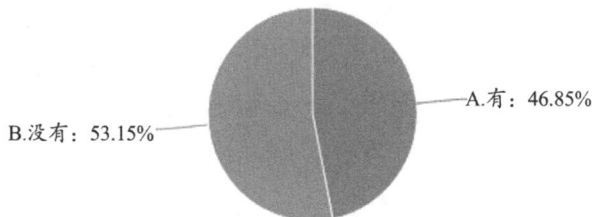

图10　问题10的调查结果

调查结果显示,有接近一半的同学被网上信息欺骗。

问题 11　您对搜索的信息一般会怎么做?

具体调查结果如图 11 所示。

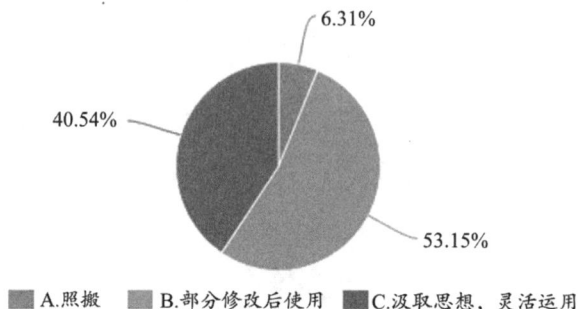

图 11　问题 11 的调查结果

调查结果显示,40%以上的同学能对搜索的信息灵活使用,50%以上的同学部分修改后直接使用。

问题 12　您是否经常上网时打开网页浏览各种信息而忘了最初目的?

具体调查结果如图 12 所示。

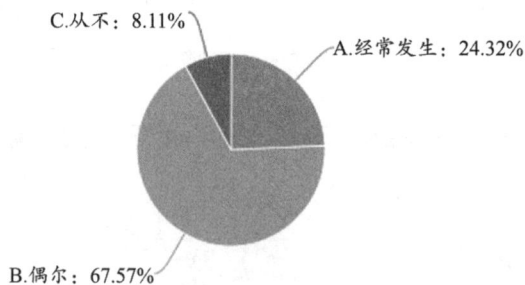

图 12　问题 12 的调查结果

调查结果显示,约 1/4 的同学经常发生上网时打开网页浏览各种信息而忘了最初目的的情况。

问题 13　您是否对上网时间做出过具体规划?

具体调查结果如图 13 所示。

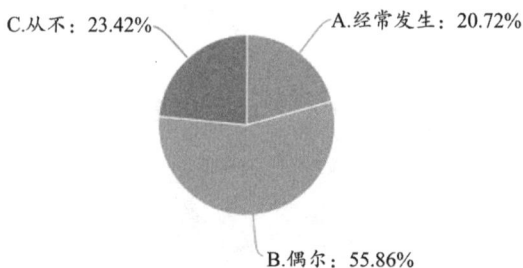

图 13　问题 13 的调查结果

调查结果显示,超过一半的同学偶尔对上网时间作出具体规划。

问题14 您认为网上的个人信息是否重要?

具体调查结果如图14所示。

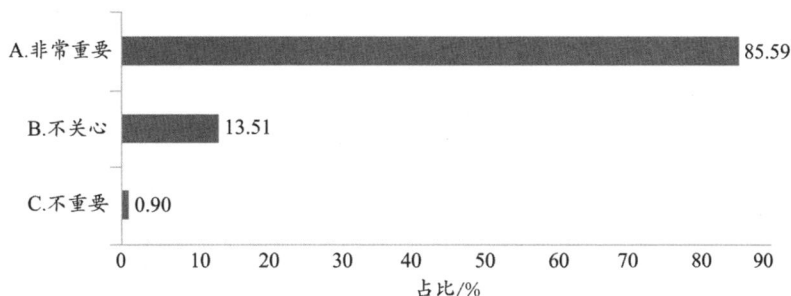

图14 问题14的调查结果

调查结果显示,绝大多数同学认为网上的个人信息非常重要,但存在部分同学认为网上的个人信息不重要的情况。

问题15 "网络言论自由,怎么发言都可以。"对于这种看法,您认为是否正确?

具体调查结果如图15所示。

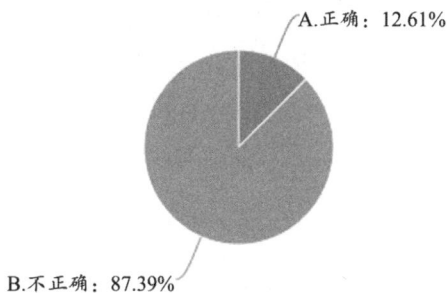

图15 问题15的调查结果

调查结果显示,绝大多数同学认为网络言论虽然自由,但不能随意发言。

问题16 "网络免费、开放、共享,别人的内容可以随意复制粘贴。"对于这种看法,您认为是否正确?

具体调查结果如图16所示。

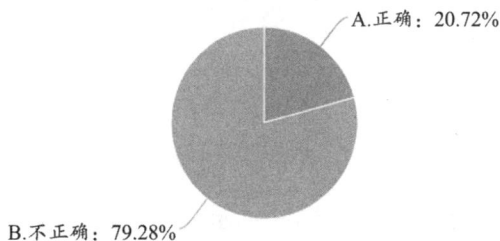

图16 问题16的调查结果

调查结果显示,绝大多数同学具有版权意识,约 1/5 的同学不具有版权意识。

问题 17　您认为现在的网络环境怎样?

具体调查结果如图 17 所示。

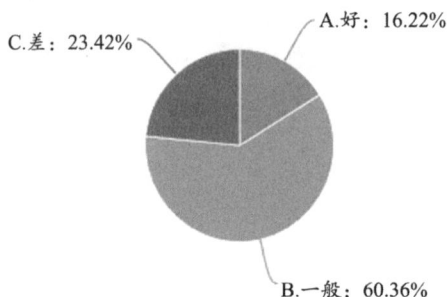

图 17　问题 17 的调查结果

调查结果显示,被调查者总体认为网络环境良好。

问题 18　您是否接受过网络使用和网络素质方面的教育?

具体调查结果如图 18 所示。

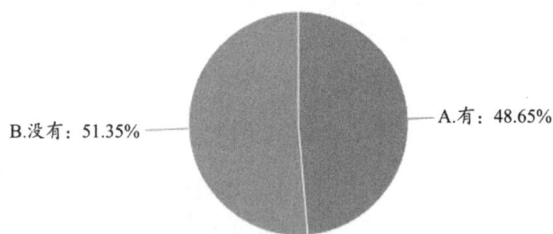

图 18　问题 18 的调查结果

调查结果显示,只有不到一半的同学接受过网络方面的教育。

问题 19　您认为上网(　　)。

具体调查结果如图 19 所示。

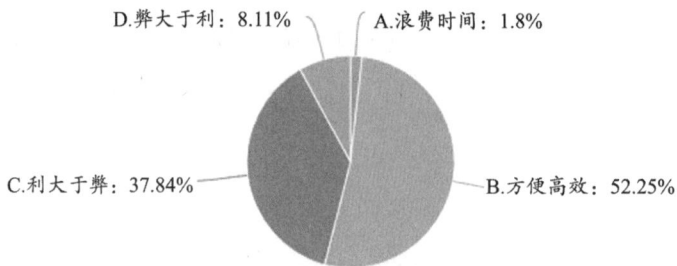

图 19　问题 19 的调查结果

调查结果显示,绝大多数同学认为网络方便、高效,利大于弊。

问题 20　如果您遇到散布不良信息的人或事,您一般会怎样?

具体调查结果如图 20 所示。

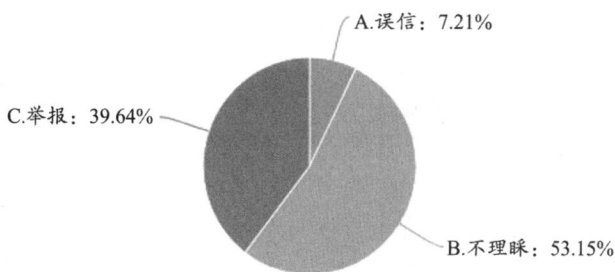

图 20　问题 20 的调查结果

　　调查结果显示，一半以上的同学对散布不良信息的人或事不理睬，部分同学会误信，只有不到四成的同学会进行举报。

（二）交叉数据分析

1. 分性别

问题 5 的分性别调查结果如图 21 所示。

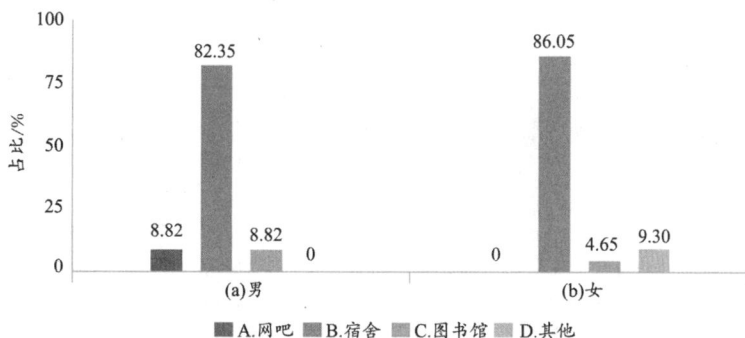

图 21　问题 5 分性别调查结果

调查结果显示，女生与男生相比，不存在网吧这一上网场所。

问题 7 的分性别调查结果如图 22 所示。

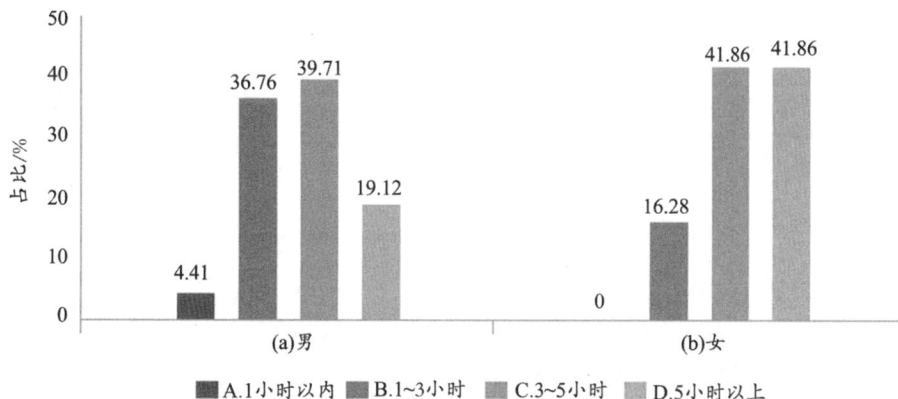

图 22　问题 7 的分性别调查结果

调查结果显示，女生与男生相比每天上网时间更长。

问题 10 的分性别调查结果如图 23 所示。

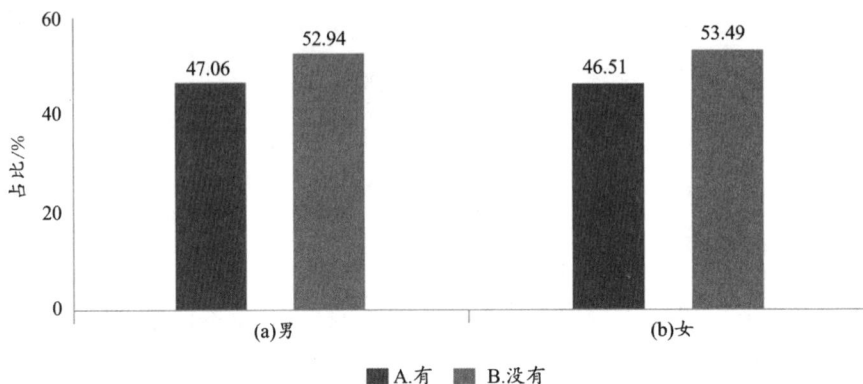

图 23　问题 10 的分性别调查结果

调查结果显示，是否受到网络诈骗来，男生与女生没有太大差异。

问题 19 的分性别调查结果如图 24 所示。

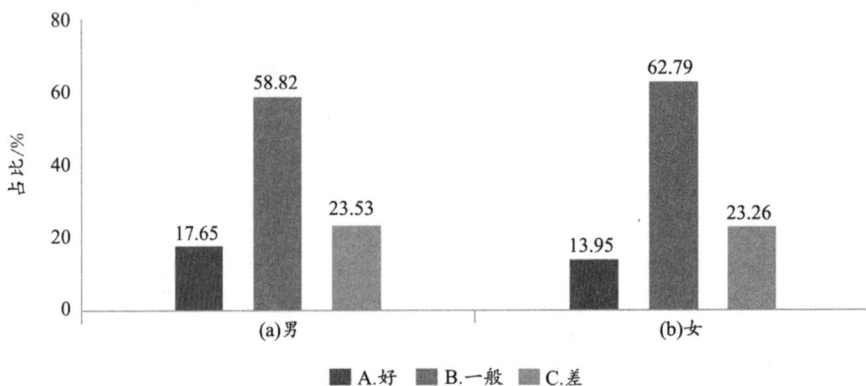

图 24　问题 19 的分性别调查结果

调查结果显示，女生认为现在的网络环境好的比例更低。

问题 21 的分性别调查结果如图 25 所示。

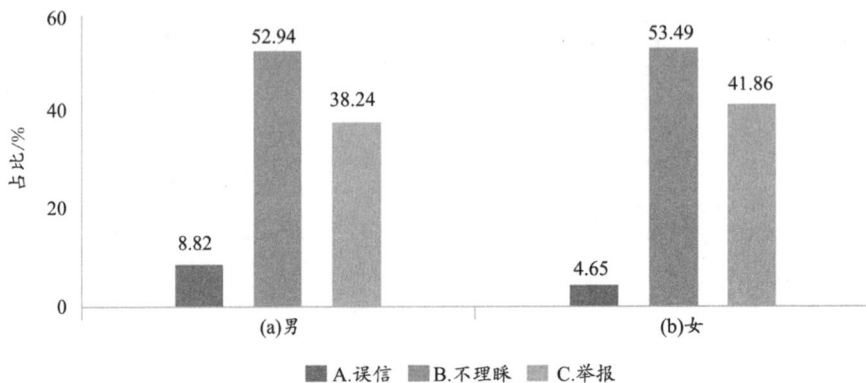

图 25　问题 20 的分性别调查结果

调查结果显示,男生比女生更容易误信散布不良信息的人或事,女生选择举报的比例更高;女生比男生有更高的防范意识与自我保护意识。

2. 分专业

问卷所调查的同学专业分布不均,艺体类同学较少这对艺体类同学的分析准确性会受到影响。

问题 4 的分专业调查结果如图 26 所示。

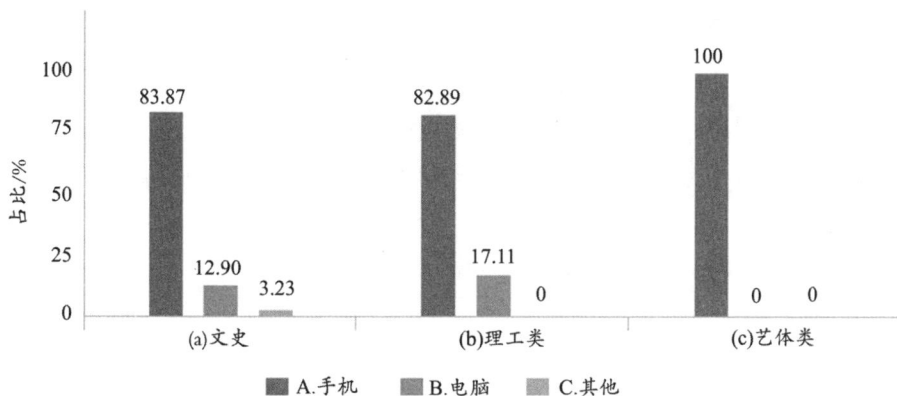

图 26　问题 4 的分专业调查结果

调查结果显示,艺体类专业同学主要的上网方式全部是手机等移动终端;单从将电脑作为主要上网方式的数据来看,理工类专业比其他类专业的占比更高。

问题 5 的分专业调查结果如图 27 所示。

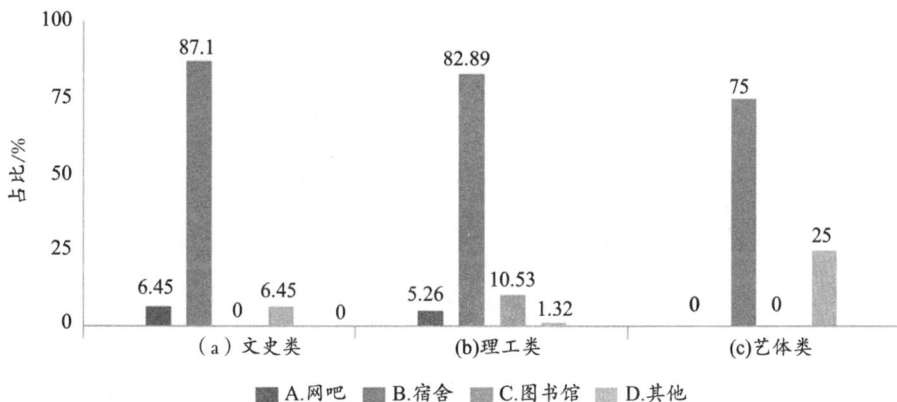

图 27　问题 5 的分专业调查结果

调查结果显示,文史类同学更倾向于在宿舍上网。

问题 7 的分专业调查结果如图 28 所示。

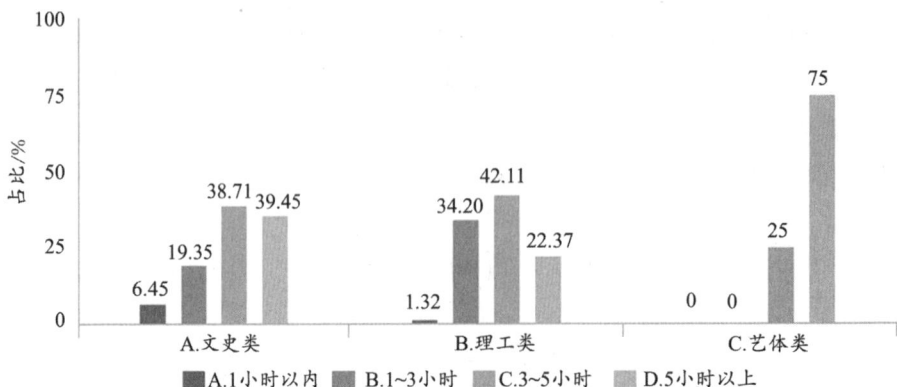

图 28　问题 7 的分专业调查结果

调查结果显示，艺体类专业同学平均上网时间要高于其他类别的专业，大部分每天上网超过 5 小时。

问题 8 的分专业调查结果结果如图 29 所示。

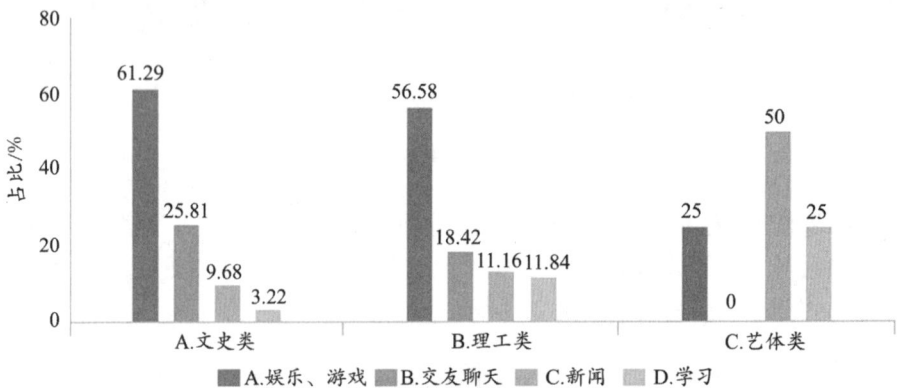

图 29　问题 8 的分专业调查结果

调查结果显示，文史类专业同学相比其他同学花费在了娱乐、游戏上的时间更多了；艺体类同学相比其他同学花费在了新闻与学习上的时间更多。

问题 9 的分专业调查结果如图 30 所示。

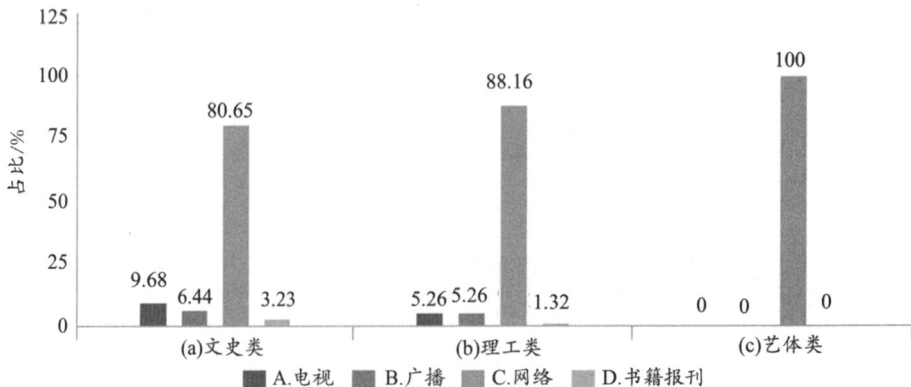

图 30　问题 9 的分专业调查结果

调查结果显示,在获得信息的主要渠道上3类专业类别同学基本一致。

问题11的分专业调查结果如图31所示。

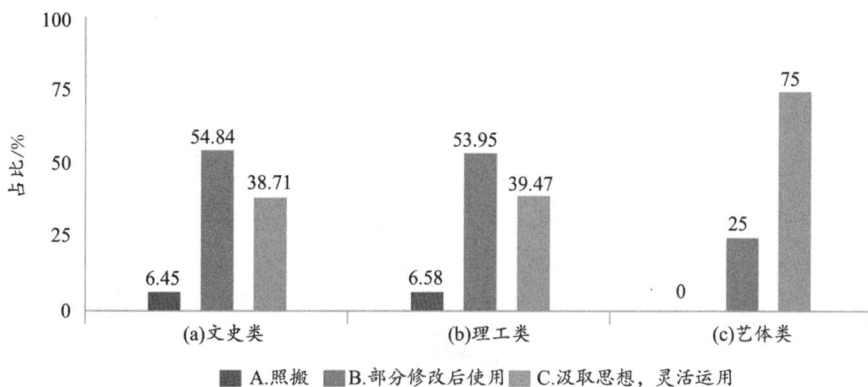

图 31　问题 11 的分专业调查结果

调查结果显示,艺体类专业同学会对搜索的信息汲取思想、灵活运用的比例更高。

问题13的分专业调查结果如图32所示。

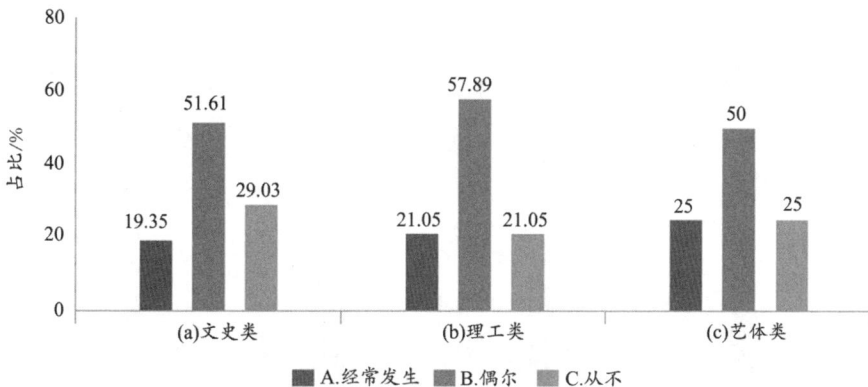

图 32　问题 13 的分专业调查结果

调查结果显示,在对上网时间作出具体规划方面,3类专业的同学没有明显差异。

问题18的分专业调查结果如图33所示。

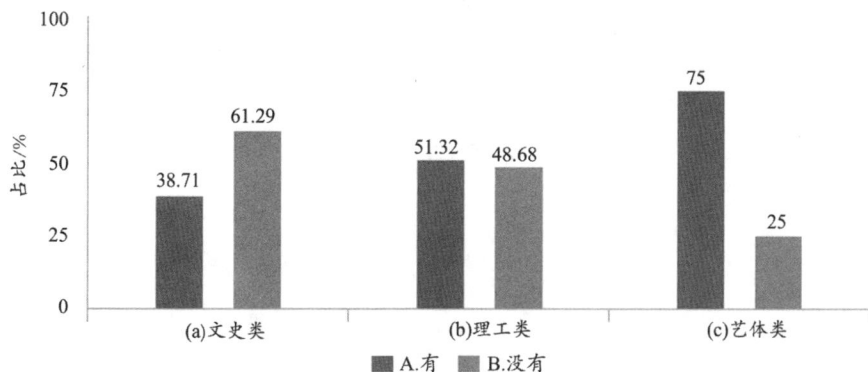

图 33　问题 18 的分专业调查结果

调查结果显示,艺体类专业同学接受到过网络使用教育的比例更高。

问题 20 的分专业调查结果如图 34 所示。

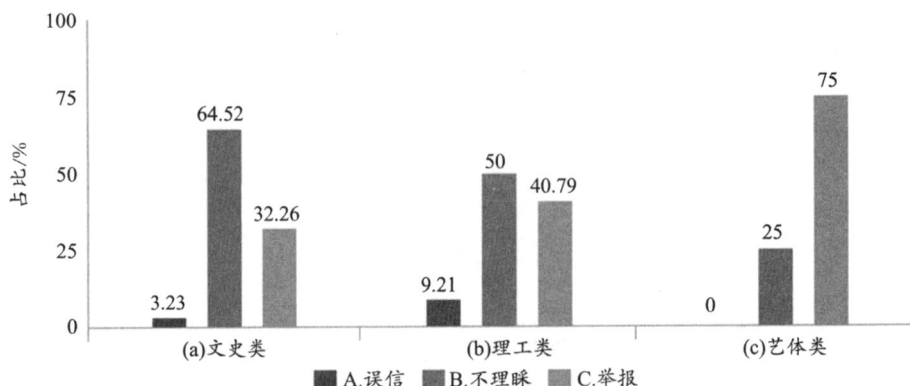

图 34　问题 20 的分专业调查结果

在遇到散布不良信息的人或事时,艺体类专业的同学选择举报比例更高。

3. 分年级

问题 4 的分年级调查结果如图 35 所示。

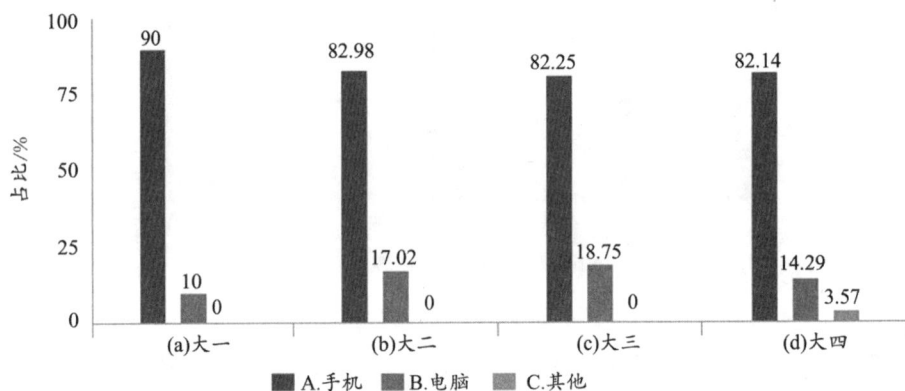

图 35　问题 4 的分专业调查结果

调查结果显示,大一至大三同学使用电脑的比例越来越高,大四学生上网方式更呈现出多样化。

问题 5 的分年级调查结果如图 36 所示。

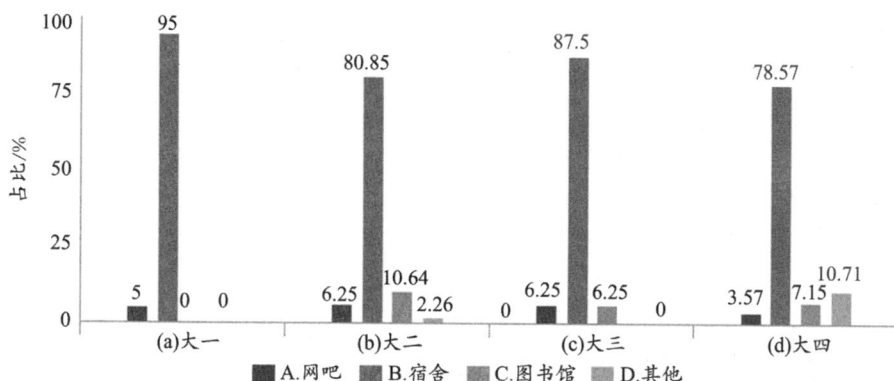

图 36 问题5的分专业调查结果

调查结果显示，大四同学的上网场所呈现出多样化。

问题7的分年级调查结果如图37所示。

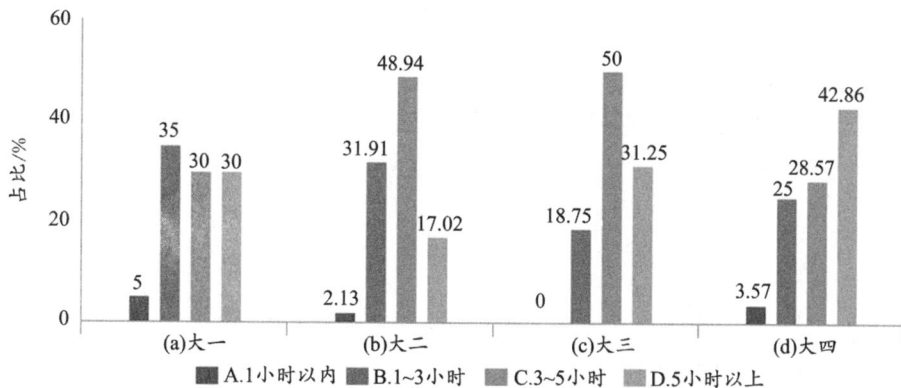

图 37 问题7的分专业调查结果

调查结果显示，随着年级的增长，大学生平均上网时间越来越长。

问题8的分年级调查结果如图38所示。

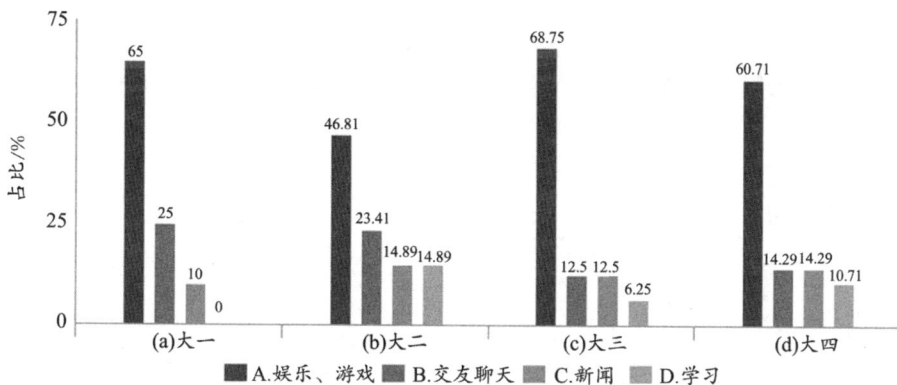

图 38 问题8的分专业调查结果

调查结果显示，各年级同学上网的主要目的基本一致。

问题 17 的分年级调查结果如图 39 所示。

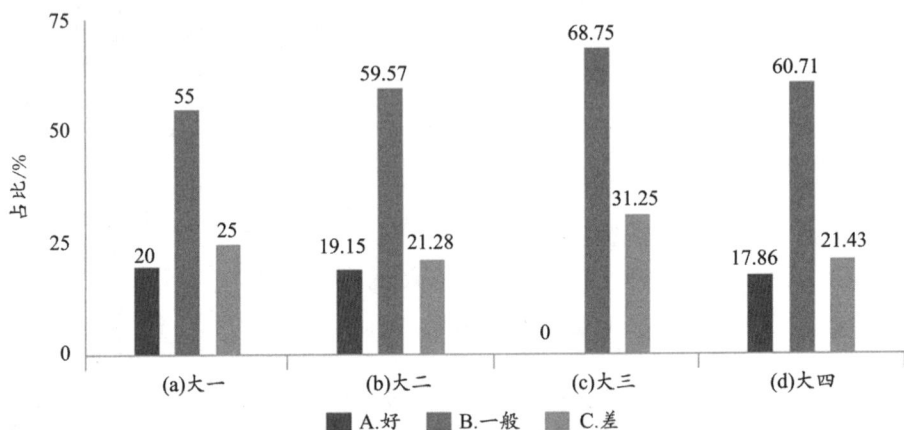

图 39　问题 17 的分专业调查结果

调查结果显示，各年级同学基本认为网络环境一般

问题 20 的分年级调查结果如图 40 所示。

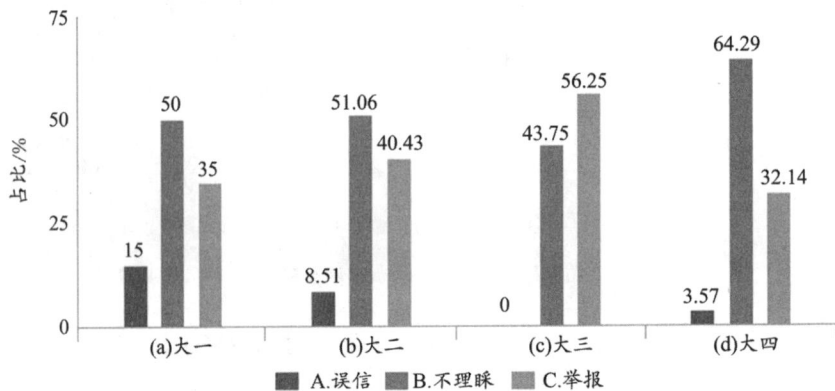

图 40　问题 20 的分专业调查结果

调查结果显示，大一至大三同学的举报意识增强，大四比其他年级有更高比例的人选择不理睬。

4. 按上网方式

问题 7 按上网方式的调查结果如图 41 所示。

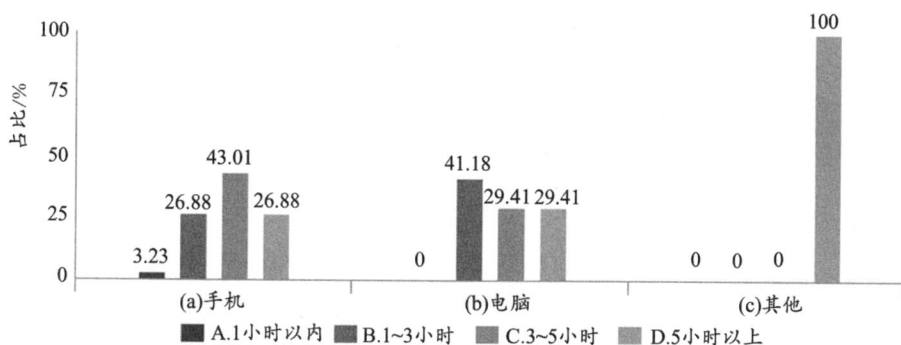

图 41　问题 7 按上网方式的调查结果

调查结果显示,手机使用时间集中在 3～5 小时,电脑集中在 1～3 小时,其他集中在 5 小时以上。

问题 8 按上网方式的调查结果如图 42 所示。

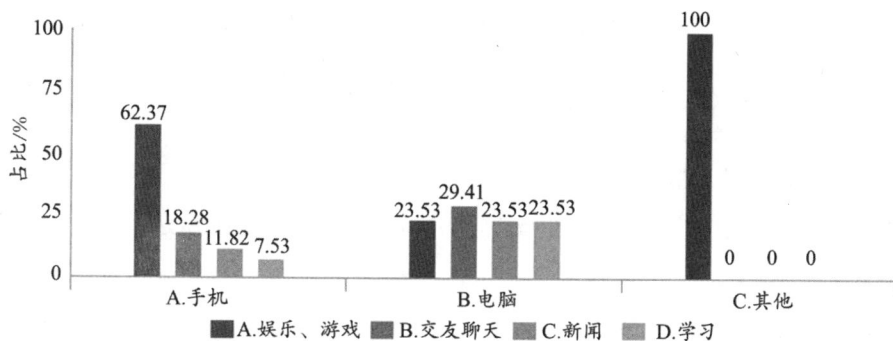

图 42　问题 8 按上网方式的调查结果

调查结果显示,使用其他和手机上网的主要目的是娱乐游戏,使用电脑上网的目的分布较为均匀。

5. 按上网场所

问题 7 按上网场所的调查结果如图 43 所示。

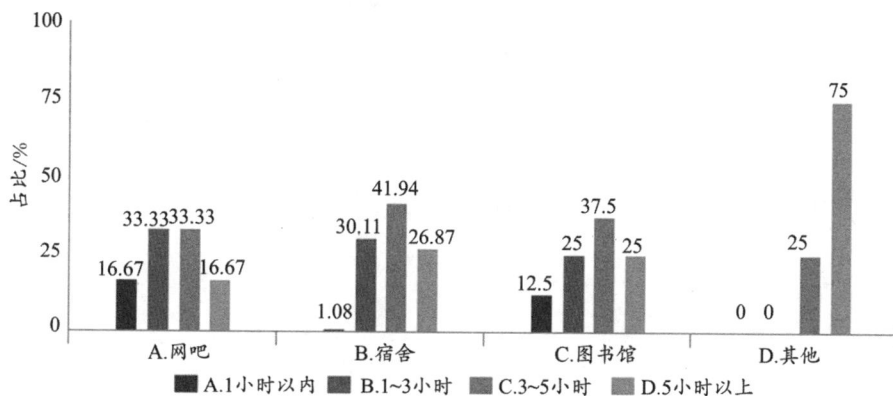

图 43　问题 7 按上网场所的调查结果

调查结果显示,在其他地方上网的时间集中在 5 小时以上。

问题 8 按上网场所的调查结果如图 44 所示。

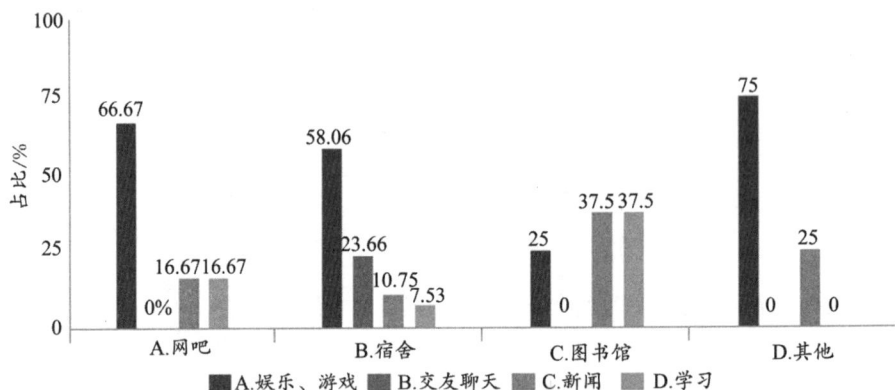

图 44　问题 8 按上网场所的调查结果

调查结果显示,在图书馆上网的同学主要把时间花费在新闻与学习上,其他的主要花费在娱乐游戏上。

6. 按是否有被网上信息欺骗的经历

问题 17 按是否有被网上信息欺骗的经历的调查结果如图 45 所示。

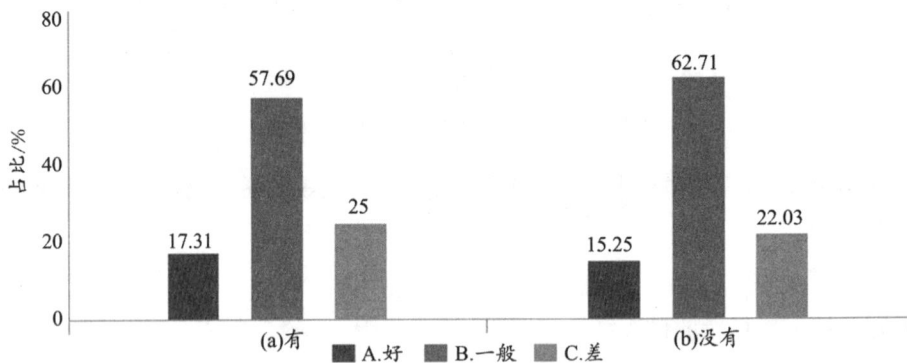

图 45　问题 17 按是否有被网上信息欺骗的调查结果

调查结果显示,没有受到被网上信息欺骗的经历的同学对网络环境的认识更为中肯。

问题 20 按是否有被网上信息欺骗的经历的调查结果如图 46 所示。

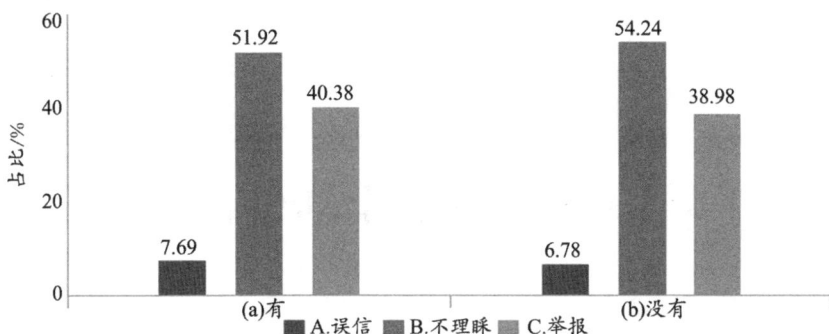

图 46　问题 20 按是否有被网上信息欺骗的经历的调查结果

调查结果显示,有和没有被网上信息欺骗的经历的同学对散布不良信息的人或事态度分布基本一致。

四、建议和不足

本次调研的基本信息包括性别、年级、专业类别,结合以上的单题分析与交叉分析,给出以下针对性建议。

(1)尽量不要去网吧上网。

(2)减少在宿舍上网时间,尽量在图书馆上网。

(3)适当降低每天上网的时间。

(4)要提高对信息的甄别能力,提高防范意识与自我保护意识。

(5)要增强举报意识。

(6)减少使用手机上网娱乐、交友的时间。

(7)有计划性、针对性上网,防止陷入漫无边际的信息中。

(8)对搜索到的信息要汲取思想、灵活运用。

(9)提高版权意识、隐私意识,尊重他人名誉,构建文明网络环境。

(10)提高自我防范意识,敢于对不良信息说"不",敢于举报不良信息。

本次调查存在的不足之处如下。

专业、年级人数分布不均,导致后面的交叉数据分析准确性降低,部分题意经不住仔细推敲,可能会产生歧义,有失真实性。

调研方法、调查的人数、投入的力度都存在不足与缺憾,更难以与专业的调研团队相提并论。

(指导教师:石建国)

关于崂山区农民工生活情况的调研

自动化 156　王　强(组长)　丁　帅　王　强　王雪宁　付　瑶　方　宁　方春堂

摘　要:随着我国市场经济的快速发展,大批农民上涌入城市工作。目前,我国农民工已达1亿以上,他们在我国经济发展和社会进步等方面已发挥了巨大的作用。对于这一庞大的群体,我们有必要去了解他们的生活状况,让更多的人重新认识他们。

关键词:农民工;生活情况;心理状况;空闲时间

一、选题分析

(一)立论依据

随着我国市场经济的快速发展,工业化、城市化进程的不断加速,劳动力需求量不断加大,农村富余的劳动力不断增加,大批农民涌入城市工作。农民工已经形成独特的社会群体。农民工大量流入城市已成为人口流动的重要特征之一。农民工进城,不仅促进了农业经济结构的调整,增加了农民收入,而且也加速了城市发展和社会结构的调整。在某些行业和领域,农民工已成为行业发展的中坚力量。这一独特的社会群体不容忽视,它越来越成为学术界关注和研究的热点。目前,我国农民工已达1亿以上,他们在我国经济发展和社会进步等方面已发挥了巨大的作用。

(二)调研目的

建设和谐社会,离不开丰富的物质基础,离不开优秀文化的给养。每个人享受或消费先进文化的权利是平等的。从一定意义上说,农民工创造了我们的美好生活,就应该让农民工共享发展的成果。保障农民工的物质文化生活,就是维护最广大人民群众的根本利益。作为新时代大学生,我们应了解社会发展现状,紧随时代步伐,积极响应国家号召。因此,我们对学校附近的农民工的生活情况进行调查,希望通过调查来了解农民工的生活情况,从而进一步了解农民工的社会地位、农民工群体的发展趋势和国家的民生政策对农民工生活的影响。

(三)调研思路和方法

青岛市城市化进程不断加快需要大量的劳动力,农民工作为一个弱势群体,分布在城市的各个领域。其中,大部分从事一些脏苦累的劳动,吃穿住行相对较差。只有极少数人会关心他们的状况。我们从这一思路出发,主要通过到学校附近的棚户区观察、和他们中的一些人进行交流、在现有的新闻报刊上查阅资料,以求真正了解他们的吃穿住行、生活情况;我们希望让更多的人看到、理解他们的实际情况,在日常生活中尊重他们。

此次我们分别针对来自不同地方的农民工进行 38 次访谈。在访谈中,我们主要关注工时与收入情况、劳动保障、居住环境、休闲娱乐、心理状况等五个方面的情况。

二、调研活动的开展

(一)调研地点选取

青岛科技大学校内及周边工地。

(二)分工

外出观察:丁帅、王强、王雪宁、付瑶。
外出调研:全体成员。
资料收集和汇总:方宁、方春堂、王强。

(三)时间进度

2017 年 4 月 29 日,相关人员外出观察,得出初步调研情况。
5 月 13 日,相关人员外出观察,写出心得体会。
5 月 20 日,全体人员进行访谈调研,写出心得体会。
6 月 3 日,相关人员汇总并撰写访谈调研情况总结。

三、调研分析

(一)工时与收入情况

在统计中我们发现,与普通工作相比,农民工在工地上的工作时间相对灵活,都在早上 6 点到晚上 8 点之间。他们普遍认为工作时间能够接受。这与他们勤劳朴实的性格相吻合。农民工上班的天数和工资有直接的关系。工作的地点都不能够固定,现在在青岛崂山区工作,一个工程做完,又得到其他地方。他们对工资情况比较满意,现在的工资为每天 200~400 元,和几年前相比有所提高。

(二)劳动保障

在此次访谈中,我们发现,被调查者中享有社会养老保险的占 37.5%,享有农村低保的占 12.5%,享有农村合作医疗的占 87.5%,而在青岛不享有任何社会保障或社会福利比例为 100%。农民工作为一个边缘群体,脱离了原有的农村社会组织,在打工的城市也不享有社会保障和福利。从某种意义上可以说,城市将这一群体排斥在社会保障范围外。因此,我们建议政府建立相关的保障体系,使他们更有主人翁意识,促进社会和谐。

如果身体不舒服,只有 17.5％的被调查者会直接去医院;12.5％会找一个私人诊所看;37.5％会自己去买药吃;而仍有 32.5％表示先不去医院、诊所,不买药,实在坚持不下去再看。农民工在城市中由于不享有任何社会保障,因此,在生病的时候,昂贵的医药费对他们来说是难以承受的;并且医院中的"大处方"、乱收费等现象也是他们不愿到医院看病的重要原因。各相关部门应该对医院加强管理,对违规医院进行严厉打击,以保证农民工和广大市民的合法权益。

(三)居住环境

在访谈中,我们发现,农民工都住在统一建设的工棚中。只有 25％的访谈者认为居住条件勉强能够接受,大多数人都觉得不满意。这与我们看到的情况一致:几张上下铺的单人床,空间显得十分拥挤。

(四)休闲娱乐

在访谈中我们发现,他们休闲娱乐中并列第一位的是睡觉及和工友聊天、打牌,上均占 37.5％;第二位是玩手机,占 25％。从中我们可以了解到,农民工休息是单纯的睡觉、聊天、打牌、玩手机等。他们中的一部分人容易接受一些新事物,如玩手机来减轻一天的工作带来的压力。他们不再像以前那样,在打工城市重复枯燥乏味的生活。他们渴望能够像城市人那样享受现代生活,希望能够融入城市成为城市社会的一员。

(五)心理状况

在访谈中,我们发现,能够每周和家里联系的人达到 87.5％。他们开始接触我们时,都显得有些谨慎。但很快发现,他们都愿意和人说说自己的想法。因此,我们认为:政府有必要指定相关人员去接触这一类特殊群体,给予他们正确处理事情或者情绪的方法。

四、意见与建议

(一)加强农民工技能培训

培训农民工是提高社会劳动力素质的体现,也是解决农民工就业困难的途径之一。培训可以拓宽农民工的就业渠道,能加快农村富余劳动力的转移。要在政策的引导下,通过政府和个人等多方努力,让更多农村富余劳动力的综合素质得到提高。

(二)加强对农民工的组织和领导

青岛市的农民工为青岛创造了巨大的财富,他们已经与青岛市的生活密不可分。因此,我们要加强对农民工的组织领导,坚持以人为本,构建和谐社会。要尊重劳动,尊重农民工,大力宣传农民工在城市经济建设中的重要作用,让社会认识到农民工已经成为城市经济建设中不可缺少的力量,努力为他们营造良好的工作、生活环境,维护农民工的权益。

(三)健全农民工权益保障制度

要尽快出台保护农民工权益的政策,重点解决农民工工伤、医疗、失业、养老四大保险缺失的问题。农民工参加社会保险,存在社会保险制度单一、养老保险关系转移难等难题。相关部门要改进农民工社会保险制度,建立多层次、供选择、可衔接、灵活多样的农民工社保制度。企业要积极为农民工办理工伤保险、重点解决重大疾病的保障问题,通过省际联动解决社保关系转移难问题,加强城乡社保制度衔接,以便于今后城乡社会保险制度实现统一。

(指导教师:石建国)

青岛市民休闲文明状况调研

自动化 158　　张鸿业(组长)　张齐君　张倬嘉　郑凯心　周临政　王孟轩

摘　要:随着城市的进一步建设,市民文明素养状况成为大家关注的焦点。市民文明素养很重要。然而从各种相关报道和网络信息的查询来看,各大城市市民文明素养着实堪忧。不文明行为屡屡有之,有关报道接连不断,整体形势不容乐观。本调研通过调查问卷,观察行人闯红灯、市民在公共场合不良行为、情侣在公共场合行为、公交车让座行为等,对青岛市民休闲文明状况进行了调查。

关键词:青岛市民;休闲文明;不文明行为

一、选题分析

(一)立论依据

提升市民休闲文明素质是实现科学发展的需要。科学发展的核心是以人为本,发展的目的是人,发展的主体是人。即发展是为了满足人的物质文化需要,发展又依靠人的全面发展。因此,我们要实现科学发展,推动经济社会又好又快发展,关键在于提升人们的素质。城市的科学发展归根到底取决于市民的文明素质。市民文明素质的提升,是城市科学发展的必然要求。

提升市民休闲文明素质是推进社会和谐的需要。文明决定着和谐,和谐体现着文明。社会和谐就是人与人的和谐、人和社会、人与自然的和谐,更主要的是人自身的和谐。因此,人自身的和谐是社会和谐的基础。要实现人自身的和谐,关键在于自身休闲文明素质的提高。市民素质越高,城市的文明程度就越高,城市社会就越和谐。

市民素质决定城市层次,关系到一个城市的形象及其运行效率。城市休闲文明是城市竞争力的核心要素,是可持续发展能力的重要标志。市民素质又是城市休闲文明的核心,在城市休闲文明建设中起着根本性的作用。市民的休闲文明举止是城市文明的体现。市民的公共意识、公共道德水准,决定着城市居民的公共行为,影响着城市公共环境,体现着城市的精神气质和外在形象。提高市民休闲文明素质,是全面建设小康社会的迫切需要,是提升城市的文明程度的需要,是城市软硬环境协调并进、和谐发展的必然要求。一个城市要提升城市休闲文明的程度,关键就要提高市民的素质。市民素质的提高,首先要了解市民存在哪些素质问题。

(二)调研目的

该调查研究能够使我们充分了解当下青岛大部分市民在他们的休闲时间选择怎样的休闲方式,并从中分析出市民所选择的休闲方式是否存在不文明现象,进而展现出市民的文明程度。

二、调研准备

(一)调研时间

2017 年 4 月 15 日—5 月 13 日。

(二)调研地点

中山公园及其周边路口、公交车。

(三)调研对象

在校大学生、其他青岛市民。

(四)调研思路

小组通过在公共场所发放调查问卷,以及观察公交车让座行为、行人闯红灯、市民在公共场合不良行为、情侣在公共场合行为等进行调查。

(五)调查方案

本调研拟采取调查报告与实地观察方式记录调研数据,以此来反映真实的调研结果。

(六)预期成果

调研以问卷形式将实测数据反馈给小组。小组成员对调查结果进行数据分析,然后讨论总结如何避免这些问题的发生。

三、调研分析

(一)具体调查内容

1. 市民素质存在的问题

中华人民共和国成立以来,我国的城市社会经济建设发生了翻天覆地的变化:城市化进程快速推进,城市发展布局和结构日趋合理,城市经济在国民经济中的重要作用日益显著。城市建设日新月异,城市居民生活质量和生活环境得到极大改善,但市民的休闲文明素质没有跟上城市的发展步伐。

一是市民公共道德素质有待提高。少数市民对老人、妇女、儿童、残疾人不够礼貌,搭乘公共汽车不顾秩序拥挤争抢,蜂拥而上,主动让座不多。少数市民在公共场所说脏话,大声喧哗。有些商店、医院等窗口的工作人员,对待顾客不够热情礼貌,态度生硬,脸色难看。

二是市民法治和秩序意识淡薄。盗窃和破坏公物等事件时有发生:路灯被砸坏,公园的板凳、行人道的座椅常被人损坏,井盖、电线时有被盗和破坏;此外,车辆乱停乱放、建筑乱搭乱建、占道经营等时有发生。

三是交通安全意识差。主要表现为:机动车抢道行驶;出租车、摩托车、电动车逆向行驶;随意闯红灯;行人不走人行道;横穿马路不走斑马线;人行道、盲道被电动车、机动车侵占,导致通行受阻。

四是卫生环境差。偏僻的街巷和小区,垃圾桶投放不到位,城乡结合部环卫工人清扫不彻底,垃圾遍地。特别是夏天,散发出熏人的恶臭,苍蝇蚊子到处飞。城市牛皮癣遍布大街小巷、楼梯、门洞,屡清屡涂屡贴,始终不得根治。随地吐痰、随手乱丢杂物的现象,屡见不鲜。在公共场所吸烟,随意喷烟吐雾,烟蒂随手乱扔。餐饮业集中的路段油污遍地、污水横流。河道附近的居民有的将垃圾、杂物、臭水向河里倾倒。

2. 提高市民素质的方法

一个城市的休闲文明程度,归根结底反映在人的行为上,决定于人的素质。城市的休闲文明,最终体现在市民的休闲文明素质和文明诉求中。因此,从这个意义上说,创建休闲文明城市,本质上就是塑造文明的市民。

(二)调研数据分析

通过调查问卷和实地调查结果显示,青岛市民每天休闲时间1~2个小时的人居多。大多数人在市区会见到随地吐痰、乱丢垃圾的不文明行为。在中山公园里,小组成员也屡屡见到践踏草坪、坐在草坪里的不文明行为。在作为休息的长凳上看到随意躺卧的市民,喷泉池上还有坐着和站着打闹的市民。绝大多数市民表示愿意经常在休闲时间去公共娱乐场所放松身心。80%以上的市民表示,如果在市区看到别人有比如践踏草丛、乱吐乱扔等不文明行为,会觉得厌恶,但是却不会上前制止他们的行为。

我们在公交车上发现了市民不保护公共设备的现象,如坐在车载垃圾桶上的行为,属于严重破坏公物现象。甚至还发现一位中年女士因为没有座位而坐在灭火器上,导致灭火器插销脱落、泡沫喷出。但与此同时,也发现了一些良好现象,如在人群较多的上车时段,年轻人能够做到主动给老年人让座。

从交通路口观测结果得知,行人在马路上没有机动车的情况下,依然会闯红灯;而在路面有机动车的情况下,几乎没人闯红灯。

在路旁还时常会发现恶性乞讨、强行乞讨等不文明行为,给过路市民以不好印象。

四、意见与建议

通过此次调研活动,本小组成员对青岛市民休闲文明状况进行了充分调查,也发现了诸多问题。市民的不文明行为较以前有了大大改善,安全意识和文明意识已大大增强,但不文明的现象仍然较多。希望今后政府相关部门能及时做好城市文明监督工作,多多开展普及城市文明意识等教育活动,为青岛市市容改变努力做出贡献。

建议一,希望政府能在路口设置更多监督人员监督行人。这样既提升了市容,又能保障行人过马路安全。

建议二,建议中山公园内设置相关工作人员,监督游客行为,及时制止市民不文明行为,有效提升市容。

建议三,希望政府加大城市文明宣传力度,多多增加相关活动,提高市民文明意识。

（指导教师：石建国）

大学生课余生活安排调查报告

统计 151　张宏图（组长）　白　桦　林剑影　陈　辉　李海涛　杨青山

摘　要：为了解当代大学生如何进行生活规划，如何安排自己的课余时间，本调研小组对青岛科技大学的在校学生进行了问卷调查。调查结果显示，大多数大学生并没有对自己的课余时间进行合理的安排。由此提出建议：当今大学生应该结合自身特点，制定有效合理的时间安排；应控制上网时间，提高学习效率；应加强实践，促进自身发展。只有这样，我们才能够做到无愧父母、无愧自我，真正做到无悔青春。

关键词：大学生；课余时间；学习技能；奋斗青春；规划未来

一、选题分析

（一）立论依据

大学是人生最有意义最美好的阶段，四年时间带给我们的不仅仅是知识的获取，更应该是能力的锻造。在当今的大学生活里，属于我们的课余时间非常之充裕。如何对自己的课余时间进行合理安排，是大学生综合素质的体现。

大学生作为未来社会的中坚力量和建设主体，所肩负的责任是不可推卸的。但是随着经济的发展、社会竞争的加剧，大学生面临着诸多的诱惑和挑战，愈来愈多的压力在无形之中让很多大学生不能很好地对自己进行定位。因此，如何充分利用四年的大学课余时间发展自我、提高技能、增长知识、修养身心，使自己的综合素质有所提高，圆满度过大学生涯，这是我们必须思考的问题。因此，对于大学生课余生活的调查也就有了重要的意义，这也是本组成员开展此课题的价值所在。

（二）调研目的

通过对青岛科技大学在校大学生的调查研究，了解我校同学对课余时间安排的现实状况，为同学们学习与实践的时间分配达到最佳化提供依据，帮助同学们科学、合理地安排自己的课余生活。

二、调研准备

(一)调研时间

2017 年 6 月。

(二)地点

青岛科技大学。

(三)对象选取

青岛科技大学在校生。

(四)调查方案及具体实施

调查以问卷调查为主。具体实施方法如下。在完成调查问卷的设计与制作后,由调查人员开展问卷调查工作,将问卷进行现场发放与网上投放。根据不同的投放方式,在不同的规定时间内,将完成的问卷回收。

三、调研分析

(一)调查具体内容

2017 年 6 月 3—9 日,组内成员开始进行社会调研实践活动。本小组的调查内容分为 3 个部分。

第一部分,小组成员选择青岛科技大学崂山校区明德楼为主要地点,集体发放问卷,对过往的学生以随机抽样的方式,进行问卷调查。第二部分,选择数理学院统计 151 班与统计 152 班的全体同学,以固定抽样的方式进行集体调查。第三部分,采取线上抽样调查的方式,使用问卷星软件对青岛科技大学学生进行网络社会调研。问卷发放与回放数量如表 1 所示。

表 1　问卷发放与回收数量

形式	发放问卷数/份	回收问卷数/份	成功率/%
随机抽样	100	64	64
固定集体抽样	55	50	90.91
线上调查	210	210	100
总计	365	324	88.77

本次调查以问卷形式进行调查,然后从回收问卷中问题,解决问题。2017 年 6 月 5 日 12 点与 18 点,小组成员集体在明德楼随机发放问卷 100 份,成功回收 64 份。6 月 6 日,部分小组成员在明德楼 339 教室对统计专业同学进行固定集体抽样。发放 55 份问

卷,回收 50 份,加上线上调查回收的 210 份问卷,总计回收了有效问卷 324 份。发放对象为青岛科技大学所有学生。基本上做到了随机发放。现对有代表性的几项进行分析。

(二)调研数据分析

为了更全面地了解大学生业余时间安排情况,调研主要从业余时间学习地点、学习内容、学习与娱乐、上网时间长度等几个方面展开。问卷内容、调查结果及数据分析。

问题 1 业余时间里你会选择在哪个地方学习?

问题 1 的调查结果如图 1 所示。

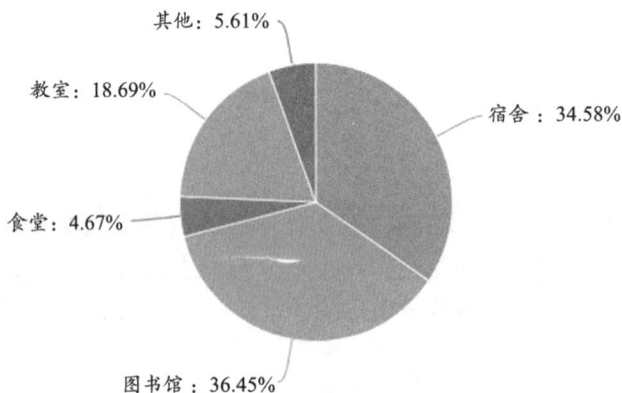

图 1 问题 1 的调查结果

根据统计数据,约 36.45% 的学生选择在图书馆学习,约 34.58% 的学生选择在宿舍学习,约 18.69% 的学生选择在教室学习,约 4.67% 的学生选择在食堂学习,约 5.67% 的学生选择在其他地方学习。

问题 2 你的业余时间大都与谁分享?

问题 2 的调查结果如图 2 所示。

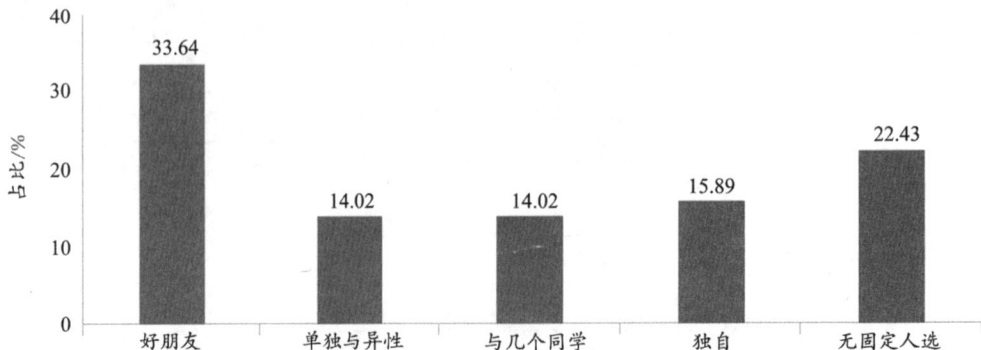

图 2 问题 2 的调查结果

根据统计数据,约 33.64% 的学生业余时间选择与好朋友分享,约 22.43% 的学生表示无固定人选,约 15.89% 的学生选择独自一人,约 14.02% 的学生选择单独与异性相处,约 14.02％的学生选择与几个同学一起。

问题 3　周一至周五的课余时间你都做些什么？（可多选）

据统计数据，在周一至周五的课余时间里，约 71.96％的学生选择学习（包括读课外书），约 63.55％的学生选择上网，约 49.53％的学生选择参加院系组织的社团活动。由此可以看出，大部分的大学生对于学习还是相当重视的。

问题 4　周末的课余时间里你都做些什么？（可多选）

根据统计数据，在周末的课余时间里，约 68.22％的学生选择上网，约 67.29％的学生选择学习（包括读课外书），约 61.68％的学生选择参加院系组织的社团活动。

问题 5　课余时间的学习内容？（可多选）

问题 5 的调查结果如图 3 所示。

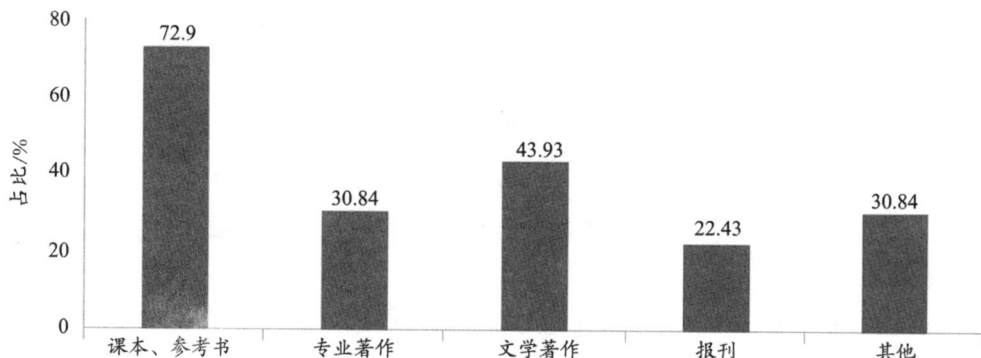

图 3　问题 5 的调查结果

根据统计数据，在课余时间的学习内容选择上，约 72.90％的学生选择课本、参考书，约 43.93％的学生选择上网，约 30.84％的学生选择专业著作和其他，约 22.43％的学生选择报刊。

问题 6　以下选项中，占用你课余时间最多的是哪一项？

问题 6 的调查结果如图 4 所示。

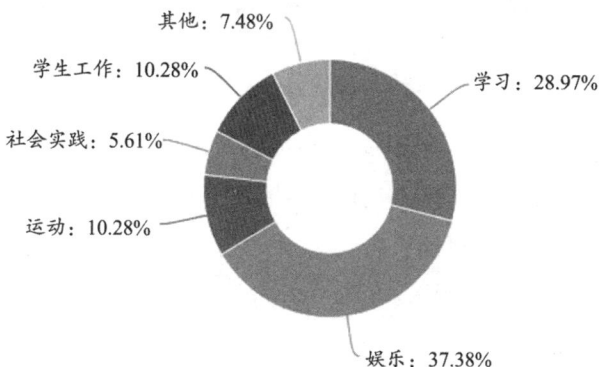

图 4　问题 6 的调查结果

243

根据统计数据,占用课余时间最多的,约 37.38% 的学生表示是娱乐活动,约 28.97% 的学生选择学习,约 10.28% 的学生认为是学生工作和运动。

问题 7　你认为课余时间最应该用来做什么?

问题 7 的调查结果如图 5 所示。

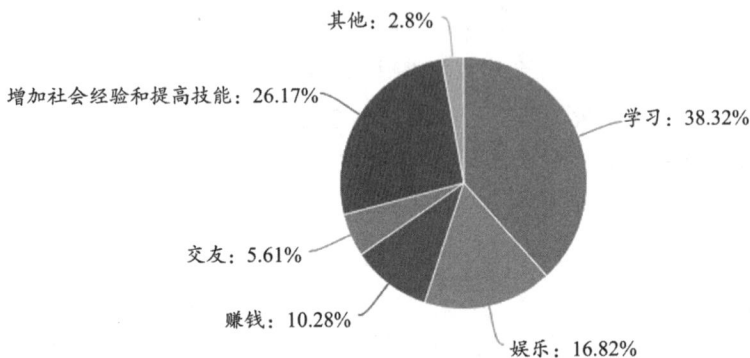

其他:2.8%
增加社会经验和提高技能:26.17%
学习:38.32%
交友:5.61%
赚钱:10.28%
娱乐:16.82%

图 5　问题 7 的调查结果

根据统计数据,在课余时间的安排认知上,约 38.32% 的学生认为最应该用来学习,约 26.17% 的学生认为最应该用来增加社会经验和提高技能,约 16.82% 的学生认为最应该用来娱乐。

问题 8　你觉得你的课余生活安排是否有规律?

问题 8 的调查结果如图 6 所示。

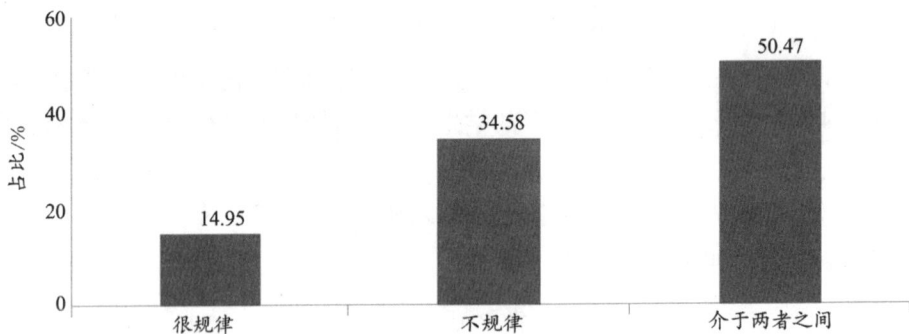

图 6　问题 8 的调查结果

根据统计数据,约 50.47% 的学生认为课余生活安排介于规律和不规律之间,约 34.58% 的学生认为课余生活安排不规律,约 14.95% 的学生认为课余生活安排很规律。

问题 9　你一般上网都做什么?

问题 9 的调查结果如图 7 所示。

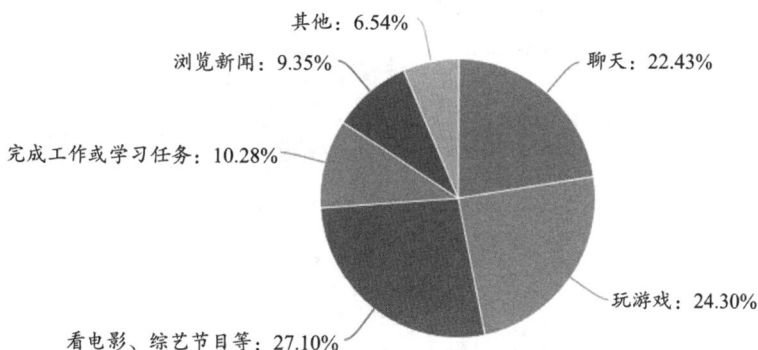

图 7　问题 9 的调查结果

　　根据统计数据,关于对上网内容的安排上,约 27.10％的学生选择看电影、综艺节目等,约 24.30％的学生选择玩游戏,约 22.43％的学生选择聊天。

　　问题 10　你平均每天学习多长时间?

　　问题 10 的调查结果如图 8 所示。

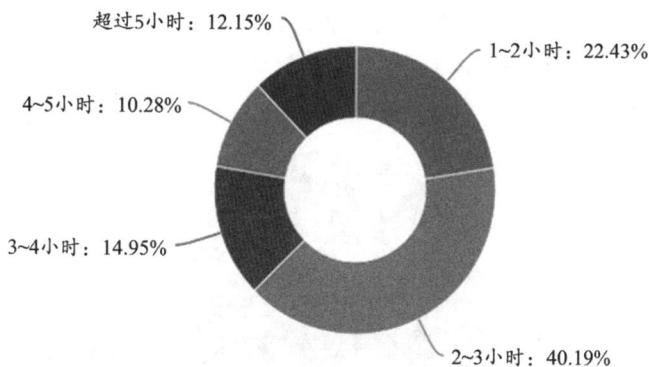

图 8　问题 10 的调查结果

　　根据统计数据,在平均每天学习的时间中,学习 2～3 小时的人数约占 40.19％,学习 1～2 小时的人数约占 22.43％,学习 3～4 小时的人数约占 14.95％,学习 4～5 小时的人数约占 10.28％,超过 5 小时的人数约占 12.15％。由统计可以看出,大学生平均每天学习的时间为 2 小时。

　　问题 11　你平均每天使用电脑多长时间?

　　问题 11 的调查结果如图 9 所示。

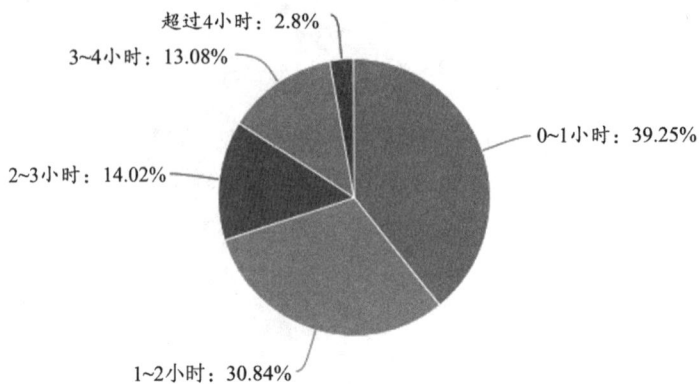

图 9　问题 11 的调查结果

根据统计数据,在平均每天使用电脑的时间中,使用 0～1 小时的人数约占 38.89％,使用 1～2 小时的人数约占 31.48％,使用 2～3 小时的人数约占 13.89％,使用 3～4 小时的人数约占 12.96％,没有人每天使用电脑超过 4 小时。由统计可以看出,大学生平均每天使用电脑的时间为 1 小时。

问题 12　你平均每天参加体育运动多长时间?

问题 12 的调查结果如图 10 所示。

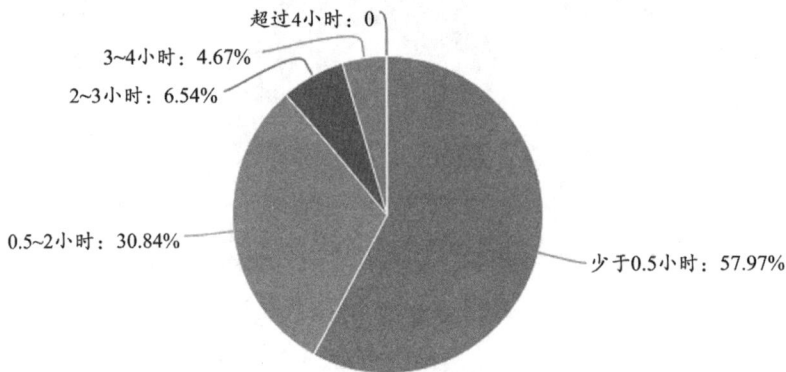

图 10　问题 12 的调查结果

根据统计数据,在平均每天参加体育运动的时间中,少于 0.5 小时的人数约占 57.94％,0.5～2 小时的人数约占 30.84％,2～3 小时的人数约占 6.54％,3～4 小时的人数约占 4.67％。由统计可以看出,大学生平均每天参加体育运动的时间为 0.5 小时。

问题 13　你平均每天除使用电脑外的娱乐占用多长时间?

问题 13 的调查结果如图 11 所示。

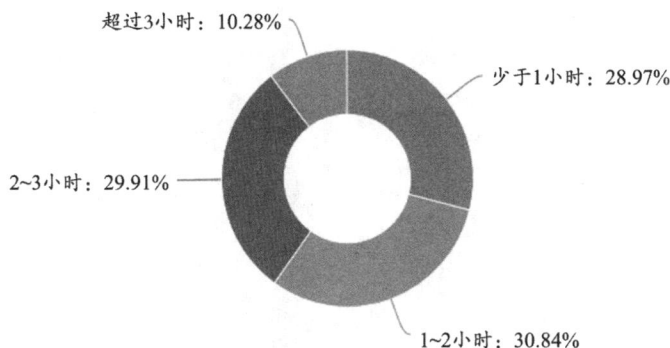

图 11 问题 13 的调查结果

根据统计数据,在平均每天除使用电脑外的娱乐占用多长时间中,1～2 小时的人数约占 30.84%,2～3 小时的人数约占 29.91%,少于 1 小时的人数约占 28.97%,超过 3 小时的人数约占 10.28%。由统计可以看出,大学生每天除使用电脑外的娱乐的时间平均为 2 小时。

问题 14 你是几年级的?

问题 14 的调查结果如图 12 所示。

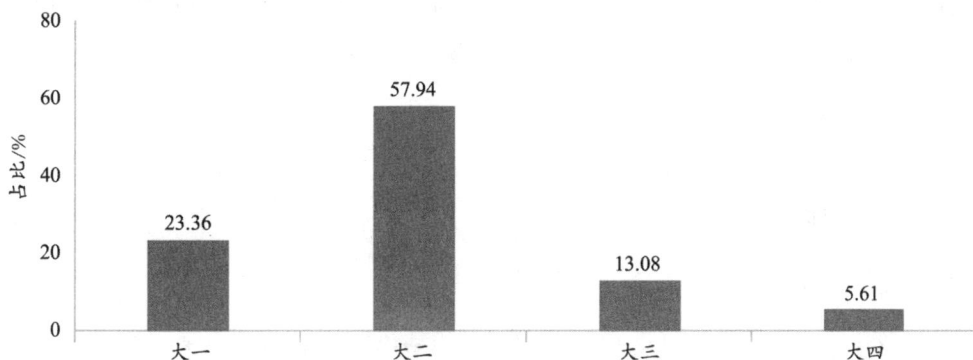

图 12 问题 14 的调查结果

根据统计数据,在参与问卷调查的 324 人里,约 57.94% 为大二学生,占据绝大多数,主要原因是选择了在大二年级进行固定调查;约 23.36% 为大一学生;13.08% 为大三学生;约 5.61% 为大四学生。调查年级覆盖 4 个年级的学生,调查对象选择合理。

问题 15 你的性别是什么?

问题 15 的调查结果如图 13 所示。

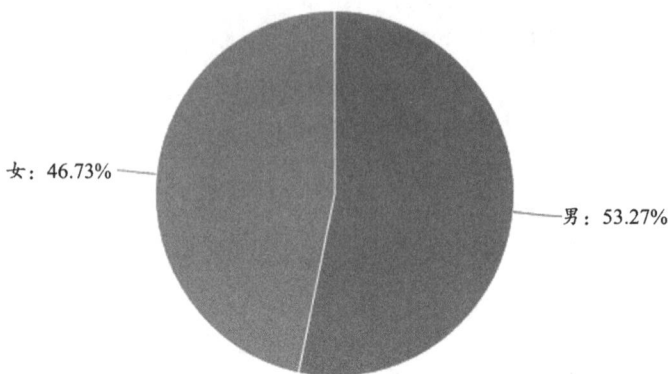

图 13　问题 15 的调查结果

根据统计数据,男生人数占比 53.27%,女生人数占比 46.73%,男女占比趋于 1∶1,调查对象选择合理。

综合以上数据分析,调查对象选取合适,男女比例接近 1∶1,各年级人数选取比例比较符合实际预期。根据统计数据显示,大学生课余时间主要用来学习、上网以及学生工作和运动。这表示相当一部分大学生对于学习持有较高的热情以及重视程度。然而,值得特别指出的是,上网主要用途与学习或提升自身的活动不太相关、健身运动每天少于 0.5 小时的占大多数,这暴露了大多数大学生目前的主要问题——有变好的意愿,但执行力不足。因此,建议大学生要强化自身计划的执行力。

四、意见与建议

(一)学校层面

1. 学校要为大学生创造好的环境

各高校要为学生创造良好的学习环境。好的学风和安静的环境是一所高校必须达到的要求。同时,良好的课余活动氛围,也有助于学生在课外得到更好的发展。好的学风和学习氛围的形成,既需要学生积极配合,又需要学校努力去营造。因此,这要求学校要从思想上引导和鼓励大学生努力学习。

2. 引导大学生积极安排课余时间

从调查结果中分析,大学生趋向于认为课余时间应由个人安排,无需学校施加管理。基于此前提,各高校对于大学生课余时间的安排最好采取引导的方式,号召教师在课堂上、在学校的各种传播媒介采取启发诱导方式,潜移默化地引导学生积极健康地安排课余时间。

3. 开展校园文化活动,丰富大学生的课余生活

大学生的课余生活与学校也有密切联系。除了上课外,学校可以定期举行讲座,内容要符合学生们的兴趣,如社交礼仪、就业技巧等。也可以举行一些比赛,给学生们更多

的锻炼机会；此外，学校还可以开设心理健康课程与心理协会活动，对学生身心健康进行辅导，为感到前途迷茫的学生指点迷津，给以鼓励与指导。一些有意义的主题晚会、读书会等，也可以为课余生活增添更多乐趣。

（二）从学生个人层面提出建议

1. 认真对待课余时间，合理规划

课余时间是大学生可以进行自由支配的时间，理应正确对待，随心所欲最终只会是浪费时间。因此，合理规划极为重要。大学生首先应对自己近期的活动有一个理智的分析，看看自己近期内要达到哪些目标，长远目标是什么，自己最迫切需要的是什么，各种活动对自己发展的意义有多大，所导致的时间精力的消耗有多大，等等。然后据此制定出合理的时间安排，并在执行计划中不断地修整和完善。另外，最好能专门制订一份休闲计划，对一些较重大的节假日和休闲项目作出妥当的安排，这样能使休闲和学习有条不紊地交替进行，使身心得到有效的放松和调适。同时，要留出足够的时间来进行体育锻炼。"身体是革命的本钱"，最好能够根据自己的身体状况和客观条件制订锻炼计划，使自己拥有健康的身体与愉悦的心情。

2. 正确、合理地利用课余时间

学习是学生的根本。在课余时间安排中，对本专业的学习也应占一定的比重。作为即将踏入社会的大学生，自制力很重要，不能一味地沉迷于网络当中。睡懒觉、逛街或许不失为好的休息方式，但绝不是正确地利用课余时间的方式。除了学习专业课外，学生应利用课余时间多进行有益的活动，如爬山、阅读、学乐器演奏等。只有在严格的自律与规划下，大学生才能正确、合理地利用课余时间。

（指导教师：王建美）

大学生日常消费与合理理财情况调研报告

统计152　王敏(组长)　于　晓　王　妍　冉晓婷　田方杰　谭宇童

　　摘　要:随着社会经济的快速发展,大学生作为一个特殊的消费群体受到越来越多的关注。一方面,大学生有着旺盛的消费需求,却尚未获得经济上的独立,消费受到很大的制约;另一方面,随着经济的日益发展,大学生群体的消费水平也日益提高。因此,我们开展此次调研活动,以线上线下调查问卷相结合的方式,通过对青岛科技大学崂山校区和四方校区在校大学生的调查,了解了大学生高低年级、性别与消费水平和理财观念的关系,并且希望通过这次实践活动促使大家培养正确的消费观念和理财观念,养成勤俭节约的好习惯。

　　关键词:日常消费;合理理财;问卷调查;高低年级;性别

一、选题立论分析

　　首先,选择大学生日常消费这一层面进行调研,是因为随着社会经济的快速发展,大学生作为一个特殊的消费群体正受到越来越多的关注。由于大学生较年轻、社会经验少、群体特别,他们有着不同于社会其他消费群体的消费心理和行为。

　　具体来说,一方面他们有着旺盛的消费需求,却尚未获得经济上的独立,消费受到很大的制约;另一方面,随着经济的日益发展,大学生群体的消费水平也日益提高。这就意味着,大学生的消费基数在不断增大,消费能力也在不断增强,这极易引发攀比消费、奢侈消费、炫富消费等行为。因此,消费观念正确与否对于大学生的消费行为起着重要的引导作用。通过对月生活费的相关调查可以发现,大学生在消费中存在的一些问题,从而更好地引导大学生理性消费、适度消费。

　　关注大学生消费状况,把握大学生消费的心理特征和行为导向,培养和提高大学生们的合理理财能力,在当前成为当代大学生们共同关注的课题,也是教育部门以及全社会都必须重视的课题。这对形成大学生们正确的人生观、价值观起到极其重要的作用,更对整个社会消费产生不可忽视的影响力。

　　大学时代是一个人独立理财的起步阶段,也是学习理财知识的最佳时期。在此阶段,如果能够养成一些较好的理财习惯,掌握一些必需的理财常识,往往可以受益终生。因此,高校加强大学生理财能力的培养具有积极的作用。理财教育不仅可以培养大学生良好的理财习惯,而且可以改变大学生的理财观念,帮助他们树立正确的人生观和价值观,促进个人素质的全面提高。

大学生作为一个特殊的消费群体,在当代社会消费结构方面有着举足轻重的作用,同时大学生的消费现状和理财现状在一定程度上折射出当前大学生的生活状态和价值取向。为了调查大学生在当前经济环境下的日常消费和理财状况,我们决定对部分大学生进行调研,发现当代大学生的消费问题并提出合理意见,从而改善大学生的消费状况,并通过了解当代大学生的理财现状,制定出合理的理财方案来帮助解决当代大学生理财不合理以及不会理财的问题,促进大学生全面发展。

二、调研准备

(一)调研时间

(1)2017 年 4 月 18 日,全体成员协助组长总体策划整个活动,制定出详细的工作计划。

(2)4 月 25 日、5 月 4 日、5 月 11 日、5 月 18 日,小组成员在青岛科技大学崂山校区进行调研。

(3)5 月 24 日、5 月 31 日、6 月 7 日,小组成员在青岛科技大学四方校区进行调研。

(4)6 月 12 日,全体成员分析调研结果,作出分析总结。

(二)调研地点

青岛科技大学崂山校区和四方校区。

(三)调研对象的选取

我们调研的对象是青岛科技大学崂山校区和四方校区的在校大学生。他们大部分都刚刚成年,处在即将踏入社会的阶段,初步接触社会,日常生活比较自由。

(四)调查方案

我们在青岛科技大学崂山校区和四方校区进行调查。调查采用线上、线下问卷相结合的方式,发放 500 份调查问卷来调查大学生日常消费与合理理财情况,大部分问卷调查采用线上问卷进行,大约占总问卷数量的 90%。

调研方向上,我们分两类来调查大学生日常消费与合理理财的情况。第一类是分性别调查;第二类是分年级调查,将调查对象分为低年级(大一、大二)学生和高年级(大三、大四)。通过这两个分类来研究大学生日常消费和合理理财认识的具体情况,得到大学生消费心理、消费需求、理财观念、理财途径等不同方面的数据和信息。

三、调研分析

(一)分性别调查

我们对在校大学生按照性别进行区分,以研究大学生日常消费与合理理财情况的共同点与不同点。首先我们对大学生性别进行区分来研究分析。

1. 大学生的消费情况和生活费状况的调查

问题 3 您每月的生活费有多少?

问题 3 的调查结果如图 1 所示。

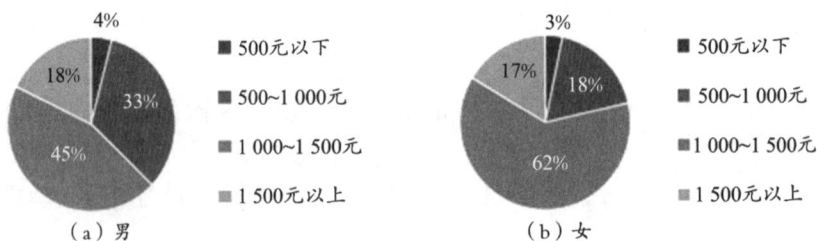

图 1 问题 3 的调查结果

调查结果显示,大学生生活费在 500 元以下的占 3.6%,500~1 500 元的占 80%, 1 500 元以上的占 17%。其中,1 000~1 500 元所示占的比例最大,男女生之间在数量上无较大差别。可以看出,一般大学生得到的生活费,能较好地满足生活需求和其他一些额外开支。

问题 4 您生活费的来源有哪些?(多选)

问题 4 的调查结果如图 2 所示。

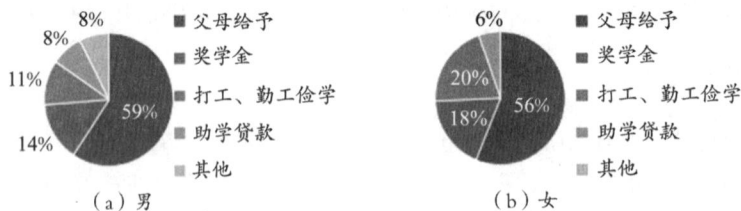

图 2 问题 4 的调查结果

调查结果显示,大学生的生活费 96% 是父母给予,另外还有助学贷款占 10.8%、勤工俭学占 27%、奖学金占 27.6% 等。其中,女生勤工俭学的人数更多。

问题 5 您每月的消费费用大约为多少?

问题 5 的调查结果如图 3 所示。

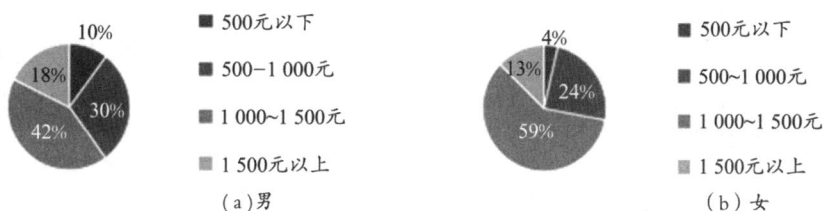

图 3　问题 5 的调查结果

因为目前大学生尚未有较强的劳动技能和足够的时间去工作,父母给予的生活费是生活费的最主要来源。每月的消费中,消费 500 元以下的大学生占 6.6%;消费 500~1 500 元的占较大比重,为 78.4%;消费 1 500 元以上的占 15%。

问题 6　您每月的消费去向主要是以下哪些方面?(多选)

问题 6 的调查结果如图 4 所示。

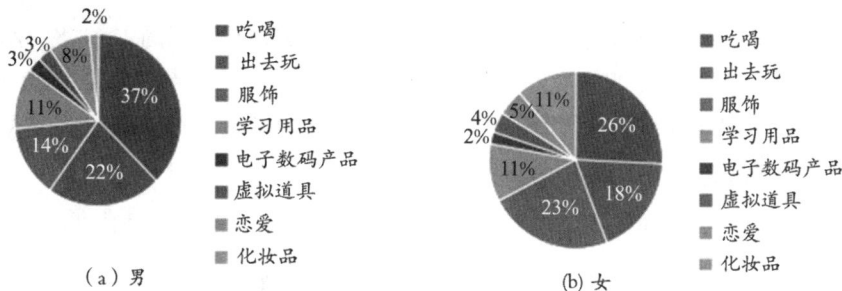

图 4　问题 6 的调查结果

调查结果显示,在大学生每月消费去向中,绝大多数大学生都用在了吃喝上(96%),出去玩、服饰、学习用品和化妆品也占到了一定比重,此外还有电子数码产品、虚拟道具、恋爱消费等消费去向。其中,女生用在服饰(23%)和化妆品(11%)上的比例远高于男生。这说明日常需求中吃喝、娱乐以及服饰是消费的最主要部分。男生在电子数码产品和虚拟道具方面花费的比例高于女生,这也能反映出男生玩游戏多于女生的现象。

问题 7　您每月人际交往方面的花费(包括同学聚会、游玩、部门社团活动等)有多少?

问题 7 的调查结果如图 5 所示。

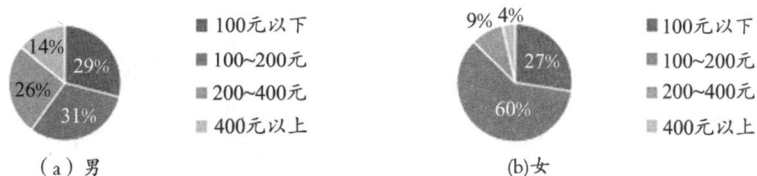

图 5　问题 7 的调查结果

在大学生人际交往方面的消费中，花费 100～200 元的同学占 47%，100 元以下的占 28%，超过 200 元的占少数。其中，男生在人际交往方面的消费额总体水平超过女生。这说明大学生每月用在同学聚会、游玩、部门社团活动等人际交往方面的消费比较少，且男生相对于女生较多。

问题 8　您每月在食品方面（日常饮食、零食、水果）的支出是多少？

问题 8 的调查结果如图 6 所示。

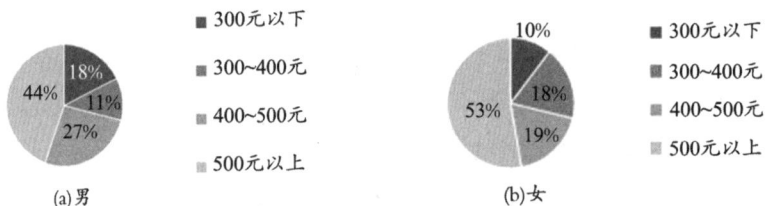

图 6　问题 8 的调查结果

调查结果显示，大学生在食品方面的支出中，花费 300 元以下的占 13.8%，300～400 元的占 15%，400～500 元的占 22.2%，500 元以上的占到 49%，男女生之间无明显的总体上的差异。这说明大学生用于日常的饮食、零食和水果是消费支出的一个重要部分。

问题 9　您每月购买衣服花费多少钱？

问题 9 的调查结果如图 7 所示。

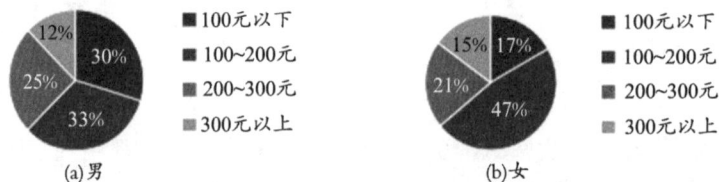

图 7　问题 9 的调查结果

调查结果显示，大学生每月购买衣服所花费用，100 元以下的占 22.6%，100～300 元的占 64%，100～200 元的占 40%，300 元以上的占 13.8%。这表明购买衣服也是大学生每月支出的固定部分。其中，多女生对衣服的消费明显高于男生，女生更倾向于买衣服消费。

问题 10　您每月网购花费情况如何？

问题 10 的调查结果如图 8 所示。

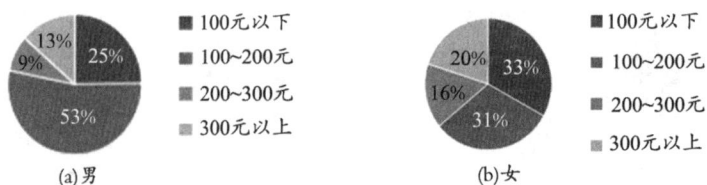

图 8　问题 10 的调查结果

由于互联网的高速发展,大学生在网上购买商品已经成为常态。调查结果显示,每月网购花费在 100 元以下的大学生占 29.4%,100～200 元的占 40%,200～300 元的占 12.6%,300 元以上的占 17%。其中,女生总体网购水平高于男生。这说明网购及网上消费已经渗透到大学生生活中,成为其消费中的一部分。女生更倾向于网购。

问题 11　每月的消费额是否会超出自己的预期?

问题 11 的调查结果如图 9 所示。

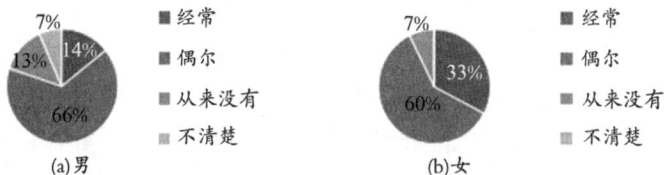

图 9　问题 11 的调查结果

对于大学生来说,大部分是靠家长供给的生活费来进行消费。这就存在了消费额和真实供给生活费方面的矛盾,它也是摆在大部分大学生面前的一个非常严峻的问题。调查结果显示,60% 的大学生的消费额偶尔会超出自己的预期,24% 的大学生消费额经常会超出预期,从来没有超出预期的占 10%;女大学生较男大学生更容易发生消费额超出预期这一情况。这一结果说明,大学生对自己的消费控制能力欠佳,会经常或者偶尔发生超出预期的情况。

问题 12　如果您的消费额超出预期值您会怎么办?(多选题)

问题 12 的调查结果如图 10 所示。

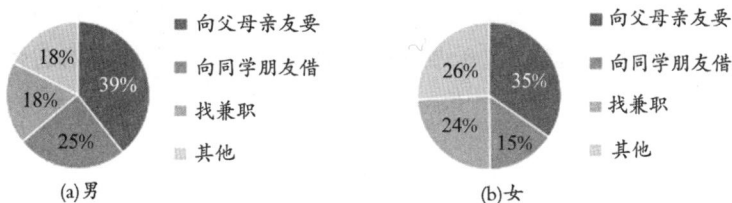

图 10　问题 12 的调查结果

调查结果显示,如果消费超出预期值,45% 的大学生会选择向父母亲友要,24% 会选择向同学朋友借,56% 的同学会选择兼职等其他形式。女生寻找解决的方式更多一些。在消费超出预期值这种情况下,不同的人有不同的选择,应该对大学生进行积极正确的引导来应对消费超出预期值这一情况。

问题 13　如果您的生活费有剩余,您会怎么处理?

问题 13 的调查结果如图 11 所示。

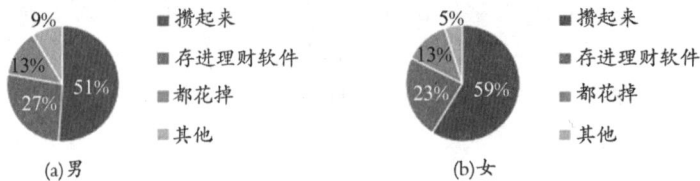

图 11　问题 13 的调查结果

调查结果显示,选择将生活费攒起来在男生和女生中都占有最高的比重。分别为51％和58.9％。这表明女生比男生更倾向于把多余的生活费攒起来。表明女生比男生更倾向于把多余的生活费攒起来。有可能是因为女生想法较男生更为细腻且能够长远考虑,也可能是由于女生更加丰富的购物欲望容易促使女生形成攒钱购买某种物品的决心。

问题 14　您最理想的消费来源是什么?（多选题）

问题 14 的调查结果如图 12 所示。

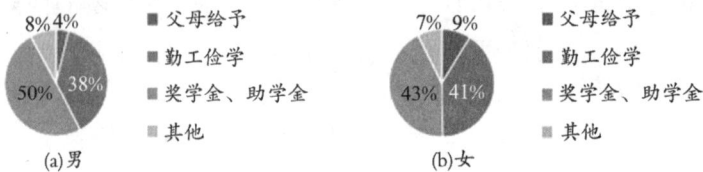

图 12　问题 14 的调查结果

大部分男女生理想的消费来源是奖学金和助学金,在男女生中分别占 50％和 43％;同样占比较高的是勤工俭学,在男女生中分别占比 38％和 41％。男生和女生在此问题中呈现了高度的一致性,共同认为通过自身努力赢得的才是理想的消费来源,体现了当代大学生觉悟的提高和独立性的增强。

问题 15　您平常有记账的习惯吗?

问题 15 的调查结果如图 13 所示。

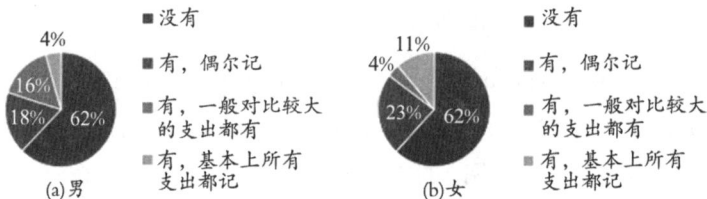

图 13　问题 15 的调查结果

对于平时是否有记账习惯的问题,男生和女生选择比例高的选项都是"没有",均超过 60％。这表明半数以上的男生和女生都没有养成记账的习惯,从中体现出一种消费观念的缺乏。而在有记账习惯的受访对象中,女生的比例明显高于男生,这表明女生比男生更容易培养出记账的习惯。

问题 16 您的消费方式是什么?

问题 16 的调查结果如图 14 所示。

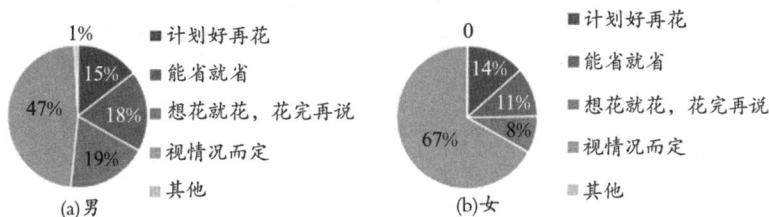

图 14 问题 16 的调查结果

调查结果显示,在男女生中消费之前有所规划的(选择"计划好再花"和"能省就省"选项)比例相当。而男女生中都有大部分人"视情况而定",表明当代大学生消费存在随意性。但女生视情况而定的比例比男生大,女生为 67%,男生为 47%,这可能是因为女生较男生而言更为随性。

问题 17 您认为哪种消费状态比较合理?

问题 17 的调查结果如图 15 所示。

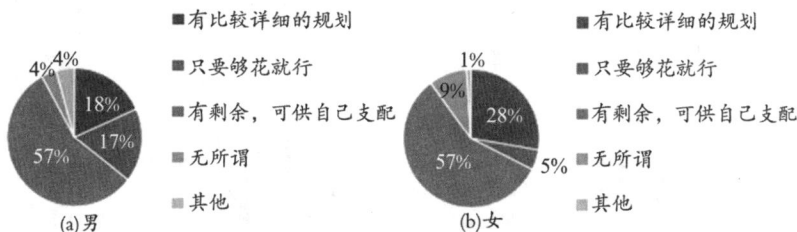

图 15 问题 17 的调查结果

调查结果显示,56% 的男生认为合理的消费状态是"有剩余,可供自己支配",这一比例在女生中是 57%;而其次都是"有比较详细的规划"。这表明男女生对于合理的消费观念理解比较一致,而且都倾向于有规划性。

问题 18 您是否借过钱?

问题 18 的调查结果如图 16 所示。

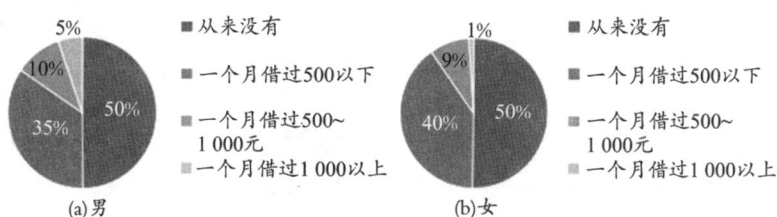

图 16 问题 18 的调查结果

对于是否借过钱的问题,男生和女生选择"没有"的都占据最大比例;而在选择"一个月借过 1 000 元以上"的受访者中,男生和女生则表现出了差异,约 80% 为男生,仅有的 20% 为女生。出现这一结果的原因可能是男生偏爱购买电子产品等开销较大的产品,也受到男生性格因素的影响。

问题 19 您是否尝试过网络贷款?

问题 19 的调查结果如图 17 所示。

图 17 问题 19 的调查结果

调查结果显示,大学生对于网络贷款的不了解使得他们在网贷方面涉足较少,只有 10% 的大学生进行过网贷。其中,男生中进行过网贷的占 12%,女生占 8%。这同样是男生性格原因以及男生偏爱购买电子产品等开销较大的产品造成的。

问题 20 您网络贷款金额是多少?

问题 20 的调查结果如图 18 所示。

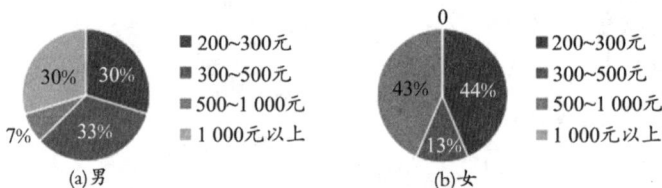

图 18 问题 20 的调查结果

在尝试过网贷的大学生中,女生更倾向于小额贷款;男生更倾向于大额贷款,贷款 1 000 元以上的受访者中全部为男生。

2. 大学生理财情况的调查

问题 21 您用于理财的主要资金来源是什么?

问题 21 的调查结果如图 19 所示。

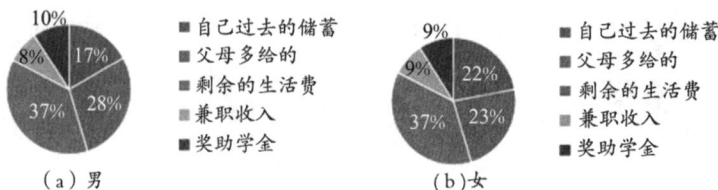

图 19 问题 21 的调查结果

调查结果显示,理财资金的来源中占比最高的为"剩余的生活费",其次为"父母多给的"和"自己过去的储蓄"结果。在性别中体现出一致性。

问题 22　您现在认为理财的首要目的是?

问题 22 的调查结果如图 20 所示。

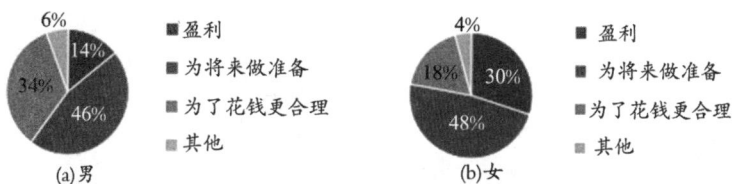

图 20　问题 22 的调查结果

对于现在理财的首要目的,男受访者和女受访者中比例最高的均是"为将来作准备"。这体现出当代大学生有一定的未来意识与长远眼光。而认为理财的首要目的是盈利的受访者中,71.9%为女生,仅有 28.1%为男生,存在明显的差异。原因可能是女生的盈利意识和目的性较强,更迫切地想从理财活动中得到令人满意的结果。

问题 23　您平时主要通过什么方式进行理财方面知识的了解?

问题 23 的调查结果如图 21 所示。

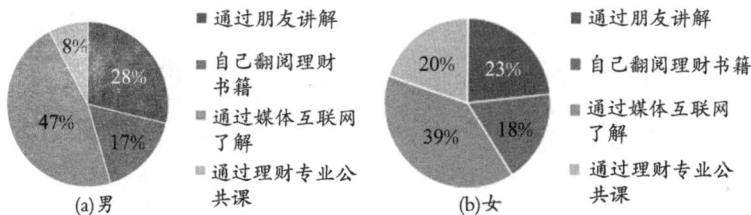

图 21　问题 23 的调查结果

互联网的高速发展使得大多数大学生会通过媒体互联网了解理财方面的知识,在男、女受访者中分别都占据了最高的比例。其中,男生、女生在通过理财专业课和公共课来了解理财方面知识的差别较大;这一选项在男生给出的答卷中占据了 8%的入选比例;而在女生中则更高,为 20%。

问题 24　您认为目前理财方面您还存在哪些问题?

问题 24 的调查结果如图 22 所示。

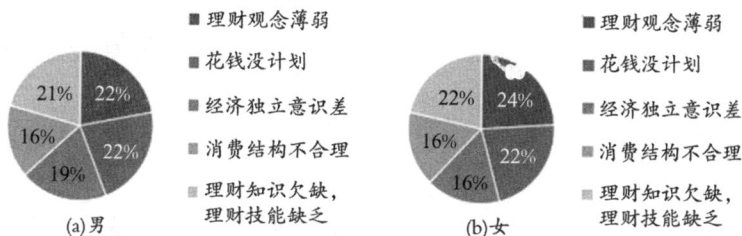

图 22　问题 24 的调查结果

目前,大学生理财观念薄弱;花钱没计划;理财知识欠缺,理财技能缺乏是理财中存在的主要问题,在男女生中都占有较大的比例。

问题 25　假如学校里有关于个人理财知识的讲座,您会不会有兴趣去听?

问题 25 的调查结果如图 23 所示。

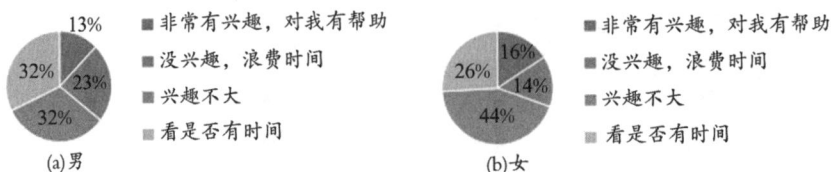

图 23　问题 25 的调查结果

如果学校有关于理财知识方面的讲座,不论是在男生还是女生受访者中,选项"兴趣不大"都占据了最高的比例,分别为 32% 和 44%。这说明当代大学生对于理财不是非常重视,认为可有可无。也有部分原因是大学生认为,理财知识不需要通过讲座来了解,自己在平常生活中就能够掌握。

问题 26　您希望学校能够提供什么途径鼓励大学生学习投资理财知识?（多选题）

问题 26 的调查结果如图 24 所示。

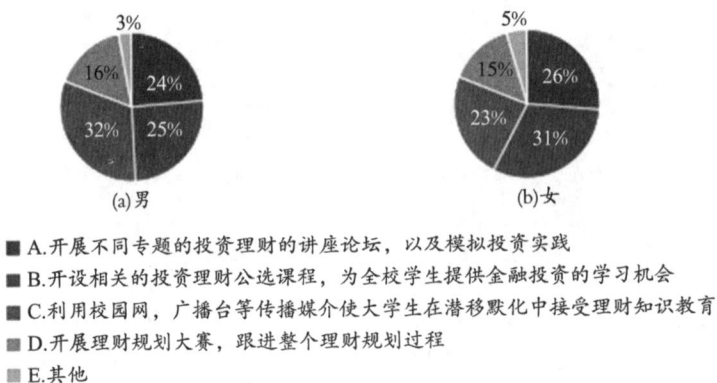

■ A.开展不同专题的投资理财的讲座论坛,以及模拟投资实践
■ B.开设相关的投资理财公选课程,为全校学生提供金融投资的学习机会
■ C.利用校园网,广播台等传播媒介使大学生在潜移默化中接受理财知识教育
■ D.开展理财规划大赛,跟进整个理财规划过程
■ E.其他

图 24　问题 26 的调查结果

在对于学校能够提供什么途径来鼓励大学生提高投资理财知识的问题中,男女受访者中,选择 A、B、E 选项的人相近的比例。男生中,最受欢迎的举措是利用校园网、广播台等传播媒介使大学生在潜移默化中接受理财知识教育,占据了 32%。在女生中,最受欢迎的举措是开设相关的投资理财公选课程,为全校学生提供金融投资的学习机会,占比为 31%。

(二)年级方面

我们现在来看一下对于高低不同年级的大学生而言,他们的日常消费和合理理财情况的相同点与不同点。

1. 大学生的消费情况和生活费状况的调查

问题 3 的分年级调查结果如图 25 所示。

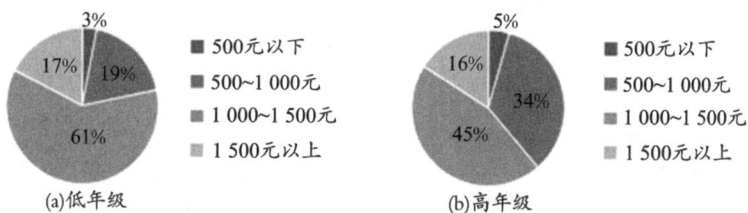

图 25　问题 3 的分年级调查结果

大学生的生活费都是在 1 000～1 500 元占比高年级最多。低年级学生中生活费在 1 000～1 500 元的占 61%，高年级学生的占 45%，可见低年级学生生活费更高一些。这应该是因为低年级学生的家长更担心孩子的大学生活，而且初来大学花销比较大，提供的生活费更多；而高年级学生有了几年的大学经验，生活费相比低年级会少一些。

问题 4 的分年级调查结果如图 26 所示。

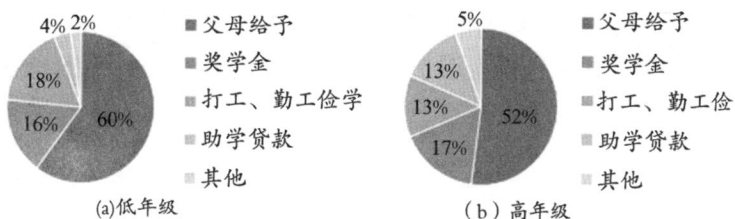

图 26　问题 4 的分年级调查结果

大学生绝大多数的生活费来源是父母给予的。除此之外，低年级学生的生活费有 18% 是来源于打工、勤工俭学；高年级学生的生活费来源于打工、勤工俭学的相对较少，有 13%。可见，低年级学生更乐于打工来自己赚取生活费。这也是因为低年级学生课余时间更多，有闲暇时间去打工；而高年级学生忙于考研和就业实习，没有更多时间打工赚取。高年级学生的生活费有 13% 来源于助学贷款，低年级只有 4%。这可能是因为低年级学生对助学贷款了解比较少，所以学校应该加强助学贷款的宣传力度。

问题 5 的分年级调查结果如图 27 所示。

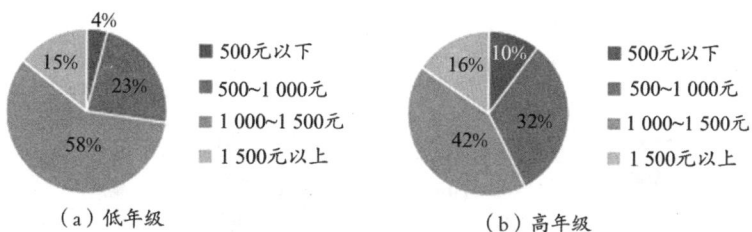

图 27　问题 5 的分年级调查结果

在大学生中消费 1 000～1 500 元的占最大比重,可见大学生的消费费用与生活费相吻合。

问题 6 的分年级调查结果如图 28 所示。

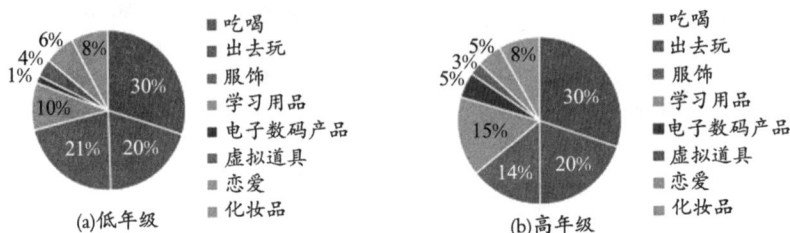

图 28　问题 6 的分年级调查结果

在大学生的消费去向中,高、低年级的学生都是用于吃喝和出去玩的费用所占比例最大。除此之外,用于服饰的费用所占比例,低年级为 21%,高年级为 14%,可见低年级学生用于购买服饰的费用更大一些。这是因为高中时大多穿校服,衣服样式较少,刚进入大学的前两年用于购买衣服的花销会大一些,而到了大三、大四时就没有必要购买很多的服饰了。除此之外,用于学习用品的费用所占比例,低年级为 10%,高年级为 15%,这是因为高年级学生中有一部分准备考研,用于购买考研资料的费用比较大。

问题 7 的分年级调查结果如图 29 所示。

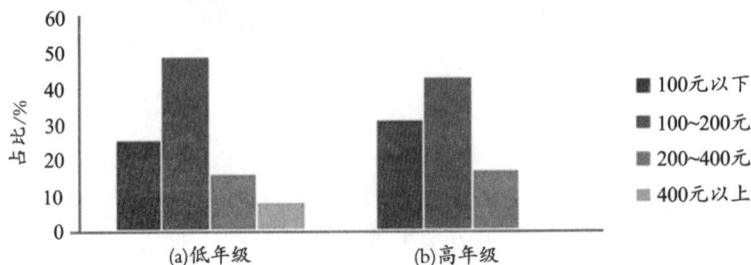

图 29　问题 7 的分年级调查结果

在大学生的人际交往消费中,100～200 元所占比例最大。除此之外,低年级学生在人际交往中花费 100 元以下所占比例为 26%,高年级为 31%,可见高年级学生在人际交往方面的花费要少一些。这是因为高年级学生社团和部门活动比较少,而且高年级学生空闲时间相比低年级学生要少一些。

问题 8 的分年级调查结果如图 30 所示。

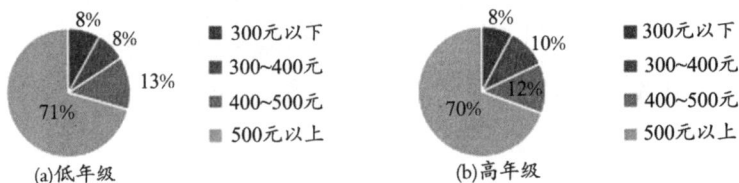

图 30　问题 8 的分年级调查结果

大学生在食品方面上有一半的学生花费为 500 元以上,高低年级无明显差异。可见,食品支出是大学生消费支出的一大项。

问题 9 的分年级调查结果如图 31 所示。

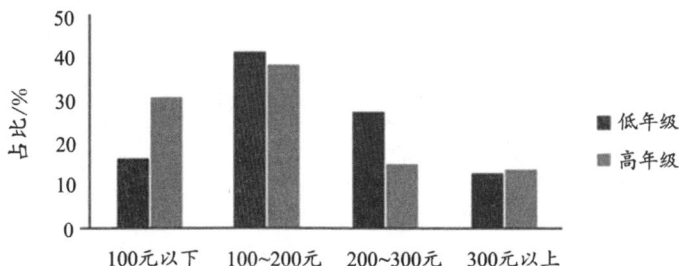

图 31　问题 9 的分年级调查结果

在购买衣服的支出上,花费 200 元以上所占比例低年级为 41%,高年级为 30%,可见低年级学生用于衣服的花销更大一些。

问题 10 的分年级调查结果如图 32 所示。

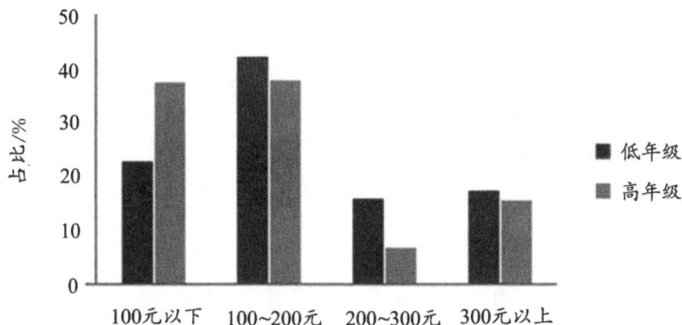

图 32　问题 10 的分年级调查结果

在网购的支出上,花费 200 元以上所占比例低年级学生为 34%,高年级学生为 23%,可见低年级学生用于网购的花销更大一些,这和低年级学生生活费更多一些有关。

问题 11 的分年级调查结果如图 33 所示。

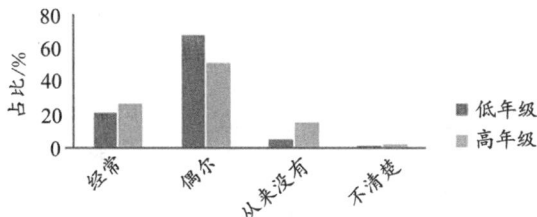

图 33　问题 11 的分年级调查结果

调查结果表明,有 24% 的大学生消费额会经常超过自己的预期,60% 的大学生消费额会偶尔超过自己的预期。这说明大学生的理性消费和控制消费观念还比较薄弱。其中,低年级学生中,消费额偶尔或者经常超过自己预期的占比达到 91%,高年级学生则为

80％，可见低年级学生较高年级学生更容易发生消费额超过预期这一情况。

问题12的分年级调查结果如图34所示。

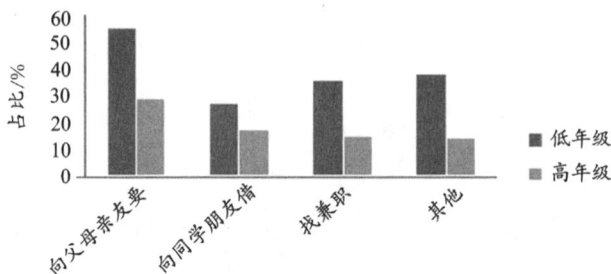

图34　问题12的分年级调查结果

当消费额超过自己的预期值时，有45％的大学生会选择向父母亲友要，24％会选择向同学借，高低年级学生并无太大差异。当消费额超过预期值时，大学生应合理地去解决，学校也应引导大学生积极正确地解决这一问题。

问题13的分年级调查结果如图35所示。

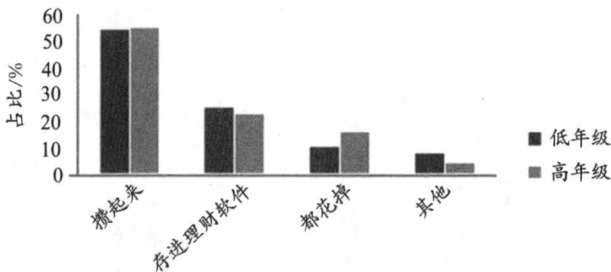

图35　问题13的分年级调查结果

对于剩余生活费的处理，大多数人选择攒起来或者存进理财软件，只有少数人选择花掉，高低年级的同学在选择上无明显差异。这说明大学生具有一定的理财意识，让自己的钱变得更有价值。

问题14的分年级调查结果如图36所示。

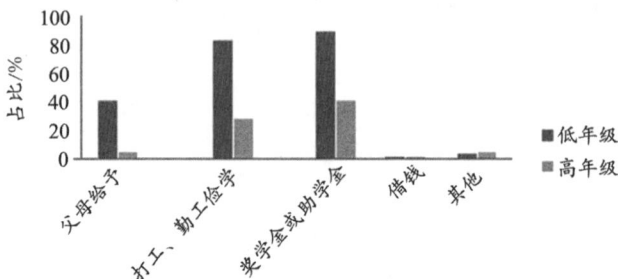

图36　问题14的分年级调查结果

大多数大学生最理想的消费来源是打工、勤工俭学或者奖学金、助学金；少数人选择父母给予或借钱。高低年级同学的选择大体一样，可以看出，大学生大多数更希望自己能独立,减轻父母的负担。

问题 15 的分年级调查结果如图 37 所示。

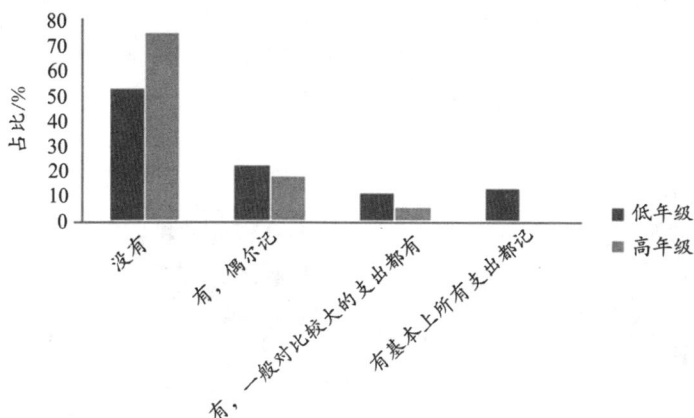

图 37　问题 15 的分年级调查结果

对于平时是否记账,有 62% 的同学都没有记账的习惯,20.8% 的同学会偶尔记账,17.2% 的同学会记账或记较大支出。高年级的大多数同学都不记账,而低年级中记账的人数多于高年级。

问题 16 的分年级调查结果如图 38 所示。

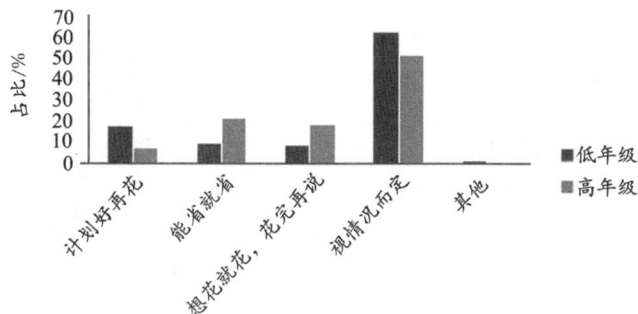

图 38　问题 16 的分年级调查结果

58.2% 的同学的消费方式为视情况而定;剩下的同学约 1/3 选择计划好再花;约 1/3 选择能省就省;另外约 1/3 选择想花就花,花完再说。高低年级无较大差异。

问题 17 的分年级调查结果如图 39 所示。

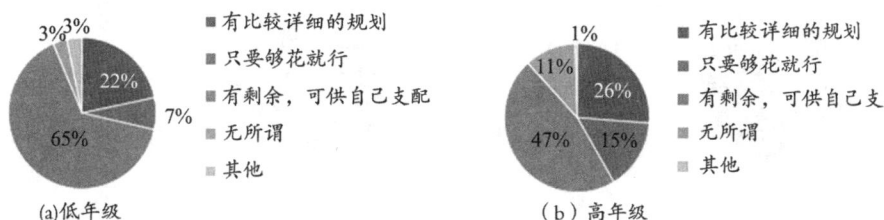

图 39　问题 17 的分年级调查结果

通过调查数据可知,不论是低年级学生还是高年级学生,大多数学生认为有剩余可供自己支配的消费状态为合理消费;也有一部分人认为有比较详细的规划为合理消费。其中,低年级学生占22%,高年级学生占26%;也有很少一部分理财观念较差的人处于无所谓的状态。但是大部分学生还是有良好的消费观念。

问题18的分年级调查结果如图40所示。

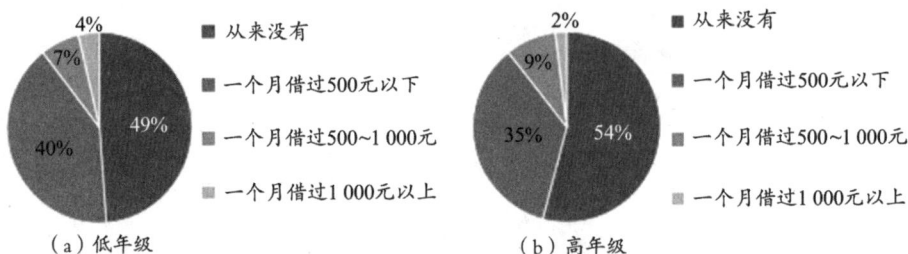

图40 问题18的分年级调查结果

通过对是否借过钱进行调查,有51%的同学从来没有借过钱,只有3%的同学一个月借过1 000元以上,高、低年级学生无明显差异。这也是体现大学生理财观念的一部分,更好地理财和更适度地消费就可以减少借钱的次数。

问题19的分年级调查结果如图41所示。

图41 问题19的分年级调查结果

通过对是否进行网络贷款调查可知,无论是低年级还是高年级,进行网络贷款的大学生只占了很少的一部分。但是相对而言,低年级的贷款人数少于高年级贷款人数,低年级进行网络贷款的人数占了8%,高年级占了13%。

问题20的分年级调查结果如图42所示。

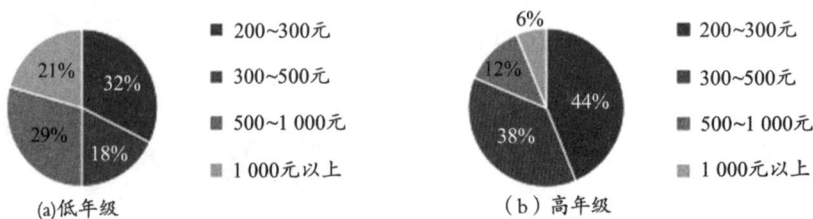

图42 问题20的分年级调查结果

通过调查数据可知,对于低年级的大学生而言,网络贷款金额在 200～300 元的占大多数,为 32%;对于高年级的大学生而言,网络贷款金额在 200～300 元的比例更高,为 44%,所以,不论年级高低,大学生的网络贷款金额在 200～300 元的占了很大的比例。

2. 大学生理财情况的调查

问题 21 的分年级调查结果如图 43 所示。

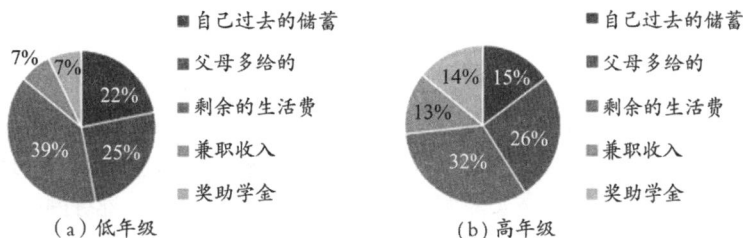

图 43　问题 21 的分年级调查结果

通过对大学生理财资金的来源进行调查,可以看出不论年级高低,大学生用来理财的资金是剩余的生活费的占了很大比例。相对而言,低年级大学生生活费剩余多于高年级大学生,低年级大学生占了 39%,高年级大学生占了 32%。同时可以看出,低年级大学生的储蓄多于高年级。通过兼职赚到的钱和奖助学金也是大学生用来理财的资金来源,二者所占比例相差不大。

问题 22 的分年级调查结果如图 44 所示。

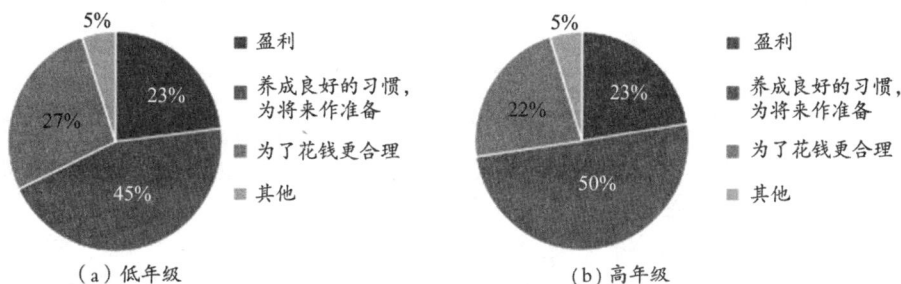

图 44　问题 22 的分年级调查结果

通过整理分析数据了解到,大多数同学理财是想养成良好的生活习惯,为以后可以更好地理财作准备,低年级占了 45%,高年级占了 50%;也有一部分同学理财是为了更合理地花钱,还有一部分同学理财是为了盈利,不过都只占了很少一部分。由此可以看出高低年级大学生的理财目标基本一致。

问题 23 的分年级调查结果如图 45 所示。

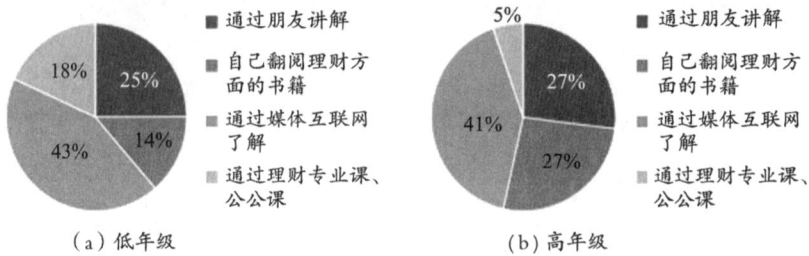

图 45　问题 23 的分年级调查结果

关于如何了解理财知识,我们发现,不论年级高低,通过媒体互联网了解理财知识的大学生最多,低年级大学生占了 43%,高年级大学生占了 41%;也有一部分同学是通过朋友的讲解来了解理财知识的,通过理财专业课、公共课了解理财知识的人数最少。相对于高年级的大学生而言,低年级的同学更倾向于通过媒体互联网和朋友的讲解了解理财知识。

问题 24 的分年级调查结果如图 46 所示。

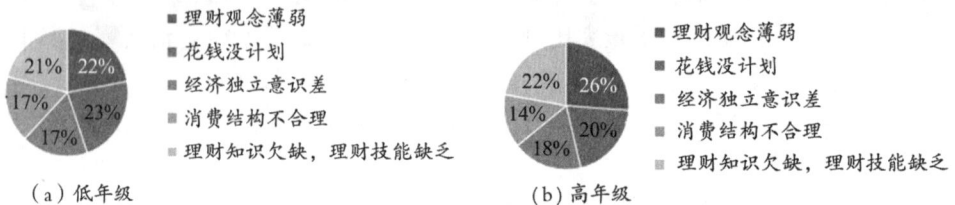

图 46　问题 24 的分年级调查结果

通过调查可知,不论是高年级还是低年级,大多数大学生认为他们有理财问题的主要原因是理财观念薄弱,花钱没计划和理财知识欠缺,理财技能缺乏。其中,对理财观念薄弱而言,低年级大学生占 22%,高年级大学生占 26%。有少数同学认为经济独立意识差,消费结构不合理也是他们在理财方面存在问题的原因。

问题 25 的分年级调查结果如图 47 所示。

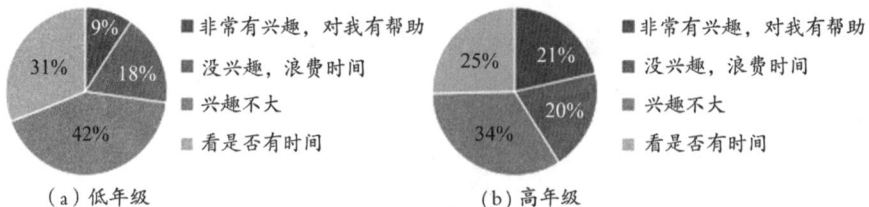

图 47　问题 25 的分年级调查结果

通过对有无兴趣听理财讲座的调查可知,高年级的学生对学校里开展有关个人理财方面知识的讲座非常有兴趣,而低年级非常少,高低年级相差 12%。由于高年级的大学生经过了大一、大二两年的学习生活,认识到了自己在理财方面知识的匮乏,所以认为自己需要学习个人理财方面的知识。但是大部分大学生还是对这种讲座兴趣不大。

问题 26 的分年级调查结果如图 48 所示。

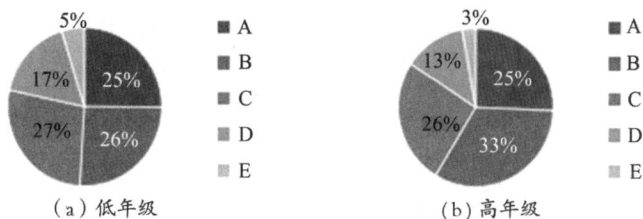

（a）低年级　　　　　　　　　（b）高年级

图 48　问题 26 的分年级调查结果

调查结果显示,高年级学生对通过开设相关的投资理财公选课程来鼓励大学生提高投资理财知识的做法非常支持,约占高年级总人数的 33%,高出低年级 7%。这可能是因为高年级学生更加意识到合理理财的重要性,这也是大学生认为能有效鼓励自身学习投资理财知识的好做法。

四、建议

（一）在日常消费方面

我们通过对调查问卷的分析,发现大学生在日常消费和理财方面存在不少问题,为此我们基于问卷分析,提出有针对性的建议。

大学生大部分的生活费用来源是父母的给予,而且经常出现入不敷出的情况。因此我们建议大学生在每月固定得到父母给予的生活费的同时,可以在力所能及的时间和范围内勤工助学。这样不仅可以减轻家庭的负担,也可以增加大学生自身的历练和生活经历。另外大学生的本职任务是学习,不能因为勤工俭学而荒废了学业,因此通过努力学习获得奖学金也是一种不错的生活费来源。

为了能够养成良好的理财习惯,大学生应该养成会花钱的意识,把钱花在刀刃上,不要一时盲目,冲动消费。建议大学生尤其是男生少玩游戏,不要沉迷于游戏以至于在游戏上花费不必要的金钱;女生在化妆品和服饰方面也不要过度消费。购买商品后应该及时做好记录,准备记账本每月进行汇总结算发现自己花费中的不必要开销,并在以后不断增强勤俭节约的意识,将攒下来的钱用于投资理财或者存入银行进行合理理财。

此外应引导大学生建立正确的人际交往观,懂得理性消费和适度消费,树立正确的消费观念和理财观念,避免攀比消费、奢侈消费、炫富消费的行为,做一名适度消费与理性消费并存的优秀大学生。

（二）理财方面

大学生存在理财观念薄弱、花钱没计划、消费结构不合理、经济独立意识差、理财知识缺乏、理财技能欠缺等问题,因此建议大学生能够通过理财专业课、公共课以及理财方面的专业性书籍来更加专业系统地了解理财方面的知识,而不只是单纯通过同学的讲解来了解。这样的了解太狭隘,不够系统全面。如果有时间的话还可以通过理财知识的专业讲座来提升自己理财方面的能力。

高校也要加强理财知识的宣传,普及合理理财知识。可以使用学校广播站、公选课程、讲座以及学校理财规划大赛等形式引起同学们对理财的注意和重视,帮助大学生养成良好的理财观念。

（指导教师：王建美）

大学生爱国观念与爱国行为调研报告

信计 152　刘　政

摘　要：爱国，是每一个中华儿女与生俱来的情感。大学生作为社会的先进群体，代表着国家的未来与希望，他们的爱国意识影响着国家的未来。为此，我们对青岛科技大学及青岛大学东校区的学生进行了关于"大学生爱国行为与爱国意识"的问卷调查。共发出问卷500份，回收474份。调查显示，大部分大学生拥有高涨的爱国热情，并且可以做到理性爱国，但同时也有部分学生难以将自己的爱国热情转化为合理的爱国行为。引导大学生合理抒发自己的爱国热情，对整个民族的发展有着至关重要的作用。

关键词：大学生；爱国观念；爱国行为；理性；建议

一、选题依据

大学生的爱国情怀影响着我国国民素质的整体水平，通过调查可以了解大学生的爱国观念，对当代大学生的爱国观念作出分析，从而让大学生意识到如何去理性爱国。

二、调研过程

（一）调研目的

大学生的爱国情怀影响着我国国民素质的整体水平。受社会风气的影响，部分大学生的爱国意识和爱国行为出现了一些偏差。此次调查可以了解大学生的爱国意识，让大学生意识到如何去理性爱国，将高涨的爱国热情转化成理性的实际行动。

（二）调研时间

2017年5月20日—6月10日。

（三）调研地点

青岛科技大学崂山校区、青岛大学东校区。

（四）调研对象

青岛科技大学崂山校区在校生和青岛大学东校区在校生。

（五）调研方案

本次调研采取线上线下问卷调查以及访谈形式。通过发放调查问卷得到有效数据，通过访谈得到不同的大学生对于爱国问题的看法。在此基础上，进行小组合作，分析数据并得出调查的最终结果，然后各自完成调研日志，最后由组长整理完成调研报告。

（六）调研意义

21世纪的中国，社会经济持续发展，综合国力日益提高，人民生活发生日新月异的变化。全国人民在以习近平同志为核心的党中央的领导下，正以饱满的热情向新的目标迈进。在这一形势下，加强对青少年的思想教育，培养学生爱国主义思想情感，使其形成正确的人生观、价值观、世界观，树立远大的理想，仍为当今基础教育的重要任务。

爱国主义教育是大学生思想政治教育的核心，是提高全民族整体素质的基础性工程，是引导人们特别是广大青少年树立正确理想、信念、人生观、价值观的重要手段，是促进中华民族振兴的重要工作。"九〇后"群体作为国家后续知识和力量的储备军，是我国现代化建设的主力军。了解"九〇后"爱国主义意识的现状，对于进行"九〇后"爱国主义教育具有极大的现实意义。本实践小组开展关于大学生爱国观念与爱国行为的调查研究，旨在了解当代大学生爱国主义教育的现状，增强当代大学生的爱国意识，从而协助有关部门更好地开展爱国主义教育，提高大学生的道德素质。

三、调研分析

本次调研共发出问卷500份，回收有效问卷474份；有效访谈2次，参加人员6人。

（一）问卷数据分析

问题1　您的政治面貌是什么？

问题1的调查结果如图1所示。

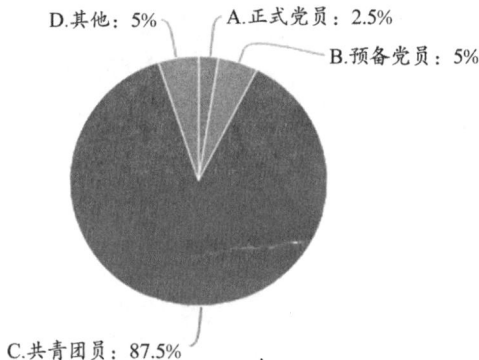

图1　问题1的调查结果

调查结果显示，受调查的大学生大部分是共青团员，小部分已经成为正式党员或者预备党员，还有部分是群众。

问题 2　平常您会关注国家时事新闻吗?

问题 2 的调查结果如图 2 所示。

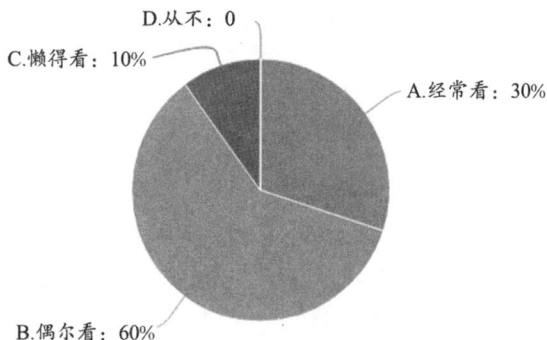

图 2　问题 2 的调查结果

调查结果显示,所有同学或多或少都会关注国家大事,其中有 30% 的同学经常关注国家大事,可见当代大学生对于国家大事的关心程度还是很高的。

问题 3　您认为当今社会媒体应当对国民理性爱国观念的培养起什么作用?

问题 3 的调查结果如图 3 所示。

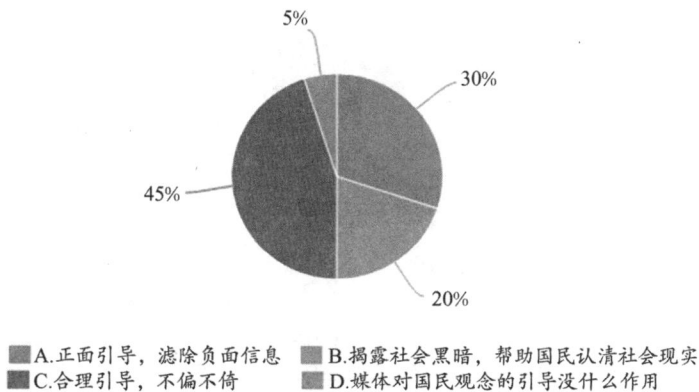

■A.正面引导,滤除负面信息　■B.揭露社会黑暗,帮助国民认清社会现实
■C.合理引导,不偏不倚　■D.媒体对国民观念的引导没什么作用

图 3　问题 3 的调查结果

调查结果显示,20% 同学认为媒体需要揭露社会黑暗;30% 则持反对态度,认为媒体应该过滤负面信息;45% 的同学认为媒体需要合理引导社会的认知。

问题 4　以下爱国活动,您亲身参与过的有哪些?（多选题）

调查结果显示,大部分同学对参观红色景点、博物馆和观看爱国电影有很大的兴趣,并且参加率很高,所以学校可以多多组织相关活动。

问题 5　不可否认的是,当今日本在一些科技领域方面超过中国。您会因为曾经两国紧张的关系排斥这一方面吗?

问题 5 的调查结果如图 4 所示。

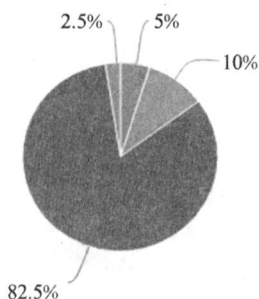

2.5% 5% 10%

82.5%

■A.会，曾今的伤害是不可原谅的　　■B.不会，好东西是无国界的
■C.会吸收有益的东西，违背原则的东西是不可接受的　■D.没遇到过好的也没有想过这方面的问题

图 4　问题 5 的调查结果

此题调查同学们对于中日关系的看法。调查结果显示，大部分的同学可以正视日本的先进科技，并且表示会吸收日本科技中有利于中国的东西，并不会因为中日历史关系而排斥日本科技。

问题 6　您如何评价当今大学生的爱国行为？

问题 6 的调查结果如图 5 所示。

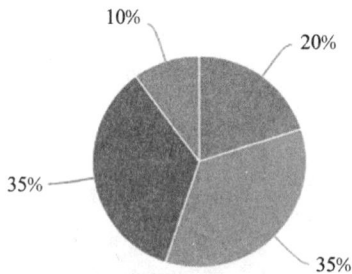

10% 20%

35%

35%

■A.当代大学生整体爱国热情不高，很少将爱国热情付诸实际行动
■B.当代大学生大多数时刻关注国家利益，并理性地实践爱国行为
■C.当代大学生具有较强的爱国思想，但是语言和行为偏激的现象较为普遍
■D.当代大学生缺乏爱国热情，更不懂得如何把仅有的爱国热情运用到实践当中

图 5　问题 6 的调查结果

调查结果显示，大学生对于当今的大学生爱国现状非常满意，但仍有 20％认为当今大学生的爱国热情并不是很高，这需要引起我们的重视。

77.5％的同学认为当今仍然需要宣扬理性爱国，而有 17.5％的同学认为爱国就要慷慨地表现出来，这说明应当引导大学生适当地理性地宣扬爱国热情。

问题 7　您是否参与过反"萨德"事件相关活动？若参加过，有无过激行为？为什么？

调查结果显示，57.5％的同学表示没有参加。而 7.5％的同学表示参加了"反萨德"的相关活动，没有造成恶劣的影响，也没有扰乱社会秩序。但这是一种并不可取的行为，需要加强思想建设，合理表达爱国热情。

（二）总结

（1）大部分大学生拥有强烈的民族自豪感，并且对国内外时事高度关注，经常参加爱国活动。

（2）大部分大学生爱国热情高涨，可以做到理智爱国；但是存在小部分学生空有一腔爱国热血，却找不到合适的途径来抒发，需要加以引导。

（3）部分大学生缺乏依法爱国的法制观念。提到爱国活动，部分学生会习惯性地联想到抵制日韩等活动，甚至是参加打砸抢烧等扰乱社会治安的行动，没有法治观念。

（4）当代大学生自主意识不强，容易受到社会舆论和其他人的影响而做出不理智的行为。

（5）当代大学生的爱国意识存在缺少理智的情况，这主要是历史的遗留问题以及自身对问题认识过于片面造成的。

四、意见与建议

（1）完善爱国主义教育内容，增强大学生的爱国主义意识。学校的爱国主义教育要让学生了解国家的基本政治制度、熟悉国家的历史和辉煌成绩，使其在理性和感性相结合的基础上，认同自己生存于其中的国家。

（2）倡导爱国主义的社会主流意识形态，防止一些国家对我国的"西化""分化"影响。主流意识形态的大力倡导能够统一思想、凝聚人心，激发他们的政治信心和行动热情，具有巨大的社会整合功能。

（3）建设大学生爱国实践平台，为大学生提供更多的参加爱国实践活动的机会，以提高大学生的爱国主义热情。

（4）尽可能地发挥舆论的作用，增强国家工作的透明性，让大学生更加清楚地了解国内外形势。另外，应充分发挥舆论的引导作用，实事求是地对大众加以引导。

（5）提高个人素质和文化素养。在学习专业知识课的同时，认真上好每一节思想道德修养课。

（6）注意自己的言行，提高自我控制能力，不要因为一时冲动而产生激言论和行为，以损害国家形象。

总而言之，要想从根本上提高大学生的爱国意识、改变大学生缺乏理性的爱国言论和行为，必须从社会、教育、个人三个方面同时着手，从实际出发。对我们大学生而言，爱国是学习知识、步入社会的基本前提，我们必须努力提高自身的素质，点燃爱国热情，作一个成熟理性的爱国者。

（指导教师：王健美）

大学生环保意识与行为调查

生物 151 商梦洁(组长) 章梦硕 陶双双 周 艳 郭素芬 陈芸芸 王书凝

摘 要:为了了解大学生的环保意识与行为,我们通过线上、线下问卷调查,实地考察,路人采访四个方面来进行此次调查。调查结果反映大部分学生都具有环保意识,但有些学生环境保护意识比较薄弱,需要加强;大部分学生在行动方面都略显不足,造成了知行不一的情况出现。

关键词:大学生;环保意识;行为;调查研究

一、选题立论分析

随着世界经济的迅速发展和生产力水平不断提高,人类对环境的影响越来越大,环境问题已日益突出和尖锐化,严重的生态破坏和环境污染问题已成为当代人类社会面临的重大课题。目前,全社会大力倡导环保节约文明的生产方式和消费模式,注重节能降耗保护环境。党的十八大报告指出,必须树立尊重自然、顺应自然、保护自然的生态文明理念,全面推进生态文明建设。作为国家的后续力量和知识储备的大学生是环保的主力军,因此了解大学生的环保意识与行为状况,对于解决我国的环境问题具有现实意义。

为了使环境保护进入文明校园建设管理体系,使学生在日常生活中能够自觉地保护环境和节约能源,我们有必要在校园建设人与环境和谐共存的生存环境,普及学生的环保知识,提高学生的环保意识,建设绿色家园,让真正的环保走进校园、走进生活。

二、调研准备

(一)调研时间

2017 年 4—6 月。

(二)地点

青岛科技大学。

(三)对象选取

青岛科技大学四方校区在校生。

（四）调查方案及其实施

在本次调研活动中,我们制定了详细的调研方案,并对小组成员作出了任务分工。此次环境意识与行为调查活动,采取了不记名调查的方法。本次调查面向的是青岛科技大学四方校区全体学生。调查主要分为以下4项内容。

1. 网上调查

制作网上调查问卷,调查所涉及的内容主要有资源回收情况、自身环保行为、对国家环保政策的看法与建议。

2. 线下调查

在校园内人流量比较多的地方发放调查问卷,调查在校大学生对以下三个方面问题的认识与看法:生活中对塑料袋、一次性筷子的使用情况,对共享单车的看法。

3. 采访

对校园内学生进行随机采访,采访的问题包括如下。你发现身边的同学有哪些不环保行为? 你认为如何才能提高大学生的环保节能意识? 你与家人和朋友外出用餐时对吃剩下的食物通常如何处理? 为了保护环境,宁可放慢经济发展速度。你是否赞同这种做法? 认为个人在环境保护中起的作用大不大?

4. 实地调研

对学校内已出现环境问题的地方进行考察;对宿舍楼道、餐厅以及教室进行考察,观察卫生状况。

三、调研分析

（一）线上调查结果分析

1. 资源回收方面的问题调查

问题7　您认为循环使用教科书对环保节能意义大吗?

问题7的调查结果如表1所示。

表1　问题7的调查结果

选项	人数/人	占比/%
很有意义	126	68.48
一般	52	28.26
没有	3	1.63
无所谓	3	1.63

关于教科书循环使用对于环保节能意义是否重大的问题探究上,约68.48%的同学认为这件事情有很大的意义,约28.26%的同学认为一般,只有极少数同学认为无所谓和对于节能环保没有太大的意义。由此可见,在大多数大学生的眼中,教科书的循环使用

对于节能环保还是有很大意义的。

2. 自身环保方面问题的调查

问题12　请问您知道世界环境日是哪一天吗?

问题12调查结果如表2所示。

表2　问题12的调查结果

选项	人数/人	占比/%
6月5日	65	35.33
6月21日	25	13.56
12月5日	13	7.07
不清楚	81	44.02

在自身环境保护方面我们做了以下调查,约35.33%的同学选择了正确的世界环境日日期(6月5日),约44.02%的同学选择了不知道这一选项,剩下的同学选择了错误的选项。从问卷结果可以看出,只有一部分学生知道世界环境日。虽然这只是一个节日,但是可以反映出同学们的环保意识还需要加强。所以学校要加强对大学生的环保意识的教育力度,可以在每年的6月5日重点宣传世界环境日,举办环保类的活动,努力营造氛围,提高大家的环保意识。

3. 对国家环保政策的看法

问题15　您会积极响应国家的环保政策,参与到环保的行动中来吗?

问题15的调查结果如表3所示。

表3　问题15的调查结果

选项	人数/人	占比/%
会,不仅自己做到,还会带动周围的人都爱护环境	96	52.17
自身会切实做到保护环境	66	35.87
如果环保政策不会损害到自身利益,我会参与	19	10.33
有强制措施时会,否则看自己心情	3	1.63

关于大学生是否能积极响应国家的环保政策参与到环保的行动中来,约52.17%的学生选择"会,不仅自己做到,还会带动周围的人都爱护环境"的选项;约35.87%的学生选择"自身会切实做到保护环境"的选项;约10.33%的学生选择"如果环保政策不损害自身利益我会参与"的选项;约1.63%的学生选择"有强制措施时会,否则看自己心情"的选项。调查结果反映出大部分学生能够积极响应国家政策。

问题16　您认为大学生在参与环保问题上存在的主要问题是什么?

问题16的调查结果如表4所示。

表 4　问题 16 的调查结果

选项	人数/人	占比/%
缺乏足够的环保意识	90	48.91
有"搭便车心理"希望别人多出力	64	34.78
可能影响到自己的切身利益,犹豫不决	14	7.61
是政府和企业的事情,与自己没有太大关系	16	8.7

在大学生参与环保存在的主要问题是什么的调查中,约 48.91% 的人提出大学生缺乏足够的环保意识;约 34.78% 的同学认为自己存在"搭便车心理",希望别人多出力;有少部分的同学因为可能会影响到自己的切身利益而犹豫不决,或者认为环保是政府和企业的事情,存在一种"事不关己,高高挂起"的心理。由此可以看出,大部分同学的环保意识不强是影响环保事业发展的严重阻力。因此,学校可以通过举办环保讲座、集中观看环保影片等方法来提高学生的环保意识。

(二)线下调查结果分析

调查结果显示,多数大学生具有较强的环保意识并切实参与环保活动,具体结果分析如下。

1. 环保意识水平

关于环保意识水平的调查如表 5 所示。

表 5　关于环保意识水平的调查

大学里你参加过有关环保的活动吗?		
选项	人数/人	占比/%
A. 经常	20	21.51
B. 偶尔	63	67.74
C. 从不	10	10.73

调查结果显示,大多数大学生在大学里偶尔参与环保活动,约 10.75% 的大学生从不参加环保活动,只有约 21.51% 的大学生会经常参与环保活动。这说明当代大学生环保意识不强,部分同学环保意识仍然很淡薄。其原因可能是环保活动组织较少或者活动并没有调动大学生的积极性。现代大学生应具有主人翁意识,切实参与环保活动,为我们自身创造一个舒适的空间。

2. 一次用品卫生情况

关于一次性用品对卫生情况的调查如表 6 所示。

表 6 关于一次性用品卫生情况的调查

你认为一次性用品的卫生情况与循环利用的用品相比怎么样？		
选项	人数/人	占比/%
A. 更卫生	29	26.61
B. 差不多	48	44.04
C. 比后者更糟	32	29.36

结果显示，约 44.36％的大学生认为一次性用品的卫生情况与循环利用的用品差不多，约 26.61％的大学生认为一次性用品更卫生，约 29.36％的大学生认为循环物品更卫生。一次性用品的普及使我们的生活更加方便快捷，但它的弊端也日渐凸显：一次性用品的使用增加了碳排放量，同时对环境也造成了极大污染。有鉴于此大部分大学生认为循环用品更加适合使用。

3. 对共享单车看法

对共享单车的看法的调查如表 7 所示。

表 7 对共享单车的看法的调查

你觉得使用公共自行车能起到低碳环保的作用吗？		
选项	人数/人	占比/%
A. 能	68	62.96
B. 或多或少	36	33.33
C. 不能	4	3.70

共享单车在我国的使用越来越普遍。从调查结果来看，大部分大学生比较认可这种交通方式。共享单车的出现大大方便了我们的交通出行，环保的同时也锻炼了身体，骑行本身也具有较大乐趣。数据显示，仍有约 3.70％的大学生认为公共单车不能起到低碳作用。但从长久来看，共享单车的使用势必会减少碳排放。

（三）实地采访分析

在本次随机采访中，我们询问了 20 名同学有关环保方面的问题。

（1）你发现身边同学的不环保行为有哪些？

大家主要反映有大量使用塑料袋、打包现象较多、教室里随地乱扔垃圾，还有同学提出实验室废液乱倒现象比较严重。这说明大家对校园环境状况认识得比较全面，也具有一定的环保意识。

（2）你认为个人在环境保护中起的作用大不大？

部分同学觉得个人力量比较小，集体作用比较大；还有部分同学认为个人在环境保护中能起到一定作用。这反映出大家有一定的环保意识，也是值得我们欣慰的，大家都能意识到环境的保护与治理需要全体公民的参与。

（3）你认为应当如何提高大学生的环保意识？

部分同学反映学校安排课堂讲解、相关社团多举办一些环保方面的活动可以提高大家的环保意识，乃至将环保渗透到日常的学习与生活中，逐步把环保变成一种习惯。

（4）你与家人和朋友外出用餐时对吃剩下的食物通常如何处理？

大部分同学选择打包处理；只有少部分同学会因为面子问题不予处理；还有部分是选择点合适的餐量，尽量不造成食物过剩。这些说明大家在这资源节约方面意识比较强，也能够付诸行动。

（5）"为了保护环境，宁可放慢经济发展速度。"你是否赞同这种说法？

有部分同学并不赞同这种说法，认为不应该为了环境保护而放慢经济发展；部分同学赞同这种做法，不能为了发展而大肆污染环境，不能先污染后治理；还有部分同学认为应该两方面相互平衡，做到可持续发展。这说明大家对国家环保政策以及发展都有着深刻认识。

（四）实地调研分析

通过对校园内如餐厅、垃圾回收处等地的考察，我们发现了一些比较明显的环保问题。

1. 一次性筷子的使用

因为一次性筷子的便宜和方便，成为很多人就餐的选择。然而，从环保的角度看，在方便、快捷的背后是资源的浪费与垃圾的堆积，带来了无穷的后患。

2. 垃圾的分类问题

在考察过程中，我们发现大多数人都能做到不乱扔垃圾，但在垃圾分类方面却做得不够好。垃圾分类对环境有很大的帮助，合理的垃圾分类，可以节约资源，减少环境污染，甚至变废为宝，因此，应当引起大家的重视。

3. 节约用电

校园内浪费电的现象并不常见，但并不代表它不存在。如有时宿舍楼内在早上 7 点多走廊的灯还亮着，这就造成了浪费。为了环保，我们要节约用电。

四、意见与建议

调查发现大学生普遍环境意识水平较高，但在行动方面显得略有不足，表现出"知"与"行"有些脱节。这种知行不一的做法，造成了一些环境问题的出现。所以我们要加强大学生的环保意识，做到知行合一，不仅要自己保护好环境，也要让自己的行为感染周围的人，做环境的守护者。

（一）普及环保教育，积极创建绿色大学

1. 开设环保课程

环境保护是每个公民应有的责任和义务，应该在全校开设环境方面的课程，让更多的同学了解环境知识,明确环保的重要性。

2. 参与环保活动

在保护环境的具体方面,要让更多的同学参与保护环境的活动,在活动中学习,让保护环境的意识扎根于脑,真正做到环保,改善生活环境。

(二)加大环境宣传力度,探索有效宣传方式

1. 利用校园广播和校园网络进行宣传

通过校园广播和校园网络,定期宣讲国家环保法和环境保护的大政方针,宣传学校的环保规章制度,表扬环保先进单位和个人的事迹,使环保由意识变成同学们的自觉行动。

2. 开展环保知识讲座,进行知识竞赛

环境专业的同学可以组织社团活动,定期开展环保知识讲座、环保知识竞赛等活动,鼓励同学们积极参加,不断提高同学们的环保知识,促进环保行为的自觉性。

(三)鼓励学生进行环保创新,提高学生的实践能力

1. 环境保护志愿者活动

为加强学校的环境保护,保障美好的学习生活和环境,可以组织志愿者活动。志愿者组织可以定时和随时对学校里不文明、不环保的行为进行监督。此举有利于提高学生加强环境保护的自觉性。

2. 奖励为环保做出贡献的单位和个人

随着科技的发展,人们的生活方式也发生了很大的变化,我们应鼓励大学生合理利用科学技术对环保方面做出创新,将环保活动与学生创新人才体系相结合。

(指导教师:赵德芹)

共享单车现状与发展的调查报告

生物151　王桂雪(组长)　李　静　司有为　王乾坤　田　欢　王悦蓉

　　摘　要：共享单车是指企业与政府合作，在校园、地铁站点、公交站点、居民区、商业区、公共服务区等地提供自行车单车共享服务，是共享经济的一种新形态。共享单车符合低碳出行理念，为解决城市出行的"最后一公里"提供了有力支撑。不论是政府主导、企业运营管理的单车共享平台，还是个人开始尝试的单车共享平台，无疑都为人们出行提供了一种更节能环保、绿色健康的出行方式。企业与个人为自身带来利润的同时，也为我们城市的健康发展贡献了自己的一份力量。本文旨在通过对共享单车现状作出调查，以了解其使用与管理方面存在的问题，并提供合理建议。

　　关键词：共享单车；低碳出行；节能环保；绿色健康

一、选题分析

(一)立论分析

　　随着经济的发展和社会的进步，很多城市的街头开始兴起共享单车，为市民短距离出行和与公共交通系统接驳换乘提供了方便；同时还能促使市民锻炼身体，并为环保做出贡献。但也随之产生一系列问题，如乱停乱放、单车被盗、私自加锁、用户私藏、改装兜售等。特别是近日成都三圣花乡共享单车被烧案件，引发社会强烈关注，有人据此断言："凭国人现在的素质，共享单车我们还玩不起。"

　　因此，针对共享单车在发展过程中遇到的问题，我们进行了关于"共享单车现状与发展"的调查，试图通过调查了解共享单车的使用情况、人们对共享单车的了解与认识以及给人们带来什么好处，并调查共享单车的不足和在使用与管理方面存在的问题，在此基础上提出我们的建议，希望为共享单车的发展进而为环保事业做出贡献。

(二)调研目的

　　本调查的目的在于，使人们更加了解共享单车，鼓励人们使用共享单车；使人们认识到共享单车当下存在的问题，并使消费者在享受共享单车带来便利的同时，提高自己的自律意识；建议企业完善管理体系，使消费者使用时更加方便，积极保护消费者的利益；同时也希望政府完善对共享单车的法律保护，共同营造一个和谐社会。

二、调研准备

(一)调研时间

2017 年 4 月 13 日—6 月 9 日。

(二)调研地点

学校、居民区、利群商业区、青科大附近公交站点、李村公交站点、鲁迅公园、维客广场、崂山北宅、乌衣巷、中山公园、栈桥。

(三)调研对象

学生(主要是大学生)、老师、居民、职场人员。

(四)调查方案

此次调查分为网上调查问卷和采访两种形式。

1. 网上调查问卷

王乾坤、司有为通过百度搜索、时事热点、微博和新闻等网络资源对共享单车的优缺点和现有问题进行初步了解,田欢、李静根据资料提出问题,其他成员进行补充,王桂雪(组长)总结整理形成问卷并对外发放。

2. 采访

为扩大采访地点和充分利用时间,我们分组进行随机采访,并且每组采访次数不少于三次。王乾坤和司有为一组,着重采访学校、居民区、利群商业区、青科大附近公交站点;王桂雪和李静一组,着重采访利群商业区、李村公园、中山公园、栈桥;田欢和王悦蓉一组,着重于鲁迅公园、维客广场、崂山北宅、乌衣巷进行采访。采访弥补了网上调查对象多为大学生的不足。

三、调研分析

(一)网上调研数据分析

为了更全面地了解共享单车的现状与发展,调研主要从调研对象的年龄、性别、职业、对共享单车的了解和使用情况,以及对于共享单车的优缺点的认识等方面进行调查。以下是调查结果以及数据分析。

1. 调查对象的性别、年龄、职业分析

问题 1　您的性别是(　　　)。

问题 1 的调查结果如表 1 所示。

表 1 问题 1 的调查结果

选项	人数/人	占比/%
男	48	43.64
女	62	56.36

问题 2 您的年龄为(   )_____。

问题 2 的调查结果如表 2 所示。

表 2 问题 2 的调查结果

选项	人数/人	占比/%
18 岁以下	7	6.36
18 岁～26 岁	98	89.09
26 岁～35 岁	2	1.82
35 岁以上	3	2.73

问题 3 您目前的职业是(   )。

问题 3 的调查结果如表 3 所示。

表 3 问题 3 的调查结果

选项	人数/人	占比/%
学生	104	94.55
上班族	4	3.64
其他	2	1.82

由此可知,此次被调查对象年龄主要在 18～26 岁之间,多为学生。

2. 调研对象及其周围人的使用情况分析

问题 4 您是否使用过共享单车?

问题 4 的调查结果如表 4 所示。

表 4 问题 4 的调查结果

选项	人数/人	占比/%
使用过	48	43.64
未使用过	40	36.36
想尝试但未有机会	22	20

问题 5 您周围使用共享单车的多吗?

问题 5 的调查结果如表 5 所示。

表 5 问题 5 的调查结果

选项	人数/人	占比/%
很多	39	35.45
一般	57	51.82
没有	14	12.73

调查可知,共享单车使用较广,而且还有很多人都想尝试。这是一种好的现象,有利于今后共享单车的发展。

3. 共享单车的了解及使用分析

问题 6 您喜欢共享单车这种模式吗?

问题 6 的调查结果如表 6 所示。

表 6 问题 6 的调查结果

选项	人数/人	占比/%
喜欢	84	76.36
不喜欢	12	10.91
说不清	14	12.73

问题 7 您对共享单车的定位为( )。

问题 7 的调查结果如表 7 所示。

表 7 问题 7 的调查结果

选项	人数/人	占比/%
没兴趣,不想尝试	17	15.45
一时新鲜,也想试试	47	42.73
很实用,会经常使用	46	41.82

问题 8 您是通过什么途径了解到共享单车的?

问题 8 的调查结果如表 8 所示。

表 8 问题 8 的调查结果

选项	人数/人	占比/%
朋友介绍	20	18.18
通过微信、微博等平台	26	23.64
见到过别人使用	53	48.18
其他	11	10

问题 9 您喜欢哪种共享单车的取用方式?

问题 9 的调查结果如表 9 所示。

表 9　问题 9 的调查结果

选项	人数/人	占比/%
办卡,取用时刷卡	37	33.64
下载 APP,扫码使用	73	66.36

问题 10　您认为共享单车的租金定价合理吗?

问题 10 的调查结果如表 10 所示。

表 10　问题 10 的调查结果

选项	人数/人	占比/%
合理	84	76.36
不合理	26	23.64

通过调查可知,大部分人喜欢共享单车这种模式,很多人见到有人使用、通过朋友介绍和在网络平台上了解,而越来越多人的使用也使周围人了解得更多。对于租金价格方面,大部分人认为合理,不过也有少数人不赞同。在这一方面,共享单车企业可根据市场反映情况做出及时的调整。共享单车取用时,人们更喜欢下载 APP、扫码使用。这一方式方便又快捷,比刷卡更受欢迎。

4. 对共享单车的不足以及对举报违规现象奖励的有效措施的分析

问题 11　您见过哪些违规使用共享单车的行为?(多选题)

问题 11 的调查结果如表 11 所示。

表 11　问题 11 的调查结果

选项	人数/人	占比/%
上私锁	66	60
不上锁	32	29.09
恶意损坏	77	70
拆换车牌	42	38.18
破解密码	47	42.73
其他	28	25.45

问题 12　您觉得共享单车有哪些不足之处?(多选题)

问题 12 的调查结果如表 12 所示。

表 12　问题 12 的调查结果

选项	人数/人	占比/%
没有车筐,不方便放东西	55	50
只能一车一人,不能带人	61	55.45
乱停乱放,缺乏管理	63	57.27

选项	人数/人	占比/%
丢车情况不能有效处理	58	52.73
如有坏车,不能有效维修	71	64.55
其他	11	10

问题 13　您认为对于举报违规现象最有效的奖励措施是什么?

问题 13 的调查结果如表 13 所示。

表 13　问题 13 的调查结果

选项	人数/人	占比/%
现金红包	57	51.82
优惠券或代金券	25	22.73
手机话费或流量	21	19.09
其他	7	6.36

由以上调查可知,共享单车存在很多问题。总体来看,可分为两个方面。一方面是相关部门的问题。监管力度不够或根本没有监管,使乱停乱放现象越来越严重,车辆不能及时维修。另一方面就是国民素质问题。共享单车的使用考验了公民的自觉性,蓄意破坏、盗窃单车等问题体现出了部分国民素质不高。若想解决这些问题,则需相关部门和公民共同努力。

5. 共享单车的优点分析

问题 14　共享单车有没有对您的生活造成影响?

问题 14 的调查结果如表 14 所示。

表 14　问题 14 的调查结果

选项	人数/人	占比/%
节约了我的时间	35	31.82
让我喜欢上了骑自行车	17	15.45
没有影响,可有可无	45	40.91
路边乱停现象给我造成了影响	13	11.82

问题 15　您觉得共享单车的亮点在哪里?（多选题）

问题 15 的调查结果如表 15 所示。

表 15　问题 15 的调查结果

选项	人数/人	占比/%
绿色环保	88	80
方便快捷	96	87.27
价格便宜	53	48.18
其他	16	14.55

共享单车的使用带来了很多的好处：首先，它打通了城市出行"最后一公里"的壁垒，方便出行；其次，共享单车的使用，使人们锻炼了身体，有益于身体健康；还有一点便是绿色环保，符合当前社会的发展观。

（二）采访部分分析

采访时，我们主要调查了以下几个问题。

(1)您是否使用过共享单车？

(2)您喜欢共享单车这种模式吗？

(3)您周围使用共享单车的人多吗？

(4)您是通过什么途径了解到共享单车的？

(5)您喜欢哪种共享单车的取用方式？

(6)您觉得共享单车的亮点在哪里？

(7)您见过哪些违规使用共享单车的行为？

(8)您认为共享单车的定价合理吗？

(9)您觉得共享单车有哪些不足之处？

采访对象年龄大多在 18～35 岁，调查结果和网上调查大部分相同。共享单车这种节能环保又方便的出行方式受到广大消费者的欢迎，但是在采访中我们也遇到了使用者对共享单车有破坏、占为己有和不当使用的行为。此处，还有妈妈将孩子放在了车篮里。这种做法十分危险。在对家庭进行采访时，很多人都希望能安装车后座，外出时可以携带孩子；同时，还希望能安装上车筐，以方便携带东西。

四、意见与建议

（一）政府

就政府部门而言应该做到以下几点。其一，关于共享单车的停放，要建立文明用车的奖惩制度。只有"停好"，才算"挺好"。其二，提高维护故障车辆的处理速度。其三，建立第三方结算用户实名制度，与个人的信用挂钩。其四，公安机关应该介入，对蓄意破坏、盗窃单车的人依法查处。

（二）企业

就共享单车企业而言应该做到以下"两点"：

其一,鼓励互联网租赁自行车运营企业采用免押金的方式提供租赁服务。这样从源头上就可以断绝企业擅自挪用用户押金的可能性,而且对于用户来说,在注册和使用的时候也更加方便。

其二,对用户收取押金、预付资金的企业,应该严格区分企业自有资金和用户押金、预付资金。如此前北京金融局提出在京注册共享单车公司需要把押金存管到指定银行账户。押金所有权不属于公司,所以公司不能动用这笔资金,这将有利于共享单车的长期经营、管理与发展。

此外,还可推行单车使用实名制。企业采取针对使用不当的用户进行经济惩罚、记入信用记录等措施,规范用户的行为,并在企业之间建立违规用户黑名单,让一些别有用心之人不能得逞。

企业在发展的同时,能够有相关的意见和规范出台,告别无序发展,将目光从不停投入新车转向提升用户体验,让共享单车变得更有序,对于整个行业和社会来说都将是一件好事。

(三)个人

就个人角度而言,我们要提高个人素养,做合格公民。

其一,做文明骑行的参与者。倡导绿色出行、文明骑行。遵守交通规则,不闯红灯、不逆行、不在机动车道骑行。维护单车整洁、完好,不将共享单车占为己有,不在单车上乱贴乱画。规范停车,不乱停乱放,自觉维护共享单车停放秩序。

其二,做文明骑行的宣传者。个人的文明彰显一座城市的文明,珍惜自己的文明骑行信用记录,积极宣传践行文明骑行,争做文明风尚的传播者和倡导者,用自己的模范行为带动身边的人,把文明骑行传播到城市每一个角落。

其三,做文明骑行的监督者。勇于同不文明行为作斗争,积极举报故意破坏共享单车和乱停乱放的行为。提醒身边人文明骑行、爱护车辆、规范停放,敢于指正不文明使用共享单车行为。

我们相信共享单车的可行,因为它客观上方便了人们的生活,促使了人们的进步,要看到的不该只是一帮人破坏规则、不守秩序,而应着眼于国民素质是在稳步提升的,知礼明让已成为新一代中国人奉行的标准。我们有理由相信和接受这样一种经济形式,我们也相信共享单车在未来会不断发展。

(指导教师:赵德芹)

李村河周边环境及改造现状调研报告

环工 152　殷琳淼（组长）　秦子寒　马　妍　柳新娅　张浩南　柯云峰

摘　要：近年来，我国的现代化、城镇化进程加快，城市人口规模不断扩大，然而市政排水管网等环境基础设施建设的相对滞后。沿河、周边企业、居民的生产、生活污水大量地直接排入河道等，致使李村河流域的水质逐渐恶化，原有的生态环境遭到严重破坏，已严重影响到青岛市的整体城市形象，同时也影响到了附近居民的日常生产和生活。通过问卷调查分析，我们发现李村河上、中、下游分别存在不同的问题，并针对各种问题进行分析，提出解决方案和建议。

关键词：李村河；周边环境；景观；改造现状；水污染

一、选题分析

（一）立论依据

李村河作为青岛的一条主要河流，流经许多企业和居民区，与百姓生活息息相关。但也正因如此，工业污水、生活垃圾等将李村河污染后，空气中弥漫着恶臭、水中漂浮着大量垃圾，百姓的生活受到了严重的影响。在此背景下，青岛市开展了对李村河的治理行动，自上游至下游开始了改造，到如今已经基本竣工。此次实践着重调查李村河改造后对百姓生活有哪些影响以及调查李村河的治理情况，并以此作为依据对相关部门提出意见与建议。

（二）调研目的

通过实践活动，可以让我们走出校园，更多地了解李村河流域环境污染的现状，增强生态环保意识，为城市规划、环境治理提出新的建议和思考。

通过社会调研，了解李村河附近居民对李村河的看法以及李村河对他们的影响，向民众宣传环保方面的知识，增强民众的环保意识。

二、调研准备

（一）调研时间、地点及内容

调时间、地点及内容如表1所示。

表 1　调研时间、地点及内容

时间	地点	内容
2017 年 4 月 25 日下午	青岛科技大学第一教学楼	查阅李村河污染及治理相关资料,选择李村河上、中、下游调查地点及路线,分配小组及各小组任务
4 月 30 日下午	李村河上游:李村河公园	小组六名成员一起实地考察李村河公园,对李村河上游情况进行分析。
5 月 7 日下午	李村河中游:李村大集旧址、李村大集 李村河下游:青科大后方公园	小组成员由学校出发,先后走访李村大集旧址、李村大集和青科大后方公园,对李村河中游下游情况进行分析
5 月 14 日下午	李村河上游:李村河公园 李村河中游:李村大集旧址、李村大集 李村河下游:绿地新里海德公馆、青科大后方公园	小组成员分为 3 组分别在李村河上、中、下游分发调查问卷: 一组:殷琳淼、柳新娅,负责上游 二组:秦子寒、马妍,负责中游 三组:张浩南、柯云峰,负责下游
5 月 16 日下午	李村河上游:李村河公园 李村河中游:李村大集旧址、李村大集 李村河下游:科大小五四、利群广场	小组成员分为 3 组分别在李村河上、中、下游分发调查问卷: 一组:殷琳淼、柳新娅,负责上游 二组:秦子寒、马妍,负责中游 三组:张浩南、柯云峰,负责下游
5 月 20 日下午	李村河上游:李村河公园 李村河中游:李村大集旧址、李村大集 李村河下游:科大小五四、海琴广场	小组成员分为 3 组分别在李村河上中下游分发调查问卷: 一组:殷琳淼、柳新娅,负责上游 二组:秦子寒、马妍,负责中游 三组:张浩南、柯云峰,负责下游
5 月 21 日下午	李村河上游:李村河公园 李村河中游:李村大集旧址、李村大集 李村河下游:利群广场附近	小组成员分为 3 组分发调查问卷,一、二组分别分发上中游,结束后与三组一起分发下游问卷:
5 月 26 日晚上	青岛科技大学博苑一楼	小组成员整理调查问卷并根据调查问卷统计调查数据,分析调查结果,同时安排实践总结工作
5 月 31 日晚上	青岛科技大学第二教学楼	对实践报告进行润色和相关填充

（二）对象选取

上游：游客居多，选取对象以中老年散步人群为主，携带儿童的家长也是很好的调研对象。

中游：调研对象以商户为主，热心的路人偶尔会参与。

下游：周边社区的居民和大学生是主要调研对象。

（三）调查方案及具体措施

我们本次调研的主要内容是李村河上、中、下游生态环境现状对周围居民的影响以及居民对李村河整改状况的意见与建议。调研方式主要采取了观察法、问卷调查法、文献研究法。

1. 观察法

我们在上、中、下游分别选点，上游选取万科生态城及李村河公园河段，中游选取新、旧李村大集两河段，下游选取胜利桥区域河段进行实地考察。通过粗略统计动植物种类、数量以及走访路人等方式，对当地环境状况有一定主观了解，从而总结出各选点区域环境状况存在的主要问题。

2. 文献研究法

通过查阅文献资料，我们对李村河改造前的状况也有了一定的了解。经过对比分析，综合实地考察发现的问题，我们针对上、中、下游不同的状况分别制订了 3 份问卷，用于调查居民对李村河环境状况的认识和意见等。

3. 问卷调查法

在问卷调查过程中，虽然遭遇一次次拒绝，但还是有很多热心人配合我们的调查，认真回答了我们的问题，并提出自己的见解。这不仅帮助了我们完成调研，还是我们大学生涯里一段宝贵的经历。

（四）任务与分工

殷琳淼负责调研报告总结及思路的整理汇总、统计调研数据及调研情况分析。

马妍确定调研思路及方法，分析河流对动植物的影响；实地考察后，负责修改调查问卷。

秦子寒负责前期准备工作，确定调研的目的和意义，负责记录、管理物资资料；实地考察后，负责修改调查问卷、统计数据并进行图表分析。

柳新娅查阅资料，设计调查问题，整理调查问卷及总结后期数据、调研意见。

张浩南分发调查问卷，负责前期规划预期成果和后期统计数据。

柯云峰负责规划李村河沿岸路线，考察周边地形地势，采集调研期间活动图片以及后期统计数据。

三、调研分析

（一）调查具体内容

（1）对上游改造前后居民的亲身感受和周边环境的变化及对居民生活的影响进行调查。

（2）从中游的新旧李村大集的对比中，对旧李村大集存在的问题以及新李村大集有何改善进行了调查。

（3）对于尚未进行改造的下游，进行了有关污染现状和居民期待改善的问题的调查。

（二）调研数据分析

1. 上游

在李村河上游周边环境的调查问卷中，多数调查群体居住时间少于四年，对改造以前的李村河印象好坏参半。改造前，李村上游一带夏季蚊虫滋生严重，河水气味刺鼻，影响市容；改造后，情况得到明显改善，景致变好，增加了休闲娱乐场所，空气、水质、卫生环境变好，动植物种类增多。世园会的举办更是带动了本地的旅游产业，拉动了当地经济，增加了就业岗位。当地居民经常在闲暇时间到此休闲娱乐，对改造后的情况基本满意，上游部分群众对其他流域改造情况了解不多，主要途径为亲身体验、新闻网络和电视广播，大部分群众对中下游改造已基本满意。

2. 中游

在李村河中游周边环境的调查问卷中，多数调查群体经常在李村大集活动，也有接近1/3的人偶尔去李村大集。在原李村大集存在的问题中，多数人认为其交通不便，生活垃圾和污水随意排放和丢弃，交易秩序混乱。新李村大集改善了治安乱、交通堵塞、生活污水与垃圾随意排放和丢弃、交易秩序混乱等问题，商户们有序经营，治安管理到位，卫生环境得到改善，排水问题得到解决，市场服务也更人性化。在对新李村大集的印象中，一半人认为好，一半人认为一般。但受众群体认为，新李村大集仍存在一定问题，如商户数量、功能分区、交通管理等。他们也希望改造过程中注意绿化、李村河水质以及休息场所。中游群众对上游和下游的改造，有一定了解和不太了解的比例相近。了解的途径大多为他人告知及亲身体验。对上游的改造基本满意。

3. 下游

在李村河下游周边环境的调查问卷中，多数调查群体偶尔到李村河沿岸附近活动，对下游周边的环境不太满意。他们认为下游淤泥有味道，无法接近；并认为改造的主体应是政府，而且市民也要参与其中。在调查下游污染问题的原因时，多数人认为是生活垃圾与污水所污染，也有少部分人认为是工业废水。在对下游改造方面，受访群众提出应在绿化水质以及休息场所方面着重改造。而下游的市民对上、中游的改造情况不太了解，了解改造的内容倾向于亲身体验和他人告知，且对上、中游的改造不太满意。

（三）不足与改进

1. 调查出现的问题

（1）相关参考资料缺乏，局限于图书馆、报纸杂志及互联网。

（2）调查期限短，时间较少，前期准备不充分。

（3）交流与讨论环节不多，导致许多结论片面。

（4）所调查的群众只局限在小部分区域，不具代表性。

2. 调查问题的解决

（1）在今后的相关调查中，注意充分准备资料。

（2）运用相关专业知识解决调研过程中出现的问题，同时向专业老师请教。

（3）合理分配调研任务，注意结论的合理化与规范化。

四、调研结果

（一）看法建议

1. 上游

根据问卷调查结果和对李村河公园附近的人员访谈结果，项目改造尽管取得了一定成果，但仍存在如下不少问题。

（1）李村河水质仍存在很大问题。李村河水质较混浊且富营养化现象严重，水藻大量滋生，工作人员打捞浪费了大量人力物力且效果不佳。

建议：控制李村河的排污情况，改善富营养化的现状；使李村河变"活水"，增强河水的自净能力。

（2）河中放养了不少鱼苗，但钓鱼捕鱼现象严重，使鱼苗放养没有起到预期效果。

建议：控制捕钓现象，使鱼类处于正常的平衡状态。

（3）河水水量小，存在断流现象，但周围绿植仍使用河水灌溉，不可取。

建议：保证河水正常流量，使用其他水灌溉。

2. 中游

根据问卷调查结果和对李村大集附近的人员访谈结果，项目改造尽管取得了一定成果，但仍存在如下不少问题。

（1）李村大集的搬迁尽管缓解了交通压力，改善了排水问题，但商户数量过少，人流量小，使部分商户生意情况惨淡。

建议：加大宣传力度，政府对商户提供一些政策支持。

（2）李村河中游绿化程度较上游差，不少群众要求改善休闲娱乐设施。

建议：建设一些惠民设施，增加周围群众的幸福度。

3. 下游

根据问卷调查结果和对部分人员访谈结果，鉴于李村河下游改造尚未完工，仅提出几点改造建议。

(1)除了交通拥堵问题之外,交通干道两侧景观也应进行美化。

(2)除解决清淤防洪工程外,沿海景观设施也应增加。

(二)调研结论

通过调研,我们得出了以下结论。

1. 上游区域

李村河上游段改造起步早,且改造彻底,环境情况已经得到很大改善,变成了很好的休闲娱乐场所,对发展旅游业和房地产业以及拉动当地经济起到很重要的作用。但是李村河作为一条间歇式河流,该河段河水常常干涸,使欣赏价值降低。建议增加蓄水系统,保证河水日常流量。

2. 中游区域

旧李村大集河段处于改造收尾阶段,存在的一系列问题大多得到解决。改造方向定位为休闲娱乐场所。河道清理与商贩搬迁等工作已经基本完成,一些公共设施如厕所、休息场所仍需完善。新李村大集还存在一些客源流失的问题。这主要是由于市民存在的一些怀旧心理,希望在人性化方面多做工作。

3. 下游区域

李村河下游主要存在的问题是水质问题。越接近入海口,河水越接近黑色,气味越浓烈,存在大块不明漂浮物,怀疑入海口附近存在排污口。但李村河下游沿岸绿化状况良好,植被繁茂,鸟类、昆虫种类繁多,甚至有白鹭、苍鹭等珍稀鸟类前来觅食。水生生物状况不明。建议关停非法排污口,依靠优越的生物自净条件进行生物修复。

（指导教师：赵联）

青岛市李村河生态环境调研报告

环工 151　乔洪舰(组长)　张文凯　康　乐　刘　迈　易佳伟　周　凯　王相智　贾首豪

摘　要:本文利用灰度化二维坐标网络与 floyd 算法优化和选择具有代表性的李村河河段作为调研地点,以实地观察和问卷调查相结合的方式了解李村河治理现状,间接了解李村河河道生态状况,同时借助哈希 DRB200 COD 消解器与 COD 测定仪对所选取河段中 COD 含量进行检测,通过实验检测数据直接了解李村河关键河段水质情况。最后,基于调查问卷结果与河流部分河段 COD 含量两方面,综合分析李村河生态环境状况,并提出改善生态环境的合理建议。

关键词:floyd 算法;问卷调查;因子分析;化学需氧量

一、选题分析

(一)立论依据

近年来,国内的河流整治工程都侧重于提升河道的防洪蓄洪能力,这导致了人们没有对河流原本的资源功能和生态功能的保护引起足够的重视,我国多数河流的地质形态因此产生了较大变化,具体表现为如下。

(1)河道渠道化和裁弯取直工程降低了天然河流的蜿蜒性。

(2)河床材料变为硬质化的不透水性材料。

(3)水利工程的建设造成了河流形态表现出不连续性。

(4)河道断面形状呈现几何规则化、单一化的断面形态。

河道形态结构的变化及河道系统形态多样性的降低,使得河道系统生态环境异质性降低,生物多样性降低,进而引起水体自净化能力的下降。并且随着我国城市化进程的加快,大量工业、生活污水未经处理直接排入河道,不少河流相继出现黑臭问题或富营养化现象,河道的生态功能已经几乎损失殆尽。人们逐渐认识到河流生态系统的重要性。河流整治工程不仅仅关注其传统功能如防洪、航运等方面的发挥,还要有利于生态系统的保护和修复,要与周边环境和人文景观相协调。

李村河是青岛市李沧区的一条主要河流。李村河主干流发源于崂山山脉李沧区内的石门山麓,流经李村至曲哥庄桥与张村河交汇,从胜利桥流入胶州湾。李村河全长 17

千米,流域总面积 52.30 平方千米,是青岛市区最大的水系,也是市区主要的防洪排涝河道。水清沟河、郑州路河、大村庄河等共九条支流汇集于李村河。

李村河是一条典型的间歇式河流,暴雨季节,河道水位暴涨,而平时则河床中水量较少。作为青岛市重要的泄洪通道,为保证其泄洪功能,平时河床大部分地区没有蓄水,野草丛生,且部分土地裸露,只在中部地区设置有滚水坝,形成较宽阔的水面。河床由于长时间无水,除了现有 4 个滚水坝,另有多条过水公路,行人和车辆可以自由通行。目前,国内许多地区对这一类的河道景观设计手法大多是进行筑坝蓄水,通过修建橡皮坝分时段满足蓄水和泄洪的要求,取得了较好的效果。但在景观设计中,重点立足于绿化、休闲等一般性功能和景观效果,对河道两侧兼顾得较少。如果设计手法和水位控制处理不当,会显得过于生硬,形成所谓河道、驳岸、绿地 3 个部分"分隔"的标准断面。

随着城市的发展,居民区越来越多,尤其是商业氛围越来越浓厚,形成了青岛地区最大的商圈。20 世纪 80 年代这条青岛市民最熟悉的河流遭受了严重的污染,沿途的一些木制品厂、化工厂和村庄的生活垃圾都往这条河里倾倒,污水横流、臭不可闻。生活废水沉积而成的淤泥使河床不断升高,雨季汛期频频出现防洪险情。不仅如此,拥有百年历史的李村大集一直横亘和占据中游河堤 3 千米,由此而来的河道两岸黑臭水治理更成为"难治之症"。

李村河治理是青岛市和李沧区重点民生工程,于 2009 年正式拉开帷幕,并前卫地提出"海绵城市""绿道""生态湿地"等概念。河道里建了很多防洪水坝与生态湿地,采用临时过水设计理念,以拓宽河道、深挖清淤、砌筑水坝等形式,将河道蓄水与生态自然湿地巧妙结合。

本次研究,在于探求在城市河流治理中落实生态保护理念的合理方式,确保河流的水量与水质能够保持在一定水平以满足居民利用的需求,从而在根本上解决河流多次治理却无法改善生态环境的状况,尽可能地提高河流治理的生态效益、经济效益和社会效益。

(二)调研目的

由于我国长期处于"先污染,后治理"的粗犷式经济发展模式,导致国内大多数河流都遭到了不同程度的污染,特别是在中东部地区,水资源的污染已经严重阻碍了城市经济的可持续发展,甚至威胁到人们生命的健康安全。虽然目前我国城市河流治理工程已在部分地区展开,取得了一定的治理成果;但是治理过程中缺乏生态平衡理念,治理工程实施后仍然面临河道河岸不合理硬化,造成河流的生态多样性严重下降,水体自净能力的下降导致了次生污染事件的频繁发生,浪费了大量的人力与物力。

李村河在经历多年污染后,于 2009 年展开治理工程,仅河道改造就斥资 11 亿元。经过 8 年努力,李村河大部分河道已恢复曾有的景观,并有鱼、虾生存,环境有了明显改观。此次调研实地考察并取样检测,意在进一步了解李村河生态治理情况,了解除视觉的改观外,水质是否有可观的改善,从而在更深层次上明确李村河的治理状况。

二、调研准备

(一)调研时间

2017 年 4—6 月。

(二)地点

青岛市李村河流域(自百果山至李村河入海口)。

(三)取样河段选取

为使所研究的河段更加科学准确且具有代表性,本文借助 MATLAB 将李村河流域示意图灰度化处理从而建立灰度坐标网络。通过微分思想将河段分割为无限小的微元,找到每个微元在坐标网络中的位置。利用 floyd 算法,计算微元间的相对位置关系,根据所需样品量寻找合适的取样点。

借助灰度化坐标网以及 floyd 算法,得到最佳调查地点坐标如表 1 所示。

表 1　李村河代表性河段及其相应位置一览表

序　号	灰度坐标	位置
位置 1	(399,115)	跨海大桥与四流中路交界处河段
位置 2	(478,153)	宝龙城市广场北部河段
位置 3	(703,231)	侯家庄东部河段
位置 4	(524,199)	宾川路与衡水路交界处河段
位置 5	(926,164)	世博园风景区附近河段

借助地图容易发现,位置 1 处车流量较大,存在大量露天制造业厂家;位置 2 南部为大规模商业区,同时李村河公园也分布在该河段中;位置 3 为家具市场和居民小区的混合地区;位置 1 主要以房地产为主,南部分布有少量制造业厂家;位置 5 河段主要分布在风景区,基本无汽车与制造业厂家的影响。

(四)问卷发放地点的选取

为了使调查问卷的结果更具科学性和信服力,同时考虑到居民小区问卷调查的难度,本次调研主要选取了位置 1 到位置 5 附近的小区。

(五)调查方案及具体实施

本次调研活动从居民生活、污染源、水体 3 个方面研究李村河生态环境状况。

首先采用德尔菲法设计相关调查问卷了解当前李村河的治理状况、政府治理力度以及河道周边的污染源与植被覆盖情况,然后通过实地考察了解河道附近污染源分布情况,最后实地取样,借助哈希 DRB200COD 消解器以及 COD 测定仪对水样中的 COD 含量进行检测,提出相关河道整改建议。具体思路如表2所示。

表2　调研思路

次序	项目
1	相关文献查询
2	调查河段的选取
3	河道附近污染源调研
4	水样实地取样
5	污染物实验室研究
6	分析结果与建议

三、调研分析

(一)调查具体内容

小组成员分为两组:一组借助李村河河道地图,通过河道管理部门以及河道附近了解河道周围污染源情况,沿李村河实地调研其河道排污清污情况;另一组成员深入李村河附近小区,发放调查问卷,向居民了解李村河河道治理现状以及小区生活污染物的排放情况。

于 MATLAB 所得的 5 处代表性的地点进行取样。样品包括排污口、河道上游和下游水样。在专业老师的指导下对水样初步处理并妥善保存。

在专业老师的指导下,对李村河附近水样进行研究,重点监测其 COD 含量,研究污染源、居民生活与李村河水质的关系。最后,借助李村河水质检测结果,寻找土壤污染物与水体污染物之间的关系。

(二)实地调研结果分析

在进行实地取样过程中,调研小组也对李村河及其周边的环境状况进行了考察。李村河大部分河段河水较为清澈,河流生态系统保持较好,但沿岸存在多处直通河水的排污口。部分河段河水较浅,水流量少,无明显生物生存,有较淡的异味。部分河床出现干涸情况,有较大异味,垃圾较多。

(三)问卷调查与结果分析

本次问卷调查共发放问卷 194 份,回收 193 份,回收率接近 100%。为保证问卷的信度和效度,调研小组将调查问卷转化为量表形式,导入 SPSS 软件,通过 Cronbach's a 信度分析与因子分析对该问卷的信度和效度进行评价。

1. 调查问卷信度分析

信度分析是调查问卷分析中经常提到的一项工作。信度即可靠性,它是指采用同样的方法对同一对象重复测量时所得结果的一致性程度，其功能在于检验测量本身是否稳定。

利用 SPSS 对问卷结果进行 Cronbach's a 信度分析，其结果如表 3 所示。

表 3　可靠性统计资料

Cronbach's a 的 Alpha	项目个数
868	19

由上述结果不难发现，可靠性统计资料的 Cronbach 的 Alpha 系数为 0.868，表明信度可以接受。

2. 调查问卷效度分析

效度是指量表是否真正反映了我们需要的信息。本文利用 SPSS 对量表进行因子分析以观察其结构效度。

首先对问卷量表中数据进行因子分析的可行性进行判断，判断结果如表 4 所示。

表 4　KMO 和 Bartlett 检验

Kaiser-Meyer-Olkin 测量		.944
Bartlett 的球形检验	取样卡方	16 292.375
	df	780
	sig	.000

由于 KMO 值为 0.944，表示原始变量之间相关性很强，非常适合做因子分析；Bartlett 检验的 Sig 值为 0.000，同样说明数据适合做因子分析。

为了便于对提取的因子进行解释，因此，通过因子旋转，使因子载荷两极化。

该问卷通过因子旋转共获得 7 个因子。这些因子中，最少的包含 2 个问题，最多的包含 4 个问题，且在这些问题上的因子载荷为 0.366～0.788 之间，都大于 0.35 的最小可接受值，这说明该问卷的结构效度很高。

3. 调查问卷结果与分析

本次调研对回收的 193 份问卷进行数据处理，整理汇总调研结果，并对问卷结果进行了如下分析。

被调查者中老年人较多。在学历方面，初中及以下学历只占 37%。由此可见，被调查居民的受教育程度较高，且以老年人居多。

有 72% 的居民认为李村河近年来的河流生态环境变得比以前要好，但仅有 10% 的居民认为李村河现在的河流环境良好。这说明近年来对李村河的治理成果显著，但仍有上升空间，因此存在对李村河水质症结调查的价值。

半数居民认为李村河附近植被多而杂乱，没有明显的规划或治理的痕迹。这表明李村河附近植被绝大多数为无人为干预的自然生长，部分地区缺少政府及相关部门的及时干预。

通过综合分析，原部分河道植被类型单一且杂乱，大部分居民希望能够整齐地种植一些乔木或灌木辅以草坪来扩大绿化面积，同时选择添加花卉的居民较少。可能的原因是他们认为李村河周围环境对花卉生长不利。

61%的居民在处理生活垃圾时直接丢弃,没有对垃圾进行分类的习惯,垃圾直接丢弃可能导致污染性垃圾浸出液、危险废物对土壤及附近河道的影响。查阅相关文献可知,部分地区居民生活用水直接排入河道,垃圾随意丢弃必然导致水体有机物质累积。

大部分居民在河水清澈时还是愿意将河边作为一个休闲场所,进一步说明了李村河治理的重要性。

(四)实验室水质监测与结果分析

调研小组利用 DRB200COD 数字式消解仪及配置好的分析纯的重铬酸钾与浓硫酸混合消解液对这 5 组水样消解,消解温度 165℃,消解时间 2 小时。消解结束后加入硫酸汞以遮蔽氯离子,最后借助 COD 测定仪对水样 COD 含量进行检测,检测结果如表 5 所示。

表5　各河段水样 COD 检测结果

取样位置	pH	COD/(mg/L)	水体类型 (污染程度)
跨海大桥与四流中路交界处河段	7.7	40	Ⅴ类
宝龙城市广场北部河段	7.3	32	Ⅳ类
侯家庄东部河段	7.4	22	Ⅴ类
宾川路与衡水路交界处河段	7.6	51	超标
世博园风景区附近河段	7.2	19	Ⅲ类

5 处水样中,仅世博园风景区附近河段接近Ⅰ类和Ⅱ类水域;其余 4 处中有 3 处为一般工业用水区及人体非直接接触的娱乐用水区,属于Ⅳ类和Ⅴ类水域;宾川路与衡水路交界处河段水质超出国家地表水标准范围。

实验结果表明,李村河治理有一定成效,制造业厂家、居民小区、商业区排污得到了一定程度的控制,但在某些地区可能依然存在违规排污的现象。河流水质大体均在国家标准范围之内,但缺少Ⅰ类和Ⅱ类优质地表水。部分地区排污情况较为严重,COD 含量超标,还需要政府以及各方面的共同努力。

四、意见与建议

调研发现,李村河流域经济社会发展水平参差不齐,因此李村河的生态环境治理应因地制宜。本文基于居民问卷调查以及河流关键水域 COD 含量情况,认为李村河生态环境的治理应从上、中、下游三部分综合考虑。

(一)水源地的保护

对于任何一条河流来说其源头水质量都极其重要,李村河源头位于百果山,具有自然水源,水质有所保障。上游多为农村,鉴于现如今经济发展水平提高,农村地区的污水与垃圾的排放量也有所提高。但其污水处理系统并不完善,大量污水直接排放,垃圾随意堆积,严重污染了李村河上游水质;还有农药的过量使用也是造成李村河上游水质污染的一个主要原因。

鉴于此,应加快农村污水管道的建设,并就近建立污水处理厂,处理生活污水,提高流域内农村的污水处理能力,减少直接排放的污水量;建立垃圾处理厂,将产生的生活垃圾集中处理,可以减轻垃圾的堆积状况,并可提供就业岗位;倡议各户建造沼气池,可在一定程度上减少排泄废物造成的污染,并且可以产出有机肥料来代替化肥,减少化肥的施用量。通过这些方式来减少排放入李村河的污水总量,以达到保护水源地的目的。

(二)中游景观建设

李村河中游以商业区和居民区为主,沿岸有许多小区与店面,其中通过下水管道排放的污水都会通过管道流向污水处理厂,处理至符合标准后才排入河中,因此此处河水水质较其余部分要好很多。建议将河流打造成景观区,充分发挥商业区与居民区人流量大的特点,在李村河沿岸建设人行道或水上平台以供市民游玩放松,丰富市民的业余生活。此外还可在人行道或平台上开设知识普及点,从生物介绍到李村河概况再到整个青岛的历史进行展示,让市民在游玩休闲的同时可以丰富自己的知识,提高文化素养。

(三)下游生态环境治理

李村河下游周围以工业区为主,工业企业较多,由于工厂质量参差不齐,加上受到技术的限制,对于所排放污水的处理也不够细致,污水中的各种污染物含量较高;且由于其处于下游,距离入海口较近,对海水也会造成较大的影响;多年的污水排放还导致了河道内淤泥堆积,对于河流主要的泄洪能力造成了较大影响。为此,应做到以下几点。

(1)应加强对企业的监管,对于排放污水不达标的企业要严令其整改,甚至关停该企业。

(2)尽量使企业排水与居民生活污水管道对接,在企业处理过后输送到污水处理厂进行二次处理,提高排放污水的质量,可以减少排污口。

(3)调整企业布局,尽量使临近的企业在生产过程中存在废料再利用的现象。这样既可提高原料的利用率,也可减少污染物的排放。

(4)周期性地开展河道清淤工作,维持河道的泄洪能力。

(5)还可以在河道中种植一些水生植物,来减轻污水带来的污染,并逐渐增加植物种植量,以及投放鱼苗,放养水禽等,逐步改善李村河下游的生态环境。

(指导教师:赵联)

当代大学生的创新能力调查

化工156　平富勤(组长)　孙迎港　邓泽宇　尹　涛　田新蕾　韩荣昊　杨茗暄　刘　童

摘　要:人类的发展史是不断创新探索的历史,社会的发展与进步无不源于人类每一次的创新成功。进入21世纪以来,我国坚持科教兴国的战略方针,建设创新型国家的重任也随之落到了大学生身上。基于科学技术的生产力作用,创新能力在科学研究中显得尤为重要。大学生是未来创新创造的主体,其创新能力高低与国家的发展与命运密切相关。因此,调查当代大学生的创新能力具有重要意义。

关键词:大学生;创新能力;规划未来;信息获取能力

一、选题分析

(一)立论依据

由于当代互联网和大数据的发展,越来越多的大学生依赖网络去吸纳信息与知识,却忽略了自身思考与研究的过程。这种不健康的汲取知识的方式只会降低大学生的独立思考能力、分析能力以及创新能力。此外,很多新入学的大学生对大学生活充满憧憬,期待自身可以有一定的创新成果或有所成就。然而有些大学所能提供的创新条件和学术氛围较差,让许多大学生消磨了意志,或者因为大学安逸的生活产生懒惰等不良习惯,难以激发自身的创造力。

(二)调研目的

此次调研的目的希望了解大学生的心理现状,探究当代大学生创新能力,借此使大学生对自身有所了解,明确目标和理想,激发自身潜能,提高创新能力。

二、调研准备

(一)调研思路和方法

本次调研的目标人群为在校大学生,形式为问卷调查,问卷中设置了12道关于大学生创新能力的题目。其中,10道为对自身创新能力的反思与探索,2道为对学校生活对创新能力影响的看法。

我们通过分发调查问卷和访谈形式,在本校以及其他学校内调查了一定数量的大学生(按照年级分组抽样调查),然后根据调查问卷填写情况进行了统计归纳。

(二)调研活动的开展

调研地点:青岛科技大学四方校区、青岛科技大学崂山校区、中国海洋大学、青岛大学、山东科技大学。

成员组成:平富勤、尹涛、邓泽宇、刘童、孙迎港、田新蕾、韩荣昊、杨茗暄。

分工情况:问卷设计由邓泽宇、杨茗暄负责;问卷调查由尹涛、孙迎港、刘童负责;问卷总结由田心蕾、韩荣昊负责;调研组织由平富勤负责。

时间安排如表1所示。

表1 时间安排表

时间	地点	形式
4月15日	青岛科技大学四方校区	问卷调查
4月20日	青岛科技大学四方校区	访谈
4月29日	青岛科技大学四方校区	问卷调查
5月6日	青岛科技大学四方校区	问卷调查
5月10日	青岛科技大学崂山校区	问卷调查、访谈
5月14日	青岛大学	问卷调查
5月20日	中国海洋大学	问卷调查
5月24日	山东科技大学	问卷调查
5月30日	青岛科技大学四方校区	访谈

三、调研分析

(一)调查具体内容

我们本次调研分别在青岛科技大学四方校区、青岛科技大学崂山校区、山东科技大学、青岛大学、中国海洋大学等处进行网上问卷调查及访谈。本调查发出问卷400份,回收有效问卷300余份,从中抽取调查有效问卷180份,并统计其结果,以探究大学生创新能力低下的原因及改善现状的方法。

(二)调查结果及分析

问题 1　您觉得当前我国高校大学生的创新能力如何?

问题 1 的调查结果如表 1 所示。

表 1　问题 1 的调查结果

选项	人数/人	占比/%
低	21	11.11
较低	39	22.22
一般	101	55.56
高	14	8.33
较高	5	2.78

从调查结果可以看出,大多数学生认为大学生自身创新能力一般,认为大学生缺少创新能力和创新能力比较高的只是极少一部分。由此可见,对当代大学生创新能力的开发十分必要。

问题 2　如果创新能力最高为 10 分,最低为 0 分,您评价自身创新能力能打几分?

问题 2 的调查结果如图 1 所示。

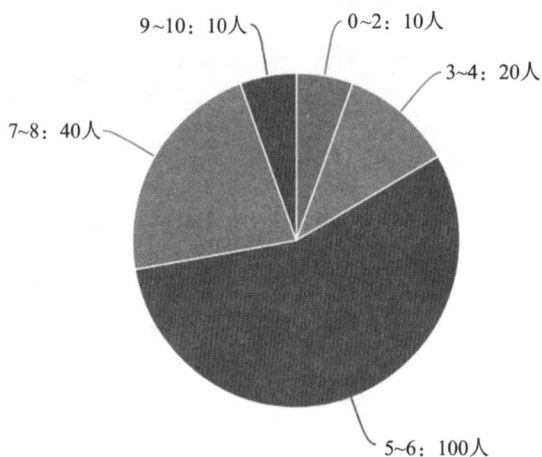

图 1　问题 2 的调查结果

大学生对于自身创新能力的打分 5~6 分占比最多,其次是 7~8 分。这可以看出大学生对于自身创新能力比较肯定,认为自己具有创新潜能。

问题 3　以下列出的是有关创新能力的一些测试语句,请您根据自身情况,按照您同意的程度选择合适的答案。

问题 3 的调查结果如表 2 所示。

表 2　问题 3 的调查结果

题目	人数（占比）			
	很不同意	不同意	同意	很同意
在思考与解决问题时，我经常尝试用不同的方法解决同一个问题	0(0)	4 (11.11%)	29 (80.56%)	4 (11.11%)
在生活中，我总会研究常见物品的新用途	0(0)	9 (25%)	23 (63.89%)	6 (16.67%)
我经常搜集有关新技术、新产业、新服务、新产品的资料	3 (8.33%)	13 (36.11%)	16 (44.44%)	4 (11.11%)
相对于按部就班的传统任务，我更趋向于选择没有尝试过的新任务	1 (2.78%)	11 (30.56%)	25 (69.44%)	3 (8.33%)
大家总说我不按常理出牌	1 (2.78%)	12 (33.33%)	19 (52.78%)	6 (16.67%)
和同学们一起讨论问题时，大家总说我的想法稀奇古怪	0 (0)	12 (33.33%)	19 (52.78%)	8 (22.22%)
在课堂上，我愿意向老师提出疑问	2 (5.56%)	15 (41.67%)	18 (50%)	3 (8.33%)
当朋友们都认为一项任务不可能完成时，我还是会尝试	1 (2.78%)	6 (16.67%)	29 (80.56%)	3 (8.33%)
如果我的创新灵感不被大家认可，我将不会继续	4 (11.11%)	21 (58.33%)	12 (33.33%)	2 (5.56%)
我善于发现问题的未知部分，通常能预测结果，并能正确验证这一结果	0 (0)	11 (30.56%)	27 (75%)	3 (8.33%)
我善于收集学科相关信息并能有效处理	1 (2.78%)	10 (27.78%)	25 (69.44%)	2 (5.56%)
我具有较强的记忆力	1 (2.78%)	18 (50%)	18 (50%)	2 (5.56%)
平时，我会有意识地观察周围的事物并获得一些结论	0 (0)	5 (13.89%)	28 (77.78%)	5 (13.89%)

　　从这些具有创新性的语句中，我们看出，大多同学在生活学习中是具备创新能力和创新精神的，在生活中会表现出具有新想法新思路，但表达自己创新能力和总结创新成果的能力有待提高。

　　问题 4　您认为以下哪些因素会对您的创新意识和创新能力有影响？（请您选择三项并进行排序，排在第一位的影响最大，排在第二位的其次，依次类推。）

　　被调查者多认为个人因素、家庭教育、学校的教学方式对自己创新能力和创新意识影响极大,其次是学校组织的实践活动或竞赛。此外,提高大学生创新能力也离不开其自身的发掘、家庭的支持鼓励和学校教育的影响。

问题 5　请您对您所在学校的教学模式进行评价,1～5 分表示满意度依次递增。

问题 5 的调查结果如表 3 所示。

表 3　问题 5 的调查结果

项目	分数(占比)					平均分
	1	2	3	4	5	
课程体系	1(2.78%)	6(16.67%)	12(33.33%)	13(36.11%)	4(11.11%)	3.36
课程内容	1(2.78%)	5(13.89%)	14(38.89%)	14(38.89%)	2(5.56%)	3.31
授课形式	2(5.56%)	3(8.33%)	16(44.44%)	12(33.33%)	3(8.33%)	3.31
实践活动	2(5.56%)	12(33.33%)	10(27.78%)	8(22.22%)	4(11.11%)	3

对于所在学校开设课程的满意程度评分大多在 3～3.36 分,评价一般。这表明被调查者认为学校的教学模式差强人意,对于自身创新能力的提高帮助不大,并期待学校可以开设更有趣更有启发性的课程和教学模式。

问题 6　您参加过学校组织的创新创业活动或竞赛吗?

问题 6 的调查结果如表 4 所示。

表 4　问题 6 的调查结果

选项	人数/人	占比/%
是	74	41.67
否	106	58.33

调查结果显示,参加过创新创业活动或竞赛的同学约占 41.67%,没参加过的同学约占 58.33%,这可以看出,大学生参加创新性活动比较少,应更多鼓励大学生参加学校的创新性活动和竞赛,激发大学生的创新能力。

问题 7　您觉得在目前的创新创业教育中,最应值得关注的是哪一个?

问题 7 的调查结果如表 5 所示。

表 5　问题 7 的调查结果

选项	人数/人	占比/%
有效的实践活动	114	63.89
创新创业课程的完善	25	13.89
师资力量薄弱	16	8.33
创业素质的培养	25	13.89

调查结果显示,大多数人认为有效的实践活动在目前的创新教育中最值得关注,认为创新能力的培养应该从有效的实践活动中获取;少部分认为创业课程完善、师资力量和创业素质的培养最需要关注。这可以看出大学生增强创新能力的方式多样,但更期待

从实践中提高创新能力。

问题 8　您是几年级的？

问题 8 的调查结果如表 6 所示。

表 6　问题 8 的调查结果

选项	人数/人	占比/%
大一	115	63.89
大二	65	36.11
大三	0	0
大四	0	0

本次调研主要选取学期活动较多的大一、大二学生，所以调研比较科学准确。

问题 9　您的性别是什么？

问题 9 的调查结果如表 7 所示。

表 7　问题 9 的调查结果

选项	人数/人	占比/%
男	90	50
女	90	50

本次调研男女比例合理。

问题 10　您的专业属于哪一类？

问题 10 的调查结果如表 8 所示。

表 8　问题 8 的调查结果

选项	人数/人	占比/%
工科类	175	97.22
理科类	5	2.78
文科类	0	0
艺术类	0	0
其他	0	0

问题 11　你有没有参加过学校举行的创新大赛？

问题 11 的调查结果如表 9 所示。

表 9　问题 11 的调查结果

选项	人数/人	占比/%
有	39	22.22
没有	141	77.78

从调查结果可以看出,大多数人参加创新大赛比较少,对于创新大赛不了解不感兴趣,可见其创新能力意识比较薄弱。

四、意见总结

大学生对于自身创新能力的评价不高、认识不清。这说明需要对大学生进行创新能力发掘和创新能力的重新认识。大学生希望大学课程中添加更多具有启发性和提高创新能力、创新意识的课程。这说明大学校园实践活动同样对于大学生创新能力的激发起着不可忽视的作用,应该鼓励大学生积极参加学校创新实践性活动,从活动中开发自身的创新能力。大学生创新积极性不高,原因大多是对于创新的认识不清和对自身创新能力缺乏信心,导致大学生不敢也不想参与创新性活动。我们希望通过此次调研可以让大学生了解自身存在的创新潜能,不断学习不断进取,提高自身创新能力。

学校的教育、家庭的影响也对大学生的创新能力起到重要作用。我们希望大学可以设置大学生创新能力培养和心理辅导的课程。学校和家庭应对学生的创新能力起到辅助鼓励作用。学校应提供相应的创新信息和创新活动的渠道,积极鼓励学生去动手动脑亲身参与;家庭对于学生的新想法应给予肯定的态度,多鼓励学生敢于提出自己的想法。

大学生也应不断学习,依靠自身去发掘创新能力。

(指导教师:赵青霞)

大学生参加社团活动状况的调查分析报告

能源152　宿增收(组长)赵一凡　羿文亮　贾坤龙　殷铭瑞　韩冠畴

摘　要:学生社团是由高校学生依据相同的兴趣爱好自愿组成、按照章程自主开展活动的学生组织。社团是培养综合能力、拓展知识层面、调节知识结构、挖掘自身潜能、发展兴趣爱好的重要场所。社团文化作为大学文化的重要组成部分,已经越来越深刻地影响着当代大学生的学习、生活甚至未来。基于这一事实,为了掌握大学生参加社团情况,我们小组采用问卷调查等方式进行了此次调查。

关键词:大学文化;学生社团;兴趣爱好;状况调查

一、选题分析

(一)立论依据

学生社团是高校校园文化的重要载体,是高校第二课堂的重要组成部分。参与学生社团,是学生丰富校园生活、培养兴趣爱好、参与学校活动、扩大求知领域、增加交友范围的重要方式。它既是学生思想教育工作的一个渠道,又是高校育人的有效途径,对于形成学校的文化氛围、构筑学校的历史传统都有着重要的历史和现实意义。随着教育体制改革的不断深入,以及大学生学习、生活方式出现新的变化,大学生社团日益成为高校中具有较强影响力和凝聚力的学生团体。所以,了解大学生参加社团的情况,从而了解社团运作的经验和不足之处,并对其提出可行性建议,对于社团的发展以及大学生个人的发展都有重要意义。

(二)调查目的

(1)对大学生参加社团活动进行分层次全方位的调查研究,分析不同性别的大学生是否参加社团及基本状况,以及对于社团的态度和对社团的看法及建议。

(2)分析大学生应如何选择社团、看待社团以及社团该如何发展。

二、调研准备

(一)调研时间

2017 年 4—6 月。

(二)地点

青岛科技大学崂山校区、青岛大学、中国海洋大学。

(三)对象选取

本科在校生。

(四)调查方案及具体实施

本次调查采用的是线下问卷调查和线上发放问卷调查相结合的方式,通过组员讨论分析,分工整理完成本次调查研究。

调查具体步骤如下。

(1)将小组成员分到各个院系,联系各院学生会主席,通过学生会主席获得该院系各专业班长联系方式。小组成员与各个班长联系沟通,得到班长的帮助。

(2)由小组成员设计问卷,问卷做好发给各个班长,每班至少 5 名同学进行问卷调查。

(3)另外安排成员与社团联主席及调研部部长沟通,通过社团联得到各社团的基本状况包括类型、知名度、吸引力、社团活动时间、活动频率、缺点及改进方法。

(4)通过社团联直接与社团接触,深入社团内部与各成员交流。

三、调研数据分析

本次调查有效问卷共 300 份。据统计,有 88.97％的人参加过社团活动,由此分析大学生大部分都参加了社团活动。

(一)综合分析

对参与问卷调查的大学生的基本情况进行统计并综合,如表 1 所示。

表 1　参与问卷大学生基本情况统计表

项目	性别		户籍		是否参加活动	
	男	女	农村户口	城镇户口	是	否
占比/%	47.77	52.23	71.97	28.03	88.54	11.46

项目	年级				参加社团个数			
	大一	大二	大三	大四	1 个	2 个	3 个	5 以上
占比/%	19.75	66.88	10.83	2.55	59.24	30.57	6.37	3.82

从表 1 可以看出,参与问卷的男生约占 47.77%,女生约占 52.23%。从参与问卷的大学生的户籍方面来看,农村户口的学生约占 71.97%,城镇户口约占 28.03%。从大学生是否参加社团活动方面来看,参加活动的人数约占 88.54%,不参与活动的人数约占 11.46%。绝大多数学生都会参与社团活动,说明大学生对于社团活动的参与度很高。从参与活动学生的年级上看,大二的学生参与的比例最高,约占 66.88%;其次是大一的学生,约占 19.75%。这两个年级学生参与活动最积极,与大一、大二还未面临就业考研、空余时间较多等相关。从参与社团个数的情况分析,参加 1 个社团的人数占 59.24%,参加 2 个社团的人数约占 30.57%,参加 3 个社团的人数约占 6.37%,参加 4 个以上的人数占 3.82%。从数据可以看出,由于精力有限,大多数人参加 1 个或 2 个社团。

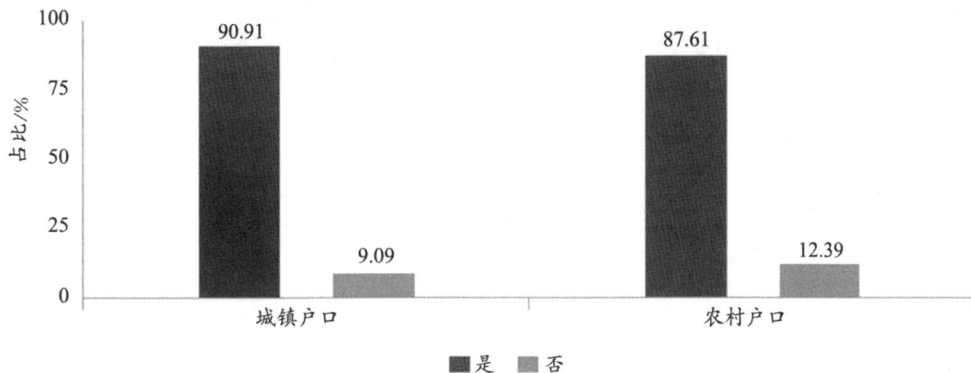

图 1　城镇户口同学与农村户口同学参加社团与否比例

由图 1 可知,城镇户口学生与农村户口学生参加社团与否在比例上并无太大差别。

图 2 表明,各年级参加社团情况由大一到大四递减。由此可见,大一同学有更多时间参加社团活动。随着年级的增加,大家都将越来越多的时间用来干其他的事情,如考研、拿证、参加各种比赛等。也由此可以看出,社团对高年级的吸引力越来越弱。

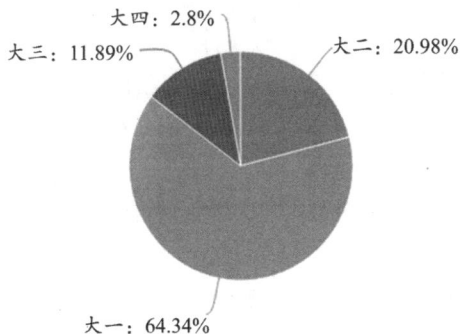

图 2　不同年级同学参加社团的比例

(二)对大学生参加社团目的分析

对大学生参加社团目的的调查结果如图 3 所示。

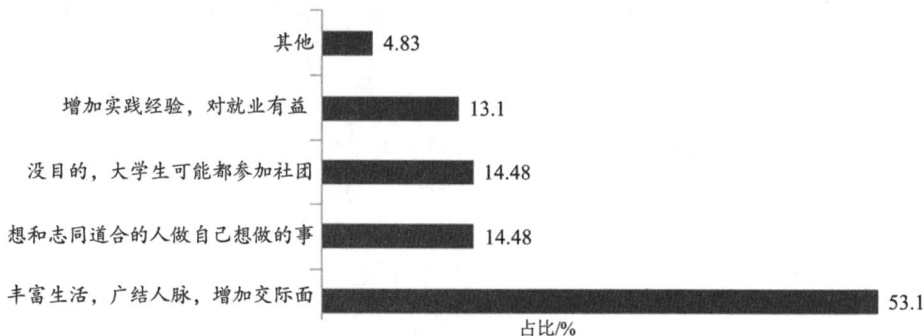

图 3　大学生参加社团的比

从数据上看,参加社团主要目的是丰富生活、广结人脉、增加交际面。由此可见,学生社团是大学生活必不可少的一部分。

(三)对大学生如何选择社团的及参加各类型社团比例分析

对大学生如何选择社团的调查结果如图 4 所示。

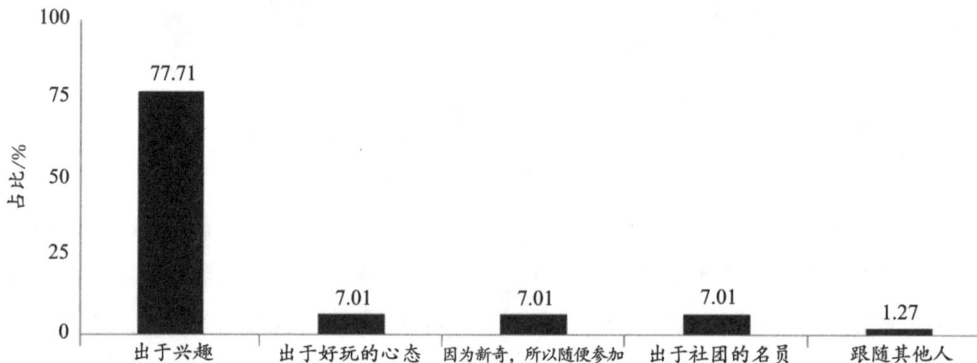

图 4　对大学生如何选择社团的调查结果

从数据看来,约 77.71% 的同学是出于兴趣来选择社团的;还有接近 21% 的同学因为各种不同的原因选择社团,如出于好玩、觉得新奇随便参加、出于社团名号等;只有 1% 的同学是跟随他人选择社团。由此看来,同学们选择社团的主动性还是比较大的。虽然绝大多数的同学是因为兴趣而选择社团,但这种兴趣能否长时间持续下去是。大学生能否坚持参加社团活动的关键。

对大学生参加各类型社团的比例的调查结果如图 5 所示。

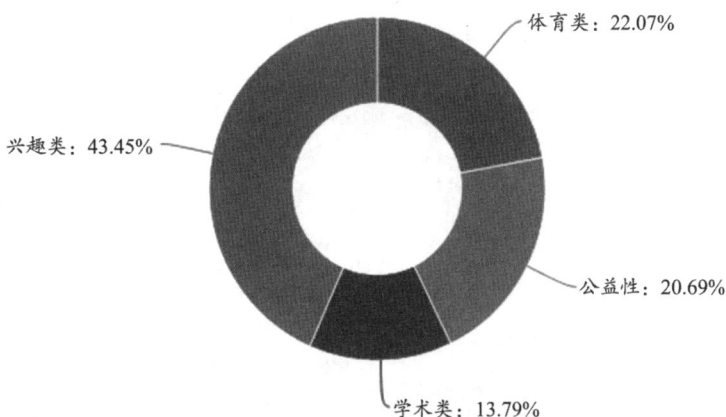

图 5　对大学生参加各类型社团的比例

大学社团种类有很多，从数据上看，学生参加社团主要是根据自己的兴趣选择，但仅有较少的同学选择学术类，而公益类和体育类则有很多同学参与。由此可见，大部分人参加社团主要是出于兴趣。

（四）大学生通过何种方式了解社团及对社团的了解情况及分析。

对大学生了解社会的方式的调查结果如图 6 所示。

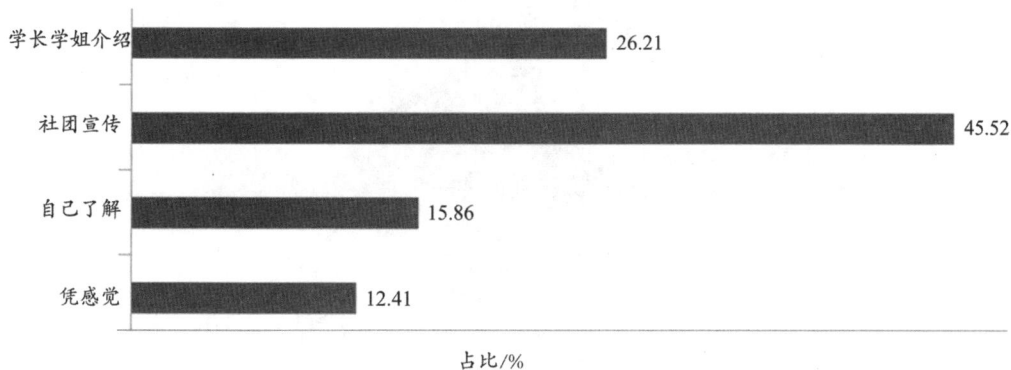

图 6　大学生了解社团的方式

由数据可以看出，社团宣传有较大的效果，能让同学了解到学生社团。还有部分同学通过学长学姐介绍加入社团，这说明除社团宣传外，同学间的互相介绍也能起到作用。

对大学生对社团的了解情况的调查结果如图 7 所示。

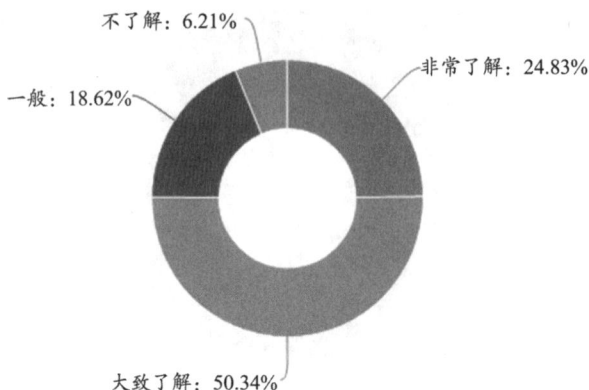

不了解：6.21%

非常了解：24.83%

一般：18.62%

大致了解：50.34%

图 7　大学生对社团的了解情况

由数据可以看出，大部分社员对自己社团有大致了解。其中，约 24.83％的人对社团非常了解，约 18.62％的人对社团了解度一般。约有 6.21％的不了解所加入的社团，这说明社团工作还不够细致深入。

（五）社团招新中吸引人的因素分析

对社团招新中吸引人的因素的调查结果如图 8 所示。

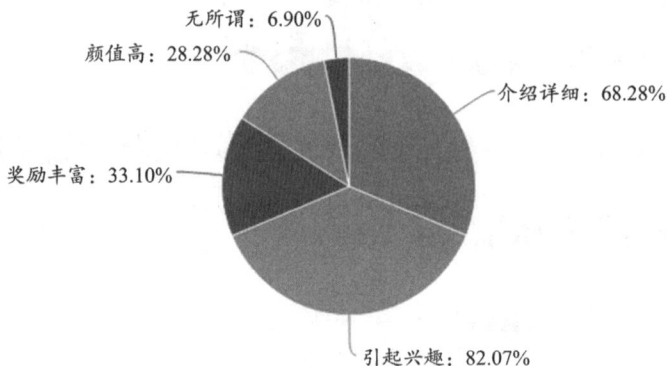

无所谓：6.90%

颜值高：28.28%

介绍详细：68.28%

奖励丰富：33.10%

引起兴趣：82.07%

图 8　社团招新中吸引人的因素

调查结果显示，较多人认为引起兴趣和介绍详细很重要，的确，社团想要发展必须能引起别人的兴趣，这是首要条件。

（六）每周参加社团活动时间分析

如图 9 所示，约 40.96％的人每周参加 1～2 小时社团活动，28.97％的人每周参加 3～4 小时社团活动，14.48％的同学参加 5～6 小时的社团活动，15.86％的同学每周参加 6 小时以上的活动。由此可见，大部分同学参加社团的时间较少，仅有少数同学长时间参加社团活动。

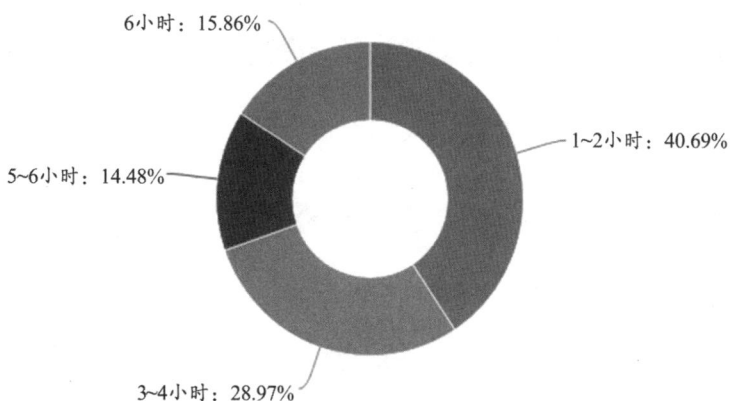

6小时：15.86%

1~2小时：40.69%

5~6小时：14.48%

3~4小时：28.97%

图9　每周参加社团活动时间

（七）社团举办活动频率分析。

如图10所示，各社团的举办活动频率还是适当的，但还是有部分社团举办活动过多，这样占用社员太多课余时间；有的社团举办活动过少，这样难以调动社员的积极性，也很难促进社团成员的情感交流。

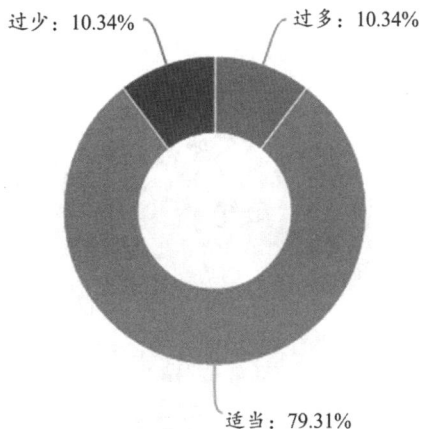

过少：10.34%

过多：10.34%

适当：79.31%

图10　社员认为本社团举办活动频率

（八）其他分析

问题1　你对社团组织的活动持怎样的态度？

问题1的调查结果如图11所示。

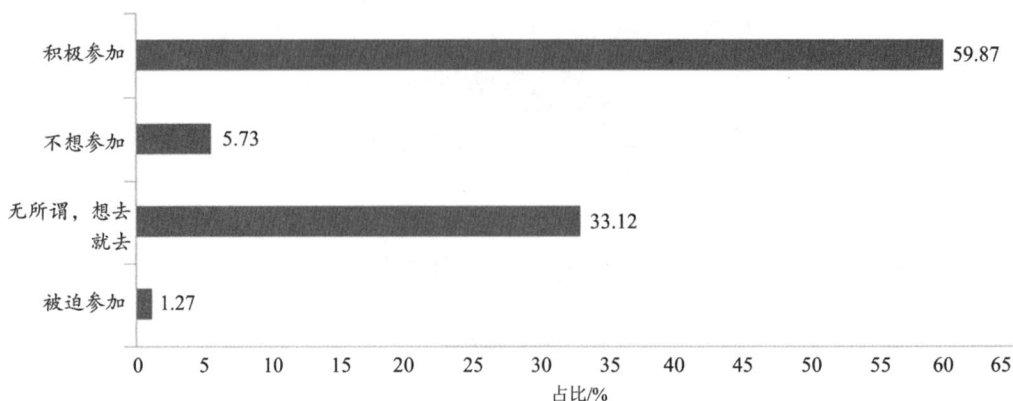

图 11　问题 1 的调查结果

　　调查结果显示,约 59.87％的同学积极参加社团活动。另外约 40.13％的同学态度不积极。其中约 33.12％的同学抱着无所谓的态度,想去就去。这种现象在学校社团中普遍存在。从学生角度分析,可能是由于其选择社团后对其失去兴趣;从学校社团角度分析,可能是由于其活动形式单一老套,无法使同学们产生长久兴趣。

　　问题2　你认为社团活动最好在什么时候进行?

　　问题 2 的调查结果如图 12 所示。

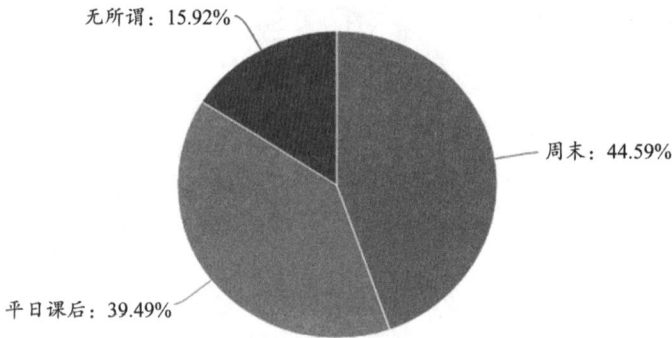

图 12　问题 2 的调查结果

　　调查结果显示,约 44.59％的同学认为社团活动最好在周末进行,约 39.49％的同学认为社团活动最好在平日课后进行,约 15.92％的同学觉得无所谓。周末与平日课后开展活动各有优长,社团活动时间最好与社团成员协调好后拟定。

　　问题3　你参加社团后有哪些收获?（多选题）

　　问题 3 的调查结果如图 13 所示。

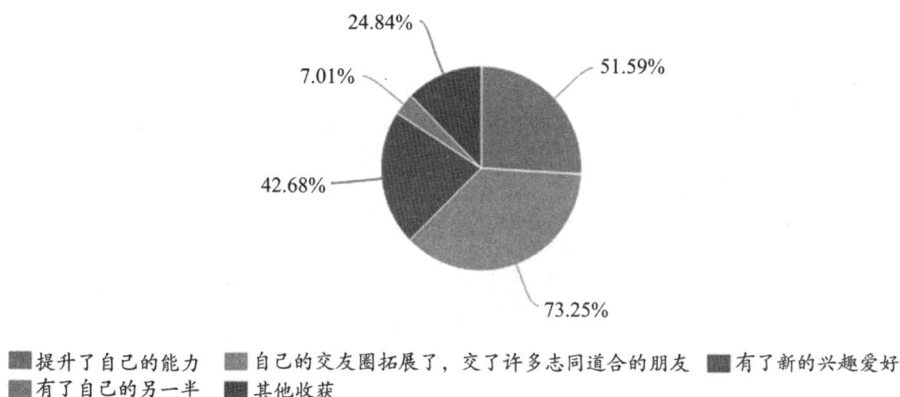

24.84%　51.59%

7.01%

42.68%

73.25%

■ 提升了自己的能力　■ 自己的交友圈拓展了，交了许多志同道合的朋友　■ 有了新的兴趣爱好
■ 有了自己的另一半　■ 其他收获

图 13　问题 3 的调查结果

从统计结果可以看出，同学们在社团中收获最大的就是交友圈得到了拓展，朋友多了。这其实也是很多同学参加社团的主要目的之一。对于刚步入大学的新生来说也好，其他年级也好，人际关系方面都产生了积极影响。

问题 4　你是否觉得参加社团会带来一些压力？

问题 4 的调查结果如图 14 所示。

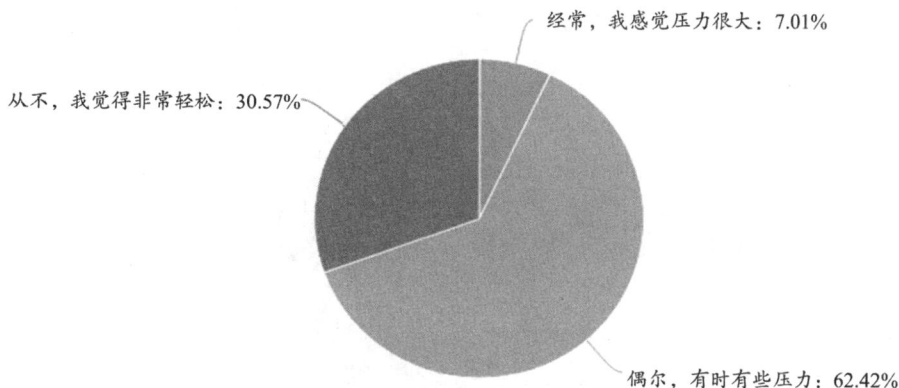

经常，我感觉压力很大：7.01%

从不，我觉得非常轻松：30.57%

偶尔，有时有些压力：62.42%

图 14　问题 4 的调查结果

从数据看来，约 62.42％的同学觉得参加社团偶尔会有压力；约 30.57％的同学觉得从未有压力，非常轻松；约 7.01％的同学觉得压力经常很大。社团虽然是课余时间放松、发展兴趣的地方，但是对于很多需要个人表现的地方以及学习新东西的时候有压力也是在所难免。

问题 5　你参加社团对学习有影响吗？

问题 5 的调查结果如图 15 所示。

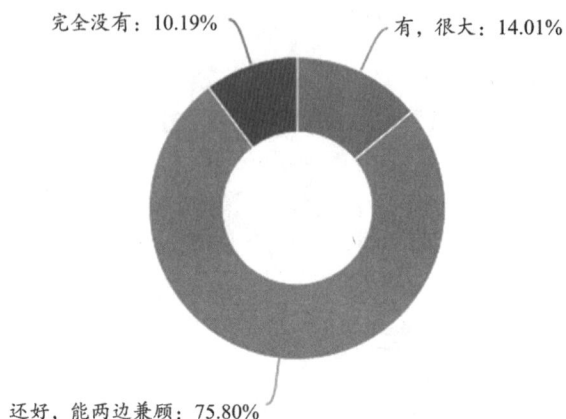

图 15　问题 5 的调查结果

　　根据数据分析，对于参与社团活动对学习的影响，大多数人认为影响不大。其中，约 10.19％的学生认为参与社团活动对学习完全没有影响；约 75.80％认为还好，可以两边兼顾；只有约 14.01％的同学认为参加社团活动对学习有较大的影响。

　　问题 6　社团活动跟学习冲突时你会怎样选择？

　　问题 6 的调查结果如图 16 所示。

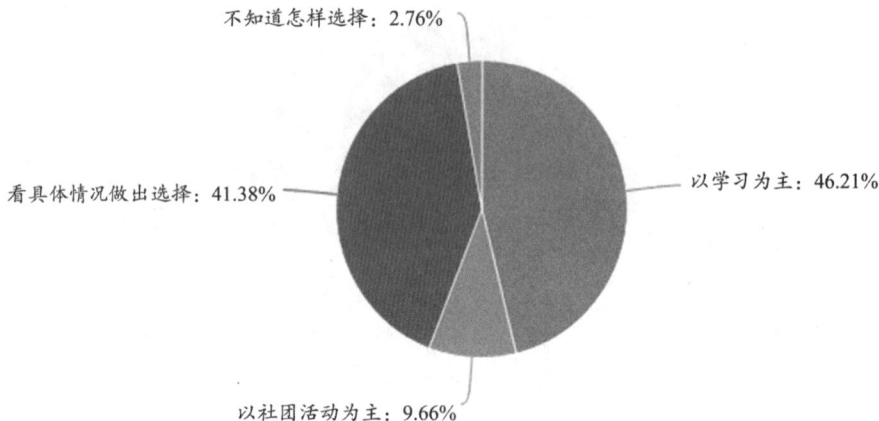

图 16　问题 6 的调查结果

　　根据调查结果，约 46.21％的同学以学习为主，约 41.38％的人看具体情况选择，少数人以社团活动为主，极少数不知道怎样选择。大学生的主要目的还是学习，尽量不要占用学习时间。各社团也应注意，举办活动要考虑社员们的学习时间。

　　问题 7　你和社团其他成员的关系如何？

　　问题 7 的调查结果如图 17 所示。

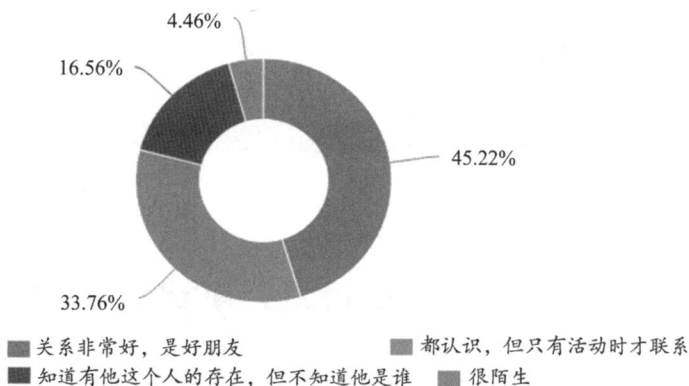

图17　问题7的调查结果

4.46%
16.56%
45.22%
33.76%

■ 关系非常好，是好朋友　　　　　■ 都认识，但只有活动时才联系
■ 知道有他这个人的存在，但不知道他是谁　　■ 很陌生

根据调查结果，约 45.22% 的同学认为和社团其他成员关系非常好，是好朋友；约 33.76% 的同学认为和其他社团都认识，但只有活动时才联系；约 16.56% 的同学知道社团其他成员的存在；约 4.46% 的同学对社团成员很陌生。从数据来看其它真正交到朋友的只有约 45.22% 的同学，另外约 54.78% 的同学没有真正交到朋友。这可能与社团举办活动的频率或社团活动的深度有关。

问题8　你是如何处理社团活动中成员之间的关系的？

问题8的调查结果如图18所示。

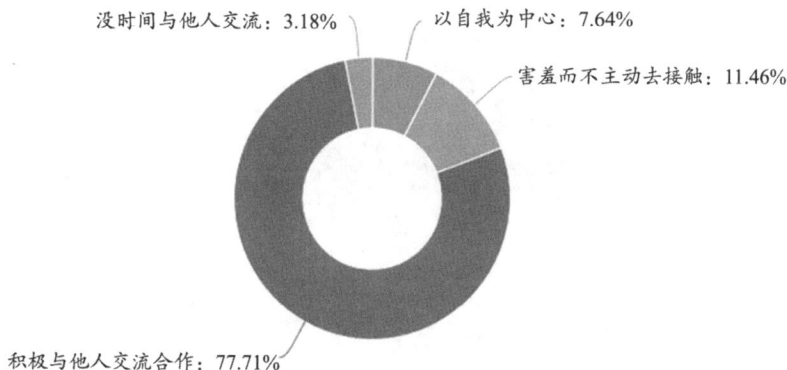

没时间与他人交流：3.18%　　　以自我为中心：7.64%

害羞而不主动去接触：11.46%

积极与他人交流合作：77.71%

图18　问题8的调查结果

调查结果显示，在参与社团活动的过程中，大部分人积极与他人交流合作，约占 77.71%，说明社团活动可以促进成员之间的交流。由于成员间性格不同等原因，有一部分人与他人交流较少。其中，没时间与他人交流约占 3.18%；以自我为中心约占 7.64%；害羞而不主动与他人交流的最多，约占 11.46%。

问题9　有人说，假日中参加社团活动是浪费时间。你认为呢？

问题9的调查结果如图9所示。

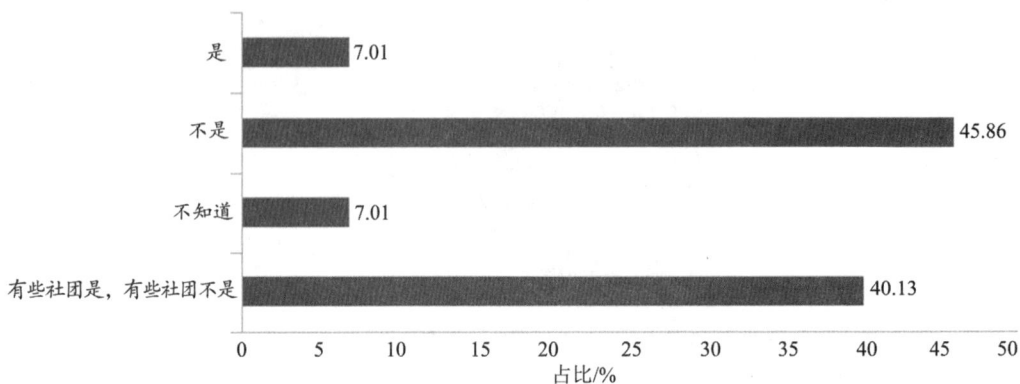

图 19　问题 9 的调查结果

调查结果显示,约 45.86% 的同学觉得假日参加社团活动没有浪费时间,约 40.13% 的同学认为因社团而异,少数人觉得是浪费时间。大学社团主要就是在课余时间举行活动,所以若同学们无事,在假日举行活动也是很好的选择。但要注意,因为时间比较充裕,所以举办的活动要更加有意义,同时又要不同于平日活动。

问题 10　你对社团聚餐的态度如何?

问题 10 的调查结果如图 20 所示。

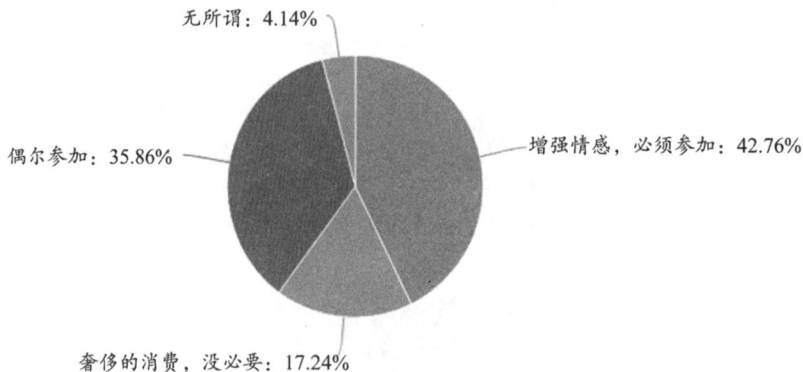

图 20　问题 10 的调查结果

由数据看,对于聚餐赞同者远远大于反对者。事实上,大学聚餐已变得非常普遍,聚餐有利于社团内部的情感交流,结交新的朋友;适当的聚餐能丰富大学生活,增添乐趣。但我们也不能忽视约 17.24% 的反对者。的确,对于几乎没有收入的大学生来说,聚餐是一种非常奢侈的行为,我们不能过度聚餐。

问题 11　你认为你身边的社团如何?

问题 11 的调查结果如图 21 所示。

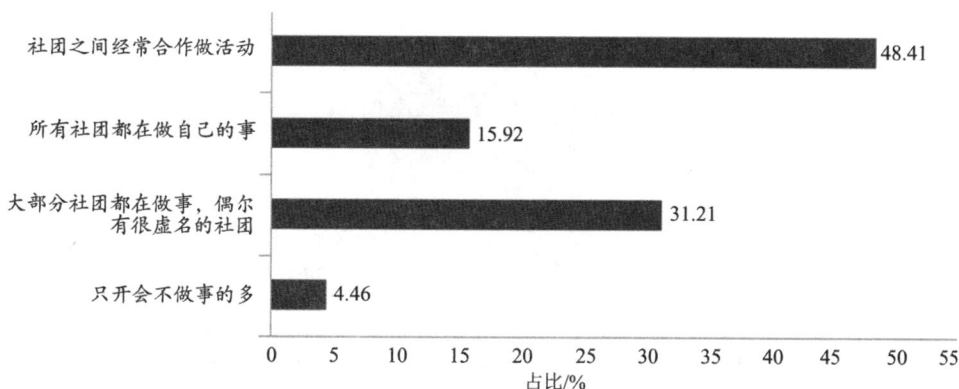

图 21　问题 11 的调查结果

　　根据统计数据,约 48.41％的同学认为社团之间经常合作活动;约 15.92％的同学认为社团在做自己的事;约 31.21％的同学觉得大部分社团在做事,偶尔有有名无实的社团;约 4.46％的同学认为社团只开会不做事。可以看出,绝大多数社团是经常做事的,但也不排除有徒有虚名的社团和只开会不做事的社团,应组织相关部门对社团活动进行监督。

　　问题 12　你的社团得到过学校的支持吗?

　　问题 12 的调查结果如图 22 所示。

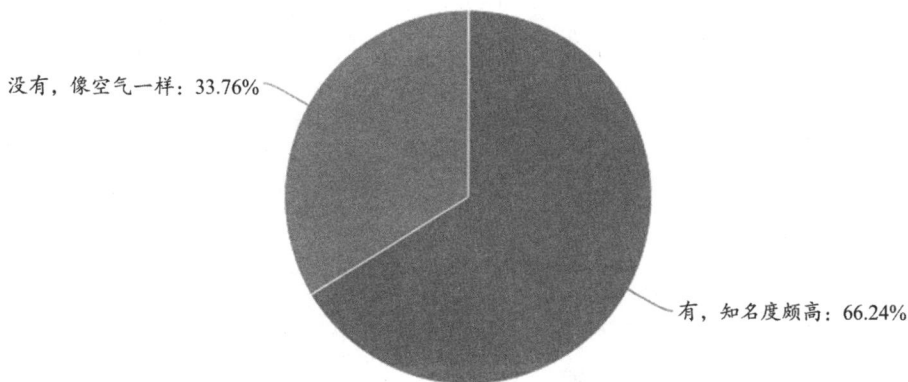

图 22　问题 12 的调查结果

　　根据统计数据,约 66.24％的同学觉得社团受到学校的支持,知名度颇高;约 33.76％的同学认为所在社团没有得到过学校的支持,像空气一样。可以看出,学校对社团是支持的;但是可能对不同社团的支持力度不均,带有偏向性,使得同学们对其有一定的看法。

　　问题 13　你现在社团主要面临的问题有哪些?(多选题)

　　问题 13 的调查结果如图 23 所示。

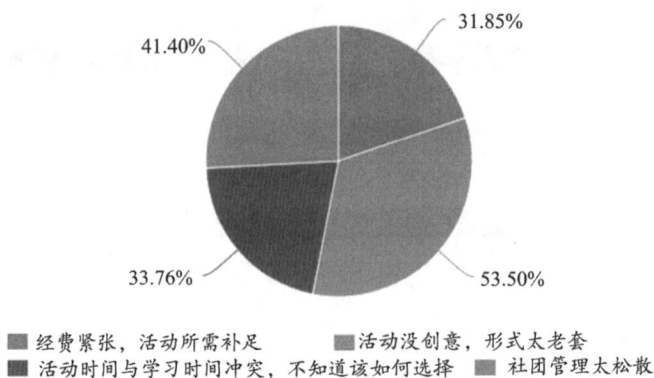

- 经费紧张，活动所需补足
- 活动没创意，形式太老套
- 活动时间与学习时间冲突，不知道该如何选择
- 社团管理太松散

图 23　问题 13 的调查结果

根据统计数据，约 53.50％的同学觉得社团活动没创意，形式太老套；约 41.40％的同学觉得社团管理太松散；约 33.76％的同学觉得活动与学习冲突；约 31.85％的同学觉得经费紧张。上述内容是目前多数大学社团主要存在的问题。从统计数据还可看出，活动没创意和管理松散所占比重最大。社团应当提高自己的创新意识，使活动富有新意；同时，加强对社团成员的管理，杜绝自由散漫现象发生。

问题 14　你所参加的社团是否与你的预期相符？

问题 14 的调查结果如图 24 所示。

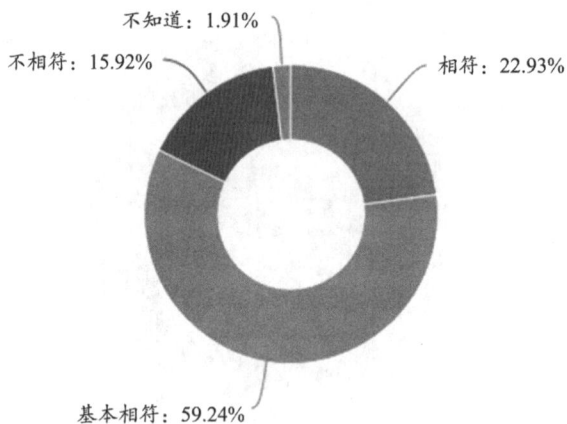

图 24　问题 14 的调查结果

在参与社团活动之后，大多数人对社团的活动及氛围都有一个评价。调查结果显示，其中觉得参加社团与预期相符的约占 22.93％，基本相符的约占 59.24％。这说明大部分社团都做得比较好，与前期的宣传相符。但也有人觉得参加的社团与预期不相符，持该想法的人约占 15.29％。还有约占 1.91％的人不清楚。这也对一些社团作出提醒，社团组织应名副其实，活动具有新意，保有自身特色。

问题 15 你对你们学校社团是否满意?

问题 15 的调查结果如图 25 所示。

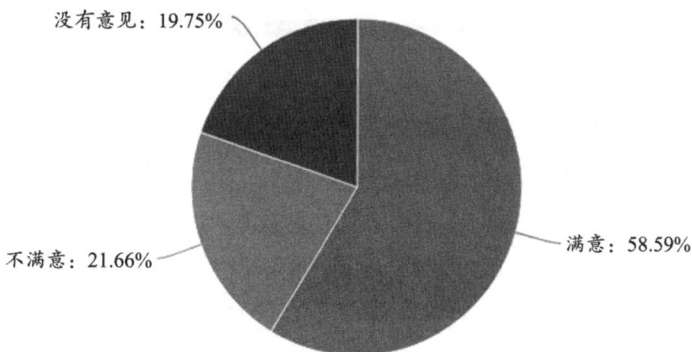

图 25 问题 15 的调查结果

根据统计数据,约 58.59% 的同学对其学校社团满意,约 19.75% 的同学对其学校社团没意见,约 21.66% 的同学对其学校社团不满意。此问题属于一个笼统的社团满意度调查,不满意度比例不算小,说明学校社团还是存在不少的问题,需要引起重视。

问题 16 你认为参加社团有必要吗?

问题 16 的调查结果如图 26 所示。

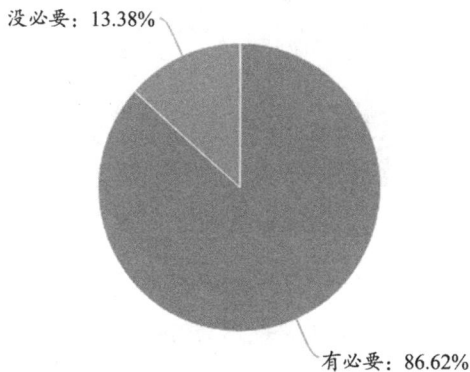

图 26 问题 16 的调查结果

根据统计数据,约 86.62% 的同学觉得有必要参加社团,约 13.38% 的同学觉得没有必要。大多数人还是觉得大学参加社团对自己个人的发展是有必要的,但这个问题因人而异。每个人对于自己都要有一个清晰的认识,对未来有一个清晰的规划。参加社团适合大多数人,也的确不适合小部分人,不能过于勉强。

问题 17 你认为社团在大学里扮演什么样的角色?

问题 17 的调查结果如图 27 所示。

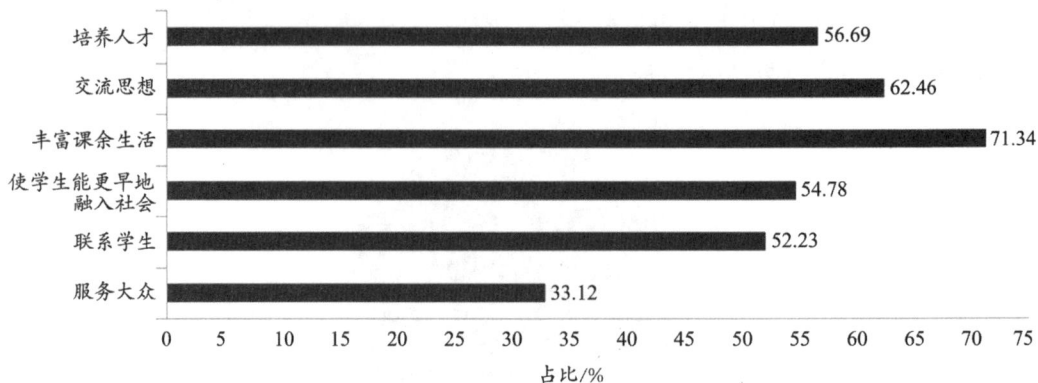

图 27 问题 17 的调查结果

根据统计数据分析,社团在大学里扮演的角色不尽相同,像培养人才、交流思想、丰富课余生活、使大学生能更早地融入社会、联系学生、服务大众等,但其无一不对学生产生积极的影响。

问题 18 你心目中的社团是怎样的?

问题 18 的调查结果如图 28 所示。

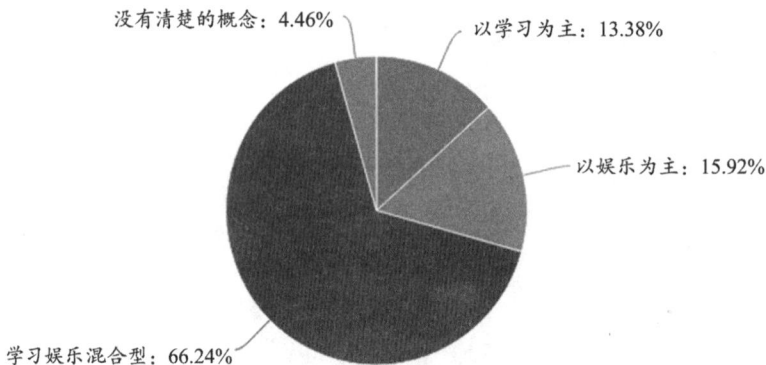

图 28 问题 18 的调查结果

根据统计数据,约 66.24% 的同学心目中的社团是学习娱乐混合型,约 13.38% 的同学觉得社团应以学习为主,约 15.92% 的同学觉得社团应以娱乐为主。社团就应当如此,学习兼娱乐,既能在社团学到东西,又能放松身心。

问题 19 社团还需改进的地方有哪些?(多选题)

问题 19 的调查结果如图 29 所示。

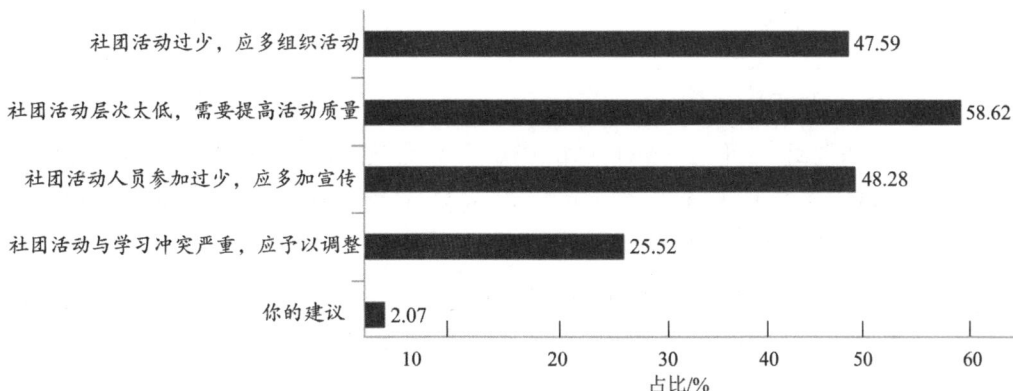

社团活动过少，应多组织活动　47.59
社团活动层次太低，需要提高活动质量　58.62
社团活动人员参加过少，应多加宣传　48.28
社团活动与学习冲突严重，应予以调整　25.52
你的建议　2.07

图 29　问题 19 的调查结果

调查结果显示，约 58.63％ 的人认为社团活动层次太低，需要提高活动质量，约 47.59％ 的人认为活动少应多组织活动，约 48.28％ 的人反映参加人员过少需要宣传。这些都是各社团需要注意的地方。也有一部分人认为社团活动与学习冲突严重。有关学习与活动，建议还是学习为重。社团应高度注意这个问题，进行社团活动尽量保证不占用学习时间。

四、建议

(一)学校层面

(1)完善社团体制，规范社团活动，引导其积极向上发展，增加对社团的关注，多方面为社团提供便利，帮助社团进行活动，增强社团联合会的职能，更好地管理社团。

(2)对于社团纳新宣传等方面的通知下达到各学院分团委，分团委通知到各班级。

(二)社团层面

1. 对社团纳新建议

要充分介绍自己社团，尽量保证新生能正确认识、了解社团，充分新生们的兴趣，为社团注入新鲜血液。

2. 对社团活动建议

社员活动要更吸引同学，质量要高，频率不要太多。各社团要注意社员的课余时间。不要过分占用社员的学习时间。尽量调整活动时间使社员们能更好地选择，做到活动学习两不误。

3. 对社团聚餐建议

聚餐频率应合理。适当的聚餐能增进社员的感情，过度聚餐则适得其反。

4. 对社团有关宣传的建议

各社团要做好自己社团的宣传，同时学校也要帮助社团宣传，向学生展示好的社团。

（三）大学生个人层面

1. 对选择社团建议

从自己的兴趣出发，正确认识自己的优点和不足，根据需要选择自己喜欢的社团。此外，还要对社团充分了解，不要选择太多社团，以免贪多"嚼不烂"，也不要盲目选择。

2. 对参加社团活动时间建议

同学们要合理安排社团活动时间，尽量做到学习活动两不误。作为大学生最重要的还是学习，不要花费大量时间在社团活动上，以免学业被耽误。

（指导教师：赵艳丽）

大学生课余生活安排的调查

——基于青岛市三所大学

机械151　徐　浩(组长)　王瀚卿　王　震　孙嘉乐　王　辉　秦晓　钟　朋　刘菁桦

摘　要:随着经济的发展、竞争的加剧以及信息化时代的来临,大学生面临着更多的诱惑和挑战。高质量的课余生活能够为大学生的个性发展、兴趣发挥、特长培养提供良好的机会和广阔的空间。为此,特开展本次调查,以期对大学生课余生活安排提出问题及建议,帮助大学生全面发展。

关键词:大学生;课余生活;计划;实践;调查

一、调查的背景与目的

(一)调查背景

大学生课余生活是指大学生在校期间自由支配时间里的生活方式和生活内容,是校园文化的重要组成部分。随着经济的发展、竞争的加剧以及信息化时代的来临,大学生面临着更多的诱惑和挑战,愈来愈多的压力让很多大学生不能很好地认清自己的定位。大学生可以自由支配课余时间,课余生活安排也呈现出多样化,但是大学生的生活质量呈现出下降的趋势。而高质量的课余生活能够为大学生的个性发展、兴趣发挥、特长培养提供良好的机会和广阔的空间。因此,如何充分利用自己四年的大学课余时间,发展自己,让自己的综合素质有所提高,这是我们必须思考的问题。

(二)调查目的

本次调研旨在更好地了解当代大学生生活质量的现实状态,为本校同学的学习与娱乐实践的时间分配达到最佳化提供建议,提高大学生的课余生活质量,充分利用大学时光;促使大学生反思课余生活安排是否合理,启发大学生找到生活目标、努力方向,更有次序地安排课余时间,享受丰富的大学生活;了解大学生感兴趣的领域及大学生的需求,对大学生开展课余活动进行科学的引导和教育,提高大学生各方面的能力。

二、调研准备

（一）调研时间

2017 年 4 月 2 日—5 月 1 日。

（二）地点

青岛科技大学、青岛大学、青岛理工大学市北校区的学校宿舍、餐厅、图书馆、教学楼、体育场。

（三）调查对象

青岛科技大学、青岛大学、青岛理工大学市北校区的在校大学生。

（四）调查方案

本次调研意在深入了解大学生的课余时间安排，并从中分析当前大学生的学习生活状态是否科学以及对大学课余生活的满意度如何，因此要深入到大学生之中。调查前，在学校的多个地点观察并了解大学生的课余活动，为问卷调查中问题的提出做准备。访谈是深入大学生的好方法。通过访谈，可以了解大学生的真实想法，并实地观察他们的学习生活状态；通过自行设计的问卷进行问卷调查和网络调查来扩大调查范围，确保调查的随机性。然后对 3 种调研方式反馈回来的数据进行分析，提取出所需的信息，发现其中的问题，并讨论出建议和解决策略。最后根据获得的信息进行小组讨论，撰写调研报告并进行总结。

调研方法以问卷调查为主，访谈和网络调查为辅，并将调查结果录入计算机进行统计分析。

三、调研分析

本次调研共发放问卷 330 份，回收有效问卷 319 份，有效回收率约为 96.67％。被调查者中，男生 134 人、女生 185 人。被调查者各年级比例如图 1 所示。

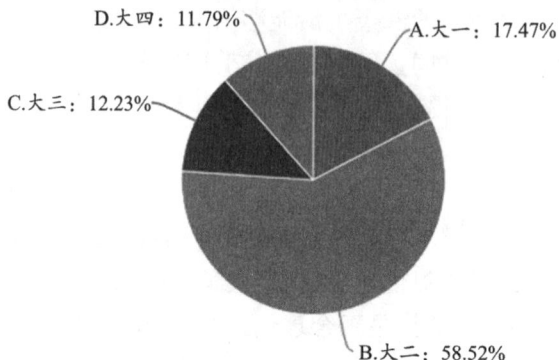

图 1　被调查者各年级比例

（一）大学生的自我评价

从调查结果来看有高达 61.84％的大学生认为自己的课余时间安排不科学，如图 2 所示。仅有 19.30％的大学生认为自己的课余生活很充实，如图 3 所示。因此可以看出，大多数大学生不能合理地安排自己的大学生活，导致课余生活空洞乏味。而这也体现出了我们进行这项调查的必要性。

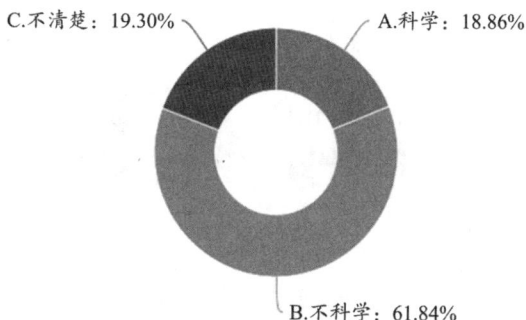

图 2　课科安排时间是否科学

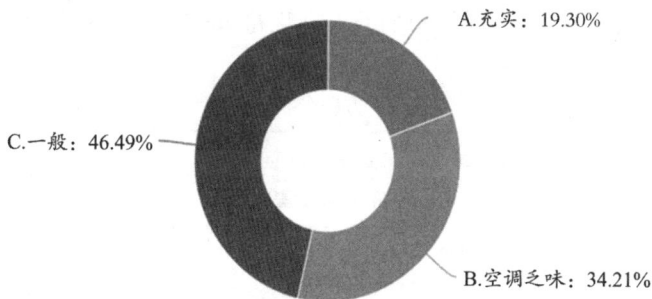

图 3　课余生活是否充实

（二）大学生的计划性

从调查结果来看，对课余时间，大部分大学生有大致计划，只有 8％左右的大学生有详细的计划，如图 4 所示。

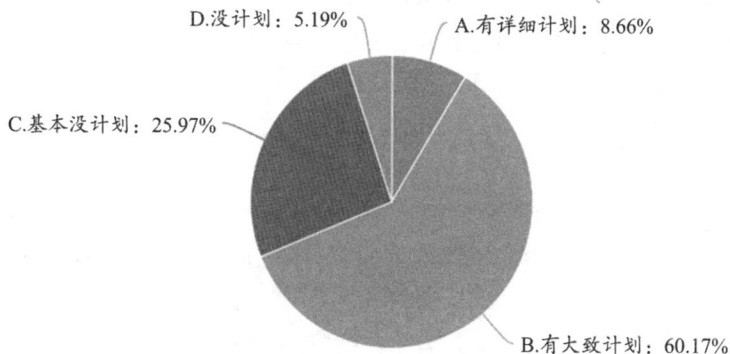

图 4　对课余时间是否有计划

从相关分析中得出,是否有计划对大学生课余时间安排的自我评价有明显影响。有详细计划的大学生中,有将近一半的人认为自己的课余生活安排是科学的;而基本没计划和没计划的大学生中,有 75% 左右的人认为自己的课余生活安排是不科学的。其情况如图 5 所示。

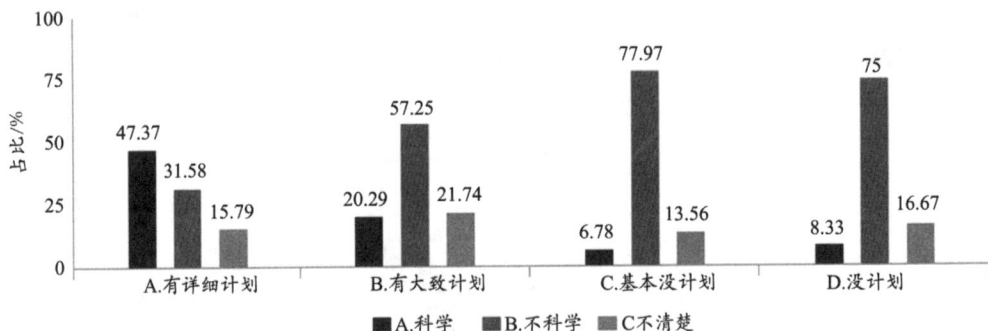

图 5　计划与自我评价的关系

由方差分析得,$P<0.01$,因此是否有计划对大学生平均每天的游戏时间有显著性差异。从表 1 中我们可以看出,有详细计划的大学生每天的平均游戏时间约为 10 分钟,而没计划的大学生却高达 86 分钟。

表 1　方差分析一

问题	对的课余时间是否有详细的计划（平均值±标准差）				F	P
	有详细计划	有大致计划	基本没计划	没计划		
您平均每天的游戏时间/分	10.50 ± 15.36	47.37 ± 37.21	42.68 ± 37.77	86.67 ± 57.74	4.36	0.01＊＊
＊$P<0.05$　　＊＊$P<0.01$						

以上分析可知课余生活是否有计划对大学生的课余生活安排有明显的影响,多数大学生课余生活安排随意,缺乏目的性,从而导致课余生活缺乏科学性,课余生活质量不高。因此学校要及时引导大学生做好课余生活计划,大学生自身也要加强计划性,提高课余生活质量,让大学课余生活更加充实丰富。

（三）大学生课余生活安排

通过对大学生课余生活的活动分析得知,大学生课余生活更多的是上网、上图书馆自习或看书、看电影追剧。在没有电视的校园中,网络就成为学生了解外界,与外界交换信息的主要途径。同时,还可以看出,随着年级的增加,上图书馆自习或看书的越来越少,而逛街购物和看电影、追剧的越来越多。调查结果如图 6 所示。由此提醒高年级的学生,要注意安排好自己的课余生活。在娱乐之余,也要及时为自己充电,丰富自己。

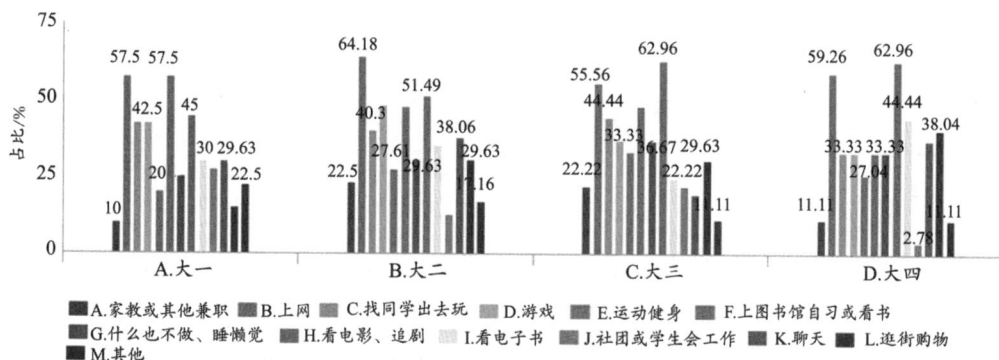

图例：
A.家教或其他兼职　B.上网　C.找同学出去玩　D.游戏　E.运动健身　F.上图书馆自习或看书　G.什么也不做、睡懒觉　H.看电影、追剧　I.看电子书　J.社团或学生会工作　K.聊天　L.逛街购物　M.其他

图 6　大学生课余生活通常的活动与年级的关系

对比图 7 我们可以看出，课余活动的安排跟课余时间是否充裕是有一定关系的。大三、大四同学的课余时间比较充裕，因此他们有更多的时间去逛街购物、看电影追剧等。大一的课余时间相对较少。也就是说，他们有更多的课程需要学习并在课余及时温习。因此，他们的课余时间更多的是去图书馆自习看书，没有充足的时间去追剧和逛街购物。

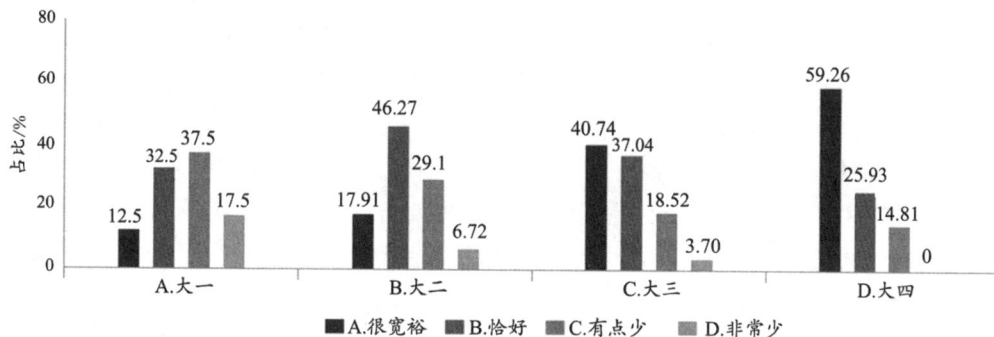

图例：A.很宽裕　B.恰好　C.有点少　D.非常少

图 7　课余时间与年级的关系

从课时数与课余生活质量的相关关系中可以看出，课时数在 15～17 节左右的大学生普遍感觉课余生活充实，并且认为课余生活安排比较科学。课时数在 8 节以下的感到课余生活空洞乏味，并且认为课余生活安排得不科学。

从表 2～表 4 中可以看出，课余活动的安排与性别有显著性的差异。男生的游戏时间、运动时间明显比女生多，女生的上网时间明显比男生多。由此可知男女生喜欢的课余活动是不相同。

表 2　方差分析二

问题	性别（平均值±标准差）		F	P
	男	女		
您平均每天的游戏时间？	50.90±37.08	36.20±38.39	3.79	0.05
＊$P<0.05$　＊＊$P<0.01$				

表 3 　方差分析三

问题	性别（平均值±标准差）		F	P
	男	女		
您平均每周运动的时间/小时	2.16±1.32	1.53±1.06	6.86	0.01 *
$*P<0.05$　　$**P<0.01$				

表 4 　方差分析四

问题	性别（平均值±标准差）		F	P
	男	女		
您每天上网花费的时间	2.57±1.48	3.39±1.40	8.07	0.01 * *
$*P<0.05$　　$**P<0.01$				

从图 8 中可以看出有一部分大学生（约 36.28%）能够用较多的时间来学习，但是更多的大学生（约 63.72%）仅仅投入较少的时间用于学习上，甚至几乎没有时间投入。从图 9 中得知，有 50% 左右的大学生基本上不能离开手机。手机不再局限于打电话发短信，人们通过手机也能轻易在网络获取到信息，而不再是非得在电脑前才能完成。手机已经成为大学生课余生活的一部分。因此，大学生要合理控制玩手机的时间，平衡好学习与娱乐的时间，把更多的时间用于户外运动、读书、交益友，不要把自己困于网络，成为网络瘾君子。

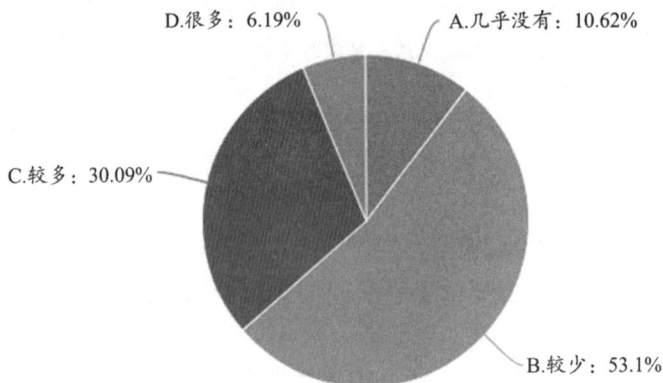

图 8 　学习时间

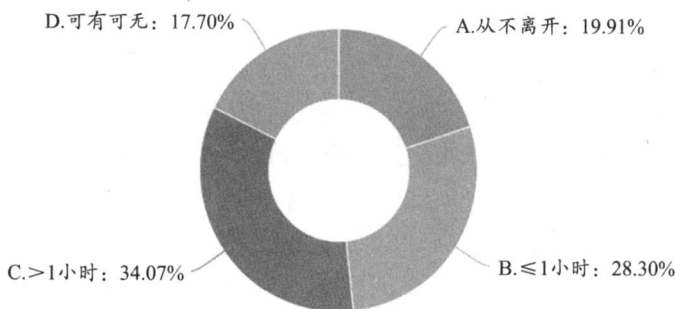

图 9　离开手机的时间

调查结果显示,60％以上的大学生经常玩游戏。从图 10 中可以看出,每天玩游戏的时间超过 30 分钟的大学生占到一半左右。

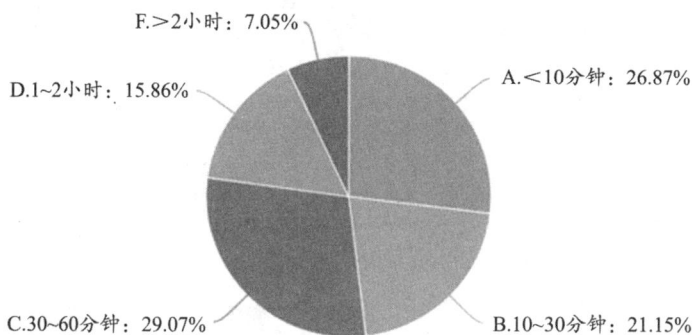

图 10　每天游戏时间

从图 11 中可以看出,大学生认为理想的课余生活首先应该是去拓展实践,其次是学习,有小部分的大学生认为应该更多地去交友和积累人脉。由此可以看出,大学生认为大学生活主要以学习和实践为主。现代社会要求大学生理论与实践相结合,不能仅仅停留在课堂上,还要在社会上和实践中提高自己的能力水平。只有这样,才能在以后社会的激烈竞争之中处于不败之地。

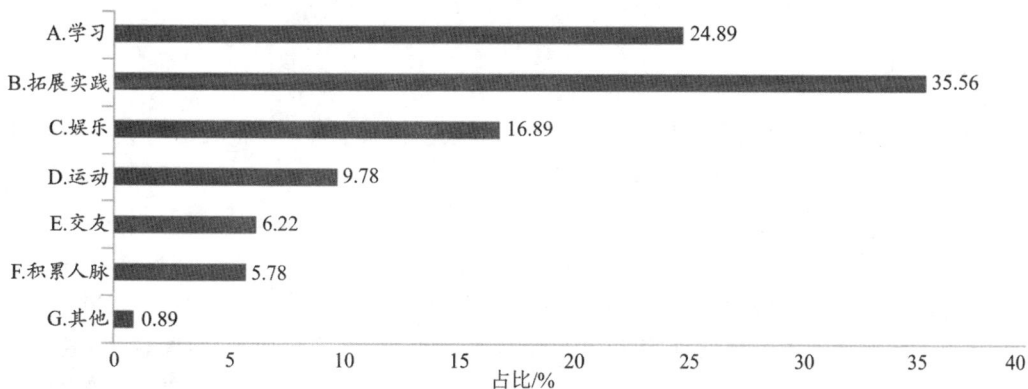

图 11　理想的课余生活安排

（四）拖延对课余生活的影响

可知对图 12、13 分析,拖延对课余生活的影响是比较大的。拖延的人课余生活更多的是去上网、追剧,而不拖延的人更多地去学习、运动健身。拖延的大学生更多地感到课余生活空洞乏味,而不拖延的大学生更多地感到课余生活是充实的。由此可以看出,不拖延的大学生的课余生活质量较高,也更加健康。

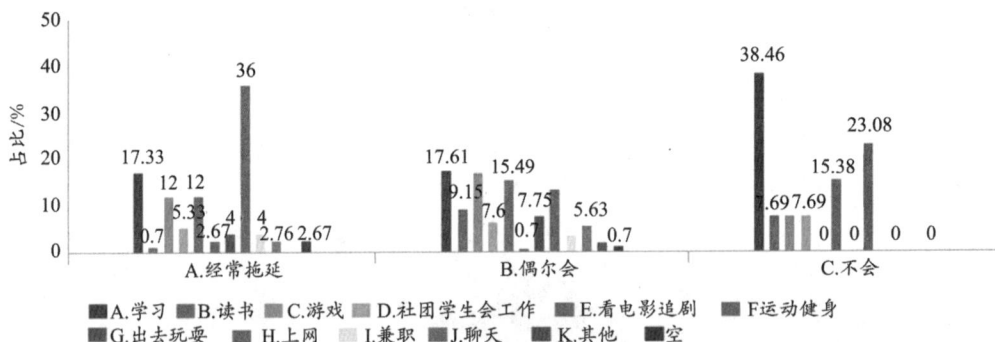

图 12　拖延与课余生活做什么最多的关系

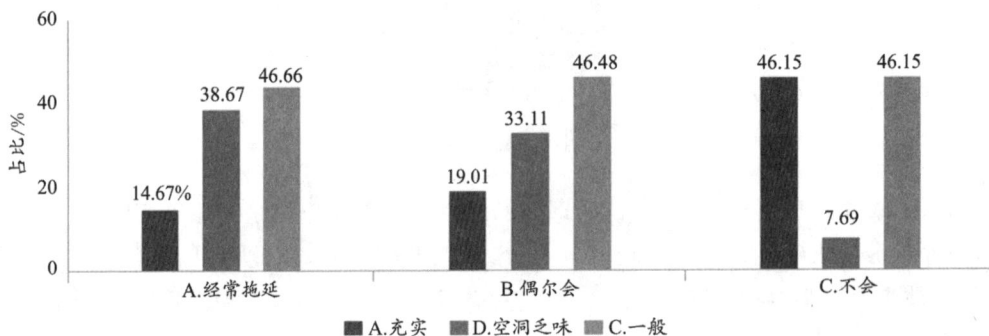

图 13　拖延与课余生活是否充实的关系

四、建议

根据以上的调查分析我们发现,大学生的课余生活质量并不高,大部分大学生认为自己的课余生活安排不科学。对此我们提出以下建议。

(1)大学生对课余生活并没有很好的计划,而计划对课余生活的质量有很大的影响。因此,大学生自身应注意做好课余生活的计划,并按照计划严格执行。学校和老师也应该引导大学生做好自己的计划,让大学生的大学生活更加充实,提高大学生活质量。

(2)不同年级的大学生的课余生活安排是不同的。高年级的课余时间较多,利用这些时间多参加实践活动提高自己的能力,对以后的发展将大有裨益。课时数对课余生活也有一定的影响。经调查得知,课时数在 15～17 节的大学生,课余生活质量较高,因此,学院及教务处可合理安排课程,让大学生的课余生活质量更高。

（3）从大学生的理想课余生活中可以看出,大学生更加倾向于拓展实践。因此,学校可以尽可能多地提供拓展实践的机会,让大学生去接触社会,去实践,积累一定的社会和工作经验,使大学生在毕业后更加具有竞争力,更好地将知识转化为生产力。

（4）大学生自身要加强自制力,尽量避免拖延。控制好玩游戏和玩手机的时间,不能沉迷于游戏和手机世界。调整好课余生活安排,走出宿舍,多参与实践活动,多运动。在努力学习的同时,保证自己有一个强健的体魄。

（指导教师:赵艳丽）

大学生对基础学科校园竞赛的参与意愿调研

——以青岛科技大学四方校区为例

能材 151　崔龙飞(组长)　王　佳　王加瑞　王超超　林　刚　乔新洁

摘　要:本调研报告以本小组所在的青岛科技大学四方校区为调研地点,采用问卷调研法为主要调研方法进行调研。问卷包括绝大多数的网络调查问卷和一部分纸质调查问卷。为了使调研更具真实性,本小组在各学院各年级都投放了问卷并收集填写结果,保证了数据的真实性和实用性。本小组共收集了 600 多份网络调查问卷和 60 份纸质调查问卷。对结果进行综合的数据处理,得出参加竞赛收获很多的同学比较多,认为参加比赛重在参与的同学比较多,等结论,对调研结果本小组得出了自己的看法以及对相关竞赛的主办单位提出建议。通过小组人员的共同努力,本次调研达到了预期效果。

关键词:基础学科;竞赛;参与意愿

一、选题立论分析

当今时代,社会需要的是具有创新精神和实践能力、在德智体美等方面全面发展的高素质人才。这意味着新世纪高校培养人才的核心内容是重实践、重创新、重能力。随着高等教育大众化、普及化时代的到来,高校规模不断扩大,教育教学质量已成为社会普遍关注的焦点,也是各高校工作的中心。教育部倡导的学科竞赛,正是以促进高等学校实施素质教育,培养创新人才,促进高校教育教学改革,切实提高教学质量为目的、在教学"质量工程"全面实施的背景下推出的学科教学性的竞赛活动。《教育部财政部关于实施高等学校本科教学质量与教学改革工程的意见》(教高〔2007〕1 号)文件中明确把加强学科竞赛工作纳入"实践教学与人才培养模式改革创新"这一重要建设内容,并提出"继续开展大学生竞赛活动,重点资助在全国具有较大影响和广泛参与面的大学生竞赛活动,激发大学生的兴趣和潜能,培养大学生的团体协作意识和创新精神",明确指出了学科竞赛在学生的实践能力、创新能力、创业能力和团队精神培养中具有重要意义。

近几年,我校大学生学科竞赛活动在学校大力支持下,形成了科学、规范和系统化的竞赛体系和竞赛运行机制,建设学科竞赛指导队伍,营造校园创新文化氛围,鼓励学生积极、广泛参与学科竞赛活动,为学生创新活动搭建平台。青岛科技大学以学科竞赛为依托,促进教育教学改革,加强创新人才培养,全面提高教学和学生培养质量。正因如此,我们希望通过调研,能够了解到我校大学生的学科竞赛状况,并能够给学校相关部门提出相应的建议。

二、调研准备

时间进度:2017 年 4 月下旬—5 月上旬,完成调查问卷的展开及回收工作;5 月中旬—5 月下旬,总结调研结果。

小组分工如表 1 所示。

表 1　小组分工一览表

组员	分工
林刚	设计调查思路及调查方向
崔龙飞　乔新洁　王佳	发放及收集调查问卷
王超超　王加瑞	处理调查问卷

调研对象为青岛科技大学四方校区不同专业大学生,基础学科校园竞赛在校区中每年都会举行,无论参加过还是未参加,学生对于竞赛都有一定的了解。

现在网络通信比较发达,因此调研主要依靠网络收集问卷数据,采用少量传统纸质调查问卷,大部分利用 QQ、微信等将问卷扩散,收集数据。最后对数据进行整理分析,将数据整理成图表,直观展现调研结果,以分析目前大学生对基础学科校园竞赛的态度,并提出相应的见解。

三、调研分析

(一)调研数据来源

调查问卷的有效填写人数为 648,具体数据如下。

1. 调研结果原始数据

问题 1　您的性别是什么?

问题 1 的调查结果如表 2 所示。

表 2　问题 2 的调查结果

选项	人数/人	占比/%
男	359	55.40
女	289	44.60

问题 2　您的学院是哪一个?

问题 2 的调查结果如表 3 所示。

表3 问题2的调查结果

选项	人数/人	占比/%
高分子科学与工程学院	150	23.15
化工学院	120	18.52
材料科学与工程学院	129	19.91
化学与分子工程学院	86	13.27
环境与安全工程学院	68	10.49
海洋科学与生物工程学院	48	7.41
自动化与电子工程学院	26	4.01
继续教育学院 应用技术学院	21	3.24

问题3 您的专业属于哪一类?

问题3的调查结果如表4所示。

表4 问题3的调查结果

选项	人数/人	占比/%
文史类	23	3.55
理工类	625	96.45

问题4 您的年级是哪一个?

问题4的调查结果如表5所示。

表5 问题4的调查结果

选项	人数/人	占比/%
大一	186	28.70
大二	245	37.81
大三	141	21.76
大四	76	11.73

问题5 您参加过哪些竞赛?

问题5的调查结果如表6所示。

表6 问题5的调查结果

选项	人数/人	占比/%
数学竞赛	367	56.64
英语竞赛	435	67.13
物理竞赛	316	48.77
数学建模	285	43.98

选项	人数/人	占比/%
挑战杯	167	25.77
国创科创	139	21.45
没有参加过	98	15.12

问题 6 您想参加哪些竞赛?(多选题)

问题 6 的调查结果如表 7 所示。

表 7 问题 6 的调查结果

选项	人数/人	占比/%
数学竞赛	362	55.86
英语竞赛	348	53.70
物理竞赛	333	51.39
数学建模	334	51.54
挑战杯	256	39.51
国创科创	237	36.57

问题 7 您参加过几次学科竞赛?

问题 7 的调查结果如表 8 所示。

表 8 问题 7 的调查结果

选项	人数/人	占比/%
0 次	96	14.81
1~3 次	315	48.61
3~5 次	130	20.06
数学建模	107	16.51

问题 8 您通过什么途径了解到各项竞赛的信息?(多选题)

问题 8 的调查结果如表 9 所示。

表 9 问题 8 的调查结果

选项	人数/人	占比/%
班委通知	474	73.15
自己浏览相关网站,如学院网站	291	44.91
活动海报通知	196	30.25
同学或朋友等人告知	267	41.20
竞赛的外场宣传	114	17.59
其他	53	8.18

问题 9　您参加竞赛的原因？（多选题）

问题 9 的调查结果如表 10 所示。

表 10　问题 9 的调查结果

选项	人数/人	占比/%
对竞赛主题,内容感兴趣	364	56.17
挑战自我,提高能力	357	55.09
迫于评奖、就业等压力去参加	210	32.41
随波逐流,自己跟随其他人的步伐	117	18.06
其他	54	8.33

问题 10　您不参加竞赛的原因有哪些？（多选题）

问题 10 的调查结果如表 11 所示。

表 11　问题 10 的调查结果

选项	人数/人	占比/%
对竞赛内容不感兴趣	280	43.21
竞赛主题范围小,与自己所学专业相关度低	288	44.44
不自信,害怕与他人竞争	164	25.31
专业课压力大,没有时间和精力参加	182	28.09
大学生没有了初高中沉重的学业压力,更应该享受生活,看剧、玩游戏、外出旅游等	62	23.77
其他	62	9.57

问题 11　您怎样看待参赛与拿奖？

问题 11 的调查结果如表 12 所示。

表 12　问题 11 的调查结果

选项	人数/人	占比/%
重在参与,尝试与体验最重要	348	53.7
没有把握拿到奖项就不参加	288	31.48
没有想法	96	14.81

问题 12　进入大学越久，您参加竞赛的积极性会怎样？

问题 12 的调查结果如表 12 所示。

表 13　问题 12 的调查结果

选项	人数/人	占比/%
越高	137	21.14
越低	142	21.91
没有多少变化，一直很高	268	41.36
积极性一直不高	101	15.59

问题 13　您更倾向于参加哪类竞赛？

问题 13 的调查结果如表 14 所示。

表 14　问题 13 的调查结果

选项	人数/人	占比/%
理论型竞赛，如论文比赛	120	18.52
实践型竞赛，如科技发明制作赛	210	32.41
既有理论，又有实践的竞赛	235	36.27
无所谓	83	12.81

问题 14　您喜欢以个人形式还是团体形式参加竞赛？

问题 14 的调查结果如表 15 所示。

表 15　问题 14 的调查结果

选项	人数/人	占比/%
个人	122	18.83
团体	314	48.46
无所谓	212	32.72

问题 15　如果您本来不想参加一项竞赛，但室友或者同学鼓动您一同去参加，这时您会怎么做？

问题 15 的调查结果如表 16 所示。

表 16　问题 15 的调查结果

选项	人数/人	占比/%
有人陪同，参加	236	36.42
不参加	174	26.85
视情况而定	238	36.73

问题 16　竞赛常采用导师制。您觉得在比赛中导师对自己帮助大吗？

问题 16 的调查结果如表 17 所示。

表17　问题16的调查结果

选项	人数/人	占比/%
很大	162	25
主要靠自己,老师给一些小建议	275	42.44
几乎没有,老师只是简单挂名	89	13.73
视不同老师而定	122	18.83

问题17　大部分学校评奖学金、评优等会与竞赛获奖情况挂钩。对此,您的看法是什么?

问题17的调查结果如表18所示。

表18　问题17的调查结果

选项	人数/人	占比/%
赞同,为了学生发展,也体现公平原则	432	66.67
内心不情愿,但被迫尽量多参加比赛	125	19.29
不赞成,功利性太强	91	14.04

问题18　如果您已经报名参加了竞赛项目,您会如何对待?

问题18的调查结果如表19所示。

表19　问题18的调查结果

选项	人数/人	占比/%
认真准备,做到最好	248	38.27
腾出空余时间做准备	125	19.29
偶尔做做准备	102	15.74
不做准备	27	4.17

问题19　你认为参加竞赛的主要目的是什么?（多选题）

问题19的调查结果如表20所示。

表20　问题19的调查结果

选项	人数/人	占比/%
拿到证书	384	59.26
体现自身价值,测试自己的能力	373	57.56
重在参与	248	38.27
激励自己,提高学习能力	206	31.79

问题20　您认为参加竞赛有收获吗?

问题20的调查结果如表21所示。

表 21　问题 20 的调查结果

选项	人数/人	占比/%
收获很多	236	36.42
有收获	338	52.16
没有收获	74	11.42

问题 21　您认为参加竞赛与平时学习的关系是怎样的?

问题 21 的调查结果如表 22 所示。

表 22　问题 21 的调查结果

选项	人数/人	占比/%
促进学习	447	68.98
耽误学习	86	13.27
没有影响	115	17.75

(二)调研数据分析

1. 调研人群分析

从男女比例图(图 1)可以明显看出,参与调研的同学男女比例近似为 1∶1,男生稍多。这与青岛科技大学四方校区男生略多的情况相符合。

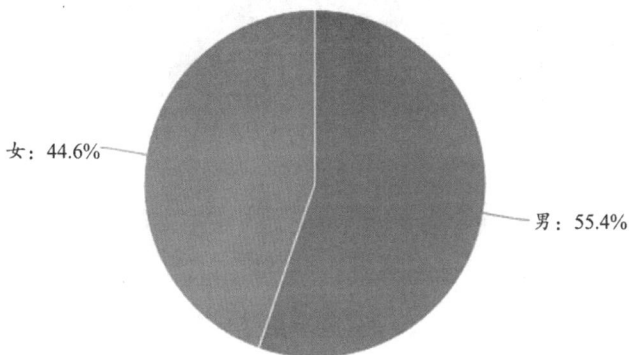

女:44.6%　　男:55.4%

图 1　男女比例

参与调研的同学所在学院比例图(图 2)显示,高分子科学与工程学院、化工学院、材料科学与工程学院、化学与分子工程学院 4 个学院占所有参与调研同学的 3/4 左右,高分子科学与工程学院和化工学院为四方校区的大院,人数基数比较大,所以参与调研的人数占据 40％以上在情理之中。材料科学与工程学院人数不多,但是参与调研的人数占近 1/5。这个数据的出现原因在于前期问卷的填写工作,本小组人员全部为材料科学与工程学院能材专业的同学,所以前期问卷的扩散集中在周围同学。中期结果的讨论中我们也注意到了该问题,并对调研方法进行调整。从整体上看,并不影响数据的科学性和准确性。整体上各个学院参与调研的同学人数与所在学院的总人数呈现正相关关系,自动化与电子工程学院和继续教育学院在四方校区的人数较少,其参与调研的人数比例也不高,同样合乎情理。

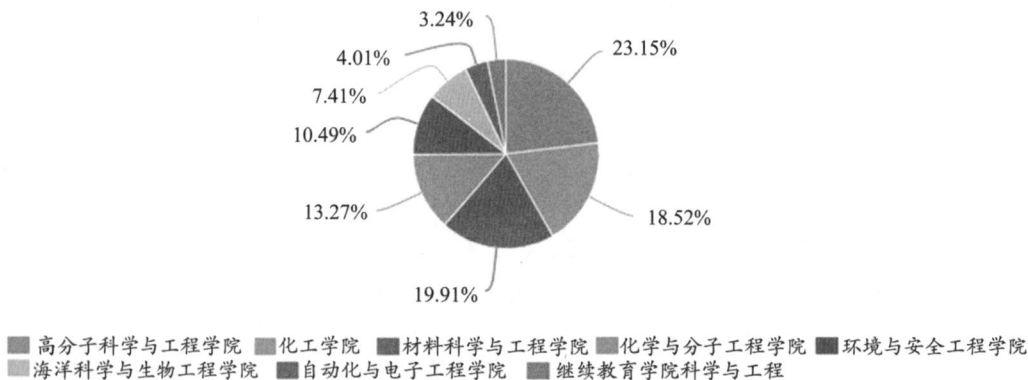

图 2　各学院比例图

在年级的比例图(图 3)中可以看出大一、大二同学的人数较多,大三同学次之,大四同学最少。但是最少的大四同学的问卷数也近 100 份,问卷数足够反应大四同学对竞赛的参与意愿和态度。大一、大二同学的问卷最多,这也是本小组想要的结果。因为大一、大二同学还不着急面临考研的问题,还有时间来参加一些竞赛,他们的问卷数据更有使用价值,针对问题提出的建议更有意义。

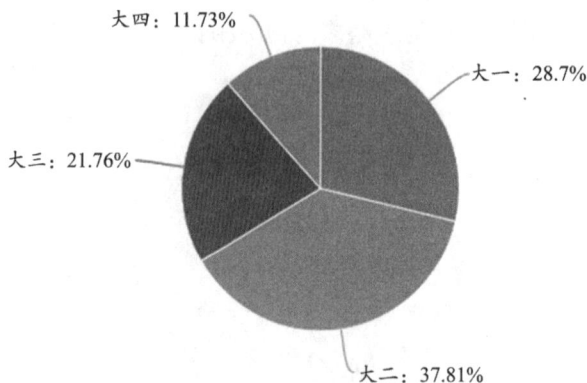

图 3　年级比例图

2. 竞赛参与度及参与意愿分析

在所有参加过的竞赛中,英语竞赛、数学竞赛、物理竞赛、数学建模比例相当,并在同学们想要参加的比赛中,这 4 个比赛依然高于挑战杯和国创、科创。通过本小组的了解,英语竞赛每年在报名之前,各英语老师都会通知课代表,然后通知到学生;数学竞赛和物理竞赛作为两大竞赛,在比赛前都会在校区有培训。本小组认为,这些是同学们参加度比较高的重要原因之一。对于数学建模,青岛科技大学在数学建模方面的成绩是科大学生值得骄傲的地方。每年的 3—4 月,都会有一个建模宣传讲座。往年的好成绩自然是吸引同学们参加建模的重要原因。我们通过对同学的访问也了解到,平常的学习生活中,学长、学姐也会起到鼓励和推动作用。虽然数学建模会占用同学们大部分的暑假时间和小部分期末复习时间,但是参与程依然很高。

对于挑战杯和国创科创,参与度比较低。我们小组经过讨论得出以下 3 点原因。第一,挑战杯、国创、科创的宣传力度不如其他竞赛:挑战杯分"大挑"和"小挑",每年轮流举办,挑战杯的通知一般只是各学院辅导员发一个校网的链接,国创和科创也是如此。

所以不经常关注校网和通知的同学就容易接收不到信息。第二,挑战杯、国创、科创的要求比较高。挑战杯一般都是学院老师和研究生进行带队参加,参赛的本科生并不是太多;而且挑战杯会进行预先选拔,每个学院推选的参赛组数不多,代表学校去参加比赛的队伍也不超过 10 组,竞争很激烈。国创、科创的参加首先得有课题,和挑战杯一样也要选拔。第三,挑战杯、国创、科创花费的时间比其他比赛更多。英语竞赛、数学竞赛等比赛只要自己有能力,完全可以抽出时间稍作准备就可以去参加,而挑战杯和国创科创的参加要有课题和研究成果,这些材料的准备不是短时间内可以完成的。

关于竞赛参与度与参与意愿,我们小组认为数据显示的结果与实际情况相符合。身边的大部分同学对竞赛的参与情况也正是如此。

四、意见与建议

(一)增加竞赛通知和竞赛培训的力度,使学生了解竞赛并有信心参加竞赛

通过对竞赛参与度与参与意愿数据的分析,本小组得出结论:竞赛的宣传力度越大、取得的成绩越优异、同学们的参与意愿越高。这就像是一种传承,学长学姐取得了好的成绩,自然会给学弟学妹分享经验。

为此,建议各学院的辅导员要确保比赛的通知下发到学生,并且安排班干部在班里强调比赛事宜。从我们的调研结果得知,同学们从班委通知这个途径了解竞赛信息约占所有途径的 73.15%。这样就使得每个学生都能及时收到比赛通知。即使是挑战杯、国创、科创这些难度较大的比赛,学生也有联系老师、准备参赛作品的时间。除此之外,相关学院应该安排老师对参赛的同学进行培训,如数学竞赛和物理竞赛的培训就做到了这一点,并取得了优良的效果,提高了竞赛的参与度以及获奖率。

(二)对挑战杯、科创国创类的比赛,给同学讲解并培养学生信心

挑战杯、国创、科创这类比赛,同学们不参加还有一个重要原因,就是大多数同学都认为这类竞赛较难,对其比赛形式不是很了解。从我们问卷的结果可以看出,同学们对既有理论又有实践的比赛、团体赛还是有很大的意愿去参加,如图 4、图 5 所示。这刚好与挑战杯、科创、国创的比赛性质相符合。除此之外,同学们对待获奖的态度,重在参与占 53.70%。因此只要让同学们了解参赛方式和途径,改变畏难想法,这种既有理论又有实践的比赛还是有较大的意愿提升空间。

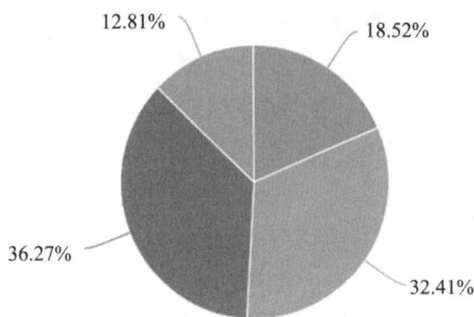

12.81%　　　　　18.52%

36.27%　　　　　32.41%

■理论型竞赛，如论文比赛　■实践型竞赛，如科技发明制作赛　■既有理论，又有实践的竞赛　■无所谓

图 4　有意愿参加竞赛类型比例

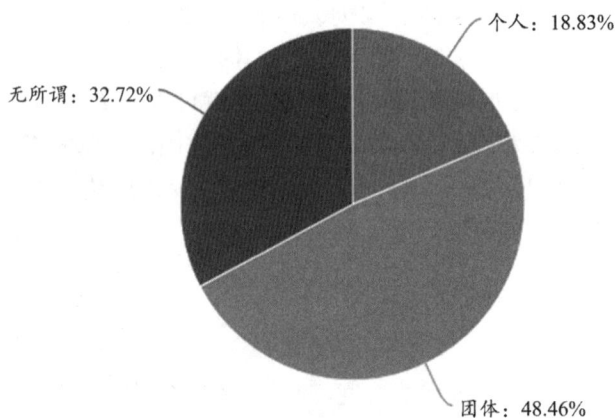

个人：18.83%

无所谓：32.72%

团体：48.46%

图 5　有意愿参加竞赛形式比例

(三)端正学生参赛目的,适当增加奖励提高参赛积极性

经过对本小组调研结果的分析,我们还发现了一些不好的现象,如参加比赛就是随波逐流或是有于评奖、就业的压力。调研结果表明,拿到证书占参赛目的 59.26%,如图 6 所示。这样做过于功利,但是考虑到竞赛获奖与评奖评优挂钩也是现实情况,并且大多数同学也赞同这一措施,适当增加奖励、提高参赛的积极性是可行的。

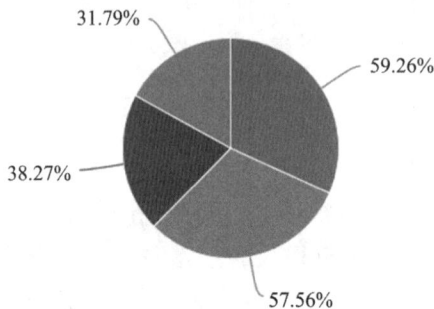

31.79%　　　　　59.26%

38.27%

57.56%

■拿到证书　■体现自身价值,测试自己能力　　■重在参与　■激励自己,提高学习能力

图 6　参赛目的比例

提高同学们的参赛积极性,不仅对学生个人能力的提升有促进作用,对学习也有促进作用,学生也会在竞赛过程中有所收获。调研结果也是如此,如图7、图8所示。

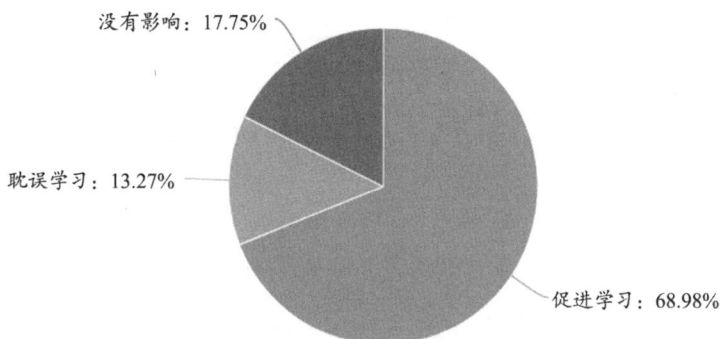

图 7 对竞赛与学习的关系看法比例

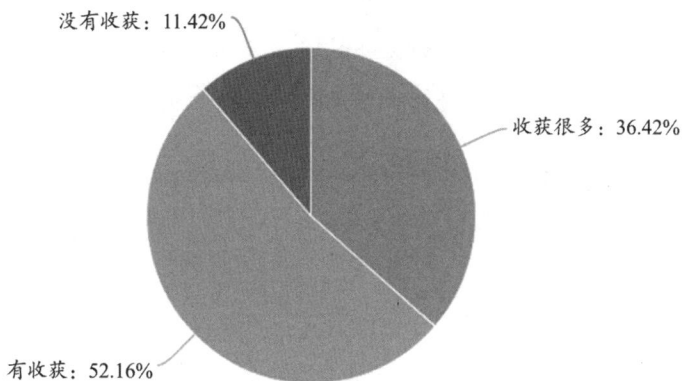

图 8 参加竞赛收获与否比例

(四)按照同学们的兴趣举办一些与专业相关的学科竞赛

调研结果表明,同学们参加竞赛的主要原因就是对竞赛内容感兴趣,以及挑战自我、提升能力,建议各学院可以按照同学们的意愿多举办一些与专业相关的学科竞赛,增强学生对基础学科校园竞赛的参与意愿,带来好的影响。

(指导教师:王慧、范晓婧)

校园社团管理模式调研报告

药物制剂 152　李梦圆(组长)　杨　慧　吴　倩　崔钲伟　苑加加
范　露　郭宗鑫　吐送汗·克热木

摘　要:校园社团作为高校第二课堂的引领者和校园文化的重要载体,其管理模式一直备受关注。本次调研通过问卷调查在校生,以及线上、线下对社团负责人进行访谈的形式,对社团管理模式及学生心中的优秀社团进行调查,分析社团管理现状、相对优秀的社团管理制度和学生心中优秀社团的一般特征,供各社团借鉴,以使其获得更好的发展。

关键词:社团;管理制度;优秀社团

一、选题分析

(一)立论依据

校园社团是校园文化建设的重要载体,是中国高校第二课堂的引领者。学生社团组织和活动的目的是活跃学校的学习氛围,提高学生的自主管理能力,丰富学生的课余生活。对于校园社团管理模式的调查能使社团的负责人互相借鉴管理经验,从而更高效地管理社团,将社团越办越好。

学生社团不只是象牙塔深处的一个亮点,还要担当的象牙塔内外各行各业、各组织沟通交流的使者。每个校园社团都会进行纳新,都需要大量的宣传和自我展示,吸引新生加入,对社团管理模式的调查有助于学生更好地了解社团,对社团来说也是一个很好的推广机会。

(二)调研目的

首先通过调查青岛科技大学四方校区校级社团的经营管理模式,将各个社团的管理模式横向对比,提炼社团管理亮点并加以展示。其次,通过对在校生关于优秀社团含义的调查,客观总结出大学生心目中的优秀社团供大家借鉴,促使社团得到更好的发展,以营造更多更优秀的社团。

二、调研准备

(一)调研时间

2017年4月20日—5月31日,通过问卷星发放针对普通社员的调查问卷,以及进行社团负责人的访谈及社团负责人的问卷调查。

5月31日—6月12日,小组成员针对结果进行讨论,撰写调研报告并提交给老师。

(二)调研地点

青岛科技大学四方校区。

(三)调研对象

青岛科技大学四方校区社团负责人、青岛科技大学四方校区其他在校生。

(四)调查方案

针对青岛科技大学四方校区社团负责人,进行访谈调查;针对青岛科技大学四方校区其他在校生进行问卷调查。

三、调研分析

(一)对于校级社团负责人的访谈

我们小组将社团按照公益志愿类、学术理论类、体育武术类、兴趣爱好类依次对负责人的访谈内容进行整理与分析。现随机抽取表1对公益类社团的访谈内容,每类社团中的四个社团做内容展示,如表1～表4所示。

表1　对公益类社团的访谈内容

问题	回答			
	爱心社	红十字学生分会	新希望公益协会	青年志愿者协会
社团设立了什么部门,有哪些管理制度?	4个职能部门:秘书处、外联部、网宣部、综合服务部。 5个活动小组:敬老组、手语组、义教组助残组、助盲组。	部门秘书部、网宣部、组织部、培训部、手语部。	部门秘书处、宣传部、外联部、支教组。	4个职能部门:秘书处、网宣部、手语部、综合事务部。 五个活动小组:义工队、绿环队、助残队、敬老队、大学生安全小队。

（续表）

问题	回答			
	爱心社	红十字学生分会	新希望公益协会	青年志愿者协会
作为负责人，你觉得协会是怎么留住社员的？	未说明。	大家一起努力坚持做一件事情，志同道合，自然就留下了。	靠大家支教的心。	靠内在的感情联系及外在的志愿服务责任的延续。
社团固定的活动有哪些？参加的情况如何？	活动有：趣味运动会、爱心拍卖会、爱心家教、敬老支教，以"奉献爱心，科大温馨"为主题的宣传实践活动。参与情况还可以	活动有："市北区第三节防控肺结核月闭幕式晚会"、活动有"青岛市大学生肺结核病防治知识现场竞赛"、疾病预控、救护培训、献血车进校园、青年同伴教育。参与情况很好。	爱心徒步、爱心包裹、帮扶一对一在线新希望、暑期支教。报名支教的人很多，选拔很激烈，支教情况也很好。	活动有协会见面会、协会生日晚会、大四欢送会等。
社团新的活动是怎么得来的和开展的？	未说明。	未说明。	未说明。	通过与外界各组织沟通交流，得到最新公益志愿活动的发起时间。具体活动细节由理事会讨论得出。活动开展由全协会或一个小队人员进行。
作为负责人，觉得社团有哪些优点和不足的地方？	未说明。	未说明。	未说明。	不足：没有实现社团专一化。
作为负责人，你觉得什么样的社团才是优秀社团？	认真负责做好公益活动，带给大家好的影响和向上的生活态度。	优秀社团要有影响力和精品活动，可圈可点，有特色，有荣誉。	有明确的组织架构，专心做好一件事。	行动人员有保障，影响力大，社员认可，组织架构清晰，管理有条理。

表 2　学术类社团的访谈内容

问题	回答			
	英语爱好者协会	未来企业家协会	心音心理协会	国学读书社团
社团设立了什么部门和哪些管理制度？	部门：会长、秘书长、学习部、宣传部。 管理：各部门自己开会。	部门：会长、秘书长、分管主席、人力发展部、市场公关部、项目管理部、知识管理部、文化咨询团队。 管理：总体会议和项目制（大家共同负责一个项目，互相之间会有交流沟通）。	部门：秘书部、策划部、宣传部、传媒部、实践部。 培训部管理：会长统筹，秘书长协调安排，副会长监督，细化分工。	会长管理，秘书长协助，部长们分管各自的部门。 活动由会长及各个副会长、主席分管各自的部门，常务部的成员主要是各主席，书法部与学术部是其下辖的部门。
作为负责人，你觉得协会是怎么留住社员的？	兴趣、社员之间的感情。	兴趣、让部员有存在感、成就感。	平时多给学弟学妹提供建议帮助，用部长的魅力带动部门运转，后期多多鼓励承担责任，让有意向的多多出头，办活动的时候注重内部之间的交流，多给他们安排需要合作的工作。	多与会员进行交流，带着会员一起办活动，在活动中磨合感情，并且在纳新初期举行一些内部活动以增进各个成员之间的感情。
社团固定的活动有哪些？参加的情况如何？	活动：家庭旅馆、聚餐、万圣节舞会、英语风采大赛、早读、英语角。	活动：回答出去玩、创业课程、创业辅导、创意比赛。 原因：由于社团本身就是对外沟通类社团，主要想获得社会上的经验和收益。	活动：心理剧比赛、手语操比赛、心理知识手抄报比赛、朋辈辅导竞赛、广场心理咨询。 参与情况：通过学院发通知参加，有一定的强制性。	活动：灯谜大赛、书法比赛、国学达人挑战赛、飞花令。

（续表）

问题	回答			
	英语爱好者协会	未来企业家协会	心音心理协会	国学读书社团
社团新的活动是怎么得来的和开展的？	比如，今年英语电影节、靠集思广益。	有开展公益类活动的，（加强与各社团，学校，团委的联系合作），但本身社团性质决定了它的小众性，并不是所有人都能参与其中。	策划部从新生中征集。	主要是各届主席团成员自己出谋划策想出来的，然后提交给主席团审核。审核通过进行社团内部的交流。通过之后就会举办。
作为负责人，觉得社团有哪些优点和不足的地方？	优点：社团内部感情好，能有效促进社员的英语发展。不足：学术类社团缺乏趣味，活动的参与度低。	优点：社员都能有存在感，大家感情比较好。不足：校内活动太少。	不足：内部人员之间的关系建设不够好，人员管理上还有疏漏，没有利用好所有资源。	社团有比较浓厚的文化底蕴，但是有些文化知识方面还是比较缺乏，希望能够逐渐弥补。
除自己负责的社团外，觉得哪个社团开展得比较好？为什么？	音乐爱好者协会。兴趣类社团，比较有人气，举办的活动大家很有兴趣且参与度高。	公益类社团。能有固定的社会活动、活动成本、社会资源，并且学校支持比较多。	未说明	雅韵华音。他们社团举报的活动很有吸引力，而且各个社团成员之间相处很融洽。
作为负责人，你觉得什么样的社团才是优秀社团？	真正意义上的为全校服务，所举办的活动能够有实质性意义	能实现最初建立的目的和社团的发展，不能一成不变，要能留住人。社团要有自己的理念，有发展方向，要有实质性的内容。	内部和谐，对外团结，会员大胆提意见，部长注重创新。	社团内部成员相处融洽，有一个或几个比较出彩的活动，在学生之间有较高的知名度。

表3 体育类社团访谈内容

问题	回答			
	滑板社	梅花桩武术协会	弈剑阁陈氏太极拳协会	传奇单车社团
社团设立了什么部门和哪些管理制度?	没有设置部门,也并没有去刻意管理,想出来玩就玩。	部门:秘书部、组织部、宣传部。管理制度:奖罚制度。	没有部门,只有会长、秘书长和其他3个负责人。关于管理一般是负责人和会长秘书长商量,再问其他大二的成员,最后会长决定。整个大二的都有责任,以会长秘书长为核心。	部门:宣传部、外联部、后勤部、财务部、秘书处、策划部。管理:社团内部定期召开管理层会议,参加社团联协会负责人例会,以及与其他高校单车社团交流,使协会稳定协调发展。
作为负责人,你觉得协会是怎么留住社员的?	会举行一次滑板比赛。用一些比赛奖品来留住社员吧,但是主要还是看个人兴趣,有的人觉得待不下去,要放弃也留不住。	第一,让他们每天有所收获。第二,让他们在协会有存在感。第三,每天在一块流血流汗是有感情的等;最重要的是协会要有内涵、有文化。	人员充沛,甚至对大一的还会剔除,协会也不强求人员数量。	未说明
社团固定的活动有哪些?参加的情况如何?	晚上出来玩滑板。一般会有五六个人没事出来一起玩玩。	每天都有训练计划。上学期有青岛高校演武大会和协会生日,下学期有城阳表演、曲阜师范大学交流活动和每周天青岛各高校八大峡集训。参加情况:各种活动不一样,但只要大家没事都会参加。	活动:放假一块出去玩、冬至包饺子、文化交流赛、毕业季欢送大四学长学姐、每周周末早晨跟老师学拳、老师不定期举行讲座,内容一般与中华传统文化和太极拳有关。参与情况:比较理想。	固定活动:十一假期举行环山东半岛骑行,寒假时举行环海南岛骑行,地球日期间,举办三校联合公益骑行活动,每周基本都会有骑游青岛周边景点的活动。活动参与度还可以。

（续表）

问题	回答			
	滑板社	梅花桩武术协会	弈剑阁陈氏太极拳协会	传奇单车社团
社团新的活动是怎么得来的和开展的？	新活动就会联合其他极限运动爱好者，或者联合其他学校滑板社团共同举办。	基本每周都有新活动举行。只要有人提出来且大家商量可行，就会去做。	经常有新活动。大活动主要是老师、师兄们主动联系协会负责人，负责人再安排。小活动，比如爬山、沙滩摔跤之类的，协会负责人一起商量。	社团管理层对协会成员骑行意向进行整合，管理层内部商讨，制定出切实可行的活动方案。协会的固定活动都会在活动开展前两周指定具体负责人撰写相应策划，再由管理层审核，通过后才会向成员征集活动报名意向。
作为负责人，觉得社团有哪些优点和不足的地方？	不足：场地小，运动冷门，难度高，而且社团里道具也有限，氛围不高涨。	优点：执行力强、资源丰富且有一群负责任、吃苦勤奋默默付出的人。不足：在学校的影响力不行、占用大家时间有点多。	感觉没有什么优点和不足。	优点：会员流失问题基本不存在，社团发展比较稳定，会员间感情融洽。不足：活动主要在校外开展，在校内的宣传力度及影响力相对较弱。
除自己负责的社团外，觉得哪些社团的活动开展得比较好？为什么？	我觉得音乐爱好者协会办得很好。我以前在音乐爱好者协会，大家氛围很好，社团门槛也比较低。	我接触的社团也不多，武术类的弈剑阁陈氏太极拳协会也不错，内部不太清楚，看他们现在的训练情况和人数比以前都好了好多。	对其他社团不太了解。	跨越地平线登山社。活动参与零要求，社团发展势头较好，活动开展顺利，在校内关注度较高。

问题	回答			
	爱心社	红十字学生分会	新希望公益协会	青年志愿者协会
作为负责人，你觉得什么样的社团才是优秀社团？	社团就是让学生发展兴趣的，能够让学生按自己的想法发展兴趣的社团就是好社团。不在于社团有多少人，管理多么优秀，最重要的是开心。	只要自己社团内部的人感觉有意思、有价值、有收获的社团就不错。	活动丰富，能在社团学到东西，对自己大学及以后生活有用，协会内部关系亲密、团结，能凝聚力强。	社团内部和谐融洽，切实从会员角度考虑问题，能让会员有社团责任感与社团荣誉感。社团拥有自己独立的宣传体系、档案建设体系，在外部具有良好的口碑，与部分其他社团有密切交流合作。

表4　对兴趣爱好类社团的访谈内容

问题	回答			
	百态自然	Air Freezing 街舞社	L 推理社	魔方协会
社团设立了什么部门和哪些管理制度？	部门：秘书处、后勤部、外联部、网建部、宣传部、策划部。	主席团包括：会长、秘书长、各舞团团长。	部门：秘书处、宣传部、谜题组、网建部。	部门：秘书部、外联部、技术部、宣传部、网建部。
作为负责人，你觉得协会是怎么留住社员的？	通过各个部门的协调工作，可以调动每个社员的积极性，以此来留住社员。	通过亲自带社员训练，不定期相约练舞，搞好与社员的关系，让社员体会到训练的意义，并看到自身进步。	未说明。	兴趣。
社团固定的活动有哪些？参加的情况如何？	活动：聚餐，爬崂山，去家庭旅馆，去海边露营，参观动植物园、中国科学院海洋标本馆、青岛市博物馆。	定期训练，定期舞蹈考核，针对不同情况社员进行不同专业指导。舞林大会周年庆。	每周固定例会时安排游戏等环节、推理图书展、三国杀大赛、狼人杀比赛、假期线上活动、校园寻宝。	活动：三阶魔方教学、三阶魔方竞速、异型魔方复原、趣味魔方、聚餐。

（续表）

问题	回答			
	百态自然	Air Freezing 街舞社	L 推理社	魔方协会
社团新的活动是怎么得来的和开展的？	开会，大家商量社员的建议。	主要负责人的决策及社员的新奇想法，根据活动的影响力度决定开展方式。	社员有想法后提出，大家商讨可行后，社长进行前期活动策划及活动的宣传工作，然后向学校申请后举办活动。	大家讨论，或者跟崂山魔协和青大魔协讨论，互相交流。
作为负责人，觉得社团有哪些优点和不足的地方？	优点：有一个系统的运行制度，提高了工作效率。不足：因为这种职务上的关系，使社员之间的友谊淡化了。	优点：可以增强对自身兴趣的热爱，锻炼身体，并且有较好发展。不足：由于舞种的特殊性，社员缺乏耐心，无法长期坚持。	不足：社内人员的积极性不高。	优点：可以一起竞速，可以扩大魔方的宣传，可以寻找更多的魔友。不足：新社团没有经验，活动需要自己摸索。
除自己社团外哪个社团开展比较好？为什么？	剧社。很用心去做且在学校有一定的影响力。	沸蓝动漫社。有强大的后台支持且人员众多。	未说明。	兴趣类社团。
作为负责人，你觉得什么样的社团才是优秀社团？	能够留住有共同爱好的人。一起做喜欢的事且将兴趣宣传给大家。	能够给在校大学生学习之外对兴趣的一个拓展机会，让学生们得到充分的培养兴趣的机会，并且让更多人结交志同道合的朋友，拓展人际关系。	社内成员团结向上，办出优质的大活动。	积极向上。

（二）对各校级社团负责人的访谈进行分析及客观总结

1. 公益类的社团

大部分公益类社团部门设立清楚，职能明确，各司其职，协作开展活动。举办活动有质有量，参与情况良好，特别是青年志愿者协会。当代大学生做公益的热心只增不减，当然更重要的还是社团负责人对协会有一定的正规的管理制度和凝聚社员的能力。但是即使再优秀的社团也总有做得不足的地方。比如，大部分的社团活动都是传承下来的，并没有发掘新的活动,增添社团活动新内容。大部分社团对自己社团的缺点之处没有系统的认识和明确的总结说明。

优秀公益类社团的表现:活动可圈可点,有特色,有影响力,参与人数达到要求;管理认真负责,组织结构清晰,管理有条有理;社员有参与感,引导社员有一个积极向上的生活态度。

2. 学术类社团

学术类社团部门管理明确,制度很清晰,对于怎么留住社员这一问题有深刻的见解。不仅固定活动丰富有质量,而且协会人员不断通过思想的碰撞产生新的想法,并通过商讨举办一系列新的活动,参与活动情况良好。能够正确认识到自己社团的优点和不足的地方。但是,部分学术理论类社团宣传活动时力度不够大,甚至在学校内没有很多人了解。

优秀学术类社团的表现:社员相处融洽,和谐团结,参与活动的积极性高;社团有凝聚力,有知名度,有自己的理念和实质性的内容;活动出彩,有意义,有知名度。

3. 体育类社团

部分体育类社团有明确的社团部门和管理制度,但是另一部分社团只有 2~5 个的负责人,并没有明确的管理制度。体育类社团基本都是根据兴趣吸引并留住社员的,活动相对来说比较丰富,参与情况也比较理想,社团活动会有创新或者新活动的提出。像梅花桩、排球、太极拳等之类的社团都有老师的教授和提供或协助活动的举办。这是此类社团的一大优势。但是,些类社团在学校内的知名度不是很高,只是对协会内的人或者特别关注该方面的人来说比较有影响力。活动场地、活动用具、活动经费方面都是协会面临的问题。

优秀体育类社团的表现:能提高社员兴趣,让社员觉得在协会里开心,能有收获,觉得有意义;社员关系和谐融洽,身体和心理都有良好的发展;有凝聚力,有良好的口碑,与其他社团密切交流合作,有精品活动。

4. 兴趣爱好类社团

一些大的兴趣社团(人员较多)部门明确管理清晰,一般会通过一系列娱乐活动增进社员之间的感情,以增加协会的魅力,留住社员。社团活动丰富,但是影响不够广泛。一般只有社团内部的人及其舍友知道,在学校的宣传力度和影响力也不是很高。举办新活动的比较丰富,比较有创新。对于自身社团的优缺点都有一定程度的了解。对于一些小社团,没有设立相关部门,或者部门设立了却只是一个摆设,管理也只是负责人直接安排活动,并没有明确的分工。毕竟这些小社团是兴趣爱好类社团,有目标性的选择社团的社员并不多,而且能坚持下来的人也不是很多,所以协会的人员相对来说比较少。活动的创新力度也不是很够。

兴趣爱好类优秀社团的表现:社团有一定的规章制度,能留住社员,能提高社员兴趣,举办优质活动,社员关系和谐,历练自己能在社团结交到志同道合的朋友。

(二)调查问卷的回收及分析

现将部分有代表性的问题和数据整理并进行分析。

问题 1 你加入该社团的主要原因是什么？

问题 1 的调查结果如图 1 所示。

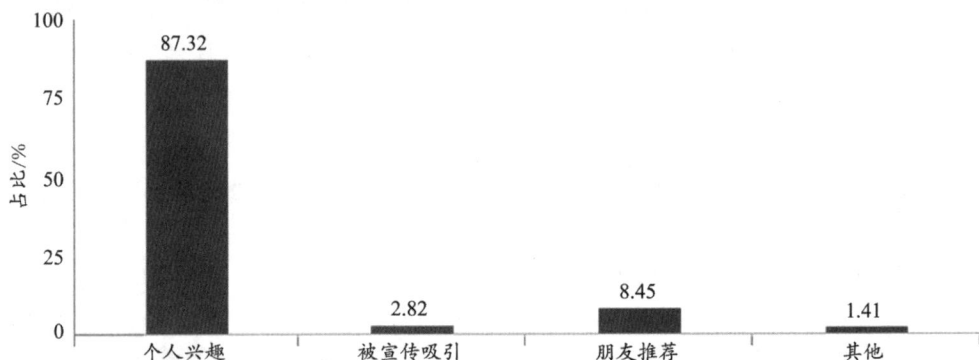

图 1 问题 1 的调查结果

问题 2 你对社团的表现是否满意？

问题 2 的调查结果如图 2 所示。

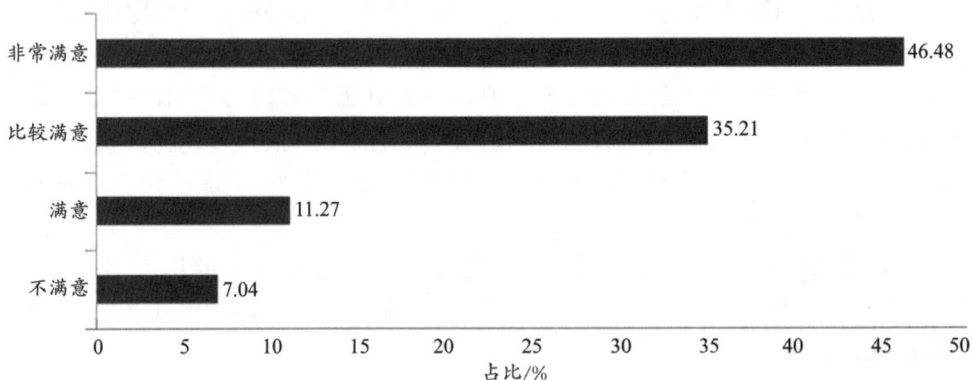

图 2 问题 2 的调查结果

问题 3 你对现在社团活动不满意的地方有哪些？

问题 3 的调查结果如图 3 所示。

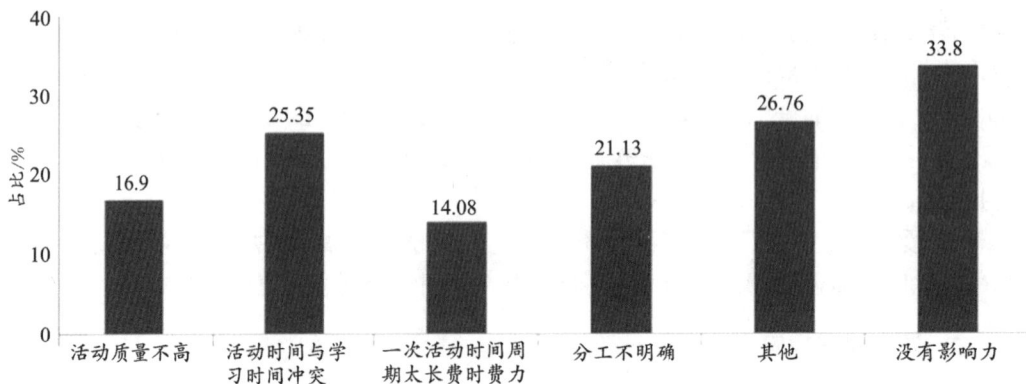

图 3 问题 3 的调查结果

问题 4　你认为社团活动不能达到预期目的主要原因是什么？

问题 4 的调查结果如图 4 所示。

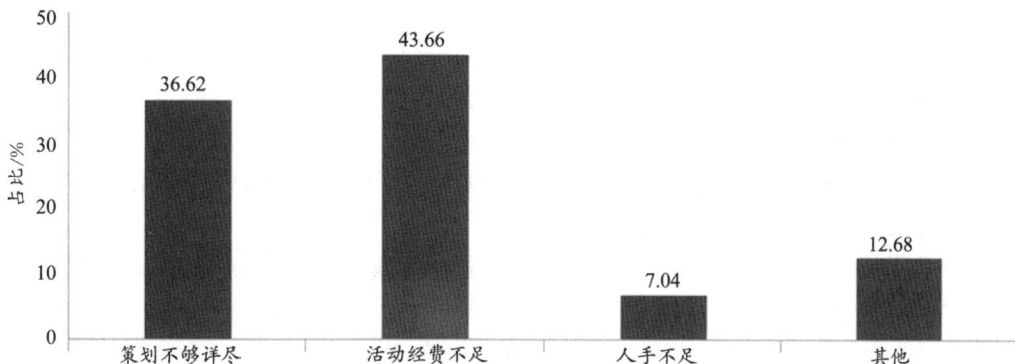

图 4　问题 4 的调查结果

问题 5　你对该社团哪些方面存在困惑？

问题 5 的调查结果如图 5 所示。

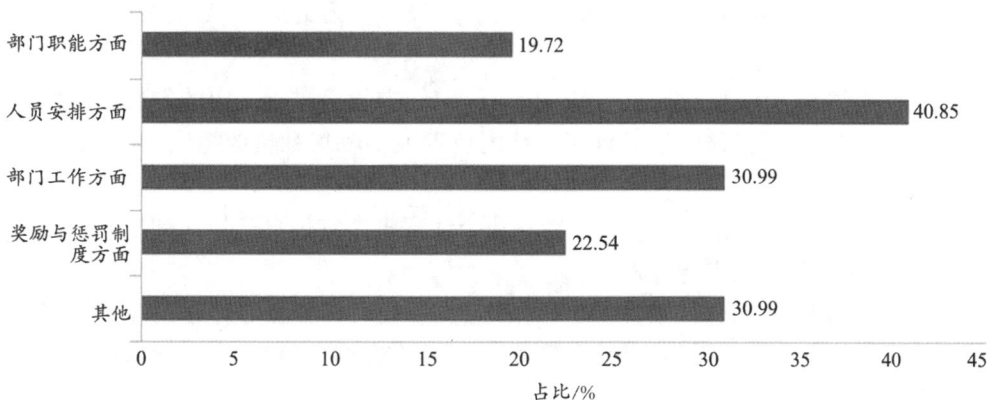

图 5　问题 5 的调查结果

从问卷调查数据处理可以看出以下几点。

(1)社员一般都是根据自身兴趣加入的社团,这对社员在社团的发展具有重要的影响。因此,大部分社员对自己所加入的社团还是比较感兴趣的。

(2)社员虽然热爱自己的社团,但对自己所在的社团还存在着一定的想法,比如活动时间与学习时间是否有所冲突,社团工是不是很明确,等等。

(3)社员普遍认为社团策划活动不周密及活动经费不足可能会拉低活动的档次,使其达不到预期的结果。另外,社员对社团部门职能安排、人员安排、部门工作及奖励与惩罚制度方面都存在着一定的看法。

四、意见与建议

(一)得出的结论

通过对校社团负责人访谈及问卷调查客观总结得出学生心中的优秀社团如下：

(1)在活动方面,要有特色,有一定影响力,参与人数达到一定要求。

(2)在管理方面,有意义社团有一定的规章制度,组织结构清晰,管理有条有理,负责人认真负责。

(3)在社员方面,让社会有参与感,能激发自己的兴趣,身体和心理都有良好的发展,参与活动的积极性高。

(4)对于社团,应能留住社员,有一定凝聚力;有知名度和良好的口碑,有社员要有实质性的内容;能拓展社员兴趣,举办优质活动;与其他社团密切交流合作。

(二)提出的建议

部分社团对自己协会的优点和缺点没有明确的认识,建议协会准备一个总结本,每次例会、活动结束之后,进行分析总结:哪里做得好,为什么做得好;哪里做得不好,为什么不好;有何改进措施。

部分社团举办的活动只是一届一届传承下来的,并没有进行一定的创新。建议社团负责人注意创新,并积极鼓励社员创新。社团负责人要收集社员的想法,通过商量如果可行就实施发展起来。

部分社团的宣传力度不够,建议社团在线上线下多多宣传自己的活动。做活动要做得有质量,这是最有力的宣传方式。

在团建活动方面,部分社团做得不是很理想,一般只有聚餐等。建议社团多多开展丰富的团建活动,比如和登山社联谊一起去登山、单车社联谊骑行等,以此增加社员之间的感情、社团的凝聚力。

通过调查发现,虽然社团在纳新时介绍过相关部门的职能,但一般来说社员还是不太了解自己社团的部门职能。建议社团在纳新时对自己社团做一个系统的介绍,并设计一个与社会职能部门相关的游戏。通过该游戏,使社员对协会有一个真正的了解。

(指导教师:王慧　范晓婧)

大学生择偶观调查报告

惠普开发 151　张　微(组长)　曹　美　陈　薛　李加会　赵　雪　邓桂凤

陈　浩　王世超　王　松

　　摘　要:随着市场经济的发展,社会文化意识也逐渐发生改变,作为社会价值文化之一的择偶观的变化更为显著。传统的道德择偶观面临极大的挑战,新的健康的择偶观正在构建当中,自由恋爱越来越趋向成为时代主题。在此背景下,为引导和帮助大学生树立正确、健康的择偶观,提供数据参考及恰当合理的建议,我们对大学生的择偶观进行调查和梳理,得到了当代大学生择偶观的成因不是单一的,而是社会、家庭、个人等多方面影响共同作用的结果的结论。这告诉我们,对大学生择偶方面的教育和引导也必须是全方位、多层次的。

　　关键词:择偶观;大学生;成因;全方位

一、调研主题

调研主题为大学生择偶观。

二、选题目的意义

　　通过对大学生择偶观相关调查数据的深入分析,在综合归纳的基础上,深入挖掘我国当代大学生在择偶观方面存在的问题。大学生作为一个接受高等教育的群体,他们的行为举止将代表一个时代的社会风尚和文明,故对大学生择偶观的研究有着极其重要的意义。

三、调研思路和方法

　　本调查主要采用网络调查问卷形式对大学生进行调查,被调查人群为青岛科技大学学生,主要围绕择偶态度、择偶时间、择偶原因、择偶倾向、择偶影响因素、择偶方式等方面展开调查。

四、调研活动的开展

　　本小组由张微、曹美、李加会、陈薛、赵雪、邓桂凤、陈浩、王松、王世超 9 名同学组成。

具体分工及进度如表 1 所示。

表 1　分工及进度表

时间	任务	负责人
2017 年 4 月 15—4 月 19	完成调查问卷制作	陈浩、王松、王世超
2017 年 4 月 20 日—5 月 10 日	调查问卷发放	全体人员
2017 年 5 月 11 日—5 月 27 日	分析择偶原因、择偶方式、择偶时间相关数据结果并书写部分文档,并进行整理和修改	张微
2017 年 5 月 11 日—5 月 17 日	分析择偶倾向相关数据结果	李加会、赵雪
2017 年 5 月 11 日—5 月 17 日	分析择偶态度相关数据结果	陈薛
2017 年 5 月 11 日—5 月 17 日	分析择偶影响因素相关数据结果	邓桂凤
2017 年 5 月 17 日—5 月 27 日	根据分析结果书写结论,并进行文档的整理和修改	曹美

五、调研结果分析

本次被调查人群采用随机抽取方式,围绕择偶原因、择偶方式、择偶倾向、择偶态度、择偶影响因素、择偶时间六大问题进行了调查。

(一)被调查者的基本情况

本次调查人群为青岛科技大学崂山校区学生,受访人数 300 人。其中,男生 111 人,占总人数的 37%;女生 189 人,占总人数的 63%。大一学生 88 人,约占总人数的 29.33%;大二学生 139 人,约占总人数的 46.33%;大三学生 40 人,约占总人数的 13.33%;大四学生 33 人,占总人数的 11%。

(二)择偶原因分析

根据被调查的 300 位学生的反馈,认为"择偶是为了选择终身伴侣,是婚姻的前奏,是以共同生活为目的"的居多,有 194 人(46%),在各年级段分布较为均衡;认为"选择对方的原因是彼此被对方的某些优点所吸引"的有 111 人(26%),占总以女生居多;同时,"随性"的人也有一定比例,有 75 人(18%);认为"不必考虑太多,跟着感觉走就行"的人群,有 37 人(9%),以女生居多;"没有长期目标,寻找男(女)朋友只是为了排解空虚和寂寞,以寻求精神寄托,没有过多考虑将来"的人群以大三和男生居多;两人认为"择偶是为了将来的事业做跳板或是看到大家都有男(女)朋友,觉得自己单身没面子",分别为大二和大四的学生。

(三)择偶方式分析

新时代的大学生择偶方式集中于自由恋爱,高达 287 人,约占总人数的 93.67%。剩余 7 人由亲戚朋友介绍,6 人通过婚介公司,5 人通过网络媒体,1 人选择其他方式,样本在各年级段及性别分布较为均衡。

对于追求方式,183 人(61%)喜欢日久生情,循序渐进,认为"感情还是需要相互了解",以女生偏多;86 人(约 28.67%)比较随意,认为"真心就好,什么追求方式不重要",男生偏多;28 人(约 9.33%)接受大胆主动的追求;3 人选择其他方式。

(四)择偶倾向分析

据问卷调查反馈,在"所能接受与择偶对象的年龄差距"问题上,119 人(约 39.67%)倾向于年龄差 1~3 岁;90 人(30%)倾向于接受年龄差 3~5 岁;还有 59 人(约 19.67%)不在意年龄差,认为只要喜欢,年龄无所谓;少数选择同岁和年龄差 5~10 岁及 10 岁以上。总体来看,大多数人倾向于年龄差在 1~5 岁之间。但男女生在该问题回答上差异较大;50% 男生倾向于年龄差 1~3 岁之间;而女生选择年龄差 1~3 岁的仅 30% 左右,还有约 33.33% 的女生选择 3~5 岁。可见,相对于男生,女生更易于接受与对象间较大的年龄差。在年级方面,大一学生 50% 倾向于年龄差在 1~3 岁之间,而大四学生在该选项上仅 30%。从大一到大四,大家对"自己配偶的年龄要求"呈现降低趋势。

本次调查结果反映,在年龄、职业、学历、财力、家庭背景等的因素面前,选择"外貌因素"的占大多数,总共 103 人(约 34.33%);有 71 人(约 23.67%)最看重的是职业因素;其他选项的则比较分散,有 47 人(约 15.67%);最看重家庭背景,有 44 人(约 14.67%)最看重的是学历,还有极少部分人最看重年龄和财力。性别差异使得该问题答案差异较大,50% 的男生最看重外貌因素,而仅有 25% 左右女生在择偶时最看重外貌。总体来说,多数人择偶时最在乎的因素是外貌,男生更甚。年级方面,大一到大三学生相对差异较小,大四学生则与其他年级学生差异较大;47% 大四学生最看重的是职业因素,而其他年级在职业因素的选择上则均占不到 25%。这与大四学生即将毕业,就业压力大有极大关系。

异地恋一直是当今热议话题,在本次调查中,"介不介意异地恋"问题上介意者多。由此可看出大学生对于异地恋的态度。各年级反映较为均衡,介意与不介意的都在 50% 左右;而性别上差异较大,女生 56% 介意异地恋,而男生仅有 45% 介意异地恋。

在"选择配偶时的考虑条件"上,265 人(约 88.33%)选择了人品,262 人(约 87.33%)选择了性格,183 人(61%)选择了外貌,137 人(约 45.66%)选择了健康,36 人(12%)选择了年龄。对外貌因素的看重,相对健康因素和年龄因素较多,对年龄因素的重视较少。在外貌因素和健康因素上,71% 的男生选择了外貌因素,36% 选择了健康因素;而女生在这两个因素的选择上相对较少,分别为 55%、11%。该调查结果表明,择偶时最受大家看重的是人品和性格以及外貌因素。男女相比较来说,男生更看重外貌、健康。

(五)择偶态度分析

根据调查反馈,215 人(约 71.67%)认为男女在婚姻中的经济地位应该同等,49 人(约 16.33%)认为男女在婚姻中的经济地位应该男高女低,16 人(约 5.33%)认为男女在婚姻中的经济地位应该女高男低,20 人(约 6.67%)对于男女在婚姻中的经济地位尚不明确。大部分人普遍认为男女在婚姻中的经济地位应该同等;认为男女在婚姻中的经济地位应该男高女低、女高男低或者其他时,四个年级比率、男女比率相差均不大。

在"择偶时是否会介意对方有婚前性行为"的问题中,40 人(约 13.33%)持反对意见,74 人(约 24.67%)表示理解但自己不会做,53 人(约 17.67%)赞同但只和自己另一半,42 人(14%)赞同表示喜欢就可以,91 人(约 30.33%)持保留意见。大一、大四学生比大二、大三学生,女生相比男生更倾向于理解但自己不会做,女生保留意见的比率相比男生偏高。

据问卷调查反馈,在择偶时选择自己更爱的还是更爱自己的问题中,207 人(69%)选择更爱自己的,93 人(31%)选择自己更爱的。大四学生在选择自己更爱的比率相比大一、大二、大三学生相对偏高一些;男生跟女生相比,男生选择自己更爱的比率较大。相对而言,更多人选择的是更爱自己的。

在选择婚姻对象时爱情与合适抉择中,141 人(47%)认为爱情很重要,没有爱情的婚姻是不幸福的;159 人(53%)认为合适很重要,合适的人能带给自己想要的安全感。在选择爱情的婚姻中,男生相对女生比率较大一些;相对于爱情,女生更倾向于合适。四个年级的人在选择婚姻对象时,选择合适的比率相对爱情稍稍偏高。

(六)择偶影响因素分析

数据表明,152 人(约 50.66%)认为"感情基础对择偶影响更大",27 人(9%)认为"物质基础对择偶影响更大",94 人(约 31.33%)认为"感情基础和物质基础对择偶影响同等重要",23 人(约 7.67%)对此并没有明确的态度。198 人(96%)在"择偶时是否参考父母意见"的问题上,认为父母意见与自己意见相结合,在此基础上择偶;4 人(约 1.33%)完全听从父母的安排;11 人(约 3.67%)完全看自己意愿;79 人(约 26.33%)以自己感觉为主。而在"父母反对与另一半结婚时你会怎么办"这一问题上,大家意见相差很大。"听从父母安排,认为亲情比爱情更重要"的有 12 人(4%),认为"幸福是自己的,会尽一切努力争取"的有 157 人(约 52.33%),98 人(32.61%)认为"可以给定一个期限,如果他仍然不能让父母满意的话,就和他分手",其他想法的有 33 人(11%)。在"自身择偶观影响因素"方面,对择偶观影响较大的有个人性格(50%)、传统观念(约 7.33%)、父母教导(11.33%)、身边人的影响(约 7.67%)、品味(约 10.33%)、生活方式(9%)、学校教育(1%)、其他(约 3.33%)。

(七)择偶时间分析

根据调查反馈,128 人(约 42.67%)选择在 28 岁之前结婚;68 人(约 22.67%)选择在 30 岁之前结婚;40 人(约 13.33%)认为没有定论,合适的就行,32 人(约 10.67%)选择在 25 岁之前结婚;18 人(6%)认为不管有没有合适的,先有一定经济基础后再结婚;10 人(约 3.33%)为不婚主义者,仅有 4 人(约 1.33%)选择在 30 岁之后结婚。大三、大四学生选择在 25 岁或 28 岁之前结婚的比率相比大一、大二学生均偏低,而选择在 30 岁之前结婚的比率偏高。

六、意见与建议

根据调查结果,在择偶方面可以分为男生视角和女生视角。

首先,男女大学生择偶观有着相同的部分。

第一,自由恋爱的潜台词是有感情基础。当代大学生大部分是"八〇后""〇〇后",随着时代的不断发展观念的不断变化,大部分大学生在择偶时不会听从父母的选择而更倾向于自己去寻找真爱。大部分同学希望通过长时间相处,日久生情。

第二,一个人的性格、品行对择偶有着极大的影响。当代大学生对金钱不再那么看重,因为在这个开放的时代,两个人打拼也可以创造属于自己的幸福生活,而且大部分人靠自己都可以实现经济独立,所以这就使得对方的品行和性格在评价一个人时占据更大的比例,比如孝敬父母、善良、诚实、脾气好等。

第三,其他因素。如地理位置因素:家长一般都不愿女儿嫁到很远,也不愿儿子娶远方的姑娘。这一方面水土不容易适应,另一方面交流沟通或许也是一件麻烦事。如家庭因素:结婚不是两个人的事而是两个家庭的事,谈恋爱亦是如此。不一样的家庭条件成长起来的孩子经济观、兴趣都有着很大的差别。

其次,从男生角度来看,大部分人在择偶时更看重女孩的外貌,更愿意追求自己喜欢的,而不是喜欢自己的。

最后是女生的观点。女生更期待安稳的生活,对男生的性格和品行更加看重,而不是外貌。她们之中更多人想要的是喜欢自己的人而不是自己喜欢的。当然,她们绝大部分要求男生有基本生活的物质基础或工作能力。

结论:当代大学生择偶观的成因不是单一的,而是社会、家庭、个人等多方面影响共同作用的结果。因此,对大学生择偶方面的教育和引导也必须是全方位、多层次的。

(指导教师:范晓婧　王慧)

大学生阅读兴趣、习惯调查

集成 151　张宏图（组长）　明　洋　徐泽辉　吴建城　贺一祖　何　碧

摘　要：古往今来，读书不仅仅是文人墨客的事情，也是普通人开阔眼界、陶冶情操的重要途径之一。一代人的读书习惯和兴趣，往往能够反映这一代人的精神追求和当时的文化潮流。本次调查旨在探明快餐式的现代社会生活下，大学生对阅读的追求有着怎样的变化。小组通过发放问卷的形式，对本校大学生的阅读习惯进行了简单的调查，并把调查的重点放在了本校大学生的阅读范围；小组对在网络上收集的 195 份问卷的深入分析和研究，得出了相关结论，并对大学生阅读兴趣与习惯作出了总结。

关键词：大学生；阅读习惯；阅读平台；阅读消费

一、选题分析

（一）调研背景

如今，出版不再是一件奢侈的事情，好的诗赋不再需要以口相传来闻听市井；世界各地的出版物可以从亚马逊下单然后快递到家门口，Kindle 将图书杂志无纸化地呈现在人们眼前，美国人通过互联网沉迷于中国的玄幻修仙小说……科技不断改变生活，随着选择的增多，我们的阅读兴趣又有什么改变呢？

（二）调研目的

本次调查旨在探明在快餐式的现代社会生活下，青年大学生对阅读的追求有着怎样的变化。本调查将以阅读的方式、种类、阅读的时间偏好等全方面解读这些变化。

二、调研准备

（一）调研时间

2017 年 4—6 月。

（二）调研流程

2017 年 4 月 20 日，将问卷发送到老师的邮箱。老师修改后，在问卷星网站发布问卷。

6月10日—20日，主要在本校调查发放问卷。

5月20日—6月10日，小组成员利用自己的人脉优势向其他大学发放问卷，重点是艺术类大学和医科大学；

6月10—20日，总结调查结果。

6月10—25日，完成调查报告。

三、调研分析

（一）信息时代下的休闲阅读

信息时代下，人们获得信息的途径愈来愈多。作为最传统的传播信息的途径——纸质书籍，其作用依然存在。但是大学生休闲阅读的途径越来越向电子书转移。而网络文学的兴起，使这种趋势更加明显。从我们小组收集到的195份网络调查问卷来看，小说等休闲书籍的阅读来源大都是电子书。这里面的缘由可想而知，信息时代下，只有没被打印的文学作品，没有在网络上找不到的称意小说。流量消费的信息社会，也许版权意识还没有得到充分重视，这也是现在网络文学急需改变的现状。

我们在调查的过程中，小组组员对几个现在比较流行的网络文学阅读平台进行了简单的评测。在这个过程中发现了一个好的现象：需要付费阅读的内容以及对作者的介绍在网络文学阅读平台上被放在了越来越重要的位置。就豆瓣阅读来说，里面的大部分原创作品都要收费。而且它还专门举办原创作品大赛，支持鼓励原创作者，并保护原创作者的版权。

（二）应试化的书籍阅读

在当下的中国教育制度下，学生阅读目的越来越应试化。在我们收集到的195份调查问卷中，对调查数据进行分析后发现，同学们花钱购买的纸质书籍有47%是考试有关的资料书籍，31%是技术指导类书籍，只有一小部分是用来买小说。

（三）新时代下图书馆的角色

图书馆在大学生阅读中扮演着什么样的角色呢？经过对调查问卷数据的分析，我们发现，现在大学生在半年的时间里平均会阅读6～15本。从图书馆所借的书，占阅读书籍总数的50%。图书馆不再是一个可以供消遣休闲的场所，而是同学们学习专业知识、提升技能的重要平台。

（四）浏览器读书的时代

通过数据分析，我们得知当下最受欢迎的网络文学阅读软件是UC浏览器。在设置选项的时候，我们在网上进行了简单的比较，在华为应用商店、小米应用商店、百度应用中心、苹果的Apple Store中提供的阅读类APP数据中，我们选取了最具有代表性的几个 APP。其中,在商店中排行最靠前的就是 UC 浏览器,紧随其后的是 QQ 浏览器、百度浏览器、书旗小说、豆瓣阅读等,仿佛进入了浏览器阅读时代。浏览器阅读的优势在哪?为什么人们更愿意在浏览器上面看书,而不是专门的 APP? 我们小组的成员根据自己的生活经验进行了讨论,总结了以下几个原因。

(1)谁有后台,谁就有资源。UC 浏览器的背后是阿里巴巴,QQ 浏览器的背后是腾讯,雄厚的资本使得他们有着更加丰富的文学资源。

(2)阅读 APP 和浏览器功能的重叠。熟悉网站的人都知道,看同步的网络小说就是最基本的网络浏览功能。功能的重叠使得企业不愿再重新开发 APP 而损失已有的用户资源。

(3)手机储存空间有限,用户不愿装一个功能单一的 APP 在手机上占用有限的手机储存空间。

总体来说,网络文学的发展过程中,也曾出现各种读书软件风行的局面。但在国家对于版权问题的重视下,许多靠盗版赚取收入的应用渐渐销声匿迹。大浪淘沙后,留下来的也仅是拥有资源、庞大的用户基础的几家。

(五)纸质书与电子书的处境

通过数据分析发现,纸质书仍然是大学生学习休闲的主要工具,而电子书的份额仅仅占到大学生读书总数的 25% 左右。这说明当今社会纸质书仍然是阅读的主流;当然我们也见证着电子书的转变。如今的电子书,在国家重视保护知识产权的现在,已经过了那个盗版横行、无视作者版权的阶段,抢占了人们休闲阅读的滩头,发展得风生水起。电子书的便捷性,也注定了它今后的良性发展。

(六)对使用平板电脑、电子阅读器看书的调查

我们小组对大学生更喜欢使用哪种设备看书做了调查,发现手机仍是同学们使用频率最高的阅读设备。这是因为手机是最普及的,也是最便捷的,现在的大学生不论贫富,几乎每人一部智能手机。而相对手机而言,IPad、Kindle 这样的阅读设备,即使在阅读方面会有很多优点,但因为普及率不高,使用的人也较少。

四、调查数据分析

问题 1　您的性别是什么?

问题 1 的调查结果如表 1 所示。

表 1　问题 1 的调查结果

选项	人数/人	占比/%
女	78	40
男	117	60

问题 2　您的专业属于哪一类？

问题 2 的调查结果如表 2 所示。

表 2　问题 2 的调查结果

选项	人数/人	占比/%
理工类	58	29.74
文史类	39	20
艺术类	29	14.87
医学类	40	20.51
体育类	31	15.90

问题 3　您这个学期(半年)在图书馆大约借了几本书？

问题 3 的调查结果如表 3 所示。

表 3　问题 3 的调查结果

选项	人数/人	占比/%
0 本	6	3.08
1～5 本	19	9.74
6～10 本	125	64.10
10～20 本	48	24.62
多于 20 本	2	1.03

问题 4　这几本书大部分是什么类的？（多选题）

问题 4 的调查结果如表 4 所示。

表 4　问题 4 的调查结果

选项	人数/人	占比/%
工具书	42	21.59
小说(非名著)	109	55.90
文学名著	117	60
专业技术	95	48.72
画册	3	1.54

问题 5　您这学期(半年)在电子设备上读过大约多少本书？

问题 5 的调查结果如表 5 所示。

表5　问题5的调查结果

选项	人数/人	占比/%
0本	25	12.82
0～5本	82	42.05
6～10本	60	30.77
多于10本	27	13.85

问题6　这几本书大部分是什么类的？（多选题）

问题6的调查结果如表6所示。

表6　问题6的调查结果

选项	人数/人	占比/%
工具书	2	1.03
小说(非名著)	153	78.46
文学名著	92	47.18
专业技术	6	3.08
画册	26	13.33

问题7　您今年在书店买过几本书？

问题7的调查结果如表7所示。

表7　问题7的调查结果

选项	人数/人	占比/%
0本	12	6.15
0～5本	132	67.69
6～10本	43	22.51
多于10本	8	4.10

问题8　这几本书大部分是什么类的？（多选题）

问题8的调查结果如表8所示。

表8　问题8的调查结果

选项	人数/人	占比/%
工具书	57	29.23
小说(非名著)	56	28.72
文学名著	33	16.92
专业技术	82	42.05
画册	2	1.03
考试资料	123	63.08

问题9 您在电子设备上买过正版的电纸书吗? 若有,您共花费多少钱?

问题9的调查结果如表9所示。

表9 问题9的调查结果

选项	人数/人	占比/%
没有	138	70.77
花费少于20元	56	28.72
花费在20~50元	1	0.51
花费多于50元	0	0

问题10 您一般在哪个平台上读电子书? (多选题)

问题10的调查结果如表10所示。

表10 问题10的调查结果

选项	人数/人	占比/%
UC浏览器	115	58.97
QQ浏览器	77	39.49
书旗小说	5	2.56
豆瓣阅读	30	15.38
百度浏览器	96	49.23
其他	2	1.03

问题11 您一般在哪种设备上看电子书?

问题11的调查结果如表11所示。

表11 问题11的调查结果

选项	人数/人	占比/%
手机	153	48.46
平板电脑	30	15.38
电纸书	9	4.62
不看电子书	3	1.54

问题12 如果您同时有Kindle、IPad、手机,您会更喜欢在哪种设备上阅读?

问题12的调查结果如表12所示。

表12 问题12的调查结果

选项	人数/人	占比/%
Kindle	22	11.28
IPad	63	32.31
手机	110	56.41

问题 13　您喜欢实体书还是电子书?

问题 13 的调查结果如表 13 所示。

表 13　问题 13 的调查结果

选项	人数/人	占比/%
实体书	132	67.69
电子书	63	32.31

问题 14　您觉得电子书有什么缺点?(多选题)

问题 14 的调查结果如表 14 所示。

表 14　问题 14 的调查结果

选项	人数/人	占比/%
对眼睛不好	63	32.31
不方便作批注	56	28.72
太虚拟化(花了钱,总觉得没买到东西)	35	17.45
盗版横行,不利于保护版权	93	47.69

问题 15　选择您支持的观点。

问题 15 的调查结果如表 15 所示。

表 15　问题 15 的调查结果

选项	人数/人	占比/%
支持正版电子书	156	80
盗版才使得知识面前人人平等	2	1.03
支持正版但自己不会花钱	32	16.41
维持现状	5	2.56

五、结论

小组成员对网络调查问卷做了深入的分析,总结了以下结论。

(1)图书馆和书店越来越成为我们应对考试和选拔才去借书、买书的地方。

(2)电子书越来越成为我们大学生休闲阅读的载体,但总体上纸质书在日常的阅读比例中仍占上风。

(3)最受欢迎的电子书阅读平台是 UC 浏览器。

(4)最受欢迎的电子书阅读设备是手机。

(5)大学生还没有完全接受要付费的电子书。

(指导教师:范晓婧　王慧)

当代社会思潮对大学生思想行为的影响调查

商英154　周　昕(组长)　周　雯　郑　荣　赵春晖　姜文萍

摘　要： 改革开放以来，伴随着信息化和全球化的进程，我国与世界的联系越来越紧密，西方各种社会思潮不断涌入。大学生作为一个思维极其活跃的群体正处于世界观、价值观形成发展的关键时期，不可避免地会受很多社会思潮的影响。社会思潮对于大学生来说，既有积极的引导作用，也有消极的影响。因此，高校大学生需要正确的引导与教育以促使建立正确的理想信念。本小组特对社会思潮在大学生群体中形成的影响展开调查，以促进大学生端正思想、全面发展。

关键词： 当代社会思潮；大学生；影响；意见

一、选题分析

(一)立论依据

当代社会思潮是指改革开放以来对社会成员的思想和行为产生影响的思想理论观点。它不是孤立的架子，有其自身哲学的、经济学的或者政治学的基础。如历史虚无主义以唯心主义的历史观来解构历史、否认和反对阶级分析的历史研究方法；新自由主义以古典经济学的自由市场、自由竞争、自由贸易原则为基础公然反对公有制、反对政府调控；民主社会主义以抽象的人道主义为哲学基础，坚持多元化的指导思想，反对无产阶级专政。从这些社会思潮的理论观点可以看出，寻找理论基础和貌似科学合理的假象是当代社会思潮入侵大学生头脑的"理性"牌坊。一些当代社会思潮所鼓吹的片面的认识观和方法论对大学生思考、选择造成了极大的谜团。

当代社会思潮具有现实观照性。一方面，它具有直观现实性，是针对社会发展中存在的部分或某些层面的不和谐状况的过度解读。如"普世价值"的兴起，很多人认为当代中国社会缺乏公平，极力颂扬西方社会的公平问题，并将其作为适用于一切社会的共同标准。另一方面，当代社会思潮必定具有一定的社会影响力。这种影响力表现为通过对受众的渗透与拉拢使其助力思潮的宣传与扩展，特别是对"精英阶层"的培植，令这些思潮更快地涌入大众视野、混入主流。

社会思潮具有与社会心理相契合的取向。这一特点主要表现在感性认识高于理性认识的境遇下,特别是网络、影视、"权威"解读等的出现,让原本理论基础不够扎实、处于理性思维发展中的大学生抱着对历史、对现实的过于感情化的理解,纵容了社会思潮的渗透。

当代社会思潮具有社会性质属性。基本上,当代社会思潮可以分为社会主义性质的、资本主义性质的、反映全球问题的和属于第三世界的 4 类。其中,最值得警惕和提防的便是资本主义性质的社会思潮,因为其本身具有社会渗透性与和平演变倾向。在当代社会思潮在对当前发展中的问题提出疑问时,很多大学生便会走上崇尚资本主义精神的道路。

当代大学生有接触当代社会思潮的可能性与必然性。大学生对当代社会思潮怀有一定的好奇心。当代社会思潮的一个重要特征就是语言与视角的新奇性。特别是当代社会思潮的现实观照性,令很多大学生在接触社会思潮的最开端便表现出了欢迎与开放的姿态。如新自由主义思潮,在"自由主义"的前面冠以"新",着实让大学生对其充满猎奇心。

大学生对社会思潮的某些观点具有一定的认同感。在管理心理学中,认同感是指群体内的每个成员对外界的一些重大事件与原则问题,通常能有共同的认识与评价。这主要是由于各成员有一个共同的目标,彼此间存在一致的利害关系。有时尽管群体认识不一定符合事物的本来面貌,但每个成员都能信以为真。认同感尤其在个人对外界事物信息不灵、情况不清、情绪不安时,会强烈地影响个人的认识。大学生对社会思潮的认同感,多数是在情况不清的情况下进行的不够理性的选择。

(二)调研目的

大学生作为思维极其活跃的群体,当代社会思潮对于大学生来说既有积极的引导作用,也有消极的影响。本调查旨在了解当代大学生群体划分,以及面对不同社会思潮时的受影响程度,以加强当代大学生对消极社会思潮的抵抗能力,并针对存在的问题,提供解决途径。

二、调研准备

(一)调研时间

2017 年 5 月。

(二)地点

青岛科技大学。

(三)对象选取

高校大学生。

（四）调查方案及具体实施

我们以网上问卷调查为主要调研方式，通过在微信朋友圈、QQ 空间等平台发布调查问卷，让广大学生网友帮忙填写。使用网络平台能得到更多的数据；而且调查范围可以不局限于本地，能散发到全国大部分地区，从而减小区域性思想造成的误差。

三、调研分析

为了客观、真实地反映当代社会思潮对大学生思想行为的影响，我们的问卷综合了大学生日常生活对当代社会思潮的接触方面以及社会方面出现的现象风气方面的问题。现在就结果对这一问题进行分析。

在关于"熟悉的思潮"问题中，我们提供了七个选项。其中，大学生最熟悉的 3 种思潮分别为拜金主义（73.13％）、个人主义（68.66％）和享乐主义（65.67％），而哲学上对社会推动作用比较大的历史虚无主义、实用主义和后现代主义分别占到了 29.50％、38.81％和 14.93％。由此可见，大学生对于社会中浮于表面的物质思潮关注要比深入根里的社会建设思潮了解得多，大学生更关注的是个人的生活。在问题"个人是否通过电视、互联网、报纸等媒介关心国家时事，切身注意在党的领导下，先进思潮的发展方向"的选项中，64.18％的受调查大学生选择了"是"的选项。由此可见，当代大学生对于党和国家在社会思潮方面的引领作用比较认可，并且选择愿意密切关注。在问及"个人认为是否存在从众心理"中，77.61％的受调查大学生表示存在。这说明当今社会中大多数的大学生容易受大众影响。这一现象的出现令人担忧。大学生是未来社会建设的主力军，倘若大学生不能独立做出自己的选择，社会将很难进步。而在问题"当不良思潮的出现会如何表现"的选项中，选择盲目跟从的仅占 7.46％。这表明大学生是选择性从众，具有一定理性思维。在问题"个人认为自身是否容易被外部环境思潮所影响"的选项中，74.63％的受调查人员选择了"是"。这表明社会思潮的引领作用在大学生群体中不可忽视。在问题"社会风气处于什么状况"的选项中，选择"负面风气如浮夸躁动、价值观扭曲、人情冷淡"的人占一半左右，选择"和谐幸福""社会安康"的人分别只有 20％和 30％，由此看来，大学生对社会思潮的看法偏向于否定，我们的社会仍需正能量的激励。大学生对于负面影响的应对措施，集中于加强法律监控和洁身自好管好自己方面，极少数人（7.46％）选择了不关自己的事不会理。所以，大学生对社会有较为客观的评价，愿意相信法律，愿意管好自己。关于"拜金主义和享乐主义在大学校园里是否存在"的问题，85.07％的受调查大学生认为存在，其中 10.45％的人表示十分严重。当下大学生的花费大多是来自父母，而这种拜金享乐主义的盛行无疑是加重了父母的负担。除此之外，大学生们都认可歪曲的想法不仅给个人带来负面影响，更会使社会风气恶化。

四、意见与建议

（一）充分了解不同大学生群体

大学生群体是当今中国社会中最具活力、最富朝气的特殊群体。无论是其在社会中的生存状态,还是在道德及思想政治状况等方面,都在很大程度上决定了社会未来的发展。然而,由于青年大学生群体在心理、思想和行为等方面有着独特的优势和一些不足,使得当代社会思潮会更容易且更深刻地影响到这一群体。因此,深入分析当代社会思潮对青年大学生群体的影响,并提出相应的对策和建议就显得尤为重要。

我们小组以书面形式和网上问卷形式,对在校大学生进行了一次调查,对于群体我们主要侧重的是大一和大二学生,其次为大三和大四学生。有此跨度是因为,大一、大二学生在此层面上的认知与大三、大四学生有较大区别。

对于此次调查结果,我们发现,同学们最为熟悉的是拜金主义、消费主义、个人主义和享乐主义;而了解历史虚无主义、实用主义和后现代主义的人数比例则是少而又少。通过网络关注时事的人数和不关注的人数比例是1∶2,存在从众心理的人数和易于被外界思潮影响的人数比例大约是1∶3。从调查的结果可以看出,这些大学生遇到事情能够理性对待,不会为了金钱和享乐而以自己的人格和幸福作为代价。他们有自己的底线和标准,却又容易被外界的思想所影响。

当代社会思潮在大学生群体中的传播大致可分为3个阶段:第一个阶段是大学生通过不同的渠道接触到当代社会思潮;第二个阶段是在接触或了解当代社会思潮后,进行不同程度上的理解;第三个阶段则是在理解了当代社会思潮后,借其来对个人或社会行为、现象、热点问题等进行分析和思考。因此,要积极引导青年大学生正确认识当代社会思潮的影响,也应该从这三个环节入手。

(二)畅通和规范大学生接触当代社会思潮的网络路径

充分利用和发挥好互联网的传播能效,将有利于青年大学生通过这一新兴渠道对当代社会思潮进行正确的认识和了解。同时,要严格进行网络监管,对不健康和极端的思想进行控制。

(三)加强和深化高校历史文化教育和思想政治教育

要深化高校中的历史文化教育。当前部分大学生对中国革命和改革的历史进程,以及对现实世情、国情的认知缺失,成为一些不良社会思潮能够轻易突破其思想防线的重要原因之一。因此,在大学阶段应进一步历史文化教育和思想政治教育。

(四)及时作好社会舆论的引导工作

具体来说,应从社会舆论的根源做起。一方面,要对在道德、公益等方面,积极传递社会正能量的个人、现象和行为进行大力的宣传和颂扬;另一方面,要对违法犯罪行为和违反社会道德的行为予以坚决地抨击和谴责,始终坚持将社会主义核心价值体系作为引导社会舆论工作的根本方法和重要准则。

(指导教师:曹胜)

农村居民收入分配情况调查

英语153班　刘晓彤(组长)　毛素梅　刘佳庆　陈晓娜　潘锐敏　郭晓阳

摘　要:"三农"问题关系着我国的经济发展水平,而"三农"问题的核心是农民问题,关键是农民收入分配问题。农村居民收入分配影响着农民的消费行为、农民的幸福指数、农村的经济发展和国家的稳定与发展。农村居民收入分配扮演着举足轻重的角色。因此,我们小组选择通过查阅资料与通过网络发布调查问卷相结合的方式,从对相关政策分析入手,设计以农村居民生活水平以及消费、收入来源与分配为主题的调查问卷来进行调查,并对调查数据进行分类整理与分析,以了解山东地区农村居民收入分配现状、农民对现行政策以及市场的看法,最后提出一些建设性的意见、发出倡议书推动扶农政策,为农民收入的增加尽可能地做出贡献。

关键词:农村居民收入分配;"三农"问题;扶农政策;农村增收

一、选题分析

(一)立论依据

"三农"问题是中国经济发展中的一个大问题,它关系着我国改革开放和现代化建设的成败。农民问题是"三农"问题中的核心,集中表现为农民的经济收入低、增收难,城乡居民收入差距大,贫富差距大。如何采取有效措施,实现农民收入的稳定增长,不仅是当前农村经济工作中的一个突出问题,也是关系整个国民经济发展全局的一个重要问题。

农村问题集中表现为农村面貌落后,基础设施不齐全,经济不发达。农业问题集中表现为农作物售出困难,自给自足的小农经济没有形成规模经济,农业产业化程度低,土地资源不足,农村劳动力严重过剩及土地产权模糊等。近年来,我国的"三农"问题受到了越来越多的人的关注。

(二)调研目的

我们在校园中对农村大学生进行问卷调查和访问,以更充分了解农村居民收入分配情况和他们的生活现状,并调查到底是哪些因素导致农民增收困难,国家扶农政策是否落实到位,该如何解决这些问题,农民对此现象有何回应、有何建议,等等。

二、调研准备

（一）调研时间

2017 年 5 月。

（二）地点

青岛科技大学崂山校区。

（三）对象选取

校内农村大学生。

（四）调查方案及具体实施

主要针对山东省内外农村大学生，山东省外主要涉及我校贵州省、四川省农村大学生。山东省内主要涉及青岛市、潍坊市、临沂市农村大学生。青岛市的农村大学生，主要涉及城阳区农村大学生。我们在 3 类农村大学生中选取最具代表性的 3 人进行详细访谈，并通过查阅资料与网络发布调查问卷相结合的方式进行本次调查。

三、调研分析

（一）调查具体内容

本次调研报告选择了校内农村学生调查和线上农村居民收入分配的调查，向他们发放调查问卷。考虑到收入来源以及生活方式存在较大差别，我们将调查对象分为山东省外农村大学生、山东省内（除青岛外）农村大学生和青岛周边农村大学生。调查内容主要包括农村居民收入来源、人均年收入、主要生活成本及各家庭成员人均消费和收入如何分配，并通过分析调查结果，总结出农村居民收入分配存在的现象和问题。

（二）调研数据分析

调查的农村大学生中工资性收入的家庭占 60％，个体经营收入的家庭占 40％。

（1）工资性收入增长。一是居民在非企业组织中得到的劳动人均收入 5 000 元，同比增长 1 500 元。二是由于私营经济迅猛发展，居民在本乡地域内得到的劳动人均收入 7 000 元，同比增长 3 000 元。三是居民在本乡地域外从业得到的人均收入 5 500 元，同比增长 1 800 元。

（2）家庭经营纯收入增长。农村居民家庭经营随着社会经济的进步有了很大的提高，占全部收入的 75％，仍是居民收入的主要组成部分。在家庭经营收入中一、二、三产业收入均呈平稳增长。

（3）山东省内农村居民收入与山东省外农村居民存在差异。山东省内农村居民多以务农为主,山东省外农村居民则个体经营较多。青岛周边农村居民收入普遍高于省内其他地区。

(4)农村居民的收入分配大部分用于孩子的教育,其他主要的用于生活起居日常消费和大件的购置。

总之,农村居民收入分配相较于城镇居民还有着很大的差距,不同地区的农村居民收入分配也存在着差距。

四、意见与建议

无论是国家政府还是社会,都应有所行动。对此我们提出以下意见与建议。

(一)对于政府

(1)要着力提高低收入者收入。要强化支农惠农政策,促进农民持续增收,建立企业职工工资正常增长机制和支付保障机制,逐步提高扶贫标准和最低工资标准,使城乡居民特别是低收入者收入随着经济发展逐步增加。

(2)要努力扩大中等收入者比重。要通过采取多种措施创造条件,让更多群众拥有财产性收入,使更多低收入者进入中等收入者行列。

(3)要切实对过高收入进行有效调节。要正确运用税收手段,使过高收入者的一部分收入通过税收等形式上缴国家,再由国家集中用于再分配。

(4)要取缔非法收入。要严格执法,对偷税漏税、侵吞公有财产、权钱交易等各种非法收入依法取缔和惩处;

(5)要规范垄断行业的收入。引入竞争机制,打破经营垄断。规范垄断性企业资本收益的收缴和使用办法,合理分配利润。要通过改革和发展扩大转移支付,强化税收调节,打破经营垄断,创造机会公平,整顿分配秩序,逐步扭转收入分配差距扩大趋势,防止两极分化,使全体社会成员逐步共同致富。

(二)对于初次分配改革建议

健全完善市场环境。清除计划经济体制对初次分配的影响,如所有制歧视的取消、行业垄断的取消等。早日形成生产要素供给方和需求方之间的公平竞争环境,以及商品生产者之间的公平竞争环境,为调整初次分配格局做好制度上的准备。

(三)对于二次分配改革要点

(1)消除二元化的弊病。从生、老、病、死、残、教育、失业、住房方面给予农民社会保障。

(2)在城乡社会保障一体化过程中,要注意到福利刚性的存在。应该尽量缩小农村与城镇的收入分配差距,使农村居民收入提高,分配得当。

(指导教师:曹胜)

青岛市民对社会主义核心价值观
认同程度的调查

法学 153　张海庭（组长）　吴孟伟　王晶晶　陈　茜　周敬敬

摘　要：社会主义核心价值观是社会主义核心价值体系的内核，体现社会主义核心价值体系的根本性质和基本特征，反映社会主义核心价值体系的丰富内涵和实践要求，是社会主义核心价值体系的高度凝练和集中表达。党的十八大以来，中央高度重视培育和践行社会主义核心价值观。习近平总书记多次做出重要论述，提出明确要求。党中央的高度重视和有力部署，为加强社会主义核心价值观教育实践指明了努力方向，提供了重要遵循。本小组通过实地调研和网上问卷形式，针对青岛市市民对社会主义核心价值观的认知与践行情况，在青岛市区对代表性群体展开调研，并分析结果得出相关数据。

关键词：社会主义核心价值观；青岛市民；认知

一、立论分析

（一）立论依据

21 世纪的新中国，为了实现中华民族伟大复兴的中国梦，为了让中华民族持续屹立于世界民族之林，弘扬和践行社会主义核心价值观势在必行。

理论联系实际是中国共产党的优良传统和作风，只有充分调研人们对社会主义核心价值观的认识程度，才能分阶层、分层次地提高人们的社会主义核心价值观认识，充分提高中国人的素质。只有这三个层面的价值标准普遍为人们所认可，才能使其成为人们的日常生活准则，才能让他们真正做到社会主义核心价值观所要求的内容。对我们大学生而言，了解市民对社会主义核心价值观的认识程度，从而加深对中国特色社会主义理论体系的理解和对党的路线方针政策的认识，有利于大学生感受民生、了解社会、认识国情，增强热爱祖国、热爱社会主义的信念，以及振兴中华的责任感和使命感，有利于大学生拓展能力，增长才干，锻炼毅力、培养品格，走正确的成长之路。为此，我们以青岛市民为对象，以实地调研和网上调研的方式了解青岛市民对社会主义核心价值观的认识。

（二）调研目的

本小组组织进行"青岛市民对社会主义核心价值观认同程度的调查"活动,旨在了解青岛市民对社会主义核心价值观明确与否的同时,帮助青岛市民更好更深入地了解社会主义核心价值观,感受民生、了解社会、认识国情、增强热爱祖国、热爱社会主义的信念和振兴中华的责任感和使命感,帮助当代大学生培养处理问题解决问题的能力,使每个人都能将社会主义核心价值观结合到实践中去。

二、调研准备

（一）调研时间

2017 年 4 月。

（二）地点

石老人海水浴场、崂山丽达购物中心。

（三）对象选取

青年、中年、老年三个不同群体。

（四）调查方案及具体实施

我们将此次调研活动分为两个阶段:实地调研和网上问卷。2017 年 4 月 29 日,我们开始了第一次实地调研。在此之前,我们精心设计好了问题并将问卷打印出来。考虑到问卷需要时间来作答,因此我们选择了人们作为休闲之地的石老人海水浴场开展调研活动。我们初步将调研对象分为青年、中年和老年三个不同群体来反映对社会主义核心价值观的认同程度。因为第一次调研的对象大多为男性,一周后,在崂山丽达购物中心,我们又开展了第二次问卷调查,并将女性作为主要调研对象,继续按照青年、中年、老年三个群体进行抽样调查,与第一次调研相互补充。5 月 26 日,我们进行了大数据的调研,通过网上问卷的形式,借助于微信、QQ 等网络平台,请老师、家长以及更多的青岛市民成为此次调研活动的对象。网上问卷对每个问题的答案作出了快速准确的统计,更加客观真实地反映了青岛市民对于社会主义核心价值观的认同程度。

三、调查分析

根据调查,我们得出如下结果。第一,青岛市民虽然大部分听说过社会主义核心价值观,但是大部分人对它的具体内容并不是很了解,只有 15.24％ 的市民对其非常了解。一般以为对社会主义核心价值观缺乏认知的主要是一些文化水平较低的工人及其他人群,但让人意外的是,大部分公务员或者学生也不是很了解。第二,大多数的市民对社会主义核心价值观并不能很好地去践行,他们虽然认同社会主义核心价值观的内容,但自身却难以彻底践行价值观。在本次调研中,20.95％的市民有这种想法。第三,青岛市民认为社会主义核心价值观能够很大程度地改善社会风气,但本市对社会主义核心价值观的落实情况仍需推进。第四,大部分青岛市民认为马克思主义思想必须严格坚持,但仍有一些市民认为马克思主义思想与个人无关。在本次调研中,这种市民比例占到16.19％。

四、存在问题分析

下面从几个方面分析造成这种结果的原因。

(一)国家层次方面

调查表明大家对社会主义核心价值观有所了解,但是对马克思主义的认识还很模糊。造成这种结果的原因:第一,受市民的文化程度影响,一些市民文化水平较低,对马克思主义完全不了解;第二,市民个人思想原因。

(二)社会层次方面

调查表明我们这个社会和社会主义核心价值观所倡导的"自由、平等、公正、法治"相差的距离还很远。主要原因也分两个方面:一方面,社会的不正之风导致了贪污腐败、拜金、讹人等现象,这些方面和我们国家的政治法律有关,也和现在网络上的不良信息有关;另一方面,现在人们的自律意识不强,意识不到自身的问题,在社会发展的进程中,他们不会站在正确的位置上思考问题。

(三)个人层次方面

调查表明,21％的青岛市民为一些文化程度较低的工人和其他人员,市民文化水平较低,对社会主义核心价值观缺乏了解。另外,在现在社会巨大的生活压力和激烈的社会竞争中,人们为了各种利益奋斗奔波,除了工作和家庭无暇顾及其他,对国家和社会并不是很关注。

五、意见与建议

(一)政府起到引导作用

我国从改革开放到现在,发展与问题并存,比如经济发展过程中贫富差距越来越严重,贪污腐败问题层出不穷,等等。这些深层次问题当然不能轻而易举就得到解决。近年来,政府提出了全面深化改革,包括实行简政放权,打击贪腐等措施,效果也是显而易见的。要使人们认同社会主义核心价值观,使群众相信社会主义核心价值观能,政府就应该更多地造福民众。如建立一套健全的社会保障制度和医疗保障体系,更多地维护农民的切身利益,等等。只有整个社会的人民幸福了,我们社会主义核心价值观在国家层面提出的"富强、民主、文明、和谐"才能够实现。

(二)政府担负起宣传义务

为了杜绝社会上一些不正之风,政府应该通过理论学习、社会宣传等各种方式,广泛传播社会主义核心价值观,营造良好的舆论环境,形成一种激发正能量的良好氛围。领导干部更应该带头实践社会主义核心价值观,带领群众参加有关社会主义核心价值观的社会实践活动,使群众能够把理论和实践结合起来,更好地理解和认同社会主义核心价值观。

(三)个人应提高思想觉悟,积极践行社会主义核心价值观

是否践行和认同社会主义核心价值观,个人的行为非常重要。公民要积极跟随中国共产党的脚步,了解国家的最新动向,积极践行认同国家的方针政策。在思想上,社会主义核心价值观是我们要贯彻落实的纲领,我们应该认真详细阅读和分析社会主义核心价值观的内容和含义,在学习和工作中,我们应该认真学习,努力提升自己的知识文化水平,全面贯彻和落实社会主义核心价值观,努力为国家、社会贡献自己的一份力量。在生活中,我们应该站在正确的位置看待身边和社会上所发生的事情,无论是实践社会主义核心价值观,还是实现中华民族伟大复兴,社会的道德建设都至关重要,需要依靠我们每个人的努力。

(指导教师:曹胜)

大学生消费观调查报告

化学152　李兆平(组长)　刘双双　洪小程　赵锦华　韩淑娟　郑卓娅

摘　要:市场经济和精神文明的高速发展,对当代大学生消费观提出了新的挑战。本文通过对全国各地高校大学生群体进行广泛的抽样问卷调查,研究分析了当前大学生消费观的特点和不良消费观成因,认为在大学生消费中存在盲目冲动、攀比炫耀和追求新潮等特点。而对大学生的消费观产生影响的因素可以从学校、家庭、社会和个人四方面来分析,不同的环境对大学生的消费观的影响是不一样的。针对这四方面的影响,文章给出了相应的建议和对策。

关键词:消费观;大学生;理财;思想政治

一、选题分析

(一)立论依据

消费是经济生活、文化生活与社会生活的连接点,是经济领域与日常生活领域进行交换和沟通的渠道。当人们消费商品的时候,社会关系也就显露出来。因此消费过程既体现商品的交换价值和使用价值的实现过程,也体现商品的社会生命和文化生命的形成、运动、转换和消解的过程。所以消费在物理意义上消解客体的同时,也在社会和文化的意义上塑造着主体。当代大学生是社会中的特殊群体,他们的消费不仅是全体人口消费的重要组成部分,而且有着独立的消费意识和消费特点,并对未来消费文化的构成产生着一定的影响。大学生的消费观反映出他们的生活现状和价值取向,影响到大学生的思想道德建设和学校的教育管理。于是,近年来关于大学生消费观问题的研究层出不穷。

消费主动性主要是受消费心理引导,消费心理可以分为四种:从众心理、攀比心理、求异心理和求实心理。消费心理的形成受社会环境和个人因素等多方面影响,个人的气质、个性、对周围的感觉、对儿时的记忆、想象、意志等均是影响消费主动性的因素。在一般情况下,消费观决定着消费行为和消费结果,并在一定程度上影响着一个人的思想观念及行为的养成。大学生作为一类特殊的群体,其消费能力、消费观念、消费行为与消费结果是值得高度关注的社会问题。

（二）调研目的

通过网络抽样调查，我们对大学生的消费现状进行分析，针对如何正确培养大学生消费观，建立和谐的消费模式，积极引导大学生健康消费提出对策。

二、调研准备

（一）调研时间

2017 年 4—5 月。

（二）地点

北京、上海、广州、深圳、青岛、大连、南京、重庆、成都、西安等 20 余个大中型城市。

（三）对象选取

全国大中城市高校在读大学生。

（四）调查方案及具体实施

以网络抽样问卷调查为主。具体实施方法：在完成调查问卷的设计与制作后，在网上进行问卷投放，对规定时间内填写完毕的问卷进行汇总并作数据分析。

三、调研分析

（一）调查具体内容

2017 年 4 月 1 日—5 月 22 日为本次调研的全部活动时间。本次调研活动主要分为两个部分：线上的网络问卷调查和线下纸质问卷采访。

首先，通过问卷星软件进行线上的网络问卷调查；与此同时，随机在青岛科技大学四方校区和崂山校区内，采取随机抽样的方式在线下进行纸质问卷调查。为确保数据采集的准确性、科学性，线上的网络问卷调查和线下纸质问卷采访同时进行。

在完成调研后，对收回的调查问卷进行人工排查，挑选出其中符合要求的有效问卷，计算本次调研活动的问卷调查回收成功率的，并对有效问卷进行分析。

本次调查的总样本数如表 1 所示。

表 1　调查问卷的发放及回收

调查形式	发放问卷数/份	有效问卷数/份	成功率/%
网络问卷调查	252	203	80.56
纸质问卷采访	79	58	73.42
总计	331	261	78.85

（二）调研数据分析

为了全面考察大学生的消费观,调查小组设计了一个含有 16 个典型问题的调查问卷,并在各地高校大学生中进行了广泛的抽样调查,共回收调查问卷 261 份,现将相关问题及调查结果陈列如下:

问题 1 您在哪个城市的高校读书?

调查结果:被调查者 30％处于北京、上海、广州、深圳等一线城市,60％处于青岛、大连、南京、郑州、西安等二线城市,极个别处于东营、淄博、金华、泰安、济宁等三线城市。

问题 2 您目前就读的年级?

问题 2 的调查结果如图 1 所示。

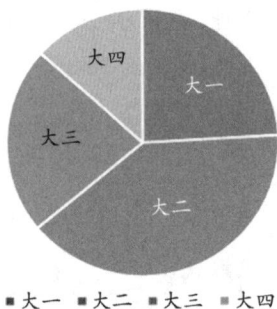

■大一 ■大二 ■大三 ■大四

图 1 调查对象所处年级分布

调查结果:由图 1 可知,填写本次网络调查问卷的同学所处年级基本均分在大一到大四之间,涵盖各个年级层面,调查对象年级分布合理,故在一定程度上,调查结果较为客观,可以说明广大大学生普遍的消费观问题。

问题 3 您平均一个月生活费有多少?

问题 3 的调查结果如图 2 所示。

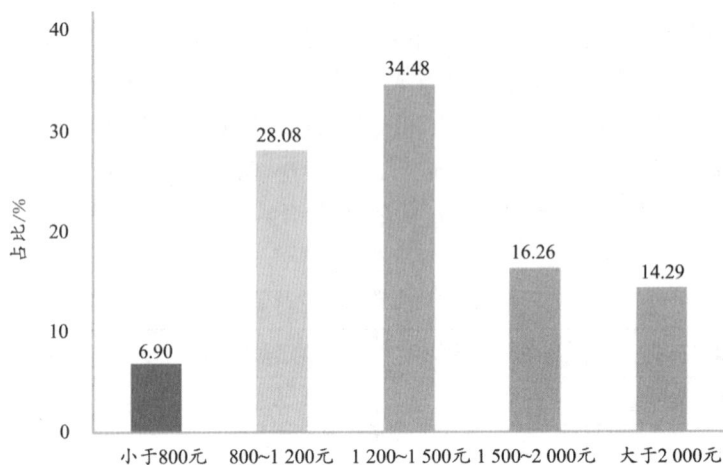

图 2 调查对象月平均生活费

调查结果:由图 2 可知,大学生的月均生活费基本符合一个正态分布,即 1 200～1 500 元为大学生最为常见的月均生活费,而小于 800 元和大于 2 000 元的这两种情况分布较少。

问题 4　您获取生活费的渠道是什么?

问题 4 的调查结果如表 2 所示。

表 2　生活费的获得方式及占比

生活费获得方式	占比/%
一次性获得较长时间的生活费	48.28
按月获得	47.29
兼职等的补充	4.43

调查结果:由表 2 分析可知,按月获得和一次性获得较长时间生活费的同学总和大于 95%,说明绝大多数大学生需要家庭提供生活费,仅有 4.43% 的大学生靠兼职完全独立地挣取生活费。

问题 5　获得生活费后,您的处理方式是什么?

调查结果:39% 的受访者选择留出部分基本生活费,其余再作消费;26% 的人选择先买想用的东西,剩下的钱作为基本生活费;35% 的人没有特别打算,顺其自然。

问题 6　当您想买一件价值较昂贵的东西时,您会怎么做?(多选题)

问题 6 的调查结果如图 3 所示。

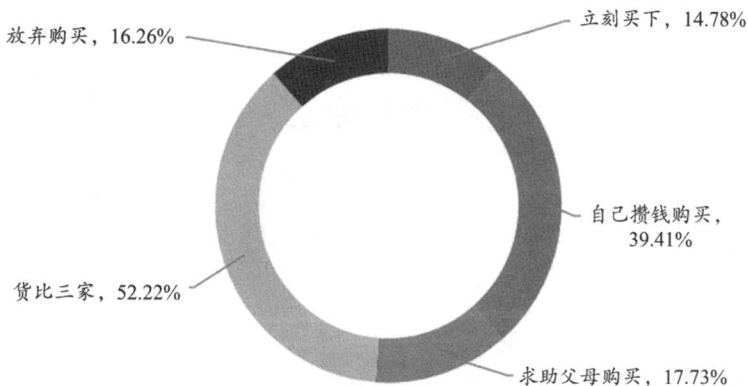

放弃购买,16.26%　立刻买下,14.78%　自己攒钱购买,39.41%　求助父母购买,17.73%　货比三家,52.22%

图 3　昂贵商品的购买方式

调查结果:分析上图可知,遇到超过自己购买力的商品时,83.74% 的大学生会通过各种方式最终购买到该件商品;52.22% 的学生选择货比三家后购买;54.19% 的学生能够不借助父母的帮助自己购买昂贵商品。

问题 7　您每个月共有几次和同学共同外出?(包括聚餐,逛街,看电影,短途旅行等)

问题 7 的调查结果如图 4 所示。

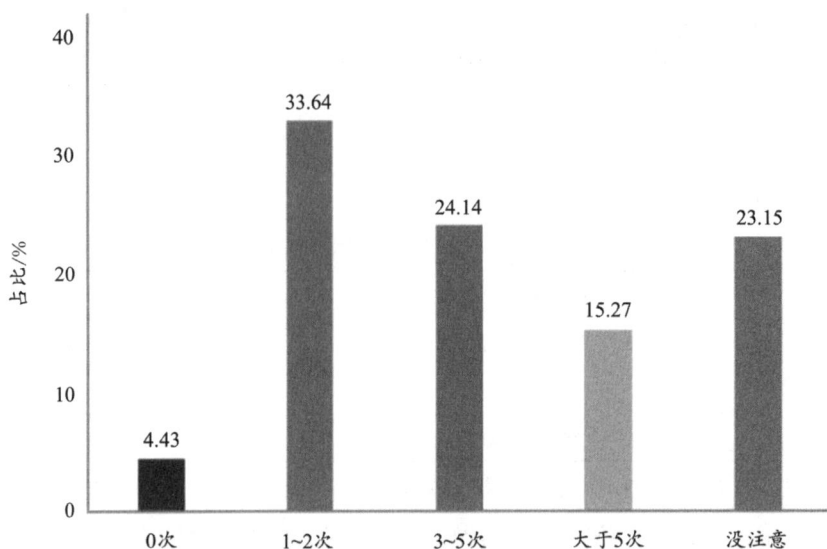

图 4　调查对象每月外出次数

调查结果：由图 4 可知，32.64％的人选择每月外出 1～2 次，24.14％的人选择每月外出 3～5 次，15.27％的人选择每月外出 5 次以上。此外，还有 23.15％的人没统计过，想出去时就出去，4.43％的人选择从不外出。根据如上数据，95％以上的学生会保持固定频次的每周外出，这从一个侧面反映出当代大学生消费需求的多样性。

问题 8　您是否有记账，或月末统计本月消费的习惯？

问题 8 的调查结果如图 5 所示。

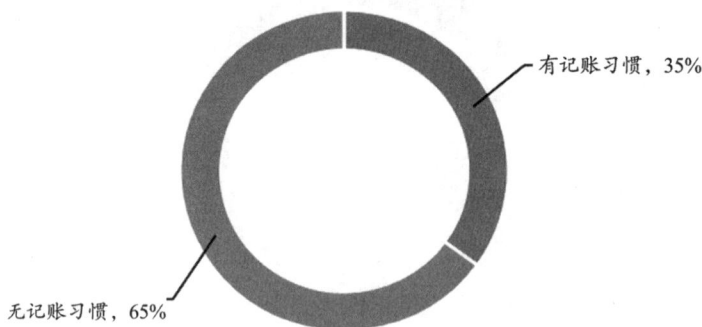

有记账习惯，35％

无记账习惯，65％

图 5　调查对象记账习惯

调查结果：由图 5 可知，35％的调查对象有记账习惯，65％的调查对象没有记账习惯。这从一个侧面反映出当代大学生理财意识较为浅薄，对于消费缺乏规划和总结，即消费观不够理性。

问题 9　您每个月的生活费是否有盈余？

问题 9 的调查结果如图 6 所示。

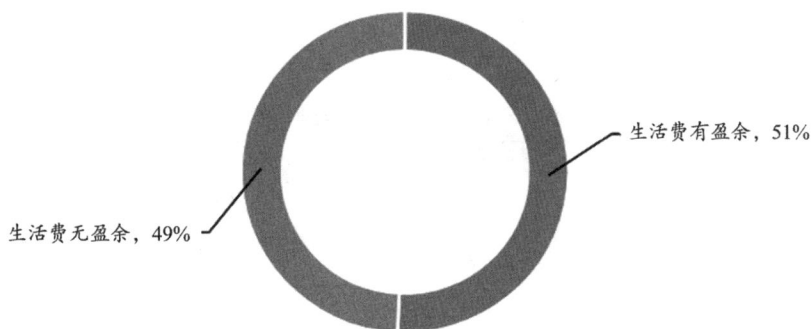

生活费有盈余，51%

生活费无盈余，49%

图 6　调查对象生活费盈余情况

调查结果：由图 6 可知，51％的调查对象生活费有盈余，49％的调查对象生活费没有盈余，分布较为平均。

问题 10　您是否有男/女朋友？

调查结果：37.4％的人有，62.6％的人没有。

问题 11　您在与男/女朋友交往的过程中，每月平均外出（逛街、看电影、吃饭等）共几次？

问题 11 的调查结果如图 7 所示。

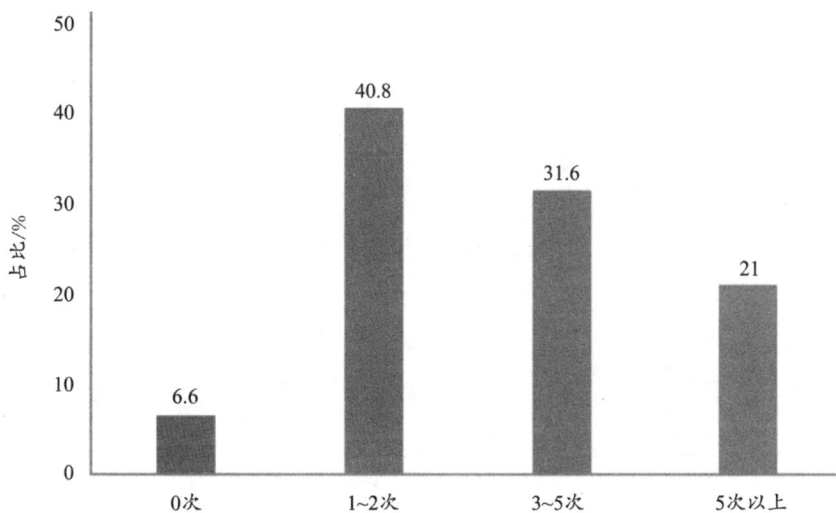

图 7　谈恋爱的调查对象外出情况调查

调查结果：由图 7 可知，40.8％的人每月外出 1～2 次，31.6％的人每月外出 3～5 次，21％的人每月外出 5 次以上，还有 6.6％的人选择从不约会外出。

问题 12　在与男/女朋友交往后，每月花销是否增加？

调查结果：68％的人认为增加较多，32％的人认为基本不变。

问题 13 　生活费不够后，您的处理方式是什么？

问题 13 的调查结果如表 3 所示。

表 3　生活费不够后的处理方式

处理方式	占比/%
向父母索取	34.5
先借同学的,向父母提取后再还同学	23
兼职补充	20.7
奖学金及其他途径	21.7

调查结果：由表 3 可知，34.5％的人选择向父母索取；23％的人选择先借同学的，等父母给钱后再还，20.7％的人选择兼职补充，21.7％的人通过奖学金等其他途径补充生活费。

问题 14 　如果有关于大学生合理消费及理财的相关课程开设，您是否想参与？

结论：46.8％的人想参与，53.2％的选择不想参与。

问题 15 　您如何看待身边同学的消费？

问题 15 的调查结果如图 8 所示。

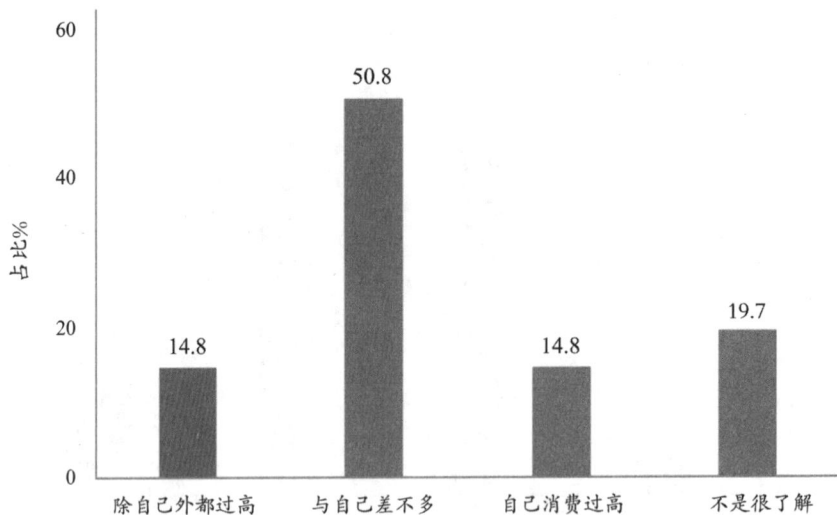

图 8　调查对象对于周围同学消费水平的态度

调查结果：50.8％的人认为与自己消费水平差不多，14.8％的人认为自己消费过高，14.8％的人认为除自己外都过高，19.7％的人不是很了解周围同学的消费。

问题 16 　如果您在生活费之外获得一笔意外的钱，您会如何处理？

调查结果：45.8％的人选择存下来以后用，20.7％的人选择买下想买的东西，21.7％的人选择吃几顿想吃的饭，11.8％的人没有什么特别的打算。

四、调研结果总结

(一)调查结果分析

通过调查结果分析大学生的消费结构发现,当代大学生的消费呈现出消费趋势协同化,即体现出生存资料的比重不断降低,享受资料和发展资料的比重日益提高的居民消费结构的一般趋势,消费构成多元化,发展型需求和享受型需求已经可以和基本消费需求分庭抗礼。

根据抽样问卷调查结果,结合当前许多普遍社会现象,我们总结出当代大学生消费观的特点及成因如下。

(二)消费观特点

大学生的消费观受到个人的思想道德、心理爱好以及消费常识的支配和制约,表现出既包含着理性化的一面、又需要进一步完善的特点。其中,大学生消费观中理性化的特点表现如下。

第一,大学生对中国社会传统的勤俭节约表示认同,理性消费仍为消费主流。大学生的绝大部分支出是用于饮食方面,而玩乐方面的支出不算多。由此可见,大学生能够较理性的消费,合理支配自己的生活。但是从中也可以看到作为学生的我们,在学习方面的支出显然过少,甚至低于娱乐消费。大学生从幼年时期开始受到的家庭教育和社会教育中都伴随"崇俭"的消费观教育,这一教育的结果使大学生在目前物质生活水平不断提高的前提下,仍然能够把节俭的价值观视为其消费观中的重要组成部分。特别是在当今这个重视消费的时代,很多大学生赞同"勤俭节约"的社会价值观,说明大学生们并没有因为社会经济的发展、生活水平的改善和物质生活的极大丰富,而抛弃这一传统价值观在当代的社会意义。

第二,大学生消费中经济独立意识增强,消费呈现多元化发展。大学生在实现温饱的同时,也在服饰装扮这一方面消费较多。大学生学习之余也会逛学习用品店和书店,为取得各类证书而补课充电也成了大学生的一个消费热点。可见,大学生的消费取向逐渐向多元化发展。在经济发展引发下的大学生消费观的变化,使当前大学生在消费活动中的经济独立意识逐步增强。这主要表现为大学生有较强的打工愿望。就其打工的目的看,有的大学生是为了追求更好的生活,打工的收入主要用于生活消费;有的大学生希望通过打工来减轻家庭的经济负担。高校中有70%以上的大学生参加过不同形式的勤工俭学活动,这说明当代大学生立足校园,从自身的消费需要出发,努力实现经济自立。

第三,大学生合理理财和储蓄观念仍十分淡薄。在调查中,大部分的大学生都清楚地认识到自己的消费组成不合理,只有极少数的大学生会有规划消费的意识。大多数人会在不知不觉中盲目地追随流行于校园中的消费大潮,而缺乏自我判断和自主意识。调查中发现,逾半数大学生每月的生活费用都超出了预计,只有极少数的学生能够拥有自己的积蓄。

第四，大学生恋爱费用支出过高。大学生刚开始恋爱时，为稳固恋情和讨恋人欢心，因此开销比较高。这是大学生消费中不合理的一部分支出，因谈恋爱而每月的生活费入不敷出的大学生大有人在。这种不合理的消费也会导致一种错误价值观的形成，容易让大学生们认为爱情是建立在金钱之上的。所以，恋爱支出过高的现象应该制止。

（三）消费不合理成因

急功近利、心态浮躁的社会风气，对人生观、世界观尚不成熟的大学生群体造成了很大影响，并直接作用到其消费观方面。

第一，校园错误消费氛围的催化。学校是一个消费习惯与方式迅速传播的平台，同龄群体的群体规模和价值往往被大学生作为个人行为的重要参考系。一旦攀比之风、追求名牌之风、请客之风在同学之中有了苗头，大学生们就会竞相效仿。

第二，社会不良消费风气影响。首先，学生的高消费很大部分原因是社会整体消费结构不合理。目前，社会上高消费倾向更加明显。这种导向错误地助长了学生之间的攀比之风。其次，现今社会上流行着透支的消费方式。大学生是对社会潮流有着敏锐触角的群体，加之相对缺乏自主判断力，若没得到适当的引导，很容易进入消费误区。

第三，家长不当消费观念的延伸。家庭在培养孩子成长的过程中普遍对正确消费观念的教育不足。传统的家庭教育首先注重的是孩子德的培养，现代的家庭教育注重的是德、智、体多方面的培养。但一直以来，家庭教育中一个比较薄弱的环节是对孩子消费观的培养。许多家长自身没有健康的消费观念，容易助长了孩子大手大脚的消费习惯。

五、意见与建议

通过本次调查，我们对大学生的消费观有了更深入的认识。大学生如果形成了不良消费观，不仅加重了家里的经济负担，影响了家长和学生的感情，还在某种程度上扭曲了校园人际关系，增加了学习教育管理的难度。对大学生来说，这一时期形成的消费观可能会影响他一生的消费行为，并且与其人生观、价值观、健全人格的形成和完善密切相关。因此，作为当代社会的一名合格大学生，我们不仅应该控制自身消费，更应该学习如何建立健康和谐的科学消费观。根据当前大学生消费观的特点，调查小组认为，在大学生消费中，存在盲目冲动、攀比炫耀和追求新潮等特点。而对大学生的消费观产生影响的因素，可以从学校、家庭、社会和个人4个方面来分析（图10）。不同的环境对大学生的消费观影响是不一样的。以下针对这4个方面的影响，给出了相应的引导建议。

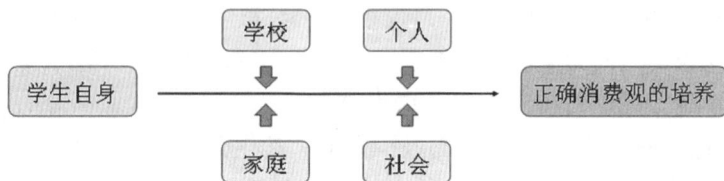

图 10　大学生消费观的培养

（一）学校方面

要想从思想政治教育视角规范大学生的消费观,学校方面应该把消费观教育视为大学生修养的重要内容。在大学生的思想修养的培育中,进行消费观教育的目的,是为了使他们在消费行为中能够具有目的性和计划性,学会科学消费、理性消费,提高自身消费的合理性。教育者要从大学生的年龄和消费行为的特点出发,采取灵活多样的方式,教会大学生们以社会发展的需要为前提,消费时能够把个人的消费支出程度与家庭的经济情况结合起来,确立合理的消费期望值,做有经济头脑的消费者。

此外要把大学生良好的消费心理和行为的培养作为校园文化建设的重要组成部分。首先,在校园文化建设中设计有关大学生健康消费理念的活动专题,并且持之以恒;其次,开设类似校园生活理财这样的选修课程,切实地帮助大学生制订正确的消费计划,形成良好的消费观念;最后,塑造节约型的校园文化理念,利用校园环境影响大学生理性健康的消费习惯的养成,形成良好的生活作风。

（二）家庭方面

家庭方面应该发挥父母对孩子消费观的教育作用。一直以来在中国的家庭教育中,一个比较薄弱的环节是对孩子消费观的培养;另外,许多家长自身没有健康的消费观念,家长们怕自己的孩子比别人的孩子差,宁可自己省吃俭用,也要让自己的孩子与其他孩子一样吃好、穿好、玩好,从而助长了孩子大手大脚的消费习惯。因此,一方面家长应改变这种错误的观念,另一方面,家长应引导孩子树立勤俭节约、健康科学的消费意识,科学地规划安排自己的消费计划,使消费与家庭相适应。

（三）社会方面

社会方面应该改善风气,引导大学生正确消费观的形成。当前社会应该推行“俭而有度,合理消费”的消费观念,让大学生明白,消费既不要过分抑制,也要避免过度,特别是要避免以物质消费的多寡来衡量自身价值的高低。同时过分抑制消费,即吝啬性消费不利于经济的发展,也不利于提高人们的生活质量。要促使大学生们学会选择,以自主消费为目的,形成有利于身心健康的消费行为。社会风气应该引导大学生掌握消费有度性、消费计划性、消费自立性等原则,引导大学生们不被流行所诱惑。

在大学生的生活中,应当旗帜鲜明地反对那些“能赚会花”的享乐主义的生活方式,培养和树立起适度消费的观念。具体地,社会要积极开拓大学生消费市场,确立公正的市场环境,从产品的种类、价格、服务等多方面满足不同经济条件大学生的需求,同时要规范市场秩序,为大学生确立一个公正的市场环境让其消费。

（四）学生自身

对于学生自身,首先,需合理规划自身消费构成,增强理财意识。要在社会的激烈竞争中站稳脚跟,学生们对自身的消费现状需要有更理性的思考,在大学生活中就要注意养成健康的消费心理和良好的消费习惯。要强调合理和适度消费,提倡量入为出、有计划的消费。注意发扬勤俭节约的传统美德,自觉抵制不良消费风气影响。

其次,要注意克服攀比心理,不要盲目追求高消费。大学生经济没有完全独立,所以在消费的过程中要做到一切从实际出发。要选择适合大学生群体的消费标准,而不能因为攀比而一味追求名牌和高标准、高消费。要克服这种心理,大学生们就应树立适应时代潮流的、正确的、科学的价值观,逐渐确立正确的人生准则,给自己理性的定位。

最后,要注重精神消费,养成健康习惯。对于尚未有固定经济来源的大学生而言,精神消费不但能弥补物质生活上的不足,还能让大学生有更深厚的精神内涵和更丰富的精神生活。所以,大学生应通过各种教育和文化活动,将娱乐和知识摄取相结合,以陶冶性情,获取知识。

附件

一、原始调查问卷

大学生消费观的调查——大学生篇

您好!恳请您抽出几分钟时间参与我们的问卷调查,我们将对您的信息保密,并十分感谢您的支持!

1. 您所在的城市是( )。(填空题、必答题)

2. 您目前就读的年级是( )。(单选题、必答题)

A. 大一　　　　　B. 大二　　　　　C. 大三　　　　　D. 大四

3. 您平均一个月用( )生活费。(单选题、必答题)

A. 800 元以下　　　　　　　　　B. 800～1 200 元

C. 1 200～1 500 元　　　　　　　D. 1 500～2 000 元

E. 2 000 元以上

4. 您获取生活费的渠道是( )?(多选题、必答题)

A. 一次性获得较长时间的生活费,用完后再获得下一笔生活费

B. 按月获得

C. 兼职等的补充

5. 获得生活费后您的处理方式是( )?(单选题、必答题)

A. 先留出一部分基本生活费,供基本饮食等,其余再作消费

B. 先买好想要的东西,剩下的钱作为基本生活费,供基本饮食

C. 没有特别的打算,顺其自然

6. 当您想买一件价值较昂贵的东西时,您会( )。(多选题、必答题)

A. 如果见到的时候很喜欢,无论价格都会马上直接买下来

B. 如果很喜欢,会攒一段时间钱买下来

C. 和父母说,由父母出钱进行购买

    D. 综合考量,判断其价格与价值是否相符,再进行购买

    E. 价格太高,放弃购买

7. 您每个月和同学共同外出,包括聚餐,逛街,看电影,短途旅行等,共(　　　)次。(单选题、必答题)

    A. 从不出去   B. 1～2 次

    C. 3～5 次   D. 5 次以上

    E. 没统计过,想出去的时候就出去

8. 您是否有记账,或月末统计本月消费的习惯?(单选题、必答题)

    A. 有   B. 没有

9. 您每个月的生活费是否有盈余?(单选题、必答题)

    A. 有   B. 没有

10. 您是否有男/女朋友?(单选题、必答题)

    A. 有   B. 没有

11. 您在与男/女朋友交往的过程中,每月平均外出(逛街,看电影,吃饭等)共(　　　)次。(单选题、选答题)

    A. 不出去   B. 1～2 次

    C. 3～5 次   D. 5 次以上

12. 在与男/女朋友交往后,每月花销是否增加?(单选题、选答题)

    A. 增加较多   B. 基本不变

13. 生活费不够后,您的处理方式是(　　　)?(单选题、必答题)

    A. 向父母要   B. 先借同学的,等父母给钱后再还

    C. 兼职补充   D. 其他的途径(自己的储蓄,奖学金等)

14. 如果有关于大学生合理消费及理财的相关课程开设,您是否想参与(　　　)?(单选题、必答题)

    A. 想   B. 不想

15. 您如何看待身边同学的消费?(单选题、必答题)

    A. 除自己外都过高   B. 与自己差不多

    C. 自己消费过高   D. 不是很了解周围同学的消费

16. 如果您在生活费之外获得一笔意外的钱,您会(　　　)。(单选题、必答题)

    A. 买下想买的东西   B. 吃几顿想吃的饭

    C. 存下来以后用   D. 没有什么特别的打算

二、访谈提纲

1. 请问您现在就读于哪个年级?

2. 请问您之前是否对自己的消费做过反思总结?如果有,大概多久一次?每次反思的具体内容及形式是什么?

3. 请问您是否听说过校园贷、爱学贷等快速贷款的平台?您对这种平台持怎样的态

度和看法？

4. 请问您每月的消费大概为多少？其中的基本生活费大概为多少？

5. 如果学校开设有关理财、合理消费等课程，您是否愿意参加？您希望学校以何种方式引导大学生理性消费？

6. 请说一句对大学生消费的建议。

（指导教师：相洪峰）

海洋环保意识调查报告

海科 152　田　杰(组长)　刘建英　张文静　张亚倩　张诗玥　赵采婷

摘　要:海洋对人类社会赖以生存和发展具有重要意义。但是随着人类社会的发展,人类对海洋环境的污染程度日益严重;污染了的海洋环境又反过来影响和人类的生存、发展。因而,加强海洋环境保护有其必要性和紧迫性。本调查将从环保意识出发,对目前人们所具有的环保知识、中国海洋环境状况以及海洋污染及防治情况做出论述。

关键词:环保意识;海洋环境;市民

一、选题分析

(一)立论依据

我国海洋生物种类、海洋可再生能源蕴藏量、海洋石油资源量均处于世界前列。随着城市化的快速发展和人口数量的增长,海洋污染日益严重,入海口周边的生活污水、工业废水、石油产品泄漏、海上石油开采、海水养殖的添加剂对我国近海造成了严重的污染。我国近岸海域污染形势非常严峻,河流携带入海的污染物持续增加,河口生态环境受损,众多鱼类种群灭绝,灾害发生率增加,由大气输入海洋的污染物通量呈上升趋势。作为海洋科学专业的学生,保护海洋环境是我们义不容辞的责任。此次以调研的形式向市民和游客介绍海洋污染的现状、宣传海洋环保有关知识。

(二)调研目的

我国海域未达到清洁海域水质标准的面积广阔并逐年增加。面对这种情况,我们要为防止海洋污染做一些力所能及的事情,如在市民中宣传低碳环保、提高环保意识,让调查实践引起重视,起到一定的效果。

通过调查实践,我们可以充分了解海洋污染的现状以及市民对海洋环境保护的意识,在向社会提供服务的同时,把自己所学的理论知识应用于实际。这样还可以提高自身能力,培养吃苦耐劳的精神,为将来更好地服务社会做准备。

二、调研准备

(一)调研时间

2017 年 5 月。

(二)地点

青岛各海水浴场。

(三)对象选取

附近居民、游客、海域管理者三类不同的人群。

(四)调查方案及前期准备

经过小组成员开会讨论,确定以线上、线下调查问卷结合的形式来完成调查活动,同时确定问卷的侧重方向,并利用课余时间查阅资料和文献以及专业知识将问卷进一步完善。选择了合适的线下发放调查问卷的地点和时间,同时通过社交网络来完成线上问卷调查。

考虑到调查过程中可能出现的问题,如被调查者不配合、线上问卷效率低等,成员决定采取多种社交网络同时进行,并且请同学帮忙转发填写,以确保问卷填写的数量和质量。线下决定前往游客众多的海边进行问卷调查。这样既可保证数量,又可避免被调查者集中为学生和青岛本地居民等不均衡现象,增强调查结果的可信度。

三、调研分析

(一)调研具体内容

(1)乘坐公交车到海边,对当地海域有一定了解后,选取附近居民进行问卷调查。
(2)在海边,对游客进行随机问卷发放,进行调查。
(3)联系海域的管理者,请他们帮忙填写调查问卷。
(4)实地进行海域海滩垃圾的分类及处理,对实际情况有更深的了解。
(5)对调查问卷和垃圾分类的结果进行统计,了解其大致情况,并对垃圾处理的方法进行认真的学习。
(6)制作横幅,举办签字活动,宣传正确的垃圾处理办法和低碳环保的意义。
(7)整理相关数据,进行分析讨论,完成调研报告。

(二)调研数据分析

调研主要从海洋污染、环保及自身意识等几个方面展开,以下是根据调研数据进行的分析。

(1)针对不同年龄段的人分发问卷具体调查结果如图1所示。大部分被调查者是学生和游客,其中以15~40岁的人居多,覆盖了大部分的人群,数据比较有说服性。

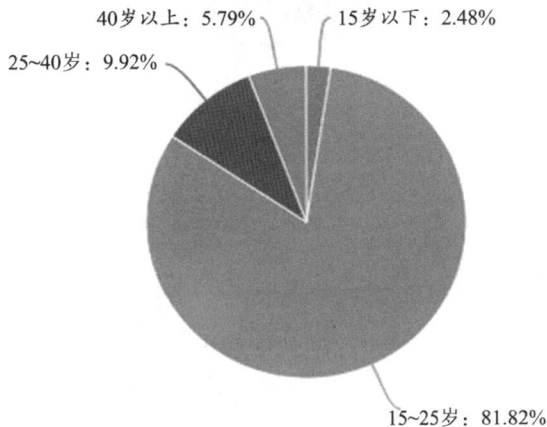

图1　被调查者年龄分布

(2)对海洋污染的了解程度,不了解污染的人群占到了总调查人群的9.92%,非常了解的也只是极少数。具体调查结果如图2所示。这份数据说明,目前对于海洋污染的宣传力度不够大,以致许多人对这些问题不够敏感,间接造成了今天海洋污染严重的局面。

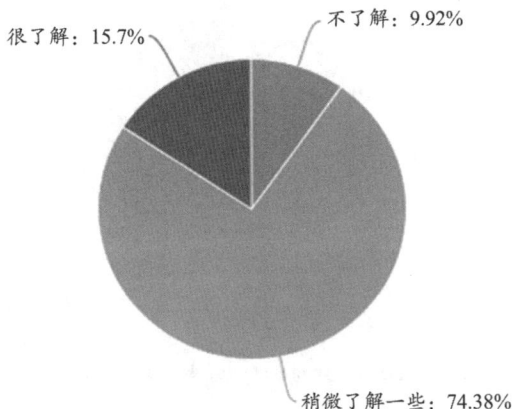

图2　对海洋污染的了解程度

(3)问到关于海洋污染与自身生活的关系,有将近1/5的人表示并没有关注过,如图3所示。这是一种不好的迹象。如果没有关注过这个问题,则不可能从自身出发,用自己的实际行动去捍卫海洋。有关部门应该采取多种宣传方式,对海洋污染的理论知识进行普及,使更多的人参与到环境保护的行列中。

没有关注过：19.83%

不影响：10.74%

影响：69.42%

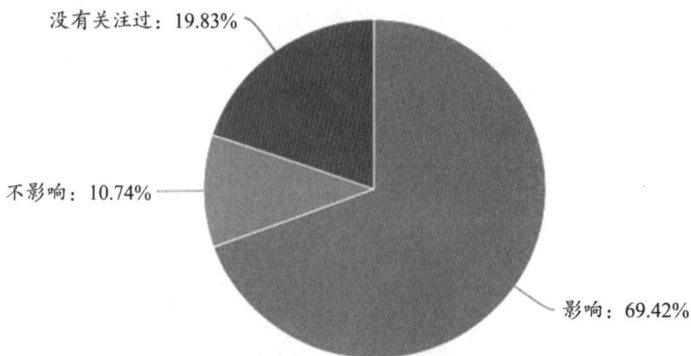

图3 关于海洋污染与自身生活的关系

(4)当前各种新媒体的快速发展,使得各种知识来源更加广泛。调查结果显示,大家从媒体及学校中获取知识的途径比例更大,应该在这两方面加强宣传,让更多的人了解海洋污染的危害及自身保护海洋的责任。

(5)大部分人表示对各种海洋污染问题都有所了解,但是并不深入。

(6)为了定性测试群众对于海洋知识的真实了解程度,我们设置了一个关于赤潮知识性问题有大部分的人可以答对这道题目,但还有很多人不是很了解。具体调查情况如图4所示。

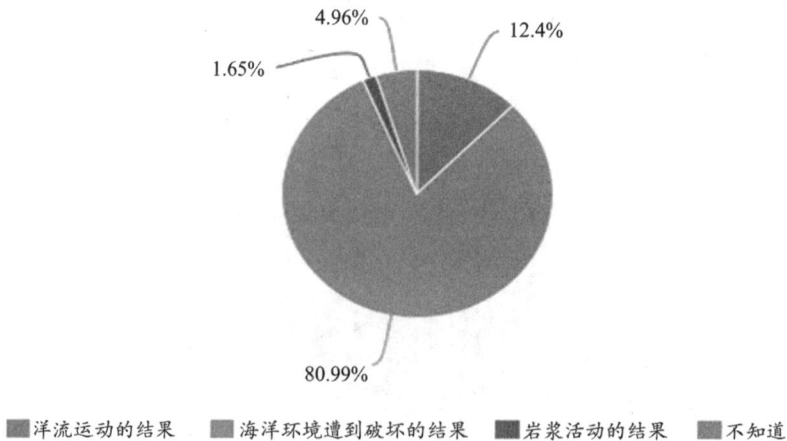

4.96%

1.65%

12.4%

80.99%

■洋流运动的结果　■海洋环境遭到破坏的结果　■岩浆活动的结果　■不知道

图4 被调查者对赤潮现象成因的认知情况

(7)对于民众想要学习的海洋知识,大部分人表示对各方面都想有所了解。因此在对基础理论知识进行普及时,应该各类知识都有所涉及,相信大众的知识接受能力,在大范围内掀起学习海洋知识的潮流。

(8)对于目前我国的海洋形势,大部分人表示我国的海洋污染程度较严重,需要尽快出台相关政策。而还有一部分人认为不需要出台政策,不存在海洋污染。这表明我们需要尽快普及海洋污染知识。具体调查结果如图5所示。

17.36%   18.18%

64.46%

■ 有污染,但我国海域辽阔,海洋自我调解率高,根本不存在海洋污染
■ 我国海洋污染严重,需要尽快出台相关政策   ■ 不太清楚这方面

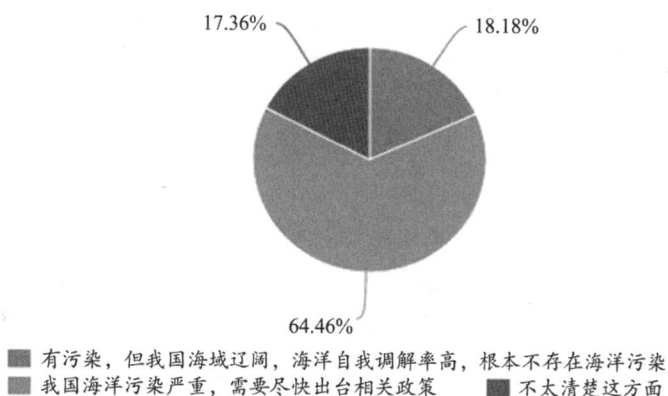

图5   民众对海洋污染的认识

(9)对于海洋环保公益活动,大部分调查人群表明可以帮助进行海洋污染的防治,但是还有小部分人对此没有兴趣。具体调查结果如图6所示。因此我们需要加强宣传力度以达到更好的效果,让更多的人投身到海洋保护行动中去。

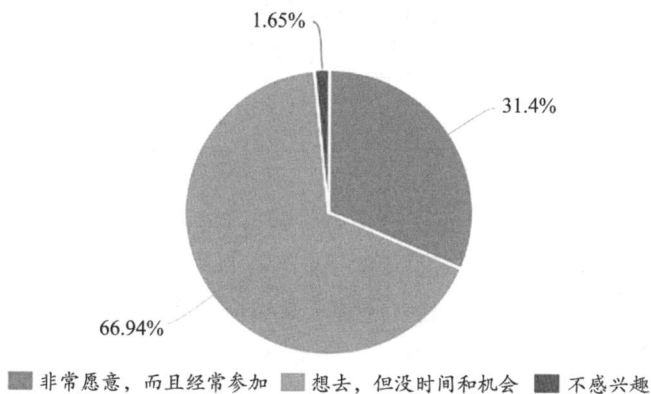

1.65%

31.4%

66.94%

■ 非常愿意,而且经常参加   ■ 想去,但没时间和机会   ■ 不感兴趣

图6   民众对海洋环保公益活动的态度

(10)对于宣传的方式,绝大部分人对组织志愿活动和开展图片展览更有兴趣,因此可以从以上方面展开宣传工作。

(11)有更多的人表示,保护海洋环境应该从自身小事做起,应该提高公民的环保意识。

四、意见与建议

(1)最重要的是,抓好重点行业和企业的污染源治理工作。采用高新技术对传统产业进行系统改造,全面推行全过程清洁生产。对违法排放行为进行严厉打击,加强对污染设施运转情况的监督和检查,调整产业结构,促进经济增长方式的转变。

(2)加快环境保护基础设施的建设步伐。排污管网尽快配套到位,提高污水处理厂的处理能力。

（3）调整不合理的城镇规划。加强城镇绿化和城镇沿岸海防林建设,保护滨海湿地对现有城市污水处理设施进行升级。增加脱氮除磷的处理工艺,提高污水处理厂的出水质量。

（4）大力宣传、发展循环经济,加强对工业污水排放的管理。

（5）一些沿海省、区、市结合生态省、区、市建设,积极发展生态农业,控制土壤侵蚀,综合应用减少化肥、农药径流的技术体系,减少农业面源污染负荷。严格控制环境敏感海域的陆地汇水区畜禽养殖密度、规模,建立养殖场集中控制区。规范畜禽养殖场管理,有效处理养殖场污染物。严格执行废物排放标准,并限期达标。

（6）启动船舶油类物质污染物"零排放"计划。实施船舶排污设备铅封制度。加强渔港、渔船的污染防治。建立大型港口废水、废油、废渣回收与处理系统,实现交通运输业和渔业船只排放的污染物集中回收、岸上处理、达标排放。

（7）制订海上船舶溢油和有毒化学品泄漏应急计划。及港口环境污染事故应急计划,建立应急响应系统,防止、减少突发性污染事故发生。

（8）应建立海上养殖区环境管理制度和标准,编制海域养殖区域规划,合理控制海域养殖密度和面积。建立各种清洁养殖模式,控制养殖业药物投放。通过实施各种养殖水域的生态修复工程和示范,改善被污染和正在被污染的水产养殖环境,控制或减少海域养殖业引起的海域环境污染。

附件

海洋环保意识调查问卷

您好,此次问卷调查是为了帮助您进一步了解海洋环保知识,希望您可以抽出一点宝贵的时间,配合我们如实填写问卷。问卷采取不记名方式,调查结果仅作研究之用,我们将严格保密,请您放心。

以下是问卷部分,请在相应项目后方的方格中打"√"。

1. 您的年龄段为(　　　)。

15 岁以下□　　　　　15～20 岁□　　　　　20～30 岁□　　　　　30～40 岁□

40 岁以上□

2. 请问您知道海洋污染吗?

不了解□　　　　　了解很少□　　　　　很了解□

3. 您感觉海洋污染影响您的生活吗?

影响□　　　　　不影响□　　　　　没有关注过□

4. 您是从哪里获取海洋相关知识的?

学校□　　　　　相关书籍□　　　　　电视、报纸等相关媒体□

生活在一起的朋友、同事等□

5. 以下哪些海洋污染您比较了解?（多选）

石油污染□　　　　　赤潮□　　　　　有毒物质积累□

塑料污染□　　　　　核污染□　　　　　其他□

6. 对于赤潮现象的原因,您认为是以下哪种因素造成的?

洋流运动的结果□   海洋环境遭到破坏的结果□

岩浆活动的结果□   不知道□

7. 您愿意学习关于海洋哪方面的知识?(多选)

海洋环境保护□   海洋资源□

海洋法、海洋历史□   不想学习海洋知识□

8. 关于我国现在的海洋污染,您认为( )。

有污染,但我国海域辽阔,海洋自我调节率高□

根本不存在海洋污染□

我国海洋污染严重,需要尽快出台相关政策□

不太清楚这方面□

9. 您愿意参加海洋环保公益活动吗?

非常愿意□

想去,但没时间和机会□

不感兴趣□

10. 为了保护海洋,如果"海洋保护基金会"希望您能捐出一元钱,您的态度是( )。

积极响应□

不关心,不会捐钱□

会捐出更多的钱支持海洋环保工作□

11. 您觉得应该如何提高民众的海洋保护意识?(多选)

开展图片展□   组织志愿者活动□

征集保护方案□   其他□

12. 谈起海洋污染,您认为自身能做的是什么?(问答题)

感谢您的参与,祝您生活愉快!

(指导教师:相洪峰)

当代大学生对中华传统文化的
认知与认同调查报告

精细 152 班　赵　健(组长)　孙素素　田恩麟　任九森　孙川　庞静雯　张家铭

摘　要:对中华传统文化的学习是大学生素质教育的重要内容。本文学习针对当代大学生对中华传统文化认识、了解及掌握情况进行调查与分析研究,比较详细地阐述了当代大学生对中华传统文化的了解,以及对中华传统文化价值、意义和必要性的认识情况,通过分析当代大学生对中华传统文化认识问题方面的特点与不足,提出了解决这些问题的方法和途径。

关键词:当代大学生;外来文化态度;保护中华传统文化;人文素质教育

一、选题分析

(一)立论依据

在当今社会,文化作为一种软实力,越来越成为民族凝聚力和创造力的重要源泉,越来越成为综合国力竞争的重要因素,也越来越成为满足人民精神期待的重要保证。它可以创造生产力,提高竞争力,增强吸引力,形成凝聚力。当代大学生正是国家的新鲜血液,是祖国的新一代接班人、文化的传承者。继承和传承中华传统文化是当代大学生义不容辞的责任。

(二)调研目的

随着社会的发展,新的社会风气的形成,中华传统文化的传承已发生某种程度上的断裂,不尊重历史文化的现象时有发生。如某些网游被《人民日报》指出对历史人物不尊重,将李白勾画成一个浮夸的刺客,将刺客荆轲勾画成一个销魂的女子,等等。中华传统文化面临被破坏的危机。目前,国家提出,要认真挖掘和提炼中华传统文化中的有益思想价值,加强对文化遗产的保护和利用,运用多种方式宣传和弘扬中华优秀传统文化。在这种大的趋势下,对当代大学生对中华传统文化的认识问题进行调查分析势在必行。

二、调研准备

(一)调研时间

2018 年 4 月 15 日—5 月 15 日。

(二)地点

青岛科技大学四方校区。

(三)对象选取

我们线下对青岛科技大学四方校区不同年级、专业的同学进行纸质版问卷调查;在线上对全国部分高校进行网上问卷调查。

(四)调查方案及具体实施

调查方案以问卷调查为主。具体实施方法:在完成调查问卷的设计与制作后,分别采取现场发放和网上发放进行问卷投放。根据不同的投放方式,在不同的规定时间内将填答完成的问卷进行回收。

三、调研分析

(一)调查具体内容

2018 年 4 月 15 日,组内成员开始进行社会调研实践活动。为此,本小组经过将近一个月的时间,完成了"当代大学生对中华传统文化认识问题的调查与分析"的调查问卷的设计及制作工作。调查范围主要集中在青岛科技大学以及全国部分地区的高校在读大学生。被调查大学生的专业涉及化工、环境工程、材料、历史等多个专业,也包括部分体育及艺术专业的学生。共发放纸制问卷 220 份,收回 208 份;网络问卷收集 330 份。并在此基础上对问卷进行了整理、统计和分析思考。

(二)调研数据分析

为了更全面地了解当代大学生对中华传统文化的认知与认同,调研主要从传统节日、传统艺术、中国物质文化和自然遗产等几个方面展开了调研。以下是根据数据进行的分析。

问题 1　对于传统节日(如春节、中秋节、端午节)与西方节日(如圣诞节、情人节、万圣节),你更愿意庆祝哪个节日?

具体调查结果如表 1 所示。

表1 问题1的调查结果

答案选项	人数/人
西方节日	13
传统节日	195
受访人数	208

根据调查分析,当代大学生在庆祝节日方面,相比于西方节日,大部分大学生更愿意庆祝传统节日。大部分同学倾向于过传统节日,或许与家庭背景和现在中国传统节日的氛围有关。

问题2 假如学校开展中华传统文化讲座,你是否有兴趣去参加?

具体调查结果如表2所示。

表2 问题2的调查结果

答案选项	人数/人
有	130
没有	78
受访人数	208

根据调查分析,有近2/3的学生想要参加,另外1/3的学生不愿意参加。这说明大部分的同学对中华传统文化有学习的愿望。

问题3 假如要开中华传统文化讲座你希望是哪个方面的?

具体调查结果如表3所示。

表3 问题3的调查结果

答案选项	人数/人
饮食文化	77
神妖鬼怪	53
民间工艺	67
中华武术	11
受访人数	208

根据调查,在开展中华传统文化相关讲座的问题上,当代大学生的兴趣主要集中在饮食文化、民间工艺这类贴近生活、趣味性较强的主题。就我们收集到的数据来看,对这两个话题感兴趣的人超过了60%;其次是对富有传奇色彩主题的节日感兴趣的人数,占到了25%左右;而对中华武术这类相对专业的主题感兴趣的人不足5%。

问题4 你是否较为全面地了解一部京剧或者看过一场京剧?

具体调查结果如表4所示。

表 4　问题 4 的调查结果

答案选项	人数/人
没有	165
有	43
受访人数	208

　　根据调查分析,在传统艺术方面,当代大学生所呈现的都是一知半解,只略微懂些皮毛,而且并不感兴趣。除非是专业的艺术特长生,才能对其达到精通或是痴迷的程度。而对于我国的国粹京剧以及一些地方戏曲竟有高达 71% 的同学表示不是很喜欢,还有极少数的同学感到讨厌。由此看来,有近半数的同学认为中国戏曲的生存空间不是很大。

　　问题 5　你能否说出 5 个以上的中国的世界文化遗产或自然遗产?

　　具体调查结果如表 5 所示。

表 5　问题 5 的调查结果

答案选项	人数/人
能	123
不能	85
受访人数	208

　　根据调查分析,对于中国物质文化和自然遗产,当代大学生大多数有一定的了解和认识。调查数据显示,有大约 60% 的大学生能说出 5 个以上中国的世界文化或自然遗产。但仍有近 40% 的同学了解不够。因此,大学生有必要加强对此方面的了解和认识。

　　问题 6　对于韩国申遗端午节一事,让你感觉到中华传统文化(　　　)。

　　具体调查结果如表 6 所示。

表 6　问题 6 的调查结果

答案选项	人数/人
已经到了危急时刻	162
暂时还没有危机	25
不会对中华传统文化造成什么影响	21
受访人数	208

　　根据调查分析,对于韩国申遗端午节这个事情,5/6 的同学觉得已经到了危急时刻;1/6 左右的同学认为暂时没有,或者不会有危机。这一结果说明大部分的同学还是有着危机意识的,也对国外的文化冲击有着清醒的认识。我们应该正确引导,并且让更多人重视文化的传承和保护。

　　问题 7　你认为是什么导致中华传统文化呈现如今的现状?

　　具体调查结果如表 7 所示。

表 7   问题 7 的调查结果

答案选项	人数/人
社会主流文化的倾向	106
学校不重视此类教育	64
中华传统文化缺乏吸引力	37
其他	1
受访人数	208

根据调查分析,对于导致文化现状的原因,有 1/2 以上的同学认为是社会主流文化的冲击,其次有近 1/3 的同学认为源自学校的教育政策,只有 1/6 的同学认为是中华传统文化自身缺乏吸引力。这说明大家对中华传统文化的内容充满自信,认为它是当代的社会现状以及学校不关注导致的文化缺失。

问题 8   你们学校有中国古代先哲思想或者文化遗产的教育课程吗?

具体调查结果如表 8 所示。

表 8   问题 8 的调查结果

答案选项	人数/人
有	106
无	64
不了解	38
受访人数	208

根据调查分析,关于中华传统文化的教育、传播和学习,超过 18% 的大学生连学校究竟有没有这门课都不清楚,而且在有效回答中有约 38% 学校没有开设这方面的课程。综合这两方面的结果得知,有大约 60% 的当代大学生在大学中难以接触中华传统文化的课程,这也就在一定程度上造成了当代大学生对中华传统文化的认知都是一知半解,也缺少学习热情。

问题 9   你是否阅读过中国的"四大名著"?

具体调查结果如表 9 所示。

表 9   问题 9 的调查结果

答案选项	人数/人
都阅读过	47
其中几部	117
没有读过原著	44
受访人数	208

根据调查分析,"四大名著"作为我们中华传统文化的 4 张"名片",在日常生活中相对于其他中华传统文化载体(除去有假期的传统节日)来说,应该是我们最容易接触到的,但是仍然只有 23% 的同学全部阅读过,说明同学们对中华传统文化热情不高。

问题 10　你喜欢过中国的七夕,还是西方的 2 月 14 日情人节呢?

具体调查结果如表 10 所示。

表 10　问题 10 的调查结果

答案选项	人数/人
七夕	49
2 月 14 日	15
两个都过	61
都没过	83
受访人数	208

根据调查分析,无论线上线下选择都不过的占多数,其余大多数人都选择过七夕。这说明当代青年对我们国家弘扬的中华传统文化是认同与支持的,并为中华传统文化感到骄傲与自豪。

(11)你认为中华传统文化对当下中国社会的重要程度如何?

具体调查结果如表 11 所示。

表 11　问题 11 的调查结果

答案选项	人数/人
很重要	158
没必要	9
消极作用	1
与当代社会精神相符	4
受访人数	208

根据调查分析,几乎所有的当代青年都认同弘扬与传承中华传统文化在当今这个时代背景下是重要的。他们都能认识到弘扬中华传统文化的重要性,并认为几千年的中华传统文化仍符合现代精神。这说明我们国家在党的领导下,弘扬并传承的中华民族精神、中华传统文化是受到当代青年认可的,因此增强对大学生关于中华传统文化认知的教育刻不容缓,并须高效完成。

(12)你觉得理工科学生有必要加强中华传统文化思想文化的素质教育吗?

具体调查结果如表 12 所示。

表 12　问题 12 的调查结果

答案选项	人数/人
有必要	189
没必要	5
无所谓	8
不知道	6
受访人数	208

　　高等教育的目的是提高大学生的综合素质,为现代化建设培养德才兼备的高素质人才。理工科大学生是未来社会科技发展的中坚力量,加强对理工科学生的文化素质培养尤为重要。而中华传统文化作为素质教育中的重要组成部分,是每个大学生所必须学习的内容。但是由于目前的教育制度尚不完善,在人才培养方面,对于理工科学生多重视的是自然科学,对于中华传统文化方面涉及较少,导致在现今社会下,大多数理工科大学生对中华传统文化的了解比较少。不过,大多数理工科大学生也都认识到了自身中华传统文化知识的匮乏。经过问卷调查,有 90% 的同学认为他们需要进行中华传统文化的学习。

　　(13)你对学校开展中华传统文化教育有什么好的建议?

　　以下是两个有代表性的回答。

　　很好。它可以传播中华传统文化的优点,使更多的人去接受、欣赏、喜欢上中华传统文化。现在有很多的古装剧,但人们只被剧情吸引,没有注意到剧中的服饰文化,礼节文化、饮食文化。中国是礼仪之邦,但现在国人的素质却被一些外国人一再否定、嘲讽。现在已经是 21 世纪了,为什么中国人可以接受、理解甚至包容外国的文化,但对自己本国的文化有深深的排斥感? 有人穿着汉服上街都会被指指点点。我认为,现在的部分中国人已经快要失去灵魂,失去信仰。我希望这个调查并不是随便问问看法而已。想知道看法很简单,但要真正实践起来却很难。我不相信中国这个泱泱大国没有人站起来维护中华传统文化!

　　在保持文化多样化的前提下,发展中华传统文化,应与时代精神相结合,又不失中华传统文化的特色。勤弘扬,重弘扬,新弘扬。学校应该大量开展此类活动,让学生更全面地了解中华传统文化的魅力与精髓所在。当代大学生有部分同学对中华传统文化十分关注,但是苦于自己没有能力去宣传,心有余而力不足,有想法却没办法去实现。我建议学校应该设置相关的社团或者部门,让这类同学施展自己的能力。

四、意见与建议

　　开展校园文化活动,形成良好的文化氛围。校园文化活动是进行学生思想教育的重要方式。这样既给大学生提供了展示自我的舞台,又能让大学生在活动中收获知识。学校可以通过各种活动宣传号召全校师生学习中华传统文化。团日活动、演讲比赛、辩论赛等活动都可以将主题设为了解中华传统文化、宣传中华传统文化。学校也可以组织设立一个中华传统文化社团,专门在每个传统节日组织活动,让大学生体验传统技艺,感受中华传统文化的魅力。校园作为承载学生的载体,发挥着极为关键的作用。为了提高当代大学生对中华传统文化的认知,必须选择在校园内做好宣传。

（指导教师:周若炜）

附

当代大学生对中华传统文化认知与认同情况调查问卷

您好!

　　占用您一点宝贵的时间,请和我们共同完成这份关于当代大学生对中华传统文化认知与认同情况的调查问卷。本问卷的设计旨在对当代大学生关于中华传统文化认知与认同的状况形成初步了解,从而更加深入地了解现阶段中华传统文化教育的现状。此次的问卷调查采取不记名的方式进行,答案没有对错,无分好坏,希望您能配合我们认真填写,谢谢您的支持!

　　专业:　　　　　　年级:　　　　　　性别:

　　1. 对于传统节日(如春节、中秋、端午)与西方节日(如圣诞节、情人节、万圣节),你更愿意庆祝哪一个?

　　A. 西方节日　　　　　　　　B. 传统节日

　　2. 假如学校开展中华传统文化讲座,你是否有兴趣去参加?

　　A. 有　　　　　　　　　　　B. 没有

　　3. 假如要开中华传统文化讲座你希望是哪个方面的?

　　A. 饮食文化　　　　　　　　B. 神妖鬼怪

　　C. 民间工艺　　　　　　　　D. 中华武术

　　4. 你是否较为全面地了解一部京剧,或者看过一场京剧?

　　A. 有　　　　　　　　　　　B. 没有

　　5. 你能否说出5个以上的中国物质文化或自然遗产?

　　A. 能　　　　　　　　　　　B. 不能

　　6. 对于韩国申遗端午节这个事情,让你感觉到中华传统文化(　　　　)。

　　A. 已经到了危急时刻　　　　B. 暂时还没有危机

　　C. 不会对中华传统文化造成冲击

　　7. 你认为是什么导致了中华传统文化如今的现状?

　　A. 社会主流文化的倾向　　　B. 学校不重视此方面的教育

　　C. 中华传统文化本身缺乏吸引力　　D. 其他

　　8. 你们学校有中国古代先哲思想或者文化遗产的教育课程吗?

　　A. 有　　　　　　　　B. 无　　　　　　　C. 不了解

　　9. 你是否阅读过中国的"四大名著"?

　　A. 都阅读过　　　　　　B. 阅读过其中几部　　C. 未阅读过原著

　　10. 你喜欢过中国的七夕情人节,还是国外的二月十四号情人节呢?

　　A. 七夕　　　　　　　　　　B. 二月十四

　　C. 两个都过　　　　　　　　D. 都没过

　　11. 你认为中华传统文化对当下中国社会的重要程度如何?

　　A. 很重要　　　　　　　　　B. 没必要

C. 消极作用   D. 与现代精神相符

12. 你觉得理工科学生有必要加强中华传统文化思想文化的素质教育吗?

A. 非常必要   B. 没必要

C. 无所谓   D. 不知道

13. 你对学校开展中华传统文化教育有什么好的建议?

青岛市中心医院志愿服务活动报告

非金152 曲明月(组长) 李 娜 董文哲 董 岳 陈攀宇 卢广义

摘 要:医院志愿者是志愿参加医院组织的各种为病人志愿服务的人。大学生志愿者作为医院志愿者队伍中的新生力量,在开展志愿服务活动中能够协助医院有效缓解就诊高峰时的压力,提升门诊服务满意度,其自身潜能也得到了发挥。这无疑对大学生的成长成才起到了积极的促进作用。在志愿服务中,大学生志愿者充分展现了当代青年主动热情、乐于奉献的精神风貌。实践证明,志愿服务是大学生提升自身综合素质的有效途径和服务社会的重要方式,同时它也为大学生提供了一个认识社会、了解社会以及服务、回报社会的平台。

关键词:青岛市中心医院;大学生;志愿者;服务

一、活动目的

自小我们都是家长们捧在手上的明珠,累活重活都不用我们干。家长们可能会以"学业为重"等各种理由来拒绝你的善意帮忙。但是实践证明,一个只会埋头苦读书而不参加到实践中的人,永远只是一个不切实际的"理论家"。我们迟早要走出校门,独立面对社会。而"两耳不闻窗外事,一心只读圣贤书"的生活,不仅无法全面提升自身素质,还让人成为"语言的巨人,行动的矮子"。在此次社会实践中,我组很荣幸地参加了青岛市中心医院的志愿者服务活动。该活动对于我们既是一种责任,也是一种荣誉。

二、活动前期准备

活动前,想要做志愿者的同学互相联系,自成一大组;之后,把组员均分为周二、周六、周日工作的3个小组。相关老师帮我们与医院方面进行沟通,我们顺利进入医院做志愿者。之后,我们进入医院进行了一下午的培训工作,基本掌握了一些医院信息及机器使用方法。

三、活动过程及内容

(1)周二、周六、周日分别去一队,每人每周去一次。
(2)每队两位同学在导医处做志愿导医,为患者及家属解答各种问题。

（3）每队两三位同学在二楼分管机器（挂号、缴费、充值、打印病历单等）。

（4）每队两三位同学在三楼分管机器（挂号、缴费、充值、打印病历单等）。

（5）每队其余同学在一楼分管机器（挂号、缴费、充值、打印病历单等），为患者及家属指路等。

（6）离开之前，每队成员在分诊台处签到，并找护士签字作为凭证。

（7）结束之后，每队拍照留念。

四、活动意义

（1）激励和引导青年学生积极向上，乐于助人，有志愿服务意识。

（2）通过青年志愿者活动，弘扬雷锋精神，激发青年学生互助关爱的热情，在校园内形成互帮互助的热潮，为学习和生活创造一个和谐、宽松、健康的环境。

（3）通过这次活动，让患者（尤其是老年患者）感受到来自陌生人的关爱，感受到社会的温暖，帮助他们使用失进的仪器，方便他们更快就诊。

五、活动感受

（一）曲明月同学的感受

通过此次志愿者活动，我体会到了帮助别人的快乐。我帮助患者用机器挂号、缴费、充值、打印病历、解答问题等。每次我都会以耐心、热情微笑面对每一个被我帮助的人。而我每次都会收到一声谢谢和一个微笑，这让我感觉很幸福。每次有年老的患者，我都会更加耐心。因为他们对现代科技知之甚少，更加需要帮助与关爱。每帮助一个人，我的成就感都会得到增加。我喜欢志愿活动，热爱志愿活动。我从中学会了很多，明白了雷锋为什么会用一生奉献。这种感觉很美好。

当然，最初面对患者向我们提出的问题，有很多我们都需要询问他人。这让我很愧疚，也促使我更快地学习新知识，能够第一时间为他们解答。在医院里的人都是行色匆匆，我们对他们应该有一个好的态度以便和足够的耐心，不与他们起任何争执，能够尽我所能帮助他们。

我为作为一个志愿者而骄傲，我热爱志服务活动。

（二）李娜同学的感受

此次志愿者活动是学校思想政治理论课社会调研的主要内容，我们在指导教师的带领下完成了6次志愿活动。不仅帮助了他人，自己也收获颇多。

我们的主要工作内容是帮助病患使用自助机器完成挂号、缴费、充值、打印电子病历，并指引病患完成就诊过程。首先，在帮助病患的同时我们学会了熟练使用自助机器，了解了医院各楼层的功能和就诊的具体过程。然后，在面对病患时，我们态度热情，礼貌待人，保持微笑，积极主动询问病患是否需要帮助，让病患充分信任志愿者。如果遇到自己无法解决的问题,及时虚心向医院工作人员请教,不过分自信耽误病患就诊。当病患较多时,我们也学会了协调时间和人员,并礼貌热情地和病患沟通,不引起纠纷和争执。

志愿者活动的收获远不止于此,希望学校可以多组织此类活动,不仅培养了同学们的爱心,也增强了我们待人接物的处事能力。

（三）董文哲同学的感想

通过这次在中心医院的实践活动,我感觉自己收获了许多。这些天的志愿服务,让我感受到自己在慢慢成长,而且充实了自己的大学生活。走出校园,进入一个陌生的环境,就会遇到很多意想不到的麻烦或惊喜。在医院的这段时间里,我遇到了形形色色的人,或友善,或暴躁,或耐心,或敷衍。总之,这里一切的一切都让我体会到了在学校里感受不到的人情冷暖。

刚开始培训时,感觉好复杂,我怀疑自己是不是能够完成任务。第一天上岗时,和一个个患者和家属沟通,很多时候自己也不知道怎么解决,还得向护士姐姐求助。但当患者或家属对自己说谢谢时,心里还是止不住的欣喜。这段时间,我从一个不太喜欢和陌生人说话的羞涩的女孩成长为可以主动询问别人是否需要帮助的志愿者。这也是我成长的一大步。我还学会了很多医疗上的知识,以后去医院看病也不至于手忙脚乱。此外,在人际交往的礼仪和语言方面,我也收益颇多。

在收获的同时,我也感到自己还存在许多不足和志愿服务中存在着很多不愉快。首先在志愿服务时,不免和患者或患者家属有一些矛盾。自己有时候会感觉很委屈,但是想到自己还是帮助了他们也就豁然开朗了。还有,在小组的分工合作中,也有一些问题,如工作不平等。

总而言之,这次的实践让我有了很大的进步,也丰富了我的大学生活。"赠人玫瑰,手有余香",通过帮助别人,我也收获了很多快乐。为社会尽一份责任,为他人送一份爱心。我志愿,我快乐!

（四）董岳同学的感受

首先很感谢老师组织了这次中心医院志愿者服务活动,让我有机会来参与这次的志愿服务。开始做志愿者的时候,心里还是有些慌乱,不知道会遇到怎样的情况,害怕自己的解答不全面,耽误患者的时间。到后来越来越驾轻就熟,很自然地会去询问是否需要我们的帮忙。甚至到后来会有其他学校志愿者有不清楚的问题会来问我。从最开始只会简单地操作机器,到后来能准确地说出哪些科室在什么地方。我真的在这种志愿服务中体会到了帮助他人的那种满足感和幸福感。我很感谢我在志愿服务中遇到的有短暂交谈的问询者们,是他们让我感受到了父母子女之间的温情,夫妇孕育宝宝时的期盼等生活中那种让人感到温暖的片段。

（五）陈攀宇同学的感受

作为一名大学生志愿者,我经常参加学校和社会的志愿服务活动。可以说,是志愿服务给了我最好的锻炼机会和实践舞台。我最突出的感受就是通过志愿服务平台,眼界更加开阔,心灵更加清纯透彻,对奉献过程中得到的快乐感受也更加深刻。

由于我们能力有限,只做一些稍微简单的事,如帮忙用机器挂号或者缴费。我们的初衷是通过自己的努力给病人带来更多的帮助。方便他人,收获快乐。我的工作只是帮助不了解医院分区的病人们,给他们一个明确的方向引导,让他们能更加及时地就医。我们做不到像雷锋那么高尚,但是我们在很努力地学着微笑,用微笑安抚病人焦虑的情绪,为他们提供一个舒适的就医环境。

(六)卢广义同学的感受

为期多天的志愿者活动结束了,患者的每一声诚挚的谢谢、每一个满意的微笑都是对我们工作的莫大的肯定,都是我来到医院穿上志愿服务的红马甲、站上导医台的理由。

我们的志愿服务主要包括两部分:门诊导医和机器挂号。虽然门诊导医主要工作就是简简单单的指路这项看似完全没有技术含量的活儿,但对于我们这些平时穿梭在教学楼很少走进医院的学生而言,需要完完全全从头学起。我起初由于对医院的科室分布完全不了解而害怕患者询问。到后来,我会主动迎上前去为在窗口前迷茫徘徊的患者解答困惑。有时我甚至还要安抚那些因挂号、收费、取报告队伍过长而叫苦不迭的患者或患者家属的情绪。持续的高温加之疾病的痛楚,势必会影响到患者的情绪。他们一到医院就如同无头苍蝇一般完全迷失了方向,对大厅中放置的各种指示牌视而不见。而我们这些"红马甲"便成了他们的救命稻草。面对患者随时可能提出的各种各样的问题,我们不能表现出丝毫的不耐烦。虽然现代科技发达,但还是有很多人对挂号服务的机器还是不会用,我们需要帮助他们进行挂号缴费。这次的医院服务,我学到了很多。如果以后有机会,我还会继续参加此类活动。

(指导教师:周若炜)